《大明风云》系列之 ②

The Profound History of Ming Dynasty 2

大明一统

马渭源 著
Ma Weiyuan

东南大学出版社
SOUTHEAST UNIVERSITY PRESS
·南京·

图书在版编目(CIP)数据

大明一统/马渭源著. —南京:东南大学出版社,
2015.1
 (大明风云系列)
 ISBN 978-7-5641-5412-7

Ⅰ.①大… Ⅱ.①马… Ⅲ.①中国历史-研究-明代
Ⅳ.①K248.07

中国版本图书馆 CIP 数据核字(2014)第 303127 号

大明一统

出版发行	东南大学出版社
出 版 人	江建中
社　　址	南京市四牌楼 2 号
邮　　编	210096
印　　刷	南京玉河印刷厂
开　　本	700 mm×1000 mm　1/16
印　　张	15.5
字　　数	267 千字
版　　次	2015 年 1 月第 1 版
印　　次	2015 年 1 月第 1 次印刷
书　　号	ISBN 978-7-5641-5412-7
定　　价	39.00 元

* 本社图书若有印装质量问题,请直接与营销部联系,电话:025—83791830。

序

马渭源教授的17卷本《大明风云》就要出版了，这是继他2014年推出10卷本《大明帝国》后的又一大系列专著。数日前，他来我家，邀我写个序，我欣然答应了。因为他与日本关西学院校长、国际明史专家阪仓笃秀教授是老一辈著名明史专家黄云眉先生的第二代传人，这是2011年年底海内外眉师儿孙们云集一堂，经过反复研究、讨论，最后作出的慎重决定。作为眉师的第一代传人，我感到责无旁贷要做好这样的事情。

马教授在2012年就应邀去美国做讲座，北美三大华文报刊《世界日报》《星岛日报》和《侨报》对此都曾做了专门的报道，其中《世界日报》称誉马渭源教授为著名的明史专家；稍后中国大陆媒体称他为"第一位走上美国讲坛的明史专家"。

另据海外媒体所载，马渭源教授的《大明帝国》系列专著得到了美国匹兹堡大学名誉教授、海外著名国学大家许倬云先生的赞许与推介，并为哈佛大学、哥伦比亚大学、普林斯顿大学、斯坦福大学等世界一流的高等学府和美国国会图书馆、澳大利亚国家图书馆等西方诸国国家图书馆所收藏，真乃可喜可贺！

最近中央级大报《光明日报》刊载文章说："世界上SCI检索影响力较大的2 000种期刊中，中国期刊只有5种；排在本学科前3位的世界顶级期刊中，没有一本中国期刊。"(《光明日报》2013年11月30日第7版"科教文新闻")与此相类或者说更不尽如人意的是，中国虽是当今世界上头号出版大国，但中国出版的各类专著为西方国家收藏的却不到20%，社科类不到10%，历史类更是凤毛麟角。而马教授的著作能被这么多的西方著名高等学府所珍藏，并得到了大家许倬云先生的肯定与称许，实属不易！

其实这些年在国内马渭源教授早已是南京电视台、南京广电、江苏教育电视台、安徽电视台、中央电视台和福建网站等公共媒体上家喻户晓的历史文化讲座主讲人和电视节目的常任嘉宾，而他的著作则更是深受广大读者的喜爱。据说有一次在上海展览馆举办他的签名售书活动，原定活动时间为半小时，结果因为读者太多了，主办方不得不延长了一个小时，但还是未能满足广大读者的需求。而最近又传来好消息，国内外知名的网络运营商如亚马逊、中国移动、苏宁易购等都与马教授签订了电子书出版合同，广大读者尤其年轻的读者只要按按手机上的键钮就能轻松阅读他的电子版著作了。

马教授之所以能取得如此的成就和拥有这样的影响力，在我看来，最为根本的原因就在于他扎扎实实地深入研究，以渊博的知识来解释历史，并用通俗流畅的语言表述出来，但绝不戏说，由浅入深，做到既通俗易懂又让人回味无穷，这是十分难能可贵的啊！

就以本次出版的《大明风云》系列之①～⑤为例，该5卷本主要是讲述大明洪武朝的历史。有关洪武帝朱元璋的传记目前为止，有好几个版本，最早的可能要数吴晗先生的《由僧钵到皇权》，那是民国三十三年十月由在创出版社出版，当年我在书店里买到了就读。五六十年代吴晗先生对原书进行反复修改后出版了《朱元璋传》(三联书店版)。据说当时有好多政治人物都读过，但它毕竟是那个时代的产物，里边有不少阶级斗争的内容和特定意识形态的标签，今天年轻人读来可能有种隔世的感觉。后来陈梧桐教授和吕景林教授也分别写了有关朱元璋的传纪，如今书店里可能还能买到。

马渭源教授在2007年时就撰写了《奇特的开国皇帝朱元璋》上、下册，尽管该书在2008年1月出版后很受读者喜爱，发行量急剧攀升，且远销海内外，但马教授对自己的著作却很不满意，多次在我面前说，那是电视节目的讲稿，时间太仓促，很不成熟，遗憾多多。为此，这些年他不断地收集和整理史料，打算重写。2014年1月他的最新力作《大明帝国》系列之《洪武帝卷》终于问世，比原书整整多出了一倍，多达100多万字。不过随后他又感到意犹未尽，特别是洪武时期的许多事情都未能说个淋漓尽致，为此，在已经修订过的《大明帝国》系列之《洪武帝卷》基础上，他再作努力，分册详尽阐述，这就是现在人们见到的《大明风云》系列之①～⑤《乱世枭雄》《大明一统》《明基奠立》《洪武"运动"》《治隆唐宋》。

本书为《大明风云》系列之②《大明一统》，主要叙述朱元璋在攻灭东吴张士诚政权后定鼎南京、开创大明以及"驱逐胡虏、恢复中华"再造大一统帝国的艰苦历程。

全书分为两大章，上章阐述了朱元璋开国南京的历史过程与明都南京布局规制及大明帝国定都南京的历史意义和深远影响。在此特别要指出的是，马教授花了大量的笔墨，对以往论者少有涉足的明初"三都"规划与相关建设问题进行了详尽的考察，尤其是面对断垣残壁和芳草萋萋的明故宫，他从《明太祖实录》和《南京都察院志》等明代官书与文人笔记入手，结合地面与地下考古资料，不仅为人们重塑了一代帝都的英姿雄貌，而且还深度解密了明故宫的文化密码，这是十分难能可贵的，也是明清史研究领域前所未有的。

本章另一个值得称道的是，马教授对于朱元璋以南扫北、以火克水、以明克元的思想文化内涵和大明初立时的边疆客观形势予以充分考量，肯定了洪武定都南京的历史之举，应该说这是有着相当充实的说史论理依据的。

有关大明到底是定都南方还是定都北方好呢？历史上有着一定的讨论。明末大思想家黄宗羲曾一针见血地指出定都北京之弊："有明都燕不过二百年，而英宗狩于土木，武宗困于阳和，景泰初京城受困，嘉靖二十八年受围，四十三年边人阑入，崇祯间京城岁岁戒严，上下精神敝于寇至，日以失天下为事……江南之民命竭于输挽，太府之金钱靡于河道，皆都燕之为害也。"（黄宗羲：《明夷待访录·建都》）

黄宗羲说的都是事实，可惜的是这位大思想家之后却再无人进行翔实的研究与阐述，即使有论者在讲述明朝开国史时不得不提到这个问题，但也往往肯定定都北京而否定南京，且罗列出一大堆定都南京的不是。那么实际情况真是这样吗？恐怕问题没那么简单。

有幸的是，马渭源教授专辟一节予以详尽的探讨。在进行一一深度考察和指出定都南京之弊后，他又十分辩证地肯定了它的可取之处，并阐发了大明帝国定都南京的重大意义：①第一次将大一统帝国的都城建在了南京，开创了大一统帝国南北中心的多重选择的新局面，也为世界大国政治、经济、文化多重中心创立了历史先例。②建都南京，大一统帝国的政治、经济和文化三重中心合一，顺应自然地奠定了中国传统社会后期发展的基本格局，解决了南粮北运带来的许多劳民苦众的社会大问题，同时也开启了中国历史上"南北之争"的先河。③奠定了南京600年历史发展的基本格局，确立了南京在大一统帝国中的经济和文化中心与重心地位，提升了南京在大一统帝国中的地位甚至国际名望。④基本确立了南京南北混合的地域文化风格。

如此广角视野下的探讨与论述在以往明史研究中还从来没有过。据我所知早在七八年前马教授就对大明帝国定都问题进行了开拓性的专门研究。可能也是从那时开始，他不断地受邀江苏省委宣传部"江苏人文讲坛"、南京市委宣传部"市民学堂"、南京电视台、江苏教育电视台、安徽电视台、福建网站等机构与单位，主讲"大明王朝在南京""大明风云人物"等系列历史讲座。他的讲座论文《大明帝国与古都南京》曾被江苏省委机关报《新华日报》和南京市委机关报《南京日报》等权威报刊全文刊载，如今在网上还广为人们所引用。据说这些年，北京、四川、陕西、湖北、河北、山东、广东等省市还将马教授的史论当做高考历史素材题。原本一笔带过的明史研究"荒地"经由他的研究与深度拓荒如今已变成了妇孺皆知的"熟地"，由此可见其影响是何等之广泛！

本书下章"驱逐胡虏　恢复中华",主要是讲朱元璋君臣进行的统一运动,即南征与北伐等"多管齐下"。而北伐后明朝有着相当长的一段时间与北方元军进行的斗智斗勇到底算什么?也称北伐?似乎历史上还没有这么个说法,还有双方交锋了多少次?结果如何?过去人们往往泛泛而谈,谁也没有说清楚。马教授从《明太祖实录》《皇明诏令》等明代文献资料入手,深度考察了洪武年间大明与北元之间的历次战争,发现当年有过一个比较固定的说法,叫"清沙漠"。其首次出现在洪武四年朱元璋诏令里头:"朕起农业……重荷上天眷佑,平群雄,一天下,东际辽海,南定诸番,西控戎夷,北清沙漠"(《明太祖实录》卷65),以后经常使用"永清沙漠"(《明太祖实录》卷71)、"肃清沙漠"(《明太祖实录》卷185)、"扫清沙漠"(《明太祖实录》卷226)等。因此说,使用"清沙漠"一词最能概括当时的那段历史,还原于历史本来面目。随后马教授又将他对这一段历史的研究做了提炼,制成《明初洪武年间大明帝国10次清沙漠情况简表》,让人一目了然,有利于了解明初朱元璋确立重点打击"北虏"之国策的正确性和大一统帝国再造的艰巨性,弄清了明太祖与明成祖在北疆问题策略上的优劣——用他的话来说,就是小朱皇帝比起老子来要差多了,绝非如《明太宗实录》等当年官史所吹嘘的那般。这样一来,将一部真实的明朝开国统一史展示在广大读者面前。

本章另一大突破就是高度颂扬洪武年间的统一运动,将朱元璋领导汉民族为主体的推翻异族统治与"恢复中华"正统有机地融在一起,视为洪武朝立纲陈纪等建国纲领内涵的重中之重,这无疑是将明史研究深化了。昔日论及明初开国、北伐与推翻元朝统治往往泛泛而谈,或用红巾军为主干的农民阶级起义推翻以元顺帝为首的元朝地主阶级的黑暗统治来说事,不是给人隔世的感觉,就是让人难以领悟到当年朱元璋提出"驱逐胡虏,恢复中华,立纲陈纪,救济斯民"的北伐与建国纲领的真正含义,更无法理解500年后以孙中山为首的资产阶级革命派提出"驱除鞑虏,恢复中华,创立民国,平均地权"(田桐:《同盟会成立记》,《胡汉民自传》,《辛亥革命史料选辑》上,P94,P170)的革命纲领为什么与朱元璋政治主张有着诸多契合之妙了。

马渭源教授在书中首先指出:朱元璋的那16字北伐与建国纲领充满了以汉民族为主体的"中华民族"的自信。随即他强调:这里的"中华民族"之所以要加引号,那是指的历史概念,不应该与现代意义上的"大中华"概念完全画上等号。"古代的'中华'概念可能更多指的是以汉民族为主体的传统文明,'中华'后面当时可能没有直接加上'民族'两字——那是近代的概念,但并不等于说当时就没有'中华民族'的文化认同感。而作为民族之林中的老大哥汉民族由于自身文明的先进性而拥有一定的自傲感也没什么过错,更何况在汉民族建立的历代帝国政权中少有或几乎没有过分的民族压迫和民族残暴统治,倒是文明相对落后的少数民族一旦占据了统治地位就会不遗余力地推行愚昧又落后的民族压迫政策,元朝是如此,后来的清朝也是如此。"接着他就解释了朱元璋16字纲领的涵义。

第一层涵义即前面四字"驱逐胡虏",就是要推翻以蒙古人为主体的元朝统治。说到这里,我们社会中一直有着动机不良的"老左分子",他们动不动就上纲上线。其实"胡虏"这个称呼首先是个历史概念,既然现在说历史,为什么就不能说历史概念呢?再说作为民族的加害者当年的蒙古统治者和后来的满族统治者,曾疯狂地屠杀我们汉族同胞,如"扬州十日""嘉定三屠",甚至摧毁我们汉民族传统与自尊,如蒙古人霸占江南姑娘的初夜权、满族人实施"留发不留头"和"留头不留发"……如此暴行好像都被当今某些人给忽略不计了,反而在媒体上还大谈异族入侵和民族屠杀是如何的"历史进步",怎么啦?某些人得了"猥亵症"抑或失忆症?再来看600多年前的蒙古人是如何地肆意凌辱汉民族的,进而激发和唤醒了当时最为低等的"南人"和"汉人"的民族斗志与民族自信。随后马教授列举了元朝人犯下的令人发指的罪行:西僧嗣古妙高等人"尽发宋(帝)诸陵之在绍兴者及大臣冢墓,凡一百一所,窃其宝玉无算"(【明】戴冠:《濯缨亭笔记》卷1;《明太祖实录》卷53),且将宋朝皇帝头颅割下来当做饮器(一说被当做溺器)。而后他指出:在传统社会里,汉族皇帝就是汉族人的"大父亲""老祖宗",连他们死后都不得安宁,还要受到如等奇耻大辱,这样的汉民族情感伤痛恐怕是难以用言语来表达的。所以说朱元璋提出"驱逐胡虏,恢复中华"这样的口号,至少说在以汉民族为主体的受压迫民族当中具有极大的战斗号召力,或者说引发巨大的共鸣,也为汉民族找回了民族的自尊心与自信心。从这样的角度来看,朱元璋无疑是汉民族的民族英雄。马教授说得合情合理,令人拍案称绝。

第二层涵义为"恢复中华"。这里不仅仅包括了要恢复汉民族统治,重建传统帝国王朝,还隐含着要恢复元朝以前的中华传统文明,洗涤元蒙"胡俗陋习","参酌唐宋之制而定之"(《明太祖实录》卷36)。唐、宋是中华古典文明发展史上的经典时代,尤其使得古代中国成为世界公认的四大文明古国的几项十分显著的"文明标杆"——"四大发明"最终都是在唐、宋时代完成的,而随后的蒙元时代绝对称不上对中华民族传统文化的传承有着多大的积极贡献,恰恰相反,它的"横加插入"倒是使得传统文明遭受了突然打断,甚至是对传统社会价值体系的严重摧毁:废长立幼,以臣弑君,以弟酖兄,弟收兄妻,子烝父妾……父子、君臣、夫妇、长幼之伦,渎乱之至!(《明太祖实录》卷26)因此说朱元璋的"恢复中华"绝对称得上是历史的进步,我们绝不能低估。

第三层涵义为恢复以汉民族为主体的大一统帝国统治秩序,实行帝国境内各民族基本平等。朱元璋明确宣布,对于少数民族"有能知礼义愿为臣民者,与中夏之人抚养无异"(《明太祖实录》卷26下),这就是告诉人们:我朱元璋建立的大明帝国绝不会像元朝人那样搞什么民族压迫和民族歧视,而是实行民族平等政策!要知道在遭受异族入侵、饱受异族歧视与压迫长达百年的情势下,提出这样的民族平等口号与施政精神,需要何等之勇气和度量!

第四层涵义为"立纲陈纪,救济斯民"。这主要表明朱元璋在即将开创的大明帝国中要以中华传统为模板,建章立制,将蒙元"冠履倒置"予以重新摆正,恢复我们中华传统的典章礼仪与法律制度以及社会秩序,将处于水深火热中的元帝国子民给解救出来,即"拯生民于涂炭,复汉官之威仪"。以这样的口号来吸引和激发深受元朝黑暗统治之苦的广大人民的斗志和信心,由此说来,这8个字也是与当时的北伐直接相关联的。至此,我们可以进一步地肯定,朱元璋当年发布的这个"北伐宣言"是很了不得的新帝国施政大纲。

通过以上论述,马教授抓住了历史时势的本质,运用与解读了当时人们所用的术语,客观地还原了当年真实的历史境遇,说事透彻,鞭辟入里,有理有节,读来令人振聋发聩。这样的深度探索是至今为止明史研究中所从未有过的!

总之,全书精彩迭现,观点新异可靠,读之既如品尝陈年美酒,又似沐浴和煦春风。作为年过八旬的垂垂老者,我倍感欣慰,"黄学"后继有人啊!也愿马教授不断努力,推出更多的新作!

权作为序。

南京大学中国思想家研究中心常务副主任、教授

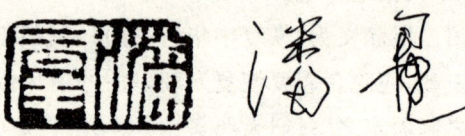

2014年11月12日

目录

上章　建都南京　开创大明

- "千呼万唤"称帝南京　洪武朝廷"奉天承运" ········· 1
  - 架起"三驾马车"与小明王遇上"交通事故"了 ········· 1
  - 千呼万唤始出来——朱元璋称帝 ········· 4
  - 南京朝天宫与北京朝天宫 ········· 4
  - 南京明皇宫的开国大典与大明帝国的建立 ········· 5
- 两京三京最终归一　洪武建都南京之谜 ········· 7
  - 魔鬼的咒语:在南京建都的朝代寿命都不长? ········· 7
  - 南京成为大一统帝国都城的亮点:号称虎踞龙蟠当真不能成为都城吗? ········· 10
  - 洪武时期大明帝国定都南京的五大缘由 ········· 12
  - 都城决胜"大比拼",南京"力挫"诸雄 ········· 14
  - 朱元璋要以老家作为天下之都　明初两京变成三京　凤阳:从中立府到凤阳府 ········· 16
  - 人算不如"天算"——听从老天安排,定都南京 ········· 27
- 依稀可见最大都城　第一皇宫迷雾层层 ········· 29

- ● 明皇宫的四个谜团 ·· 30
- ● 解谜——皆因迷信"龙气"好风水 ······································ 31
- ● 明代南京京城与皇宫的四大奇特之处 ·································· 35
- ● 朱元璋营建明皇宫与南京城的三大宗旨 ································ 37

● 南京明皇宫荡然无存　北京故宫"前世今生" ································ 41
- ● 明皇宫的内城——宫城 ·· 41
- ● 明宫城的4道主门和10道小门 ·· 45
- ● 明宫城主要建筑:以纵轴为主"前朝五殿两楼"和"后廷三宫六院" ······· 49

● 故宫外面修筑皇城　纵轴彰显专制灵魂 ···································· 54
- ● 午门外御道两侧的重要建筑:太庙和社稷坛 ···························· 55
- ● 南京御道街与明皇宫的端门 ·· 55
- ● 南京的承天门——北京的天安门 ······································ 56
- ● 外金水河、外五龙桥和长安街 ·· 57
- ● 明皇城四方位四主门与"马娘娘梳妆台" ································ 57
- ● 洪武门——北京的中华门 ·· 60
- ● 明皇城的纵轴线与绝对君主专制主义的灵魂 ···························· 61

● 西洋人利玛窦见证　最大皇宫最大皇城 ···································· 62
- ● 为明故宫"翻案"——利玛窦见证:明都南京和明皇宫是世界最大的城市与最大的皇宫 ·· 62
- ● 明故宫"跑"到哪里去?——明故宫遭受的三场浩劫 ···················· 64
- ● 南京明皇宫建筑设计与布局中的文化密码 ······························ 67

● 明都城第三层京城　最大城墙最大都城 ···································· 83
- ● 明代南京城墙——中国目前现存的规模最大的古代城墙 ················ 83
- ● 南京城墙已经经历了600多年的风风雨雨,但它却巍然屹立,为何?
  ·· 85
- ● 明代南京京城十三城门和城楼 ·· 86

- ◉ 清末与民国时期直到现在新辟的南京14道"小"城门 ········ 96
- ◉ 现今南京保存完好的10多处城门和城垣 ················ 97

● 外廓十八环绕南京　众星捧月拱卫朝廷 ···················· 97
- ◉ 明代南京城外的护城河 ···························· 98
- ◉ 明代南京城外的外廓城修建 ························ 99
- ◉ 明代南京外廓城的18道门 ·························· 101

● 分类区域规划都城　六百年后依然可认 ···················· 102
- ◉ 高干富人区 ····································· 102
- ◉ 手工业、商业集中区——南唐皇城四周 ················ 103
- ◉ 文化与宗教区 ··································· 106
- ◉ 军事区——大小教场、马群、苜蓿园 ·················· 108
- ◉ 皇家陵园区 ····································· 109
- ◉ 风景区 ··· 109

● 建都南京意义非凡　定名大明缘由何在 ···················· 109
- ◉ 大明帝国定都南京的意义 ·························· 109
- ◉ 定都南京的大明帝国为何取名为"大明"？ ·············· 117

下章　驱逐胡虏　恢复中华

● 兼顾南方重在北伐　三路大军同时出发 ···················· 121
- ◉ 朱元璋最终实现大一统帝国重建战略思路：兼顾南方，重在北伐 ····· 122
- ◉ "先南后北"战略中最终东南统一战争的开启——扫平浙东方国珍 ···· 123
- ◉ 一日连发三道军令：兼顾南征　重点北伐　齐头并进 ·········· 127

● "驱逐胡虏　恢复中华"　颠覆元廷　声震华夏 ·············· 137
- ◉ 朱元璋的"北伐宣言"与"驱逐胡虏，恢复中华" ········· 137
- ◉ 稳扎稳打三步北伐　颠覆元廷声震华夏 ················ 143

● 十"清沙漠"除去"尾巴"　横扫割据　统一天下 ············ 162

- "大尾巴"、大后患的凸显与朱元璋的北平之行 …………………… 162
- 《克复北平诏》与太原夜袭、山西平定(1368.12) …………………… 164
- 剪除余房、夺取关陇——朱元璋:我忽悠你们的呀,现在可来真格的啦!
  ………………………………………………………………………… 166
- 十"清沙漠",南平川滇,横扫割据,天下一统 ………………… 171
- 第一次"清沙漠"行动——全宁之战、大兴之战、开平大捷、大同之战、太原之战——洪武二年六月~八月 ………………… 178
- 第二次"清沙漠"行动——洪武三年(1370)正月~十一月 …… 180
- 第三次"清沙漠"行动——洪武五年(1372)正月~十一月 …… 184
- 第四次"清沙漠"行动——大同大捷、猫儿庄之捷、三角村之捷——洪武六年(1373)春季~年底——近边 ………………… 193
- 第五次"清沙漠"行动——兴和之捷 高州大石崖之捷 氈帽山大捷——洪武七年(1374)四月~七月 ………………… 196
- 第六次"清沙漠"行动——亦集乃路大捷 洪武十三年(1380)二月
  ………………………………………………………………………… 196
- 第七次"清沙漠"行动——傅友德:灰山大捷 沐英:公主山长寨之捷——洪武十四年(1381)正月~四月 ………………… 199
- 平定天府之国,统一西南四川 …………………………………… 201
- 平定彩云之南 实现完整意义上的南中国统一 ………………… 207
- 第八次"清沙漠"行动——洪武二十年(1387)正月~六月 …… 213
- 第九次"清沙漠"行动——洪武二十年(1387)九月~洪武二十一年(1388)五月 …………………………………………………… 221
- 第十次"清沙漠"行动——洪武二十三年(1390)正月 ………… 225

大明帝国皇帝世系表 ……………………………………………… 231

后记 ………………………………………………………………… 232

上章
建都南京 开创大明

东灭张士诚后,西吴政权开始势如破竹的北伐战争。就在北伐凯歌声中,公元1368年正月初四,那位无人不晓无人不知的、长相奇特、老南京俗称为洪武爷的朱元璋在南京城里的明故宫与御道街一带举行了开国大典;也就是正月初四这一天,一个影响中国历史长达600多年的新兴的政权——大明帝国宣告诞生。那么朱元璋为什么要将大一统帝国的都城定在南京?又为什么要给自己开创的新帝国取名为大明?大明建都南京有何影响?

"千呼万唤"称帝南京 洪武朝廷"奉天承运"

吴元年(1367)下半年以前,随着以应天为中心的西吴政权逐渐扩大,且有不日即将一统天下的趋势,有好多文官武将,纷纷向朱元璋进言,请其早日称帝,以顺天意、慰民心,但每一次都被婉言谢绝了。随着1367年下半年的到来,尤其是以李善长为首的大臣们发动的那次大劝进,终于使得朱元璋开始活动活动心眼了:是啊,该改改了,改什么?此时的朱元璋已经消灭陈友谅、张士诚,统一了长江中下游地区——全国经济文化的中心地带,并以排山倒海之势挥师北上,一路势如破竹,剑指大都,颠覆元廷指日可待。要改称的级别肯定要比原来自称的吴王肯定还要高,那么就是皇帝了。

至此人们不禁要问:为什么大臣们先前发动的多次劝进都被拒绝了,唯有这一次朱元璋居然同意?

● 架起"三驾马车"与小明王遇上"交通事故"了

其实从前面讲过的朱元璋统一过程中我们看到,自来到南京起,朱元璋就日思

夜想要称帝,要消灭群雄,重建大一统帝国,但在1367年下半年以前各方面的条件还不十分成熟:

第一,朱元璋周边的主要割据势力没有被消灭,过早地称王称帝容易招惹是非,不是人们常说的叫树大招风么。所以朱元璋一直牢记朱升老先生的"缓称王"的教诲,始终很低调(《明史·朱升传》卷136)。而这方面的问题一直拖到1367年东灭张士诚以后才可说是基本解决了,因为这时在群雄中能与朱元璋一争高低的已为数甚少了,所以这时称帝问题不大。

第二,朱元璋想称帝,除了军事上的胜利这个最为基本的前提外,还必须得先建构新兴帝国的统治秩序,或言进行基本的政权架构与制度建设。虽然在称吴王前后,朱元璋曾建百司官属,置中书省,又设大都督府,形成了属下行政机构与军事机构并驾齐驱的格局。不过这个时候他的政权建设毕竟还处于草创时期,最为明显不足的就是军事机构领导人、军队官长过多兼任行政机构的领导,客观上造成了属下权力过大或言权力过于集中的局面。这可不是什么好事,想当年徐寿辉手下人倪文俊、陈友谅都是因为他们手中的权力过大才导致西线红巾军领导层政变不断。

为了防患于未然和迎接新形势的到来,迅速取代大元帝国的统治,朱元璋仿照了元朝的做法,在彻底平定张士诚势力后的第二月即吴元年(1367)十月,设置御史台及各道按察司,加强对属下的机构与权力监察,任命汤和为左御史大夫,邓愈为右御史大夫,刘基、章溢为御史中丞,文原吉、范显祖为治书侍御史,安庆为殿中侍御史,钱用壬为经历,何士弘、吴去疾等为监察御史。同时还将过去沿袭元朝尚左的百官礼仪改为尚右,令李善长由左相国改为右相国,徐达由右相国改为左相国,"余官如之"(《明太祖实录》卷26)。这样一来,加上过去已作了变革的军事机构大都督府,明初以中枢"三大府"为主体的政权架构与内政建设渐趋完备。对此,朱元璋不无得意地说道:"国家新立,惟三大府总天下之政。中书,政之本;都督府,掌军旅;御史台,纠察百司,朝廷纪纲尽系于此。"(《明太祖实录》卷26)换言之,一人之下万人之上的帝国政权"三驾马车"开始正式并行,明初立国基础架构大体完成。

以上是针对国家权力的管理,那么对于全社会?就在健全"三大府"为主体的权力机构的当月,朱元璋"命中书省定律令,以左丞相李善长为总裁官,参知政事杨宪、傅,御史中丞刘基,翰林学士陶安,治书侍御史文原吉、大理卿周祯、少卿刘惟敬、大理丞周浈等为议律官,制定律令"。这就是明代历史上最早的一部法律——吴元年律令(《明太祖实录》卷26)。该年十二月编定而成的《律令》刊布天下,新兴帝国的开国形势渐趋成熟。

第三,朱元璋一直尊奉龙凤为正统,将小明王奉为自己的主子。既然这样,要是自己升格为皇帝了,那么小明王应该升格做什么?太上皇?可小明王比自己岁数还小,还从来没听说过太上皇比皇帝还年轻。这是一个令朱元璋十分头疼的事。但在龙凤十二年(1366)十二月冬天"很巧"地发生了一起交通事故,小明王死了——它"帮助"了朱元璋解决了这个令人头疼的问题。事情的大致经过是这样的:

  1366年隆冬时节,随着对张士诚战争的节节胜利,大功快要告成了,朱元璋"想念"起在滁州被他奉养着的小明王。因为不要说是称了王的朱元璋,就是一般老百姓的子女一旦发了,也要将自己的父母长辈接到身边来享享福啊,否则不仅良心上过不去,而且还要受到舆论与道德上的谴责。朱元璋当然不是那种愿意让人谴责的人,所以他就吩咐手下的一位水师将领廖永忠带了一些人到滁州去,将那个"大宋"国的小明王韩林儿接到南京来。朱元璋实在是细致之人,派别人去接还不行,只有廖永忠最合适,这是为什么?因为那时从滁州到南京的交通不便,要过河过江,这可不是一般的活儿,非得要水上功夫特别好,又十分贴心的将领才能担当此任;而接小明王不是接一般的人,万一有什么闪失,那就不好说了。所以朱元璋要挑选精通水上功夫的顶尖人物。还是廖永忠最好,他原本就是巢湖水师的一个头领,当年一起投奔过来的水师头领不是战死了,就是被俘虏了。现在剩下的廖永忠几乎成为水师"男一号",不派他去还派谁呐?再说廖永忠把小明王接到以后,也十分认真地对待着,呵护有加。他们一路顺行,来到了今天南京六合长江瓜步渡口,准备渡江。开船时还好好的,谁知船到了江中心时,突然遇到了大风浪,廖永忠他们控制、控制、再控制,最后就没有控制住,船翻了,一船的人全部翻入了江里。廖永忠等人"奋力营救",可小明王最后还是淹死在长江里了。(【明】钱谦益:《国初**群雄事略·宋小明王》卷1引《通鉴博论》**)本来想叫小明王来应天享福的,谁知这风也不长眼睛,哪天都可以刮大点,就偏偏不应该在人家朱元璋迎"主"这天刮得那么大,足足将一船的人都刮到江里去。除了怪天刮大风,还能怪谁呢?这是天意啊!可朱元璋还表现得极为痛心,他臭骂了廖永忠一顿,"罚"他回前线打仗(廖本来就是前线的主将之一)。(《明史·廖永忠传》卷129)

  事情到此还没完,后来朱元璋大封功臣时,将廖永忠封了个侯,并对廖说:"本来朕是想封你与徐达一类的公,可你小子当年渡江接小明王时没接好,又密使儒生窥察朕意,只能封你个侯!"(《明史·廖永忠传》卷129)以廖永忠的军事才能和军功来说怎能跟徐达等人相比,徐达封了公,廖最多也只能封个侯。朱元璋这番说辞,无非是表白自己对小明王的死很"在乎","念念不忘"。其实廖永忠做了件"双赢"事情,朱元璋马上要称帝了,可他顶头上司怎么安置?进老干部局去?可他的年龄比朱元璋还小很多了,只能让大风"吹翻船"了。

● 千呼万唤始出来——朱元璋称帝

既然现在小明王已经永久地"安置好"了,那么朱元璋称帝也就没什么顾忌了吧?

有。自古以来吾国就有礼仪之邦和文明古国之美称,而吾民向来以谦虚作为一种美德。在国人中如果你能干某件事情,可千万不能当众说自己如何如何行,你得谦虚,说我可以试试;否则就会被人骂,一点谦虚精神也没有,太傲了,太没有涵养,人们往往会对你侧目而视,弄不好还会众叛亲离,适得其反,本来想干且能干好的事最终也干不成了。尤其当国家领导人,那就得更要谦虚。据说中国三皇五帝时代流行的禅让制就是这么一回事,即使舜有大德于天下,众望所归了,但在舜接替尧的领袖位置时不知推了多少次,最后人们硬是把舜推上领袖的大位。尧、舜是中国古代理想帝王中的"极品",如果成不了尧舜,起码也得学习他们的精神,否则就是一种无德浅薄的表现。因此当你要登临大位时,无论如何也得要推辞一番,当人们"哭着""闹着"非得请你出来,甚至说上"国可不能一日无君"的狗屁话时,你还不能马上坐上大位,还得要发表一番美丽动听的"就职演说":"既然全国人民非要我……,那我就代天行事了。"只有这样,大家才会觉得这样的领导有德、谦让、品行好,是上天安排的"真龙天子"。这是中国传统政治的一大"精髓"与"法宝"。

对于这样的法宝,朱元璋当然知晓。但光知晓是没用的,还得要将戏演好,演得越真其效果就越好。他假模假样地推了好几次以后,作秀也做够了,到了1367年下半年时觉得时机也差不多了,千呼万唤始出来的时刻到了——正式开国称帝。(《明太祖实录》卷28)

开国称帝可是件天大的事情,1367年下半年朱元璋一面积极进行军队整顿、筹集军需、探讨作战方略,准备北伐,一面与李善长、刘伯温等人商议和落实举行开国大典的事宜。

● 南京朝天宫与北京朝天宫

开国就得举行开国大典,那是有着十分繁琐的、级别极高的礼仪程序,这对于那些即将成为新兴帝国的大臣们来说,学会如何规范地运用皇家礼仪那可不是一件容易的事。因为他们大多是贫贱的泥腿子出身;朱元璋自己以前是要饭的,徐达、常遇春都是庄稼汉出身,李文忠也近似于盲流,沐英生下来不久就成为孤儿,廖永忠等最初是水上"义军"(过去平常人们称呼其为"强盗"),更不用说定远收编的打家劫舍的义军头领缪大亨及其"兄弟"们,那可是地地道道的"山大王"出身……

因此，除了宋濂、胡翰、苏伯衡、王冕等是读书人出身，在元朝做过官，还有刘基、危素、张以宁、秦裕伯等算是见过大世面的先生以外（《明史·文苑一》卷285），总体上来讲，这些即将成为大明王朝的"新贵们"大多数是"土包子"或说"大老粗"。他们哪懂得那些程序刻板、等级森严的繁文缛节呢？

这下可愁坏了朱元璋，后来他想到了个主意，找来那些投奔过来的懂得宫廷与官场礼节的儒士与旧官僚，让他们充当"教师"，给泥腿子们上礼仪课，演练开国大典上的种种仪式。为此，他专门下令，盖了一群宫观院落，让土包子们在这里进行礼仪的学习与演练。比如见了皇帝如何朝拜，如何喊；见了皇后、太子怎样称呼，怎样喊；大臣们之间如何作揖、如何称呼，等等，这一系列礼仪规矩都要认真学习，反复操练。由此，这个专门用来演习朝贺礼仪的地方，就叫朝天宫，南京朝天宫由此而产生。后"以其制度未备"，洪武十七年（1384）七月，朱元璋下令重建朝天宫于金陵古城内的冶城，正式赐名朝天宫。朝天宫主要用途有二：其一，"凡正旦、圣节、冬至群臣习朝贺礼于其中"；其二，"设道录司于内"，即将道教管理机构设在其中，做法事。不过这些都是洪武中后期的事情了。（《明太祖实录》卷163；《明太祖实录》卷243）

明都北迁后，朱元璋四儿子朱棣模仿南京朝天宫的规制与式样，在北京也修建了朝天宫（《明太宗实录》卷169）。这就是北京朝天宫的由来。

● 南京明皇宫的开国大典与大明帝国的建立

开国大典总要选一个黄道吉日啊！朱元璋就找刘伯温商议。刘伯温在经过一番天象观察和仔细掐算后，料定吴元年（1367）年底之前几乎都没有什么好日子了，最后给出结论：只有到了洪武元年（1368）正月初四这一天，才是个实实在在的好日子。朱元璋初听将信将疑，真的到年底之前一天好日子都没有吗？然而历史为证，吴元年下半年，特别是农历九月之后，天气着实很怪异。尤其是十二月二十到大年三十这些天，一直就没什么好天气，大雨大雪就没有歇停过。眼看吴元年年底就到了，天气都没有好转的迹象，大臣们都焦躁死了，即将登位的未来新天子则更急，生怕刘基算得不够准，不能够在一个吉时登基。这时刚刚搬到新宫——南京明皇宫的朱元璋默默地向上天祷告说："假若您觉得我适合当皇帝的，到了正月初四那一天，就给我来个阳光普照大地；若否，尽可刮风下雨！"（《明太祖实录》卷29）

这下人们开始翘首期待，正月初一，雨雪虽然停了，但天气仍不见转晴；初二天空仍然一片阴霾；初三白天还是阴沉沉的，但到了傍晚开始渐渐好转了。初四早上，阳光灿烂，普照大地。有人说，这阳光中有几分神祇的光芒在闪耀。神奇乎？

这确实是个奇迹。(《明太祖实录》卷29)

由此,不仅即将登基当上皇帝的朱元璋受到万民景仰,甚至军师刘基在民间的传说中也成了一个无所不能、无所不知的神仙。

明洪武元年正月初四日即公元1368年1月23日早上,朱元璋命令群臣沐浴斋戒,然后在明皇宫前集合。由开国大典司仪引路,朱元璋率领他的文武大臣们在喧嚣的锣鼓声、钟鼎乐声中,浩浩荡荡地直奔南京的南郊天地坛(后来明清帝国将天地日月四神位分坛而祭,朱元璋时四神位是同坛而祭的),举行祭天大典。紧接着祭天大礼后,朱元璋换上一身衮服(绣着日月山川与龙的龙袍),头戴皇冠,在天地坛的南面即皇帝位。李善长率领文武百官和南京城里的父老,向北面朝朱元璋行跪拜大礼,山呼:"万岁,万岁,万万岁!"这就是即位大礼,表示由上帝批准的皇帝朱元璋正式登上大位,定国号为"大明",建元"洪武"。(《明太祖实录》卷29)朱元璋也由此被人称为"洪武皇帝",死后庙号为"太祖",谥号为"高帝"。

即位大礼结束,又由朱元璋领队,带了皇子皇孙们,手里写着他们朱家祖宗名字的木牌即所谓的神主,从南京南郊赶回,来到今天午朝门公园东南方向的太庙(在今天南京航空航天大学内),进行祭祖大典,祭告列祖列宗,感谢他们神灵的保护,朱家才出了这么个不同凡响的"非常之人";然后就对朱元璋四代祖父母、父母进行追封,并献上追封玉玺与玉册;接下来就是朱元璋带队,行叩拜之礼。

祭祖结束,朱元璋回到明皇宫的奉天殿,正式接受百官朝贺,由李善长宣读贺表,带领文武群臣集体跪拜,随即就开始封官加爵。又由李善长代表皇帝念读封册,封马氏为皇后,世子朱标为太子,李善长为左丞相,徐达为右丞相,文武百官一一加官晋爵,再接下来就是大家集体跪拜谢恩。到此为止,开国登基大典才算全部结束,一个影响中国历史长达600多年的新兴的政权——大明帝国就此宣告诞生了。(《明太祖实录》卷29)

第二天,朱元璋下令颁发即位诏,诏告天下:"朕惟中国之君,自宋运既终,天命真人起于沙漠入中国为天下主,传及子孙,百有余年。今运亦终,海内土疆,豪杰分争。朕本淮右庶民,荷上天眷顾祖宗之灵,遂乘逐鹿之秋,致英贤于左右。凡两淮、两浙、江东、江西、湖湘、汉沔、闽广、山东及西南诸部蛮夷,各处寇攘,屡命大将军与诸将校奋扬威武,已皆戡定,民安田里。今文武大臣、百司众庶,合辞劝进,尊朕为皇帝,以主黔黎,免徇于情。于吴二年正月四日,告祭天地与钟山之阳,即皇帝位于南郊,定有天下之号曰'大明',以是年为'洪武元年';追尊四代考妣为皇帝、皇后,建大社、大稷于京师;立妃马氏为皇后,长子标为皇太子。布告天下,咸使闻知。"(《明太祖实录》卷29)

同时朱元璋还下令,从今以后,将元朝皇帝诏书首语"上天眷命……"改为"奉天承运……"。他认为"上天眷命"的语气很不礼貌,好像上天一定要眷顾地上人君似的,只有奉应天道的人才会得到上苍的垂青,而人君不应该傲慢上天,在上天面前永远是小学生、乖儿孙,"奉若天命,言动皆奉天而行,非敢自专也"。因此南京明皇宫三大殿的第一殿就叫奉天殿,那可是"奉天承运"的大明天子办公的正式大殿(《明太祖实录》卷29)。这样一改,朱元璋这个凤阳乡下放牛娃当皇帝也就是奉行天命的正宗天子了。您能不信吗?!

两京三京最终归一　洪武建都南京之谜

建立新的王朝,除了开国大典这些场面上的事情,在何处定都更是要考虑的头等大事。那么朱元璋会把都城定在哪儿呢?

我们不妨先来看看历代大一统帝国都定都在哪里？秦朝在咸阳,西汉在长安,东汉在洛阳,隋唐在长安;后来宋朝定都时,将都城往南移了一点,定在了开封;到了元朝又到了北方。所以不难看出,明朝以前的大一统帝国的都城都毫无例外地定在了关中或中原地区。

● 魔鬼的咒语:在南京建都的朝代寿命都不长？

朱元璋起自于南方,很长一段时间里将南京作为自己逐鹿天下的大本营,因此大明的定都从一开始就不同于历史上以往的大一统帝国,朱元璋当然首先会将眼光投在南京。然而,定都可毕竟不同于平常老百姓安个家,要从大一统帝国的全方位角度来周密地考虑都城所在的利弊。我们先不妨随着朱元璋当年的眼光与思绪来一起看看定都南京的利弊。

定都南京的不利因素,大略有五个方面:

第一,宿命论。这种"说法"听起来似乎有几分滑稽,定个都城与宿命论有何关联？但过去甚至现在我们民间的好多人还是信这个的。我们不妨来追溯一下,历史上在南京定都的王朝:东吴从孙权称帝到孙皓出降前后是58年,东晋自317年司马睿在建康称帝到420年刘裕代晋总计为103年;但随后的宋、齐、梁、陈四个朝代总的来说,寿命几乎是一个比一个短,平均寿限在50年左右。所以民间有一种说法:南京不适合做都城,将南京作为都城的王朝都会短命。这其中还真有几分事实依据——至少说朝代短寿,这是个不争的事实,包括后来的南唐,也是个短命王国。"以六朝所历年数不久"好像是魔鬼咒语似地一直缠绕着朱元璋及其大明的开国大臣们。(【明】刘辰:《国初事迹》)

但我个人认为朝代的长短跟某个地方本身没有直接的、必然的联系,朝代寿命的长短自有其主观和客观两个方面的原因,不可一概而论。说南京这个地方命里注定是不适合成为都城的,这是地地道道的唯心主义的宿命论。

第二,皇气破坏说。这一点似乎与第一点有时还联在一起。有人解释了为什么在南京建都的朝代寿命都很短,其说法是原本虎踞龙蟠的帝王之都金陵之皇气被秦始皇破坏了。

秦始皇统一天下,当时六国的旧贵族心怀怨恨,时时伺机复国。所以秦始皇总是隔三差五带着大批人马出行,大概就是为了摆给六国的那些不服气的人看看,我就是当今一统天下的皇帝,你们谁敢动呢?但从真实的内心角度来讲,恐怕秦始皇还是有着阵阵的恐惧,就怕有人夺他的天下。有一次,秦始皇出行至山东一带,底下有人说:"东南方向有皇气!"秦始皇一听,立即下令寻找所谓的王气所在地,这一找还真找到了,就在金陵南京。于是他要破坏金陵的王气,怎么破坏?就是把淮河水引进金陵及其四周的山脉水系,由此开凿疏通了一条河,这就是如今在南京城内外蜿蜒流淌的秦淮河。这个民间的迷信说法传了千余年,一直传到了明朝,也传到了今天,它同样成为当年朱元璋选择建都南京时所必须考虑和面对的咒语。(参见【清】吕昭燕:《江宁府志》;《金陵志》;【晋】陈寿:《三国志·吴书·张纮传》第8)

第三,历史经验。从中国历史上定都北方的朝代来看,它们的寿命一般都比较长,其有个明显的优势特征就是定都北方。这样更有利于对构成中原王朝最大威胁的北方游牧民族加强军事控制与武力应对,从而能保证大一统帝国的长治久安。

熟悉中国历史的读者都知道,在历史上中国北方少数民族明显地比南方少数民族要好斗,带有更大的攻击性。它们常常"不安分"地从游牧区南下侵扰到农耕区,譬如秦汉时期的匈奴族,隋唐时期的突厥族,宋朝时的女真族,宋金对峙时的蒙古族,等等。这些马背上的民族,在冷兵器时代的战斗中显得格外英勇善战(冷兵器时代指的是刀和剑为主要武器的战争时代,而与之相对的是火药、弹药等热兵器。热兵器作为主要的作战武器在中国真正推广开,那是到了明朝末年才开始的)。生猛的北方游牧民族经常地从北方非农业区南下侵入中原地区,给当时的大一统帝国王朝带来了无尽的烦恼与痛苦。可以这么说,中国历史上的好多王朝都曾受到北方少数民族的南下骚扰,一旦发生战事,相对而言,建都北方势必将大一统帝国的政治和军事重心投在了北方,就可以迅速地就近调集军事力量来应对,这比建都南方要更具优势。所以从这个角度来讲,汉唐明(迁都北京)清之所以长寿,不能不说与此存在着一定的关联。

第四,地理位置不利。这一点不难想象,因为南京相对于大一统帝国的版图来说,有些偏东南了。不管是从国家的事务管理上来讲,还是从战略位置上来说,都不是太方便。一方面,北方人尤其是西北人假若有什么事情要来一趟京城南京真够远的了(地理学上讲,中国版图最为中心的地区应该是在西安和兰州这一带),而假若将都城设在中原一带,这样的问题就不凸出了;另一方面,就是上面提到的定都南京对抵御北方游牧民族的南下侵扰,颇有鞭长莫及和有力使不出来的缺憾。洪武六年三月,朱元璋在中都城隍神主安置祝文中就曾这样表述:"朕今新造国家,建邦设都于江左(指建都南京),然去中原颇远,控制良难。"(《明太祖实录》卷80)

第五,没有军事要隘。虽说南京北有长江天堑,东南有紫金山,东北有幕府山,西北有狮子山,西南有聚宝山即雨花台,相对于南方其他地区来说,它确实说得上是虎踞龙蟠,形势险要;但若将它与北方的那些层峦叠嶂的高山峻岭相比,那简直是小巫见大巫了。因为南京周围的这些山岭都不高,即没有相对很可靠的自然屏障,所以如果以南京作为大一统帝国权力中心的都城,就没有什么可以很靠得住的军事要隘了,当然除了长江天堑以外。对此,朱元璋曾说过这样的话:"当大军初渡大江之时,臣(朱元璋自称)每听儒言,皆曰有天下者,非都中原不能控制奸顽。"(【明】朱元璋:《高皇帝御制文集·中都告祭天地祝文》卷17;【明】袁文新:《凤阳新书》卷4)

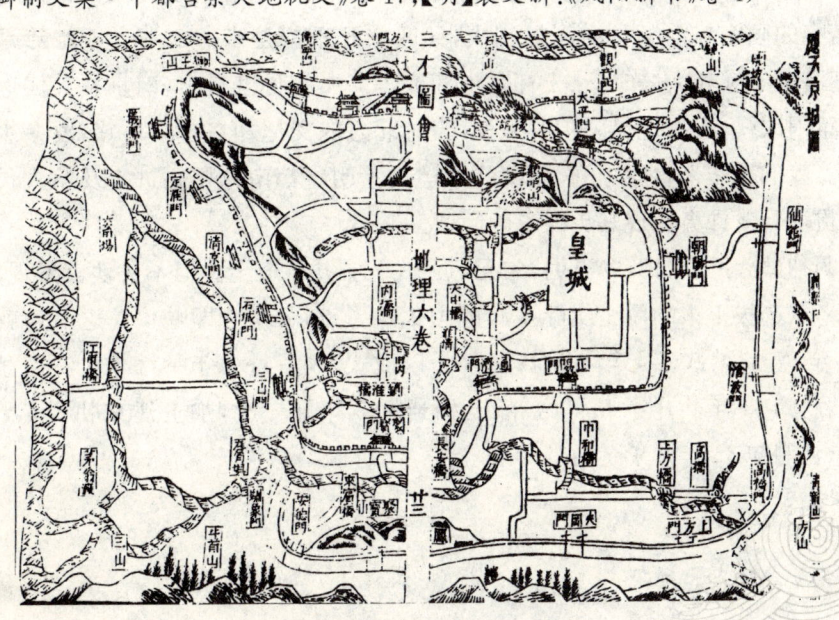

明代南京应天城图(明代版画)

● 南京成为大一统帝国都城的亮点：号称虎踞龙蟠当真不能成为都城吗？

非矣！

首先，从财政经济方面来看，我前面已经提到过，宋元时期中国的经济中心和重心已经逐渐南移了。史书对当时的情况有记载："天下财赋出于东南，而金陵为其会。"（【明】丘浚：《大学衍义补·备规制 都邑之建》卷85）就是说天下的赋税，即国家的财政经济收入，一大半出自东南地区——主要指江浙两省，这里既有"天下粮仓"之称的长江三角洲大谷仓，又有全国棉纺织业中心——松江、全国丝织业中心——苏州、杭州和盐业中心——扬州，而这些如星星捧月似地都"围在"了南京的周围，南京成为这些物资的集散地。所以说，南京是当时东南与南方各省经济的枢纽，也是全国经济的重心，甚至可以说就是全国经济的中心。有这么得天独厚的物质基础为背景，南京作为大一统帝国的都城就绝不会有物质经济之忧，这是定都北方所绝对无法比拟的。

其次，除了经济因素以外，文化因素也是不可忽视的。

宋元以后，中国的文化中心也已经转移到南方来。元末时期的很多著名的文人画家、戏曲家、艺术家等等大都出自南方，比如元代著名的戏曲家关汉卿是江西人、著名的画家赵孟頫是浙江湖州人，元四家几乎都是南方江浙人或祖籍是江浙的，还有文学家和大儒宋濂、王祎是浙江人等。由此可以看出，南京及其江南地区文化氛围浓厚，人杰地灵。相对来说，当时北方的文化却在走下坡路，没多少文化氛围。我们不妨来看看下列《从洪武到建文大明定都南京甲科进士及第人员名录与籍贯表》，或许会发现其更能说明问题。

明初洪武三年（1370）五月，朱元璋正式下诏开科取士。但不久他就发现：通过科举考试选拔上来的儒士实际从政能力欠缺了点，于是立即喊停。这一停就停了10多年，直到洪武十七年再次恢复并予以成式，以后每3年举行1次。通盘算起来，洪武朝31年共开了6科，实际上相当于5年开一次，加上建文朝4年开了1次，总计明初35年开了7科。

从洪武到建文大明定都南京甲科进士及第人员名录与籍贯简表

	会试第一名会元	殿试第一名状元	殿试第二名榜眼	殿试第三名探花
洪武辛亥科	浙江仁和俞友任	江西金谿吴伯宗	山西壶关郭翀	浙江丽水吴公达
洪武乙丑科	江西分宜黄子澄	福建建阳丁显	江西新淦练子宁	浙江仁和花纶
洪武戊辰科	南京常熟施显	湖北襄阳任亨泰	福建闽县唐震	浙江宁海卢原质
洪武辛未科	南京贵池许观	南京贵池许观	福建宁化张显宗	福建邵武吴言信
洪武甲戌科	陕西凤翔彭德	浙江定海张信	甘肃真宁景清	浙江奉化戴德彝
洪武丁丑科	江西泰和宋琮	福建闽县陈𨬮	江西泰和尹昌隆	浙江山阴刘谔
血色南榜后北榜		山东武城韩克忠	山东长清王恕	江西乐平焦胜
建文庚辰科	江西崇仁吴溥	江西吉水胡广	江西吉水王艮	江西庐陵李贯

（史料来源：【明】谈迁：《国榷·部院下·甲科》卷首4；《明太祖实录》）

由上表我们不难看出以下几个特点：

第一，从洪武到建文，大明定都南京期间总共举行了常规性的7次全国科举考试（洪武丁丑年第二科属于非常规，不计算在内），录取了会元和状元、榜眼、探花"三鼎甲"总数为28人，其中江南籍的有25人，占了总数的约89%，北方只占了约11%。由此进一步说明了当时全国顶级的文化才子都出自南方，尤其是江南。

第二，在全国文才云集江南的情势下，明清科举史上首次出现了"三元及第"者，即洪武辛未科中明代南京贵池许观（后恢复本家姓黄，故又名黄观）。有明一代总共两度出现了"三元及第"的千古佳话，一位中选者就是明初洪武年间的黄观，另一位中选者则为明朝中期浙江淳安的商辂，他俩都是江南地区人。

第三，在由洪武到建文中式的会元和状元、榜眼、探花"三鼎甲"总数为28人中，其中历史文化名人就有20人，分别是吴伯宗、黄子澄、练子宁、花纶、任亨泰、唐震、卢原质、黄（许）观、张显宗、张信、戴德彝、宋琮、陈𨬮、吴溥、胡广、王艮、李贯、尹昌隆、景清等，约占其总数的71%，他们都自来南京四周的江南（景清除外，他是北方籍的）。

第四，除了会元和状元、榜眼、探花"三鼎甲"外，队伍蔚为壮观的三甲三等中也有好多江南籍的优秀人才，譬如建文庚辰科中不仅有吴溥、胡广、王艮等顶级文才，还有众所周知的《永乐大典》总主编解缙，有趣的是被人誉为"大明第一大才子"或言"东南第一大才子"的解缙却在当年科举考试中只位列三甲三等。

第五，从洪武到建文，定都南京的35年中大明帝国总共举行了常规性的7次全国科举考试，其中洪武乙丑科、戊辰科、辛未科、丁丑科和建文庚辰科5次录取的会元和状元、榜眼、探花"三鼎甲"顶级文才全是南方籍的,而北方籍考生却5次"剃了光头"。

就此不难看出,元明之际全国优秀文才大都出自南方,中国文化重心和中心已经完全转移到南方了。

● 洪武时期大明帝国定都南京的五大缘由

这样看来南京作为都城还是有不少亮点的。眼看帝国建立迫在眉睫,在何处定都却实在是个不容忽视的问题。朱元璋经过再三斟酌,还是决定定都在南京。对于定都南京的不利因素,朱元璋心中非常清楚。然而是什么原因让他毅然舍弃或者说是忽略了这些不利因素的影响呢?我想大致有以下五个方面的原因:

第一个方面,财力不够。大明刚刚开国,百废待举。从最为现实的角度来讲,当时的国家财力并不是非常雄厚的,如果折腾一番到别处大兴土木去建都,无疑是要耗费很大的物力、财力,这对刚刚建立的帝国不啻是一项沉重的负担。吴元年(1367)正月即洪武开国前一年,朱元璋曾跟中书省大臣描述他所看到的社会现状:"予亲历田野,见人民凋弊(通'敝'),土地荒芜,失业者多,盖因久困兵革,生息未遂。"(《明太祖实录》卷22)既然如此,底层出身的新皇帝要是脑子不被驴踢了的话,是绝不会去做过度劳民伤财的事情了。

第二个方面,感情因素。从攻占集庆到建立大明帝国,朱元璋在南京前后已经待了十二年。在这十二年中,为了守住这一方"虎踞龙蟠"之地,他着实花了一番心血、应对了很多劫难。这期间在世人百姓中他的称呼也发生了改变,从最初被称为江南等处行中书省平章(【明】钱谦益:《国初群雄事略·宋小明王》卷1引《龙凤事迹》)到江南等处行中书省左丞相(【明】钱谦益:《国初群雄事略·小明王》卷1引叶子奇《静斋文集》),从吴国公(【明】钱谦益:《国初群雄事略·宋小明王》卷1)再到后来的吴王(《明太祖实录》卷14),如今已成了声名显赫、威震四方的"大明皇帝",个中酸甜苦辣外人恐难体会。可以这么说,南京是朱元璋打天下的中心根据地和大本营,同时这块热土也见证了他一路的艰辛和丰功伟绩。

第三个方面,应天根基。虽说朱元璋很节俭,但从攻占集庆那天起到考虑定都,前后也有好些年头。这些年,朱元璋在南京城内外也还是陆陆续续搞了很多城池建筑,即类似于我们现在术语中所讲的"城市建设"。

朱元璋来南京最初是居住在南京城南的富户王彩帛宅第里,虽说是富户府第,但毕竟是私人住宅,条件有限。所以后来随着政权的扩大,他迁入了元朝江南"行御史台"办公地(《明太祖实录》卷18)。龙凤十年(1364)正月,朱元璋自称为吴王,这里便改称为吴王府,其位置大致在今天南京城南内桥王府园一带,即后来人们熟知的吴王府。在当年吴王府边上南京城至今还有一条街,名字就叫"王府大街"。过了两年即龙凤十二年(1366)八月,朱元璋下令"拓建康城。初建康旧城,西北控大江,东进白下门外,距钟山既阔远,而旧内在城中,因元南台为宫稍庳隘。上乃命刘基等卜地,定作新宫于钟山之阳,在旧城东、白下门之外二里许,故增筑新城,东北尽钟山之趾,延亘周回,凡五十余里,规制雄壮,尽据山川之胜焉"。(《明太祖实录》卷21)

这是说,朱元璋嫌原来的吴王府宫殿又低又小,决定扩大应天旧城,并建造吴王新宫于紫金山的南面,到1367年九月完工,这就是朱元璋称帝前的新吴王宫。出于军事上的考虑,他又在南京周围搞了些城防建设。所以南京作为未来皇城已具雏形,真可谓"麻雀虽小,五脏俱全"了。如果舍弃这些现成的建设到别的地方建都,朱元璋这么节俭的人肯定是舍不得的。

第四个方面,中坚反对。朱元璋身边的这些开国大臣们,大多来自淮右的凤阳、定远乡下,原本世代为农,他们来到南京,心理上觉得已经很不错了。而且这时他们的岁数大都在不惑之年,人上了年纪可不像年轻人还有闯劲,假如执意要让他们到北方去当官,定然不接受。由于自己已经不再年轻了,妻儿老小都在南方,这么地背井离乡去了北方,吃也吃不习惯,住也住不舒服。谁愿意啊?总之在考虑迁都时,大臣们反对声一片。不说这些淮西乡下农民或盲流出身的人,就连后来朱元璋的儿子朱被分封到了北方的开封,有空没空也老往南方凤阳等地"溜达溜达"。(《明史·诸王一》卷116)

第五个方面,儒士影响。用一句今日时髦话来说,朱元璋政治上开窍最早恐怕是在经略定远时遇到冯氏兄弟后,冯国用的一席话让他茅塞顿开:"金陵龙蟠虎踞,帝王之都,先拔之以为根本。然后四出征伐……天下不足定也。"(《明史·冯胜传附冯国用传》卷129)朱元璋听后"大悦"。后来陶安等人又多次强调定都南京的重要性:"金陵,古帝王之都,龙蟠虎踞,限以长江之险。若取而有之,据其形,胜出兵以临四方,则何向不克?"(《明太祖实录》卷3)大明开国前几年,为朱元璋所倾心的宁海儒士叶兑也曾进言道:"夫金陵,古称龙蟠虎踞帝王之都。借其兵力资财,以攻则克,以守则固,百察罕能如吾何哉(即说一百个察罕帖木儿又能将金陵朱元璋奈何)?……(为今之计)宜如鲁肃计,鼎足江东,以观天下之衅,此其大纲也。"(《明史·叶兑传》卷135)对于定都南京的重要性经由儒士们的反复强调,朱元璋及其统治集团核心圈内影响决策的关键人物不能不受影响。洪武三年定宴飨乐章,其中有一曲就叫"三奏《安建业之曲》,名《庆皇都》",其中的歌词为:"虎踞龙蟠佳丽地,真主开基,千载风云会……"(《明史·乐志三·乐章二》卷63)歌中南京"虎踞龙蟠",是三国时代著名政治家、军事家诸葛亮最早提出的,已为世人所熟知;"真主开基"即指朱元璋在南京开创大明,实乃千年历史中难得的风云际会。换言之,定都南京建立大一统帝国,朱元璋为第一人。这话一点也不过分!

● 都城决胜"大比拼",南京"力挫"诸雄

但在正式确定定都南京之前,朱元璋和大明帝国大臣们还曾有过许多其他的建都选项。那么究竟有哪些建都选项?为何这些地方最终都落选了呢?

选项一:洛阳。大约在大明开国的第二年八月,山西、陕西等地被北伐军攻下,这样,除了塞外,整个北方地区都归入大明帝国的版图。就在这时,有人向朱元璋提出了以洛阳为帝国都城的主张,"或言洛阳天地之中,四方朝贡道里适均",即认为洛阳才是全国的地域中心,天下四方来洛阳朝贡距离相等,而且在中国历朝历代中定都洛阳的朝代很多,有几个朝代的寿命还挺长的,朱元璋也曾为之心动过。但考察下来发现,洛阳当时也已经破败不堪,如果在这样的废墟上从头开始,花血本给它做做"包装",无疑要耗费百姓巨大的物力和财力(《明太祖实录》卷45)。这是天下初定时最为犯忌的事情。

选项二:长安。从地理位置来讲,长安(即今日西安)倒是真正位于大一统帝国版图的中心,地势又险要,是历代中原王朝理想的定都地方。"或言关中险固,金城天府之国"(《明太祖实录》卷45)。但问题是当时关中地区的经济已经衰退,定都于此必然面临两大难题:第一,要重新兴建都城,原本汉、唐长安城基本上都在战火中被焚毁,必须另起炉灶,从头再来;长安又在洛阳的西边,而要用从全国最富庶的江南提供过来的物资财力来支撑这里的都城建设,那可更加费神费力;第二,定都长安,粮食物质还得依赖于江南,漕运线路可比汴梁和洛阳还要远,这就更要加重人民的负担。对人民剥削得太厉害了,他们活不下去就会起来造反,这是朱元璋切身体验到的。当时他就说:"建都长安,'漕运艰难,且已之'。"(【明】刘辰:《国初事迹》《明太祖实录》卷45)。于是长安作为大明帝国的都城又被排除了。

选项三:北京。徐达北伐军是洪武元年(1368)八月攻克元大都北京的,这时距离朱元璋开国仅仅过了8个月,也就是百业待兴的大明帝国定都北京不是没有这种可能,且当时还有人提出过,对此洪武帝是这样答复:"若就北平要之宫室,不能

无更作,亦未易也。"(《明太祖实录》卷45)

选项四:汴梁。最初北伐军由徐达统一带领,按照朱元璋制订的作战计划,非常顺利地拿下了山东、河南,从而成功地进驻中原重镇——汴梁。汴梁就是现在的开封,这个城市曾经引起了朱元璋的高度重视。朱元璋对汴梁的最早认识,可能来自于他当年参加起义时红巾军当中喊出的一句响亮口号:"山河奄有中华地,日月重开大宋天。"(【明】刘辰:《国初事迹》)红巾军口口声声要恢复大宋天下,而大宋帝国最早就以汴梁作为自己的都城。这个汴梁曾经盛极一时,有一幅中国古代名画——《清明上河图》为证。现在好多学者认为,十一世纪时汴梁可能是个突破百万人口的大城市。如果将它与同时期西欧正在兴起的中世纪著名城市,如法国的巴黎、英国伦敦相比,那么北宋的汴梁简直就是国际超级大都市了(巴黎与伦敦当时的人口都不到10万)。然而这么一个繁荣发达的国际超级大都市,随着金兵的南下却在一夜之间烟消云散了。

○ 南北两京诏——南北两京制

250年后,随着北伐大军的一路顺利进军,尤其占领汴梁的消息传到应天南京,有人进言:"君天下者宜居中土,汴梁宋故都"(《明太祖实录》卷32),劝新皇帝定都于此;有人说:"汴梁亦宋之旧京","就之可省民力者"(《明太祖实录》卷45)。为此,朱元璋踌躇满志地来到了汴梁,但现实却与心中的美好理想形成了极大的落差,展现在新皇帝面前的是:昔日繁荣不再,剩下的只是一片瑟瑟萧条的景象。由于金兵南下抢掠和北方红巾军与元兵长期交战,黄河水又时常泛滥为害,整个汴梁及其周围地区满目疮痍,民不聊生;另外,军事上汴梁也确实没什么险要的自然屏障可据,一旦敌人来犯,四面受敌,无险可守。换句话来说,从军事地理形势角度来看,它还不如南京。(【明】刘辰:《国初事迹》)北宋就是这样一夜之间被金兵灭了,因此,以汴梁作为都城确实也不妥。

但有人又提出这样的观点,汴梁是宋朝旧都,漕运方便;又有人说汴梁地处南北适中,定都于此处理事务各地都便捷,所有这些着实给朱元璋出了一道难题:"朕观中原土壤,四方朝贡,道里适均,父老之言,乃合朕志,然立国之规模固重,而兴王之根本不轻。"于是从大一统帝国全方位角度出发,他模仿中国古代两京之制,洪武元年(1368)八月,颁发南北两京制诏书,其中说道:"朕惟建邦基以成大业、兴王之根本为先,居中夏而治四方,立国之规模最重。自赵宋末世夷狄入主中国,今百有余载,其运乃终,群雄分争,未有定于一者,民遭涂炭亦已极矣!朕以布衣当扰攘之际,拔身行伍,率众渡江,荷天地眷佑、祖宗积德、臣下宣忠、将士用命,西平陈友谅、东灭张士诚、南靖闽广、北有中原,武功大定,混一之势已成。十七年间,凡粮饷军需百物科征,民无休息,而江左一方烦劳尤甚,遂收天下平宁之效。今观汴梁位置居中,四方朝贡,道里适均,其以金陵为南京、大梁(即汴梁)为北京,朕于春、秋往来巡狩。播告尔民,便知朕意。"(《明太祖实录》卷34;《明史·太祖本纪二》卷2)

朱元璋说:"他打算在一年当中春秋两季来回南北两京轮流巡狩'办公',这样可弥补地域上的不足,同时也为当时徐达为首的北伐军进入关中和西北地区设置了一个北方军事补给基地。"(【清】张廷玉:《明鉴纲目》)但在后来的北伐中,徐达的军队一路顺遂,而与此同时,南方消灭东南割据势力的战斗也在进行,加上在南京城里建立起来的已经初具规模的帝国政权也不能长时间地离开这位君主,于是朱元璋就返回应天南京了。

这一南一北两京方案从理论上确实是解决了好多问题,但在具体的操作中又带来的新的疑难:天下尚未全定,中国经济中心已转移到南方,要营建汴梁为北京,势必要让全国最为富庶的东南地区"出资"、天下百姓出力,这是很不划算的,弄不好会劳民伤财;再说汴梁本身就有北宋的历史前鉴,所以朱元璋对定都问题还是没有很好地落实下来。

● 朱元璋要以老家作为天下之都　明初两京变成三京
凤阳:从中立府到凤阳府

选项五:濠州(凤阳)

鉴于在北方建都有如此多的困难,朱元璋曾经提出这样的一种构想:南京以长江为天堑,龙蟠虎踞,为"江南形胜之地,真足以立国",可以作为都城,但在地域上偏向了东南,"去中原颇远,控制(北方)良难"。为解决南京这个地域上的"缺陷",他在南京的北边临近中原的地方考虑建个都城,来补救定都南京的不足。此时首先想到的是自己的家乡临濠府(原名濠州,吴元年改名临濠,后又改名为凤阳),临濠距离中原较近,南临长江,北濒淮水,运输方便。如果以此为都,就能解决定都北方带来的交通运输不便问题。(《明太祖实录》卷45)

就此,他召集众臣征询意见,"上(指朱元璋)召诸老臣问以建都之地,或言关中险固,金城天府之国,或言洛阳天地之中,四方朝贡道里适均,汴梁亦宋之旧京;又或言北平元之宫室完备,就之可省民力者。上曰:所言皆善,惟时有不同耳。长安、洛阳、汴京,实周、秦、汉、魏、唐、宋所建国,但平定之初,民未苏息,朕若建都于彼,供给力役,悉资江南,重劳其民;若就北平,要之宫室不能无更作,亦未易也。今建业,长江天堑,龙蟠虎踞,江南形胜之地,真足以立国;临濠则前江后淮,以险可恃,以水可漕。朕欲以为中都,何如?"(《明太祖实录》卷45)

以李善长为首的一大批跟随他龙飞淮甸的文臣武将自然都表示赞成,只有刘基等极少数几个大臣反对。在心理上有个专门术语叫"合群思维","合群思维"往往发生在决策过程中,由于某个领袖人物个人的威望所产生的巨大的影响力,人们在讨论决策时往往以领袖的个人威望来取代了对被决策事情的理性判断,个人自觉或不自觉地服从多数,从而影响了决策的本身理性思考。洪武君臣以临濠为中都进行决策讨论就是合群思维占据绝对优势的一个典型例子,没人能够或愿意听从刘基等几个人的微弱的反对声,一拍脑袋就上马了。

洪武二年(1369)九月,朱元璋正式下诏以临濠为大明的中都,命令有关部门开始"建置城池宫阙为京师之制"(《明太祖实录》卷85),同时将临濠府改名为中立府,"取中天下而立,定四海之民之义也"。(【明】柳瑛:《中都志》卷1)意思是以天下之中的临濠立为都城,来管理全国。由此,明初两京变成了三京。洪武七年(1374)朱元璋又将中立府改为凤阳府,并将临淮县的太平、清乐、广德、永丰四乡等地划为一个特殊行政区,名为凤阳县(《明太祖实录》卷92),"以在凤凰山之阳,故名"。(《大明一统志·中都·凤阳府·凤阳县》卷7)

○ 朱"和尚"读歪经:历代皇帝圣人定都都会定在自己家乡?

自洪武二年九月下诏建造中都那一刻开始,朱元璋心里爽透了,尽管有不和谐的声音,但这又算得上什么呢?在中国自古以来权位高势能者天生就是"圣人",全知全能,不仅是政治角斗场上的英雄,又是学术领域内学科带头人、攻关健将,否则怎么现在满大街的大学校长个个都是博导、专家学者;至于"人民公仆"的学历那更是不得了了,就连大学校门在何处都不知道就能轻轻松松地拿到该大学的博士文凭,弄到最后正儿八经进大学门、专心苦读的人反而学历最低,也就成了最没文化的了。朱元璋这个600年的前"圣人"尽管是文盲或半文盲出身,尽管"诚实"得十分可爱,也没什么学历文凭,但他的学问却是顶尖一流的。为了证明自己建都家乡的合理性,除了胡说八道凤阳的"地理优势"——"临濠,则前江后淮,以险可恃、以水可漕"(《明太祖实录》卷45)之外,还专门进行了历史学术考证,在御制《阅江楼记》中这样写道:"朕闻三皇五帝下及唐宋,皆华夏之君,建都中土。《诗》云:邦畿千

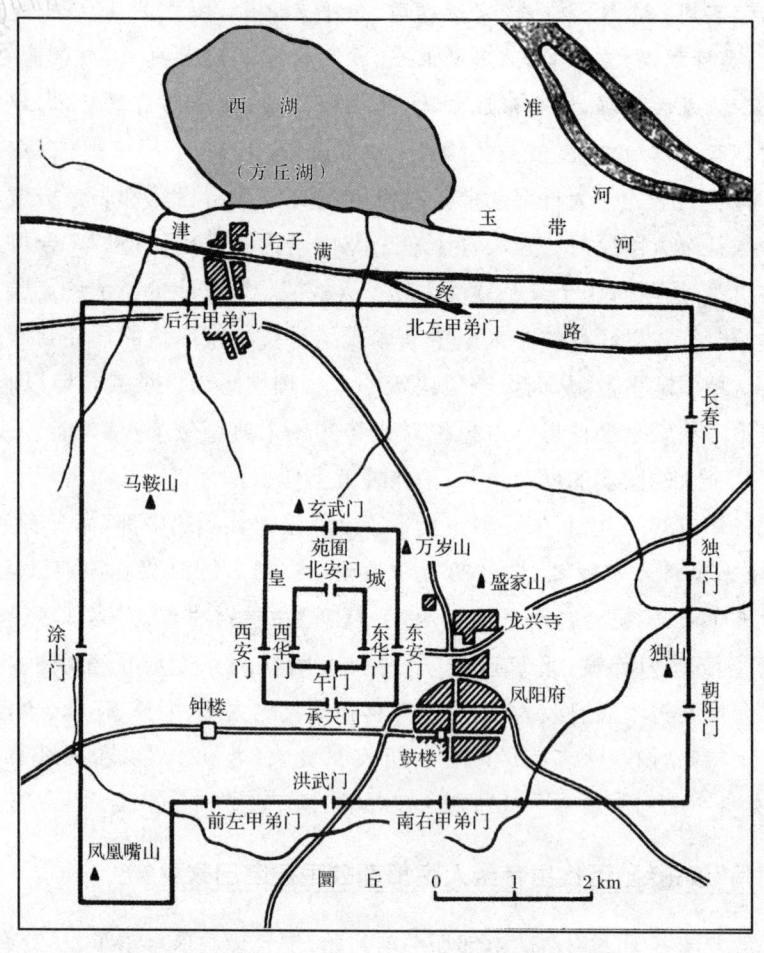

明中都地图（地图来源：夏玉润《朱元璋与凤阳》）

里,然甸服五百里外,要荒不治,何小小哉?古诗云:圣人居中国而治四夷,又何大哉?……且如帝尧之居平阳,人杰地灵,尧大哉圣人,考终之后,舜都蒲坂,禹迁安邑。自禹之后,凡新兴之君,各因事而制宜,察形势以居之,故有伊洛陕右之京。虽所在之不同,亦不出乎中原,乃时君生长之乡,事成于彼,就而都焉,故所以美称中原者为此也。孰不知四方之形势,有齐中原者,有过中原者,何乃不京而不都?盖天地生人而未至,亦气运循环而未周故耳。"(【明】朱元璋:《阅江楼记》,《全明文》第1册,上海古籍出版社1992年第1版,P173,以下省略版本,只标页码)

　　这一段文字讲的什么意思呢?朱元璋引经据典,说尧虞舜以至于唐、宋的历代君主中没有一个不是以天下之中作为首都的,这就是中国传统"圣经"中《诗经》里所说的"圣人居中国而治四夷"。那么尧、舜、禹他们的都城都不在一个地方是怎么一回事呢？朱元璋发现这些"圣人"的家乡各不相同，所以他们的都城也就不在同一个地方了，尧都平阳、舜都蒲坂、禹迁安邑，但都是以各自的家乡作为天下之都！这就是"乃时君生长之乡，事成于彼，就而都焉，故所以美称中原者为此也"。由此引申出：朱"圣人"出自濠州，建天下之都在此于史于经都相吻合，就差一点说，这是历史的必然选择，是中国人民最强烈的愿望，代表着先进的理念，代表着先进的阶级……如此"圣人"考证，弄得从事历史研究者都没饭吃了，弄得能掐会算的"大神人"灰溜溜地回家"待岗"了。洪武四年刘基就建都临濠作最后一次进谏："中都曼衍，非天子居也。"（【明】谈迁：《国榷》卷4）朱元璋哪听得进，临濠是"圣人"出生的地方，无论如何要打造成天下最为光彩夺目的华丽之都，要做大做强。

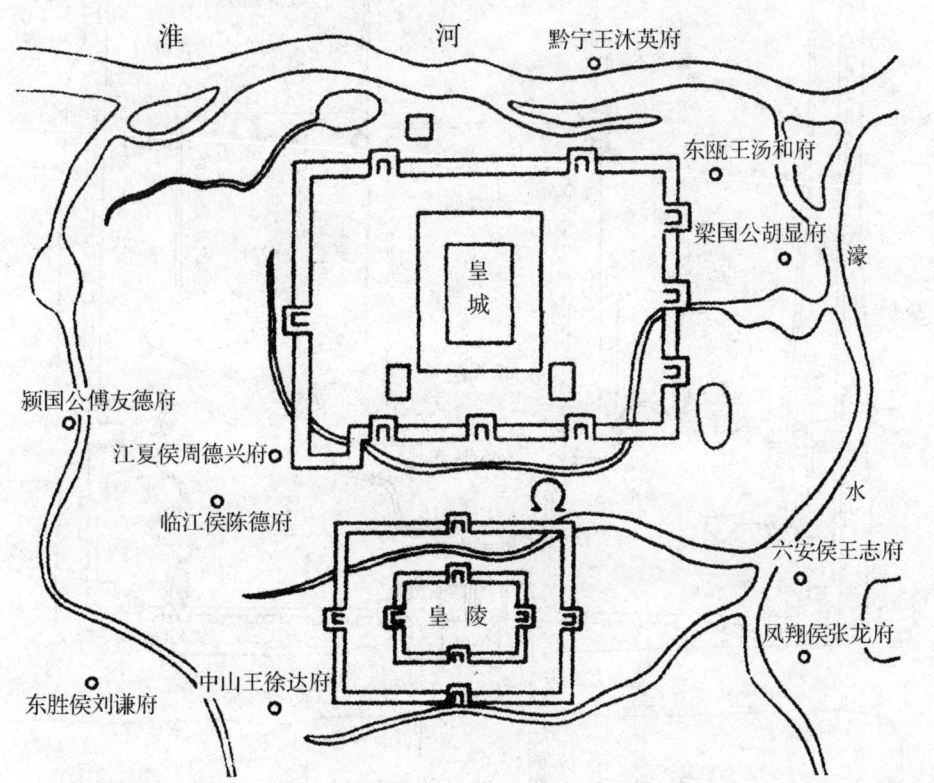

朱元璋在凤阳为开国功臣建造的府邸示意图（图片来源：夏玉润《朱元璋与凤阳》）

当时凤阳专门设立了一个"行工部"，具体负责中都城建，由提前"内退"的宰相李善长、将军汤和、吴良和工部尚书薛祥等督工，建造在临濠府治西南20里的凤凰山正南方。由于洪武皇帝已经发布指示："（中都）建置城池、宫阙，如京师（指南京）

之制。"(《明太祖实录》卷45)因此凤阳中都工程建设规模浩繁,耗资惊人,进度也就十分缓慢。洪武六年六月,中都皇城(皇城是指皇帝居住的地方,明以前称宫城,明初改称皇城,万历时期又改称宫城)建成,城"高三丈九尺五寸,女墙高五尺九寸

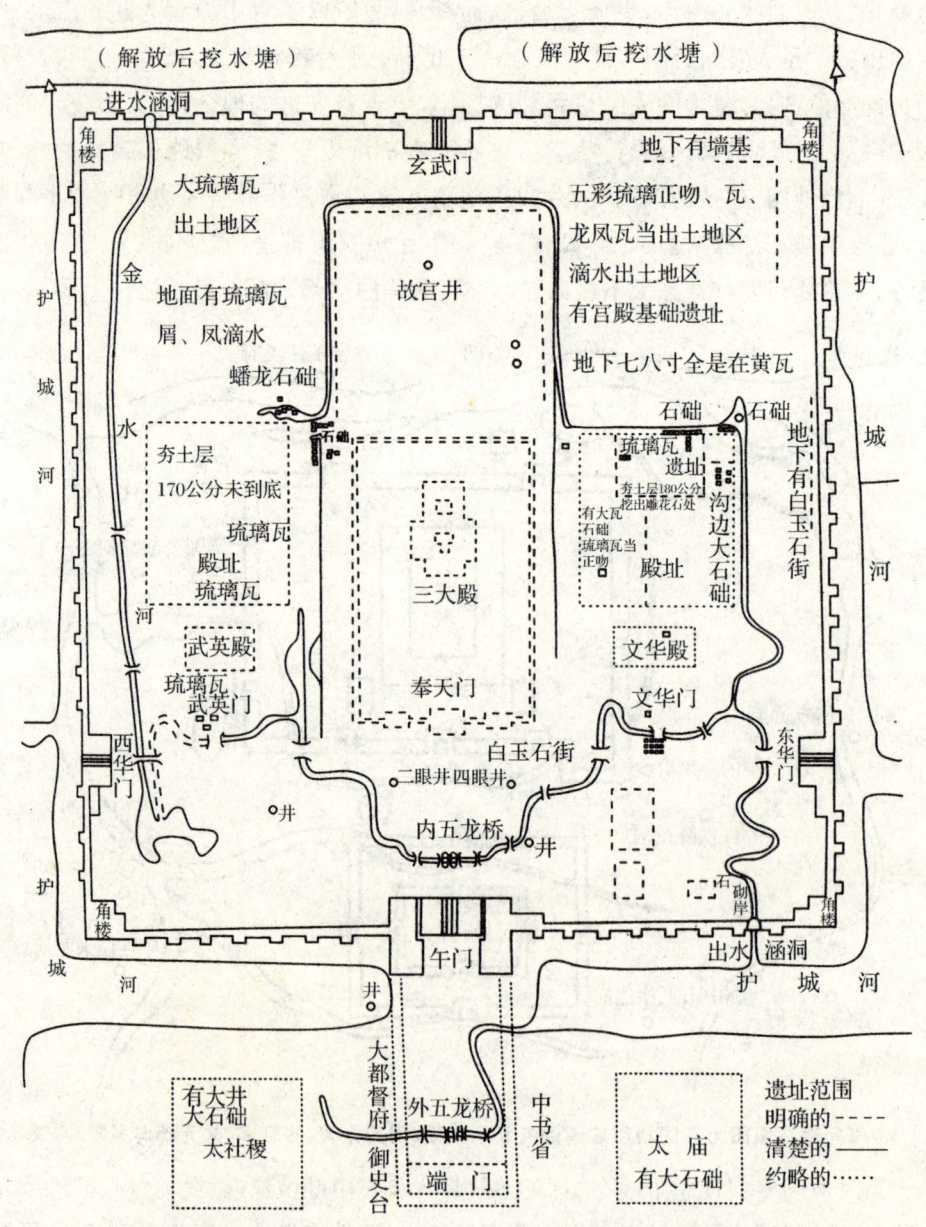

明中都皇城遗址图(图片来源:夏玉润《朱元璋与凤阳》)

五分,共高四丈五尺四寸五分,午门、东华门、西华门城楼台基俱高五尺九分,午门东南、西南角楼台基与城楼台基同,玄武门城楼台基高五尺九寸五分,其东北、西北角楼台基亦与城楼台基同。御道踏级文用九龙四凤云朵,丹陛前御道文用龙凤、海马、海水、云朵,城河坝砖脚五尺,以生铁镕灌之"。(《明太祖实录》卷83)

  这还仅仅是宫城,按照后来京师南京的规制,宫城之外还有皇城、京城,甚至外廓城,等等,这样算下来,中都建设在洪武六年时仅仅完成了一部分,朱元璋多次下令催促,甚至还要亲自回去瞧瞧。就在洪武八年(1375)四月那次视察后,他突然下令停工。当时已建工程有皇城(实为宫城)、皇陵、宫殿、太庙、太社稷、圜丘、方丘、日月山川坛、城隍庙、开国功臣庙、历代帝王庙、钟鼓楼、大都督府、御史台、中书省、会同馆、国子监、百万仓、观象台、六公二十七侯府宅、十王四妃墓、禁垣等。花了六年的物力、财力和劳力却最终未能按照事先的设想全部造好,以朱元璋力求完美的心理特征来说,绝对不应该出现这样子的"半拉子"工程。那么为什么在中都凤阳的都城建设中却发生了?主要原因有三个:

○ 中都凤阳为什么是个"半拉子"工程?

  第一,大明帝国的主要谋臣刘基的竭力反对。刘基认为中都这个地方军事地理形势与汴梁很相像,没有什么很好的险要形势可作凭借,建都于此,军事上很不保险,不适宜作为帝王之都。但当初朱元璋哪儿听得进啊,可刘基还是不断地进谏。洪武四年(1371)三月,朱元璋从中都建筑工地上视察回南京,刘基提出告老还乡,临别前再次规劝道:"凤阳虽说是陛下您的家乡,可不是建都的地方啊。现在已经在建了,但绝不适宜皇帝陛下您去居住!"朱元璋还是听不进,由此君臣之间弄得很不愉快。(《明史·刘基传》卷128)

  第二,发生了"厌镇法"事件。尽管刘基多次竭力反对兴建中都凤阳,可朱皇帝还是一意孤行,并乐此不疲地往来南京与凤阳之间溜达、视察。洪武八年(1375)四月的一天,朱元璋到中都"验功赏劳"(《明太祖实录》卷99),无意间发现好像有人拿了兵器在敲击宫殿的殿脊。当即就问凤阳中都建设的"总指挥"李善长、薛祥,李善长解释说:"发生这样的事情,是有一些做工的工匠在用'厌镇法'表示不满。"这种"厌镇法"也叫"厌胜法"或"压镇法",是古代方士们常用的一种巫术,通常是以诅咒等方式来达到将所憎恶的人或物制服的目的。朱元璋一听是这等事情,当时就来火了,打算将与"压镇法"有关的所有人员全部处死,但被在场的工部尚书薛祥等官员劝阻。薛祥等人说:"为了营建中都,中书省的工部已将其所辖的"将近九万"

的工匠(【明】朱元璋:《御制大诰三编·工匠顶替》第30,P716)几乎全部都安排到凤阳来做工了。另外,还有几十万军士、罪犯和民夫也被征发到了凤阳工地从事工程建设,所以说,当时凤阳工程建设总计劳动者可能要达20万人左右。朱元璋要将与"压镇法"有关的人全杀了,中都凤阳岂不血流成河!而之所以发生"压镇法"事件,完全是由于中都建设者命运悲惨,"多以疫死,盖盛暑重劳,饮食失节,董其役者又督之太急,使病无所养,死无所归"。(《明太祖实录》卷75)

了解了事情的前因后果后,朱元璋受到的震动很大。元朝亡国之鉴就在眼前,从一定程度上来讲,没有元末近20万军民修治黄河,进而引发红巾军大起义,哪来朱元璋现在的大明天下?而老百姓之所以要冒杀头和灭族的风险起来造反,就是因为徭役赋税太重,活不下去了。这下朱元璋清醒多了,意识到这样建都下去,后续问题愈发严重。

第三,"压镇法"事件引发了朱元璋对中都建设的反思,回想起整个中都营建决策过程中,几乎赞成的都是淮右地区出身的文臣武将。刚巧回到南京后没几天,又听说军师刘基死了,且据小道消息讲:刘基是被淮右功臣勋贵集团中的中坚骨干胡惟庸害死的。由此他马上联想到,如果在凤阳继续营建都城,不仅使得当地社会不得安宁,更大的隐患还在于,一旦正式在那里建都了,淮右功臣勋贵们就会如鱼得水,利用家乡盘根错节的宗族、乡里关系,拼命扩大其个人势力,从而构成对皇权的巨大威胁。想到这些,朱元璋几乎吓出一身冷汗,马上下令停止中都建设,放弃定都凤阳的计划。为此他还祭告天地,特地向皇天后土请罪。(《明太祖实录》卷99)就这样整个凤阳都城建设成了一个半拉子的工程。

这个"半拉子"工程后来怎么收摊呢?洪武十六年四月,朱元璋下令将剩下的石材、木料等建筑材料就近兴修一座寺庙,这就是后来有名的凤阳大龙兴寺。大龙兴寺是在原于皇寺的基础上兴建起来,只不过地址稍稍搬远了一点(相距15里)。寺院建好后,洪武皇帝赐名曰"大龙兴寺"。当今天子是从这里走出来的,这里不是龙兴之地,还有哪里是呢?龙兴寺在当时可谓威风八面,佛殿、法堂、僧舍等总计281间,洪武皇帝朱元璋还从扬州等地选了高僧前去当住持。从此,凤阳龙兴寺闻名天下。(《明太祖实录》卷156)

以上讲的是建筑材料的"收摊",那么那些在中都工程建设中服苦役的劳作者后来怎么"收摊"的?前面讲过,至少有20万军士、罪犯和民夫在凤阳工地上玩命,现在因为工程停工了,大部分人被转到南京都城工程建设上去,但还有较大部分服徭役的"凤阳移民"怎么办?

○ 500多年前的流行歌曲"凤阳花鼓"与凤阳难民

洪武时期为了打击敌方"新贵"和豪强富民，构建"和谐"的等级社会，朱元璋迁徙了许许多多豪门富户和狭乡无地农民到濠州(即后来的凤阳)，尤其是江浙地区与张士诚和方国珍有关的权贵富民被迁徙的特别多。据《明史》记载：仅洪武七年，从江南地区迁往濠州的富民就达 14 万(人，史书未注明，笔者推测后加上的，见《明史·俞通源传》卷 133；《明史·李善长传》卷 127)加上其他几次移民，估计当年总计不会少于 20 万的外地人被强制迁到了凤阳等地。凤阳中都工程建设进行时，他们得按照大明赋税徭役政策缴税纳粮和提供工程"义务劳动"。现在中都工程建设项目喊停了，已经入了当地户籍的这些外地人不得再离开，他们身处异乡他地，耕种大明新贵和凤阳当地人挑剩下来的不毛之地，开始了艰难的生活。历史上有名的凤阳难民由此而生，而随着凤阳难民的四处漂泊，"凤阳花鼓"也就逐渐风靡大江南北，至今上了年纪的国人恐怕还能哼上几句：

说凤阳，道凤阳，凤阳原是个好地方；

自从出了朱皇帝，十年倒有九年荒。

"说凤阳，道凤阳，凤阳原是个好地方"，前面这几句凤阳花鼓词是在颂扬凤阳；但后面的味道一下子就变了，"自从出了朱皇帝，十年倒有九年荒"，把朱元璋给扯了进去，这岂不是在骂朱皇帝吗？谁有这么大的胆量居然骂起了大明开国皇帝？他们为什么要骂朱元璋？

这些都是相当复杂的问题，我们不妨从最简单的问题入手，逐一进行考察：

◎ 凤阳是不是个好地方？

明代的凤阳府下辖 9 州 18 县，多为今天安徽省境内淮河流域各县。那么凤阳花鼓词中所唱的凤阳到底是不是个好地方？

第一，地理位置：凤阳位于江淮之间，北边紧靠淮河，钟离为县治时有一条濠水穿城而过，而后来新建的凤阳城略微向南移了一点，这样濠水就在凤阳城的东面了。除此之外，凤阳之西北古为大泽所隔，南至长江较远。因此说凤阳是个相对比较封闭的丘陵地区，没有江南那么好的平原与肥沃土地，地理条件并不好。

第二，自然条件：由于地理形势不佳，自然条件也好不到哪里去(两者往往是连在一起的)。因为凤阳地理位置上相对比较封闭，所以当地的老百姓世世代代主要是以传统的农业为生。农业是靠天吃饭，这在传统社会中哪个地方都这样的。但是农业发展还有个重要的条件——水利。按理说淮河穿越凤阳府而过,当地人应该感谢上天的眷念,但凤阳人不仅没享受到这份大自然的"恩赐",反而深受其害。因为淮河自古以来就是一条害河,从三国起,它就经常淹堤坝,漫良田,给当地两岸几十万人民带来了深重的灾难。

第三,军事位置:凤阳位于长江与黄淮两大经济文化中心区域的中间地带,没有高山峻岭等军事要隘可守,在兵燹纷起的年代,往往成为两不管的缓冲地带,太平保不了,守住也不易,因此常常成为战争的后患地带,最终形成了人烟稀少、土地荒芜的局面。朱元璋在《大明皇陵碑》中做了如实的描述:"昔我父皇,寓居是方。农业艰辛,朝夕彷徨。俄尔天灾流行,眷属罹殃。……值天无雨,遗蝗腾翔。里人缺食,草木为粮。"(【明】朱元璋:《大明皇陵碑》,《全明文》第1册,上海古籍出版社,1992年第1版,P171)20年后"红太阳"升起时,凤阳又是如何一番景象?称帝前夕已经大红大紫的朱元璋回了一次凤阳老家。从老家出来,他跟南京城内的大臣描述了自己的所见所闻:"吾往濠州,所经州县,见百姓稀少,田野荒芜。由兵兴以来,人民死亡,或流徙他郡,不得以归乡里,骨肉离散,生业荡尽……"(《明太祖实录》卷20)由此可见,凤阳依然是个土地荒芜、人口稀少、灾疫频仍的穷地方,无论如何也谈不上是个"好地方"。

既然凤阳不是什么好地方,那"凤阳花鼓词"里怎么唱"凤阳原是个好地方"?

◎ 为什么人们那么唱"凤阳原是个好地方"?

"凤阳花鼓词"里唱道的"凤阳原是个好地方",这个说法没有错。自从朱元璋当了皇帝后,为了能使得家乡迅速脱贫致富,他动足了脑筋,利用大一统帝国的君主最高权力抬升家乡、建设家乡、美化家乡。

在政治上他提升凤阳的规格档次,建造新宫新城,并欲让它做大明帝国的都城。凤阳本来是没有什么名气的乡间旮旯,但自从洪武二年定为大明中都后,它迅速地升格为帝国的又一大政治中心,并开始集中全国物力、财力和人力进行中都凤阳城的建设;到洪武八年突然叫停为止,凤阳新都城初具规模,与明都南京相差不大,有宫殿、宗庙、国子学、历代帝王庙、会同馆、鼓楼、钟楼等。现在除城墙和钟楼保留下来外,绝大部分都已不存在了。前些年听说凤阳地方政府出于高度的历史责任感,开始修缮凤阳的明城墙,而最为滑稽的一幕又出现了,这座历经了600年风风雨雨的明城墙不修反倒没事,现今修了反而没几天就倒了。(2007年8月15日《新浪网》消息)不过倒了也好,或许有利于专业的考古工作。最近有人对明代三都南京、北京和中都凤阳进行了专门的考古后跟媒体说:"以石雕为例,南京明故宫午门石须弥座上只有少量的纹饰,高30厘米,深度只有1厘米左右,其余部分都没有雕饰;北京故宫午门只有门洞南北两端的左右有少量的雕饰。两者石雕精细和华丽的程度,也远远比不上中都午门石刻。从石雕题材上来看,北京宫殿的题材主要是以龙凤为主,不像中都石雕那样丰富多彩。中都宫殿石础大概达到2.7米见方,可以清晰地看到浮雕,浮雕以精美的蟠龙为主。而北京故宫太和殿的石础仅为1.6米见方,没有任何雕饰。"(2013年8月1日《南京日报》A12版)

由此我们可以设想600年前凤阳城该是何等的豪华与宏伟!这不仅仅是朱元璋浓烈的乡土情结所导致的"欲久居凤阳"的最大成果吧,更为重要的恐怕还是为整个凤阳增添了不少的色彩和光环!明朝除了凤阳还真找不出第二个这样偏僻的乡间旮旯一夜成为帝国"明星"的例子吧。

在经济上朱元璋竭力扶持和发展凤阳地方社会经济。这一点,前面我们已经讲过了,大约不会少于20万的外来人口被大明帝国强制迁徙到了凤阳,从事垦荒屯田与建设。如此大规模的移民垦荒与发展农业经济,对凤阳和整个皖东地区的农业生产的恢复和社会经济的发展、繁荣都起到了积极的推动作用。除此之外,朱元璋还对凤阳采取了特殊的优惠政策。洪武十六年三月他告诉户部大臣:"凤阳,朕故乡,皇陵在焉。昔汉高帝生于丰,起于沛,既成帝业,而丰沛之民,终汉世受惠。朕今永免凤阳、临淮二县税粮、徭役,宜榜谕其民,使知朕意。"(《明太祖实录》卷153)凤阳,全国只有一个,老百姓种田不用缴税,又可不服劳役,大明天子对凤阳真是又宠又爱。朱皇帝还是个苛求完美的人,唯恐不周,还派了专员到凤阳去督导农事,兴修水利,一旦遭遇什么灾荒,大明帝国立即给予特别的赈济。

总之,朱元璋对家乡的特殊照顾和经济特惠,最终使得凤阳社会经济得到了迅速的恢复和发展,并朝着"好地方"的目标迈进。

既然如此,那为什么"凤阳花鼓词"里还要唱道"自从出了朱皇帝,十年倒有九年荒"?

◎ 为什么有人还要唱"自从出了朱皇帝,十年倒有九年荒"?

据清人记载,清朝乾隆年间的凤阳花鼓词是这样唱道的:

"家住庐州并凤阳,凤阳原是好地方;
自从出了朱皇帝,十年倒有九年荒。
大户人家卖田地,小户人家卖儿郎;

唯有我家没得卖,肩背锣鼓走街坊。"(【清】赵翼:《陔余丛考·凤阳丐者》卷41)

但据近人考证,上述花鼓词是明朝中后期形成的,最早的凤阳花鼓词现在无法知晓了。以朱元璋对家乡的特殊情感和特殊照顾角度来讲,凤阳这个"朱圣人"出生的地方再怎么也不会变为"十年倒有九年荒"的。那么,问题出在何时?

大约是永乐北迁都城后,大明帝国君主们就逐渐逐渐地对老家凤阳的眷恋与照顾少了。由于这时的"红太阳"不再在凤阳出升,人们也就渐渐地不大记起来了。明朝中期,凤阳开始厄运连连,先是黄河东流改道,侵夺了淮河作为入海通道,这下淮河两岸的人民可遭殃了。凤阳就在淮河边上,自然在劫难逃。而明朝中期以后,北京城里的皇帝爷荒唐得忙不过来,成化帝正在"姐弟恋",嘉靖帝忙于"成仙",万历帝20来年不上朝正跟郑家美眉耳鬓厮磨、如胶似漆着……他们哪有心思管什么老家的那些"陈芝麻烂谷子"的"破事"。皇帝不管,地方官员可"管"着! 不过,这些地方官员管的倒不是什么赈济救灾,而是搜刮百姓,一直刮到泥皮上,老百姓活不下去了,赶紧出去逃荒要饭吧。因为经常有灾,又无法解决,这就造成了"十年九荒"的局面。

凤阳本地活不下去,人们只好外出要饭。要说这要饭啊,自洪武年间起,凤阳一带本地人外出"要饭"的本事还不如外来移民们呐。这是为什么? 前面讲过,在洪武年间凤阳一带有一大批被强制迁徙而来的江浙人,这些江浙人想当年在家乡都是有头有脸的富豪、大款或小资等社会中产阶层以上的人物,他们被朱元璋强制性、惩罚性地迁徙到了凤阳,如果稍有不满就要被砍头,虽然最终他们无可奈何地在凤阳定居了下来,但内心却充满了对朱元璋的仇恨;还有一些江浙人原本在老家是受人"尊敬"的"老爷""少爷",到了凤阳却成了"孙子",受到了当地人的欺凌,于是他们愈发思念起自己的故乡来。想念家乡就免不了要回去看看,可朱元璋不同意啊。聪明的江浙人就学起了当年朱元璋的模样,一身衣衫褴褛外出要饭,从凤阳一路出来,成群结队、扶老携幼,要饭要到南京,顺路去看看同样落难的南京亲戚,少不了要问起家长里短,也会问及风俗习惯什么的,凤阳的江浙人很自然地将凤阳花鼓词唱上几段:"散入村落间乞食,至明春二三月间始回。"(【清】赵翼:《陔余丛考·凤阳丐者》卷41)

后来时间长了,这些凤阳的江浙人及其后代也学乖了,年年他们要回乡去扫墓,而自己在凤阳的家境又不好,从凤阳出来一路回苏松杭嘉湖,可受罪了。你想爬火车,对不起,那时还没有火车,他们只好一路乞讨回乡。乞讨也要有技巧,光说好话还不行,来一段"凤阳花鼓词"很能吸引人们的同情心与注意力。于是他们一边唱一边乞讨回乡,唱着唱着,聪明人将原来的凤阳花鼓词给改了。因为极端仇恨朱元璋,他们即使饿死了也要将已经死去的朱元璋作个垫背的,于是"凤阳花鼓词"中就有了"自从出了朱皇帝,十年倒有九年荒"。凤阳的江浙人世代不忘回乡扫墓,也不忘朱元璋带给他们的灾祸,于是,"凤阳花鼓词"从淮河流域一直唱到太湖之滨、西湖沿岸和大江南北。(【清】赵翼:《陔余丛考·凤阳丐者》卷41)

更为滑稽的是不仅凤阳的江浙人开始传唱这样的凤阳花鼓词,后来就连凤阳本地人也跟着唱了。难道凤阳本地人也恨朱元璋的不成?事实恰恰是如此。朱元璋对家乡人民确实是"恩宠有加",但他那种做法中隐含了另外的一层负面影响,这叫好心办了坏事,如营建凤阳中都,光宗耀祖的是你朱元璋自己啊,可凤阳当地的百姓为此承担了无比繁重的劳役;还有,自从这里出了"朱圣人",全国每年有多少人要来此"公干",要来此参观学习,这些迎来送往的费用在抠门的朱元璋那里是没人敢提"报销"的,那只有摊派到老百姓的头上。于是凤阳本地人对朱元璋也产生了不满、怨恨的情绪,跟着凤阳的江浙人后代一起唱,反正现在(指明朝中期以后)北京城里的皇帝正忙于哥啊妹啊、情啊爱啊,哪有什么心思来管这反动的"流行歌曲";更何况凤阳"十年九荒,非旱则雨"(乾隆:《凤阳县志·宜楼记》卷14)。经常性的外出要饭,人们见多了也烦,倒不如在歌词里加上"朱皇帝",以无人不晓的"猪腰子脸"皇帝的名声、重量级的名人来吸引施舍者的注意,这样更有利于行乞。于是,"凤阳花鼓词"从明朝一直唱到了清朝,从民国一直唱到了现在,成为中国历史上可能生命力最强的一首流行歌曲。

下令兴建和罢停中都凤阳工程,一定程度上催生出了凤阳花鼓词,这恐怕是当年"朱圣人"所不曾料到的吧!

既然幡然醒悟凤阳不宜建都,那都城的事情还得要好好落实到位啊,经过反复思虑,朱元璋最终将目光与精力投入了应天即南京的都城建设上来。洪武十一年(1378),他下诏罢北京汴梁,恢复开封府旧名,仍以南京为都城,改南京为京师(《明史·地理志一》卷40;《明史·地理志一》卷42)。至此,踌躇了十年的都城定于何方的问题又回到了原点上,而洪武初年大明都城两京制抑或三京制,最终也就变成了一京制。

● 人算不如"天算"——听从老天安排,定都南京

尽管朱元璋一一放弃了定都汴梁、洛阳、长安、北平和凤阳的打算,但在南京建

都的朝代寿命不长之类的咒语还时不时地萦绕在他的心头。到了洪武二十四年（1391），大明帝国已经建国20余年了，社会经济与百姓生活已经得到了恢复并开始步入了正常的轨道，国家的财政经济也显得富有了。就在这时，朱元璋又为都城的事情"折腾"了——他想迁都，迁哪里呢？长安，即今天的西安。怎么会相中这个地方？主要缘由可能有两个：

第一，在洪武初年的都城之选中，有人比照了北方数处建都的优劣，其中监察御史胡子祺的说理最为透彻："天下胜地可都者四：河东高厚，控制西北，然其地苦寒，士卒不堪；汴梁襟带江淮，然平旷无险可守；洛阳周、汉尝都之，然嵩、邙诸山，非淆、函、终南之固，、伊、洛，非泾、渭、灞、浐之雄；故山河百二，可耸诸侯之望，系宗社之久，举天下莫关中若也。"（【明】谈迁：《国榷》卷4）胡子祺对长安情有独钟，引发了朱皇帝的共鸣。但因为当时刚刚开国，统一战争尚未完全结束，精力、财力都有限，所以朱元璋只好暂时割舍。洪武晚期，国家安定下来了，过去未能完成的宏愿也可开始考虑起来。

第二，在朱元璋内心深层之处，中国历代帝王中，自己与汉高祖刘邦不仅出身相似，而且在个性上也有雷同。刘邦定都长安，汉朝江山国运享有400余年，这对于殚心竭虑要使大明帝国长治久安的朱皇帝来说是不能不正视的。为了能再好好地权衡作为国都的长安之利与弊，年近古稀的朱元璋想到了他的太子——朱标，打算让他代替自己到关中去实地考察一下。在当时的洪武皇帝看来，代劳此等大事没有人比太子更为合适的了，因为他打下的江山基业迟早是要交给太子的，所以何不借此机会让他去磨砺一番！

洪武二十四年（1391）八月，朱标就以犒劳前线将士、询访民情为名，前往关中地区（《明太祖实录》卷209）。然而朱标太子跟他老子可不一样，朱元璋早年有着八年要饭流浪生活，再加上后来十几年的战火洗礼，摸爬滚打，练就了一身的好身板。可朱标太子自小吃苦不多，师从有名的儒士宋濂学习儒家经典。据说书读得还不错，但就是没有很好地在外锻炼，更没受过他父亲所经历的那般地狱煎熬与历练，身子骨本来就虚弱。这回去一趟西安，一路车马劳顿，不曾想到，回来以后便一病不起，第二年（1392）四月就病死了（《明史·太祖本纪三》卷3）。朱元璋悲痛欲绝，真叫人算不如"天算"。就是这样的偶然因素让迷信的朱元璋彻底打消了迁都别处的念头。

太子死的当年年底，朱元璋在《祭光禄寺灶社文》里伤心地说："本来还想迁都的，但现在考虑到自己实在年老了，经不起这番折腾了，又不想太劳民，就以南京为都吧！希望上苍保佑大明帝国和他的子孙们。"

但朱元璋毕竟是朱元璋,中晚年时针对定都南京有可能带来的负面问题,他做了相当程度的调整和补救,尤其是对于北方蒙元残余势力时不时地南下骚扰问题,除了组织人马进行军事打击外,还在自西北经正北再向东北的大明帝国北疆上构筑三道严密的战略防线。尤其值得注意的是,洪武时期以北方边境军事防务为中心,沿着长城一线进行分封藩王,东北的有辽王、宁王,华北的有燕王、晋王,西北的有秦王、肃王,等等,这就是明初历史上有名的"塞王"。让诸子塞王来保卫大明帝国的北部边疆,辅佐中央皇室,并规定:"凡王国有守镇兵,有护卫兵。其守镇兵有常选指挥掌之。其护卫兵从王调遣。如本国是要塞之地,遇有警急,其守镇兵、护卫兵并从王调遣。"甚至还强调,地方镇守军的调动除了要有皇帝的御宝文书以外,还必须要有该镇守军所在地的藩王的命令:"凡朝廷调兵须有御宝文书与王,并有御宝文书与守镇官。守镇官既得御宝文书,又得王令旨,方许发兵。无王令旨,不得发兵。"(《皇明祖训》,"兵卫条")这样一来,到朱元璋临死时,大明北疆地区的军事领导权由原来的开国功臣勋将手中完全转移到了与大明皇帝有着血脉相连的藩王手中,完成了传统中国人津津乐道的"家国一体化",出现了"打架亲兄弟,上阵父子兵"的理想格局。由自己的亲骨肉来守住国门,这下大明帝国可安全了。

可让朱元璋万万没想到,就是这个看似万无一失的万全之策却埋下了巨大的祸根。在他死后一年不到的时间里,这些领兵驻守的藩王个个不是什么省油的灯;尤其那个自称最类父皇、自诩父皇最为喜爱的四儿子燕王朱棣在"父皇"尸骨未寒之时就开始起来造反,后来用了四年的时间打到了南京来,将侄儿皇帝朱允炆从皇位上赶了下去,最终又将大明帝国的都城迁到了他的藩王大本营北平,后改名为北京。(有关定都问题,是定在南京好还是定在北京好,明清文人学者有过讨论,详见笔者《大明帝国》系列⑧《永乐帝卷》下)

依稀可见最大都城　第一皇宫迷雾层层

疑惑不解的问题是:如果您留心中国地名的话,就会发现在中国版图上只有"两京说",即南京与北京,而且往往是南北两京对称性的意味很浓。到了北京外地人最感兴趣的要去看看天安门和故宫。在参观游览之余,您可曾想过北京城里的雄伟庄严的天安门和故宫是来自哪里?有人说:"这还用问吗?造的呗。"没错,是造的。问题是它是由谁造的?是为什么而建造的?这样雄伟的古代建筑艺术精品就那么容易造出来？它有没有原来的模型或图纸一类什么东西？

对于上述这些问题，我们用比较简洁的话来回答：那就是北京的天安门和故宫其实都是南京明皇宫的复制品或者说是克隆的产物。问题又来了，按照这样的说法，南京的明皇宫是北京故宫的"亲生父母"或者说"原件"了。但到了南京，好多人会发出这样的疑问：都说南京明皇宫很大，甚至有亲历明代南京城的外国人说它是中世纪世界上最大的宫殿；南京是中世纪世界上最大的城市。可是在今天怎么见不到明皇宫的影子？除了部分完好的古城墙外，就是一些断垣残壁与砖头瓦块。由此人们更会发出这样的质疑：南京曾经真有规模宏伟的皇宫？或许一些老南京人会告诉你：如今的明故宫遗址就是当年大明帝国开国时的皇宫之所在，它是在填了前湖的基础上建造起来的。后来明故宫被人毁了。那么被谁毁了？什么时候给毁的？还有如果你留心考察中国历代大一统帝国都城和都城中的皇城的建造规制，你就会发现大明帝国都城南京城的规制很特别，它不是中国传统都城的规则方形而是呈不规则形。这到底又是为什么？

我们先来谈谈南京的明皇宫，然后再说明京城。

◉ 明皇宫的四个谜团

600多年前的洪武元年（1368）正月初四，朱元璋举行大明帝国开国大典前的几个月，一座崭新又气派的皇宫在古老的南京城里偏东南角的地方落成了。这座新皇宫到底怎么样？我们不妨来听听其主人朱元璋自己对这座新宫的评价。洪武二十五年（1392）也就是朱标太子死的当年，65岁的朱元璋说了这么一番话："朕经营天下数十年，事事按古有绪。唯宫城前昂后洼，形势不称。本欲迁都，今朕年老，精力已倦。又天下新定，不欲劳民。且废兴有数，只得听天！惟愿鉴朕此心，福其子孙。"（【清】顾炎武：《天下郡国利病书·江南》卷13）他说自己经营天下这么多年，样样事情都是按照古人的规矩来办。只是皇宫建造得实在是不怎么样，前面高后面低，地势很不对称。接着就把皇宫的不好似乎归结于建都的地方，他想要迁都，但因为岁数大了，精力不济，天下又是刚刚太平，真不忍心让刚从战争痛苦中熬过来的百姓再次受罪。他认为王朝的兴衰成败自有天命，只求老天念在他一片赤诚之心的分上，造福他的子孙后代吧！

朱元璋说这番话是在祭神时诚恐诚惶地表达自己真实的内心想法和祈求。从这段"内心独白"中，我们不难看出他对定都南京似乎还是颇有微词，而对建造的新皇宫——南京明皇宫更是充满了遗憾。问题是：这样一位精明、强干又务求完美的强势皇帝为什么会弄出这等事情来？还有在民间有一种说法，那就是明皇宫的地势是前高后低，假若按照中国古代的风水术来说，后面低，意味着祖先靠自己，没什么根基可凭借，这倒是吻合朱元璋自身的经历；前面高，则意味着对未来的儿孙大业不利，这倒又吻合了后来在南京即位的两位大明天子朱允炆和朱棣的皇位争夺事实。能有这么巧的谶纬之语吗？对于明皇宫我们可以这么形容，它简直就是一团团紧套在一起的谜圈或称谜团：

谜团1：600多年前大明帝国开国时所建的"新宫"地址竟然位于南京城里的一片低洼地，汪汪的燕雀湖中。这在中国历代皇都皇宫的选址和建造当中是独一无二的，而且极富主见、个性独特的朱元璋居然接受了。这是为什么？

谜团2：明皇宫的选址偏于整个南京城垣的东部。这与中国古代宫城的位置选择有着很大的相悖之处。从周公、召公为周成王卜定洛邑以降，取"天下之中"营都建宫，几乎成为古代帝王建都思想的定制；而"第一号高参"刘基将朱元璋的宫室卜定于城垣的东隅，也有违于古制。这究竟又是为什么？

谜团3：南京城突破了中国古代都城采取方形的规则，宫城位于都城中部偏北的旧制，且因地制宜，根据实际地理形势和防守需要筑城，使全城呈南北狭长、东西略窄的不规则形状。自古以来，几乎所有的宫城建得都是四方形的，有着很多例子，比如西安、洛阳旧时的皇城都是四方形的，而偏偏南京明皇宫的皇城却是个不规则形。从地图上我们可以看到，明南京城起于最上头的狮子山，延伸过来，是中央门，然后由玄武湖绕过来就是明皇宫，再过来是光华门，然后到中华门。这个都城的形状乍看起来，就像朱元璋那张奇特的鞋拔子脸。甚至有人干脆就说，明代南京城就是按照朱元璋的脸型设计建造的。真的是这样吗？

谜团4：从朱元璋一生作风与作派来看，新建宫城、皇城规模很大，气势恢弘，这似乎也与朱元璋节俭的宗旨相悖和矛盾。那又是为什么？

● **解谜——皆因迷信"龙气"好风水**

对于上述四个谜团中前三个，我个人认为：明代南京都城建设突破了历来的古制，别出心裁、独辟蹊径。这种奇特看似费解，其实都源于朱元璋迷信。换句话来说，600多年前大明帝国的开国皇帝朱元璋为占尽所谓的"龙气"，通过堪舆占卜而特地将新皇宫选定在紫金山南面所谓龙头的地方——燕雀湖，更通俗地说，一切都是迷信"惹的祸"。至此可能有人要问了：有依据吗？

从中国传统风水学角度来说，有！风水学在学术界被人称为"堪舆学"。据古人解释："堪"为地面突出之处；"舆"为地面低洼之处。又，"堪，天道；舆，地道"。由此古人所说的"堪舆"之学即为研究"天地之道"也。(【东汉】许慎：《说文解字》第13)可为什么堪舆之学又被人称为风水之学？因为研究风水的根本目的就是要研究"气"。"气"在古人那里是一种特殊的物质，《难经·八难》和《皇帝内经》都说："气者，人之根本。"

那么"气"与风水又有什么关系？我们的先人认为："气乘风则散，界水而止。古人聚之使不散，行之使有止，故谓之风水。风水之法，得水为上，藏风次之。"(【晋】郭璞：《葬书》)清代人解释说："无水则风到而气散，有水则气止而风无，故风水二字为地学之最。而其中以得水之地为上等，以藏风之地为次等。"(【清】范宜宾：《乾坤法窍·〈葬书〉辩证》)既然风水似乎都是大自然之物，那跟我们人类有何相干？《易经》曰："星宿带动天气，山川带动地气，天气为阳，地气为阴，阴阳交泰，天地氤氲，万物滋生。"而《黄帝内经》则说："(人之)宅者，阴阳之枢纽，人伦之轨模，顺之则亨，逆之则否。"

这就告诉人们应该顺应自然之气，由此在中国传统社会里也就形成了各式各样讲究"气"的学问。中医学讲究"气色""血气"；佛家讲求"浩然正气"；道家强调养生练功的"丹田之气"；戏曲界追求的是"润气"；书画领域探求的是"凝神静气"；文学界讲究的是"文以气为主，气之清浊有体，不可力强而致"(【三国】曹丕：《典论·论文》)。那么中国古代建筑界呢？则更是万般寻求好"风水"与和顺的"自然之气"。中国传统社会后期的清代人曾这么认为："人生最重是阳基，却与坟茔福力齐。宅气不宁招祸咎，骨埋真穴贵难期。建国定都关治乱，筑城置镇系安危。"(【清】范宜宾：《乾坤法窍·阳宅》)

众所周知，清承明制，而明制就是由朱元璋开创的。草根出身的朱皇帝为了寻找到自身统治的"合法依据"而格外注重"自然之气"或言"风水之术"。开国前建造南京吴王新宫，他委派堪舆大师刘基等勘察择址；洪武初年开建凤阳中都，他又带上精通风水之术的鸿儒名士王祎、许存仁和李思迪等回老家去"逛逛""瞧瞧"(《明太祖实录》卷12)。而就是这个叫王祎的风水高手曾对当时的"风水之术"做过这样的描述："后世言地理之术者分为二宗：一曰宗庙之法，始于闽中，其源甚远，至宋王伋乃大行。其为说主于星卦，阳山阳向，阴山阴向，不相乖错。纯取五星八卦，以定生克之理。其学浙闽传之，而今用之者甚鲜。一曰江西之法，肇于赣人杨筠松、曾文辿,及赖大有、谢子逸之辈,尤精其学。其为说主于形势,原其所起,即其所止,以定方向,专注龙、穴、砂、水之相配,其它拘忌,在所不论。其学盛于今,大江南北,无不尊之。"(【明】王祎:《青岩丛录》,见【清】余嘉锡:《四库提要辨正》卷13)

上引史料是说:元末明初时风水之术主要有两派:一派是尊奉曾隐居福建松源镇(今松溪县)的宋代堪舆家王伋为祖师爷的福建派。该派学说以宗庙理气为主,故又被人称为理气法或宗庙法。另一派则是尊奉唐末活动于江西的风水大师杨筠松为祖师爷的江西派。该派的学说以山峦形势为主,故被人称为峦头法或形势法。福建派侧重于室内室外之方位格局的确立,江西派主要讲究择址选形,而元末明初大受强势权力新贵阶层推崇的是讲究择址选形的江西派或称峦头派。峦头派讲究择址选形有五大步骤:觅龙、察砂、观水、点穴、取向。其具体要求是龙要真,砂要秀,水要抱,穴要方,向要吉。而在元至正二十六年(1366)八月应天南京吴王新宫选址过程中,大名鼎鼎的堪舆大师刘基就是运用了这样的风水之术来为朱元璋选定新宫地址的(《明太祖实录》卷21)。"觅龙",不用多说,那条"龙"就是紫金山或称钟山,在江南地区属于主龙;"察砂",主要察看环抱应天城的前后左右群山之势有没有隶属于主龙钟山的。应天城之南是聚宝山、西有三山、西北乃为卢龙山(狮子山)、东北竖立着幕府山,即使是主龙钟山附近还有富贵山和覆舟山等,群山环绕,符合"察砂"上品;"观水"主要是勘察定都之地有没有水系相抱。中国传统风水学认为,在千山万岭的中华大地上,西部昆仑山脉是祖山,为真龙。它由西向东绵延,而由北至南的黄河、长江两大水系将这条真龙一分为三,形成了南、北、中三大行龙,即黄河以北的北龙,黄河与长江之间的中龙,长江以南的南龙。刘基曾说:"昆仑山祖势高雄,三大行龙南北中。分布九州多态度,精粗美恶产穷通。"(【明】刘基:《堪舆漫兴》)应天南京正好处于南龙之地,北有长江、南有秦淮河相抱,吻合观水之法;"点穴"就是要找准龙穴,即后来刘基等人选定的紫金山南麓燕雀湖;至于"取向",那就是选址时要注意吉向,且应留心背有靠,前有案。

按理说应天古城在最后两个方面很欠缺,历代定都南京的皇宫中心主要在今天的中华路到汉府街一带,而将这个地方定为"龙穴",本来就很不恰当:一来南京城位于长江之南,属于阴地,阴地上建造皇宫,难怪南京建都的王朝都不长寿;二来明朝以前定都南京的王朝都城中心与皇宫重地距离紫金山主龙距离较远,龙脉之气接不上;三来明朝以前历代定都南京的王朝不断开挖建造皇宫,弄得旧城内的地脉泄尽,王气四散。(参见夏玉润:《朱元璋与凤阳》,黄山书社2003年12月第1版,P155~164)所以综合起来考虑,堪舆大师刘基和他的主子朱元璋等人最终决定将未来新皇宫——"龙穴"选定在钟山之阳的紫金山龙脉龙头上。这样既可以避开了应天古城阴地建都不吉和历代乱挖所造成的王气四散的弊端,又能占尽"虎踞龙蟠"之吉气。不仅如此,朱元璋、刘基等洪武君臣还特别留意保护南京紫金山龙脉龙气,甚至可以说是痴迷到了不惜一切代价之地步。"龙膊子"的保全就是一个典型的事例。

○ 南京紫金山"龙膊子"在哪里?

南京自古以来就有"虎踞龙蟠"之称,所谓"虎踞"指的是南京城里三山(后被开挖掉了,今无存)像一只蹲伏的老虎,而"龙蟠"就是指钟山像一条巨龙盘桓在南京城的东南。旧时的燕雀湖就是所谓的龙头所在,在其不远之处的富贵山就是所谓的龙尾。而在太平门附近有一个地名叫"龙膊子"。所谓龙膊子,就是龙的胳膊,它处于钟山与富贵山(旧称龙尾山、龙光山等)之间的山凹处。朱元璋的迷信尤其是对所谓的龙气的迷信是相当厉害的。

○ 都是迷信"惹的祸"

为了保住龙膊子这一带的得天独厚的龙气,朱元璋甚至不惜以南京城池的安全为代价。

大家知道,古时候建造城池时,为了防止外来入侵,往往在城墙外加挖城壕沟或护城河。城壕沟有宽有窄,一般来说挖得越宽就越安全。为什么这么说呢?假若有敌军来袭,没有这城壕沟,他们就很容易搭个云梯从城墙外蜂拥而上,很快就能攻入城来。所以在中国古城建设当中,在古城外加挖一圈城壕沟和护城河,就能有效地保护城池,即使敌人来攻要架云梯,但由于护城河的阻隔,云梯就无法够着城墙架起来了。朱元璋沙场征战了十几年,这个道理自然熟稔于心。然而当年在建造南京城时,整个南京城外围都加挖了城壕沟或利用了原有的自然湖泊,几乎到了百密而无一疏的地步,但"疏忽"了这一段,在太平门附近的龙膊子地带没有加挖城壕沟。为什么?城池的牢固和安全固然重要,可是朱皇帝惟恐在这里加挖壕沟会挖断"龙膊子"的龙气!由此可见他对所谓的"龙气"的痴迷已经到了不可救药的地步了——宁愿牺牲大明帝国都城的安全。

明城墙外的这段"龙膊子"由于没有加挖护城壕沟,这就给南京城的安全留下了一个巨大的隐患,只不过大明帝国都城在南京也仅经历了洪武、建文、永乐三朝,后来就北迁了,所以在明代这个隐患也就没机会暴露出来。但不可忽视的事实是,太平门附近的"龙膊子"这一段确确实实成了战争中南京城防守方不折不扣的"软肋"。清朝后期,太平天国运动爆发,后定都南京。同治元年,清军为了占领太平军都城天京(即南京),投入了重兵想从龙膊子这一"软肋"攻入。太平军则采取从城墙上往下扔石头、火攻等手段进行抵御,但都无明显成效。后来清军想到这么个主意,即从"龙膊子"挖地道,由地道攻入城内。谁知不久就被太平军发现了,他们从城内的那一边挖地道,再用烟来熏另一头的清军。总之,他们围绕这一段"龙膊子"进行了一场旷日持久的较量。最后清兵还是从"龙膊子"突破,攻入了天京。史书留下了这样的记载:"(同治元年)六月,(清方)诸军番休进攻,贼(清人诬称太平军)死拒,杀伤相当。臣典(清军将领)侦知贼粮未尽,诸军苦战力渐疲,谓(曾)国荃(曾国藩弟弟)曰:'师老矣!不急克,日久且生变。请于龙膊子重掘地道,原独任之。'遂率副将吴宗国等日夜穴城,十五日地道成,臣典与九将同列誓状。翼日,地雷发,臣典等蚁附入城,诸军毕入。下令见长发者、新薙发者皆杀,于是杀贼十馀万人。"(《清史稿·李臣典传》卷414)

这个"龙膊子"突破口之祸,就是因为当年朱元璋对龙气、皇气的迷信而留下的。

所以我们说,朱元璋为了占尽金陵的皇气,不惜将皇宫建在了南京城东南一隅的湖泊上,至于违不违历史上皇宫建设规制与建都原则,那就显得无足轻重。另外顺便说一下,朱元璋原本就是农民出身,农民的朴素等传统美德在他身上也时不时地得到弘扬光大。譬如在南京的京城城防建设中,对于那些自然屏障,他能用则用,节省开支,如此下来,就使得明代南京城成为不规则形。至于有人说明代城建造得与朱元璋的脸型相似,或者说是按照朱元璋的脸型建造南京城,那是没有事实依据的,如有1%的相像,那也只能说是1%的巧合了吧,而事实上我们也看不出其有多大的相像。

● 明代南京京城与皇宫的四大奇特之处

解开了上面三个谜团之后,我们来解开第四个谜团:

由于出身贫贱,朱元璋从小就养成了简朴的生活作风,然而对于都城南京的建设,他却舍得花了一大笔的财力、物力,倾力打造气势非凡的世界第一京城和第一皇宫。这是为什么?

这跟朱元璋建造皇宫的另一个原则有关——稳固,或者换句话来说,稳固才是他建造明皇宫的第一原则。为了稳固大一统天下之中心,就必然会将稳固放在明皇宫与明都城建设的首要位置。只有在牢牢稳固的前提下，才能贯彻俭朴的宗旨。

从叫花子、盲流到大明天子，打下江山不易，而守住天下更紧要。这一点朱元璋可能比历史上任何其他出身的皇帝和他的朱家后代子孙更有切身的感受。所以在立国、建国及治国的过程中，他特别注重大明帝国长治久安。而欲得长治久安，首先得让他的皇宫与京城固若金汤。所以朱元璋在规划与建造皇宫与京城的过程中，总是以"稳固"作为第一原则。(《明太祖实录》卷101)

朱元璋修建南京城大致可分为四步：

第一步就是他刚到南京时就开始的，在今天南京城的中华路王府园这一带，利用南唐旧城，在江宁府城东面加上一个方形皇城，然后再在皇城外修葺城墙，加固城池。这大概是朱元璋对南京城建的最初贡献吧。

第二步就是修筑加固"后湖城"，构成今天玄武湖（那时称为后湖）南岸的"台城"。当年修造的后湖城墙就有443丈（《明太祖实录》卷163），后湖由此也就成了大明都城东北方的护城湖，南京城不规则方形特征至此更加凸显。

第三步那就是后来在南京城东填掉浩瀚的燕雀湖，盖起新的明皇宫，南京城发展到了东边的紫金山麓。

第四步就是沿着下列走向修筑高大坚实的南京城墙，将南京周边的自然制高点渐次收入南京城的范围内：向东主要扩展到钟山西麓；在东北与北边将富贵山、覆舟山、鸡笼山等几个制高点都圈入南京城内；向西北延伸到狮子山，在西南边将马鞍山和清凉山等几个山也纳入南京城，在南边以外秦淮河为自然屏障，加固聚宝门城防，由此构成的明代皇城和京城可以说比历史上任何定都南京的朝代都要稳固。占有天然制高点，一旦在战争发生时那绝对是占据上风的。由此我们说朱元璋建造南京城是以稳固为根本，在稳固之下才能谈节俭了。

综观上述内容，我们可以用四组关键词来概括：明皇宫建在湖中；明故宫偏隅城东；都城不规则形；宏伟、稳固但又简朴。这既是明初明故宫和南京城设计建造的四大谜团，也可以说是它们的四大奇特之处。那么如此奇特的明皇宫皇城就如前文所述的由刘基等人来选定位置和设计建造的？

明代官书记载："建康旧城西北控大江（即长江），东进白下门外，距钟山既阔远，而旧内在城中，因元南台为宫稍庳隘，上（指朱元璋）乃命刘基等卜地定，作新宫于钟山之阳，在旧城东白下门外二里许，故增筑新城，东北尽钟山之趾，延亘周迴凡五十余里。"(《明太祖实录》卷21)

明朝嘉靖时代苏州名士陆粲和万历时代南京籍状元焦竑分别在《庚巳编》和

《玉堂丛语》中记载道:明皇宫是由"诚意(指刘基)及张铁冠择建宫之地,初各不相闻,既而皆为图以进,尺寸若一"。(【明】陆粲:《庚巳编·诚意伯》卷10;【明】焦竑:《玉堂丛语》卷8)

确切地说,明皇城与明皇宫的建设是朱元璋在刘基、张中等人占卜的基础上最后定夺的。

由朱元璋最后拍板确定大明帝国皇宫的"最佳位置"之后,余下的就是进行皇宫建设与南京城的城市建设了。那么朱元璋营建明皇宫与南京城的宗旨是什么?

● 朱元璋营建明皇宫与南京城的三大宗旨

我们用六个字来概括,那就是:"宏伟、节俭、坚固。"有何依据?据史书记载,当刘基勘定选址、朱元璋拍板后,明皇宫的建设进入了工程设计阶段,后来工程设计者将宫殿图样一一绘好,再呈送朱元璋过目定夺。洪武八年,改建大内宫殿时,朱元璋告诉廷臣:"唐虞之时,宫室朴素,后世穷极侈丽,习尚华美,去古远矣。朕今所作但求安固,不事华丽,凡雕饰奇巧,一切不用,惟朴素、坚壮,可传永久,使吾后世子孙,守以为法。至于台榭苑囿之作,劳民费财,以事游观之乐,朕决不为之,其饬所司如朕之志。"(《明太祖实录》卷101)

从这段"训言"中,我们可以看出朱元璋不仅在营建明皇宫上而且在其他大明工程建筑包括南京城的建造中贯穿的宗旨就是六个字:宏伟、节俭、坚固。

我们不妨来看看明代南京城和明故宫建造的这三大宗旨:

○ 宗旨之一:宏伟

南京城和明皇宫建成之后,究竟有多大呢?

参观和游览过北京故宫的读者朋友肯定为北京故宫的宏伟而惊叹不已,因为它是目前世界上现存的最大的古代皇宫。但绝不是我给大家扫兴,而是本着实事求是的态度来告诉大家:北京的故宫曾是"二流"的,600年前它的"父母"或言"原件"南京明皇宫比它还要大:"延亘周迴凡五十余里,规制雄壮,尽据山川之胜焉。"(《明太祖实录》卷21)有读者朋友可能要问:能不能换成现在的数据?

能。目前权威部门公布的北京故宫占地面积是72万平方米,而据有关资料记载,南京明皇宫的占地面积为100万平方米,整整比北京故宫大出28万平方米。

我们再来看明代南京城到底有多宏伟?

南京明城墙最高处为26米，一般高度也在14～20米之间，其周长号称为96里（【明】陆容：《菽园杂记》卷3；《明史·地理志一》卷40）。即使是600年后的今天，我们还能实测到它的长度是68里，即35.267公里，现在基本完好段25.091公里，遗址占10.176公里，护城河全长31.159公里（杨新华：《南京明城墙：神秘的浩瀚史书》，叶浩主编：《走进市民学堂⑥》，江苏文艺出版社，2008年4月第1版，P110）。在这样规模宏大的城市，总计生活着一百多万人口，它比起当时西欧"大城市"巴黎和伦敦还要大出十多倍。所以有人说，明皇宫是中世纪世界上最大的宫殿，南京是中世纪世界上最大的城市，一点也没错。

由此我们可以想象当年明皇宫和明代南京城的恢弘雄伟的气势了。然而朱元璋的明皇宫尽管很雄伟，但是丝毫没有透露出金碧辉煌的气息，用我们现代话来说没有显露出"暴发户"那种到处披金戴银的痕迹。

而在这个方面尤其要归功于朱元璋的尽心关注：在装饰内宫墙壁的时候，朱元璋刻意让建筑工人避免用七彩鲜艳的颜色去粉刷装饰，而让工匠在上面画了巨幅的中国历代帝王兴亡图。这一举动不仅独树一帜，而且用心良苦。这幅巨型壁画给后代作了个警示钟，人们可以经常在壁画中看到各朝各代是如何兴盛、又如何由盛及衰，最终彻底消亡的。

○ 宗旨之二：节俭

如上所说，在建造明皇宫时，除了追求必要的雄伟气势外，朱元璋坚决摒弃那些奢华和铺张的摆设。洪武九年，在谈到宫殿建筑时，他提出了"三不主义"，即"不事华饰，不筑苑囿，不建台榭"。（《明太祖实录》卷106）

其实早在新内城建造时朱元璋就提出并贯彻"朴素三不主义"。吴元年九月看到刚刚建造的内城的走廊、两庑壁间空荡荡的，他就叫文臣熊鼎等人编撰古人行事可作借鉴的，将它们写在墙壁上，又让侍臣们将《大学衍义》抄在两庑壁间。为此，他解释道："前代宫廷里多绘制图画。我叫你们抄那些东西上去，就是为了能够早晚都能看看，岂不比画画更胜一筹！"（《明太祖实录》卷25）

朱元璋的俭朴精神在官场上有人却不以为然，做领导的哪个都会作秀一下，别看他道貌岸然的样子，骨子里不知想什么。哪个人不喜欢住宅漂亮、居住环境舒适呢？想到这里，自以为精通洪武皇帝心理的那位官员上言："瑞州产一种奇石，上面有好多花纹，将它们磨平后铺砌地板，非常好看。"用今天话来说，这个官员向朱元璋建议，可能就是用大理石一类的装潢石材来装潢明皇宫。朱元璋一听就火了，立马训斥道:"你不能以节俭的美德来影响我,反而引导我要奢华,你安的什么心?"这下可把那位官员吓得不轻啊。(《明太祖实录》卷25)

看到这里,读者朋友可能要问:为什么朱元璋要以这样的宗旨来建造明皇宫呢?

我想大致有以下几个方面的原因:

第一,节俭是朱元璋一生始终遵循和坚持的生活作风。

不仅宫殿的建设上不铺张浪费,朱元璋平时的衣食住行也很简单。有一次,他一个人在宫中用餐,用着用着,突然间哭了起来。大家都感到莫名其妙,美味佳肴您吃着,哭什么劲儿啊?殊不知,他是想起了小的时候所过的那种颠沛流离、风餐露宿的生活,想起和家里人饥一顿饱一顿地过生活,他能不唏嘘感慨么?(《明太祖实录》卷23)

有一年夏天,朱元璋在办理公务,因为天气太热,没一会儿的时间全身衣服湿透了。手下人赶紧给他换上干衣服,换了好几次。边上有个叫宋思颜的大臣惊讶地发现:这位最高领导居然没有一件是新的,都是洗了好多遍的旧衣服。他不由得连声称赞:"真可以示法于子孙也!"(《明太祖实录》卷9)

从这些微不足道的例子中,我们可以看出,因为自小贫穷,朱元璋养成了俭朴的生活作风,即使富贵之至了还极力反对讲究排场阔气。

有一次,江西行省官员拍马屁,将一张陈友谅用的镂金床送给了朱元璋。朱元璋仔细瞧瞧,然后跟侍臣说:"这东西跟五代十国时期那个奢靡之极的蜀国末代君主孟昶的七宝溺器有何两样?床么,简简单单用来睡觉的,要花那么多的金子和那么多的人工去打造它,何苦呐?由此我们明白了,陈氏父子穷奢极靡,焉得不亡!"随即下令将镂金床给砸了。(《明太祖实录》卷14)

正因为俭朴惯了,所以在明皇宫的建设当中,朱元璋依然秉承这种作风。至正二十六年、龙凤十二年(1366)十二月,负责建造新皇宫的官员向朱元璋进呈《宫室图》(可能相当于现在的建设工程图纸),朱元璋见到上面"有雕琢奇丽"的,都一一"砍"去,然后跟中书省官员说:"宫室但取其完固而已,何必过为雕斫?昔尧之时,茅茨土阶,采椽不斫,可谓极陋矣!然千古之上称盛德者,必以尧为首!后世竞为奢侈,极宫室、苑囿之娱,穷舆马、珠玉之玩,欲心一纵,卒不可遏,乱由是起。夫上能崇节俭,则下无奢靡。吾尝谓'珠玉非宝,节俭是宝'!有所缔构,一以朴素,何必极雕巧以殚天下之力也?"(《明太祖实录》卷22)

第二,1366年朱元璋着手开始建造南京的明皇宫的时候,徐达等大将正领兵在外征战。也就是说朱元璋忙于两手抓,一手在搞今天大家习惯所称的"城建",一手在忙于统一战争,而打仗可是要花大钱的啊!不停地扩充军士,不断地供给前方的粮草,财力上就很容易捉襟见肘,因此说当时朱元璋搞宫廷建设在经济上并不太宽裕,所以建造时自然要节省点。那要是有人不够注意节俭怎么办?

洪武十五年五月,同属于京城一部分的新太学建成了(《明太祖实录》卷145)。朱元璋前去视察,发现新太学造得太侈费,当场就火冒三丈,下令将督造官叫来,严加痛斥,最后还将其活埋在太学边上的天文观察台下面。见此,当时谁也不敢吭一声。直到成化年间,有个年轻人进入国子监读书。据说有人看见他偷偷地上天文观察台那边去祭祀,就问他:"你祭谁?"他说:"我祖上因为搞国家工程建设用钱用物太铺张了,被高皇帝活埋在这里啊!"由此可见朱元璋节俭搞建设还是真正落到实处的。(【明】祝允明:《九朝野记》卷1;(【明】吕毖:《明朝小史·洪武纪·埋晷台下》卷2)

第三,跟朱元璋的审美取向有关。从小出身于农民家庭,曾经掉到了社会最底层,一步一步地通过自我奋斗登上了帝国社会的巅峰。朱元璋的审美观很可能就是自小在农村和社会底层生活与挣扎过程中形成的,因此他的审美价值取向就不可避免地带着浓厚的底层劳苦民众尤其是农民所喜好的简朴、稳固、实在、气派的印记。如果真正按照所谓的上流社会的艺术标准来看,朱元璋是没有什么审美情趣的,也不太懂美的内涵。何以为据?我们不妨来看一看明初和明朝前期宫廷画的主流"浙派"。中国绘画史上"浙派"的特点是山水刚劲有力,棱角分明,万物色彩浓烈;可实际上在元末明初文人与上流社会中推崇的是南方知识分子倡导的"文人画"。也许因为长期受到元朝的压抑,"文人画"多显现婉约隐含、淡雅秀气。可朱元璋就根本无法欣赏这些画作,认为它们看上去都是灰蒙蒙的一片。因此每回见到南方文人画家进献的"文人画",他就勃然大怒:你们这些画家总是一派荒凉的笔触,这岂不是污蔑我大明帝国治理得不好么!故而当时很多不能迎合朱皇帝审美情趣的"文人画家"因此受了惩罚,有的甚至还丢了性命。(【明】陆容:《菽园杂记》卷14)朱元璋具有这样的审美情趣,他的皇宫与京城还能"奢华"和"高雅"?

○ 宗旨之三:坚固

朱元璋在治国过程中一贯坚持要使大明帝国长治久安的原则,这一点在宫城和京城建设中也有所体现。举个例子说吧,明皇宫开建前曾填了燕雀湖,怕在此基础上建造的宫殿不牢固,他曾下令在上面打上密密麻麻的木桩,然后再用大条石压上去,这下可就使得皇宫无比牢固了。至于后来宫城倾斜那是由于当时技术所无法预料和解决的问题。洪武九年五月,朱元璋在跟工部即相当于建设部官员谈到宫殿建设相关问题时,再次强调:"今所作宫殿,但欲朴业坚固,不事华饰。"(《明太祖实录》卷106)

在修筑南京城墙时朱元璋也十分注意城墙的牢固,坚决推行"责任制",从城砖的烧造、运输直到城墙的构筑都落实到具体的人。即使640年后的今天,我们只要登上明城墙细细观看的话,就会发现一块块明城砖上都有相关的责任人的名字!除此之外,朱元璋还十分重视工程完工前后的质量检查,"帝筑京城用石灰秫粥锢其外,时出阅视,监掌者以丈尺分治之。上(指朱元璋)任意指一处,击视皆纯白色,或稍杂泥土,即筑筑者于垣中,故金陵城最固"。(【明】吕毖:《明朝小史·洪武纪·金陵城》卷1;【明】祝允明:《九朝野记》卷1)

正因为如此严格要求,层层认真把关,640年了,尽管由于清兵的破坏和日本鬼子的践踏,个别城墙段已经没了,但大部分南京明城墙犹如历史巨人一般,依然屹立在古都南京城中。

南京明皇宫荡然无存　北京故宫"前世今生"

在解开明代都城南京和明皇宫的一系列谜团之后,我们看到了明代南京的种种奇特景观:明皇城建在湖中;明皇宫偏隅城东;都城呈不规则形;宏伟、稳固但又简朴。然而遗憾的是如今您到南京来,除了能见到宏伟的明城墙外,明皇宫早就"消失"得无影无踪。这究竟是为什么?有人说,北京故宫就是南京明皇宫的"复制品",真的是这样吗?600多年前南京城里的那座被外国人称为世界第一大皇宫究竟是怎样的一番景象呢?

我们不妨借用历史文献的记载来"还原"一下明皇宫的本来面目:明皇宫分为两大部分:宫城与皇城,我们先从最里头的宫城讲起:

● 明皇宫的内城——宫城

○ **明宫城的位置**:朱元璋将家安在南京城东的燕雀湖上?

明皇宫已毁了,好多书上都没有说清楚南京明代宫城的确切位置。现在许多人认为,明宫城就是今天的明故宫遗址公园;还有的人认为,明宫城除了今天的明故宫公园以外,外加午朝门公园的一部分。这些观点正确吗?

不够正确。以本人在南京的实地考察和参考历史文献资料,结合前辈师长们的考证,认为明代南京宫城所在的位置应该是在今天南京城偏东南的明故宫公园,外加马路对面的整个午朝门公园。原本这两个地方是连在一起的,近代时被辟出的中山东路中间横穿了,两者合在一起这才是历史上明宫城所在的位置,即南起今天午朝门公园南门的午门城基,北到今天明故宫公园的北门(靠后宰门那一头),东自今天南京东华门西侧,西至西华门东侧。从平面角度来看,明宫城整体上呈正方形状。

这个地方在明朝建造明宫城以前原本是一片湖泊,这个湖泊名叫前湖,为什么叫前湖?

如果我们仍以古人极其推崇的满是龙气的钟山为"参照物"的话,我们可以看到,所谓的"前湖"正好位于钟山西南,临近明京师城垣东北角。因为在钟山的南面,按照传统农业社会人们居住方位的习惯——南面就等同于前面,故名"前湖"。相对而言,今天称为玄武湖的位于城之北,同样的习惯称呼,北面就是后面,因此玄武湖过去被称为"后湖"。换句话说,钟山的一个角——朱元璋时代人们称之为"龙头"(燕雀湖)的北面山冈将"前湖"与"后湖"中间"隔开"了,使得南京城里曾经最大最美的两个"姐妹"湖泊遥遥相望。

○ 燕雀湖为什么又叫太子湖?

明代建国前,前湖湖水很深又很广,可能与玄武湖差不多大小,它的确切位置应该在今天的南京城的东部:南自午朝门公园中部以南一点,北至后宰门街,东起紫金山脚下,西到黄埔路。它贯通秦淮河和青溪,不仅是古代南京城的主要的水利通道,也是南京城的主要的风景名胜。每逢春秋佳节,达官贵人、文人骚客莫不趋之若鹜,都想一睹前湖的美丽容姿。"前湖"又有一名叫"太子湖"或"燕雀湖"。那么到底为什么"前湖"又叫"太子湖"或"燕雀湖"? 这里有一段凄婉而美丽的典故。

在历史上六朝时期的梁武帝是以当和尚当得出了名。他一生中多次把自己"舍"给了庙里,将国事弄得一塌糊涂。但据《穷神秘苑》所载:尽管作为皇帝的梁武帝不咋样,可他的太子萧统却是一个恭谦好学的聪明之人,且才华横溢,文质彬彬,笃信儒佛,又爱好文学。他曾经召集当时的好多文学家在一起,将中国先秦以来的一些文学佳作选编成册,这就是中国文学史上的第一部精品集——《文选》60卷。

萧统什么都好，就是身体比较羸弱。有一次，他到玄武湖边游玩，一不小心，掉进了湖里去，虽说没有被淹死，但也因此受凉又受了惊吓，一下子就病倒了，且还病得不轻，不久之后就病死了。死后被人谥为"昭明"，世人称之"昭明太子"，他所主编的《文选》被称为《昭明文选》，他生前在南京、常熟等地读书、编书的地方，被人称为"昭明太子读书台"。

太子萧统死后，梁武帝非常痛心，下令将太子厚葬于"前湖"边上。可没想到昭明太子死了还不得安宁，宫里有个太监老早就觊觎昭明太子墓中的珍宝，他乘人疏忽之际盗墓。谁知刚把宝物挖出来，正准备喜滋滋地往回走时，突然间也不知道从哪儿飞来了漫天的燕雀，直往太监身上啄，让他寸步难行。这下可引起了看墓官员的注意，他们从太监身上搜出了被盗的宝物，并把他押解到梁武帝跟前，交予梁武帝处置。

梁武帝思念太子萧统，下令将宝物赐给了太孙，且让人重修了昭明太子之墓。传说在重修太子墓时，又飞来了数万只燕雀，它们非常有灵性、嘴里衔了泥和稻草之类的东西来帮助人们修葺太子的墓地。当时在场的人都大受感动，从此人们就将前湖叫做太子湖，又称燕雀湖，以此来歌颂这些燕雀对太子的可歌可泣的真情。

(【明】焦璐:《穷神秘苑》又名《搜神录》)

○ 朱元璋将田德满扔进了几十万平方米的燕雀湖，燕雀湖"填得满"了?

燕雀湖因美丽而引人驻足，因凄婉而使人牵肠，六朝时燕雀湖因昭明太子的故事又多了几分厚重。因此无论是作为割据江南的小朝廷都城还是成为大一统帝国的地方政权官衙所在，南京城里的达官显贵和文人缙绅每逢时令佳节都会前去燕雀湖饱览美景，燕雀湖成为古都南京的一大名胜，更有一些贪婪的官员在湖畔筑有别墅，宽广的燕雀湖以它的博大的胸怀接纳了历代各色的人群。但是，到了元末明初，燕雀湖这个美丽的湖泊被人瞄上，这个人不仅要占有她，而且要使她永久地窒息，那就是朱元璋填湖盖宫殿。

前面我们讲过，朱元璋为占住钟山"龙头"的皇气，下令调集几十万民工(有的书上说有20万)，开始填湖。但由于燕雀湖的湖面实在宽广，整个地势低洼，填湖填了好久都未能填满，那怎么办呢？当时有人传言南京南郊的江宁县有个老头叫田德满(谐音"填得满")，朱元璋是个十分迷信的人，听说有田德满(谐音"填得满")的，就派人去找了。您还真别说，果真找到了这么一个叫田德满的人。老汉被找来以后，开始被当做神一样。朱元璋煞有介事地举行了一些祭祀的仪式，还将田德满封为"湖神"。一切停当之后,最终把他给绑了起来,然后活活扔到湖里去,据说不久燕雀湖还真的被填满了。所以老南京有一种说法叫做"湖神田德满",如果真有这么个人,他可真够倒霉的。

这是传说,但据有关资料讲,由于填湖工程确实太大了,死了不少民工,耗费的土石不计其数,所以老南京有这样的说法"移三山填燕雀",大概就是说将南京城西的三山铲平了才填满了燕雀湖。(【明】陈沂:《金陵古今图志·国朝都城图考》;【清】甘熙:《白下琐言》卷4;【清】陈作霖:《上元江宁乡土合志》)最后不知何故留下了今天南京城中山门外北面明城墙边的小湖泊——过去燕雀湖的一角。我个人认为,很可能朱元璋觉得这个填湖工程实在太大了,只要他的宫殿可以营造,留下这水域一个角也不碍什么事就行了。

燕雀湖被填,南京城东的水域青溪就失去了水源,以后逐渐地淤塞,最终消失了。由此,南京城原本的水域生态环境受到了巨大的破坏。为了大一统帝国的长治久安,牺牲个把河流甚至死些小蚂蚁般的小民又算得上什么呢?这就是历代大一统专制君主的政治逻辑!

○ **填湖建造的明皇宫后来被毁了,是不是因为当年也是一项"豆腐渣"政绩工程所导致的?**

这湖是填满了,在这填平压实的燕雀湖上密密麻麻地打桩,同时开始构建地下水道,再在要砌墙的墙基下全部铺上巨石,接下来才是建起异常雄伟的大明帝国的宫殿。那么,这座靠填湖打桩建造起来的皇宫,质量能有保障吗?明皇宫后来毁了是不是因为当年也是一项炫耀政绩的"豆腐渣"工程所导致的?对于现代技术都很难解决的抗沉降问题,当年明皇宫建造能克服么?

显然不能!从事后的实际情况来看,明皇宫建成后,地基就开始下沉,主要原因有两个:

第一,明宫城所在的位置正好是人造出来的燕雀湖湖心,它本身的地基牢固程度就不够,纵然填湖又打桩,但其地质结构毕竟比不上自然地质那般结实,地基下沉是不可抗拒的。明代历史学家谈迁曾说:"六朝旧址,俱近秦淮,都城东自白下桥止。圣祖(指朱元璋)拓城东及钟山之麓,填前湖,立大内,规制虽宏,属在东偏,又地势中下,清溪外流。圣祖晚悔之,虑改建病民。"(【明】谈迁:《国榷·洪武元年》卷3)

第二,进了明皇宫,皇宫内的三大殿——奉天殿、华盖殿、谨身殿这些高大宫殿建在原先的"湖中",重力太大又不均衡。问题就在这里,如果将明皇宫整体布局调个个,不是坐北向南,而是坐南向北,那么,就可以把皇宫三大殿的重力压在了今天午朝门公园南边的自然地质结构的土地上,也就不大可能会出现上述那种严重的地势下沉事情了。当然我们现代人仅仅是假设,且朱元璋是个很迷信的人,他根本不可能违背中国传统的风水术与建筑习惯及皇家宫殿建造的根本准则的,所以最终只能是任由明皇宫下沉。晚年朱元璋从午门进入皇宫后,一路往家里走,越走越低。因为整个皇宫地势呈南高北低的趋势,用他的话来讲就是"宫城前昂后洼,形势不称"。宫城前昂后洼,在十分迷信风水的朱皇帝看来,是一种不祥之兆,隐含着对大明江山社稷和后代极为不利之意。于是他就萌生了迁都的念头,找个风水更好的皇气十足的宝地——长安,接着就派了太子朱标出使陕西,考察长安地势。谁知,老天不长眼,似乎有意在作弄人,朱元璋没"走",朱标太子倒是先"走"了。这时年事已高的朱元璋已经没有精力再去张罗迁都事宜,只能听天由命了。(《明史·太祖本纪三》卷3;【清】顾炎武:《天下郡国利病书·江南》卷13)

● 明宫城的4道主门和10道小门

虽然明皇宫的选址存在着一些问题,但其宏伟的气势还是为世人所称道。那么,这座曾经辉煌过的明皇宫,它的结构究竟是什么样的呢?

○ 南京"紫禁城"曾是世界上最大的皇宫

到过北京的读者朋友都知道北京的紫禁城,但几乎很少有人知道南京紫禁城,其实北京的紫禁城就是南京紫禁城的"复制品",而在明朝人们习称紫禁城为"大内",也就是宫城。那么,人们为什么要把宫城称为紫禁城呢?

因为中国古代天文学家根据对天体的观察,认为北极星(又称紫微星)是恒居在中天,而这个地方正是天帝所居住的地方——天宫,由此人们往往将天宫称为紫微宫或紫宫,在传统中国文化中就有"紫微正中"之说。根据"天人感应说",人世间的皇帝就是天宫里天帝的儿子,即我们经常讲的皇帝是真龙天子。既然皇帝是天帝的儿子,与此相对应,地上皇帝所居住的皇宫应该是地上的紫宫,明代人就是这么认为的:洪武三年九月,大明定朝会宴享乐舞之数时有一曲叫《凤凰吟》的,其中

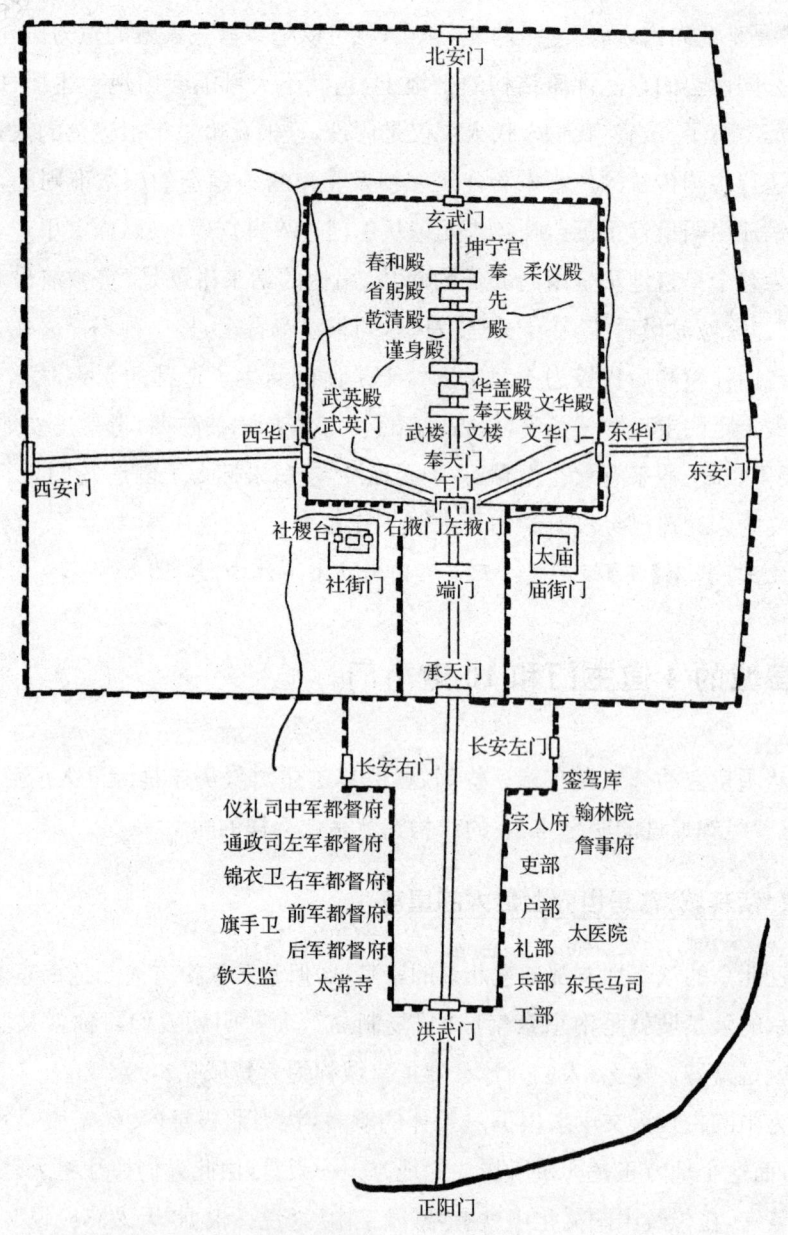

明代南京宫城、皇城示意图

有词:"紫微华盖拥蓬莱,圣天子帝图……"(《明太祖实录》卷56)而皇宫又是禁地——一般人被绝对禁止入内。紫宫与禁地合在一起,便有"紫禁城"之称。南京紫禁城即宫城总占地面积约为100万平方米,今天北京紫禁城的总面积只有72万平方米,也就是说北京紫禁城比南京紫禁城要小28万平方米。因此说,如果没有被毁,那么南京的"紫禁城"是现今世界上最大的皇宫了。

○ **紫禁城内最大的门——午门（午朝门）**

南京紫禁城呈正方形,即四周长度约2里,一共开10门,其中规格级别最高的门座就是午门,俗称午朝门。因为北京的故宫是南京明皇宫的复制品,所以尽管我们今天已经看不到南京明皇宫午门的原貌,但我们能从北京紫禁城的正门——午门的气势上可见一斑。据现有的文献资料和南京午朝门公园南面那高大的午门城座来看,有同志认为南京明皇宫的午门应当比今天北京故宫的午门还要高和还要大。如今只要走到午朝门公园的南门,我们还能看到600年前那宏伟的午门建筑架势。原本它下面还有一个凹形的城台,城台下宽上窄,雄伟壮观,古朴稳重,四周用红大理石砌成须弥座。台基之上雕刻精美的图案花纹,城台上曾有五道彩楼,俗称"五凤楼",它们都是黄瓦金顶、重檐彤饰。午门的正面是一座九间重檐庑殿顶的门楼,也称主体楼,门楼辉煌,蔚为壮观。门楼的两边各有钟楼、鼓楼,沿着钟楼、鼓楼向南两侧排开,形如雁翅,也称雁翅楼。在东西雁翅楼的南北两端各有阙楼一座。这样整个午门共计有五道彩楼,气势十分恢弘。每日正午时分,午门上钟鼓齐鸣,响彻天空,整个南京城到处都能听到,故有午门之称。但也有人认为午门之名不应该是这样的来历,他们认为:在中国传统文化里,子为北,午为南,午门正处于皇宫的正南位置,故称"午门"。

明皇宫午门共由5道门组成,主要门洞开在倒凹字的底部,一排三个门洞、倒凹字内部左右两侧分开了两个门洞。也就是说,所谓的午门是一个"大概念",从正面看好像就只有三个门,而在它们旁边还有左右两个掖门,即史书所说:"翼以两观中三门,东西为左、右掖门。"(《明太祖实录》卷115)可惜南京午门的左右掖门已被拆毁了。

正门宽畅而雄伟,北连奉天门、南接洪武门和门内的"千步廊",它广阔又平坦。一般来说,午门正门只有皇帝一人才能出入;即使是贵为皇后一生也只能经过一次,那就是皇帝大婚之时,皇后坐着由人抬着的轿子经过午门正门;还有就是在宣布科举殿试结果后荣登第一甲前三名的状元、榜眼、探花等"天子门生"有幸经过此门,入内向皇上谢恩。

○ **真有"推出午门外斩首"吗?**

说到这里,读者朋友可能要问一个问题,就是我们经常在电视剧里听到的"推出午门外斩首",难道午门真是杀人的"法场"吗?

非也!在皇家午门前处决犯人或者罪臣,基本上没那回事。因为将人杀死在午门口,这个午门不就到处都有鬼了,在那唯心的年代里当然被视为很不吉利的,毕竟午门还是属于宫城的一部分嘛,所以通常所说的"推出午门外斩首"是在人多的地方——闹市区或菜市场进行处决的,这样方能够起到警示世人的作用。而在明代的南京城,若要处决犯人通常是拉到太平门外,先由三法司会审,然后打入刑部天牢或押到闹市区去执行。因此说在南京明故宫午门外处决"犯人"实属罕见,整个明朝在以南京为都的 65 年(含大明开国前的 16 年和弘光帝的 1 年)中唯有发生两起午门口处决犯人事件,一次是洪武年间,朱元璋杖毙朱亮祖父子;另一次就是靖难之役后,燕军疯狂屠杀建文朝的大臣,方孝孺因不肯为篡位者朱棣起草登基诏书而被杀于午门。据说今天午朝门公园内丹墀上的血迹石,就是当年方孝孺被杀时颈血溅染而成的。不过这事情有争议,有史书说方孝孺最终是在菜市场被凌迟处死的。(《明史·方孝孺传》卷141;【明】李贤:《古穰杂录摘抄》)

○ 宫城 4 道主门与皇城的横轴线

除了正门午朝门外,这么雄伟的宫城自然还有其他的城门。整个宫城共有 4 道主门、8 道小门,它们分别是:相对正南面的午门,宫城正北的门为玄武门(《明太祖实录》卷 25)。我现在讲的明皇宫的玄武门,可不是现在南京玄武湖公园那儿的玄武门,这是两码事。相对应的北京故宫北门原来也叫玄武门,清康熙时因避讳康熙名字"玄烨"而改神武门。玄武门名称来历显然又与中国传统的堪舆文化有关,在堪舆学中,南为朱雀,北为玄武,所以宫城的北面正门叫"玄武门"。从玄武门到北安门大道的两侧有两道小门,它们是北上东门、北上西门。

宫城东门为东华门(相对应的北京故宫也有东华门),从东华门至东安门大道两侧有两道小门,它们是东上南门和东上北门;宫城西门为西华门(相对应的北京故宫也有西华门),从西华门至西安门大道的两侧有两道小门,它们是西上南门和西上北门。如果我们仔细观察的话,就会发现这个东、西华门设计的"准则"与南北的午门、玄武门设计准则——正中开门不一致,东、西华门设计的位置不在宫城东、西两侧城垣正中而偏向午门一侧,这是与宫城总体设计规划有很大关系。(《明太祖实录》卷 25)

当时的宫城分外朝和内廷两部分,外朝由武英殿、奉天门、文华殿构成贯穿外朝的主体横轴,东、西华门分处于轴线的东西两端。这样一连串的门与殿位于同一横轴线上,便于在外朝活动和使用,也可减少外面对内廷生活的干扰。同理,由西华门、武英殿、奉天门、文华殿和东华门一线构成了宫城的主体横轴线。

如果我们再将视野放宽一点，从皇城的西边大门前的玄津桥（今南京市逸仙桥稍南处）出发，从西安门进入皇城，一直笔直往前走的话，沿途就会先后经过西上南门、西上北门、西华门、奉天门、东华门、东上南门、东上北门、东安门及京城正东门朝阳门，这就是我们经常讲到的横贯皇城东西的横轴线，它与皇城纵轴线（正阳门、洪武门、承天门、午门、玄武门、北安门一线）形成"十"字形轴线，构成了明故宫建筑群分布的主体框架。

● 明宫城主要建筑：以纵轴为主"前朝五殿两楼"和"后廷三宫六院"

○ 内金水河和内五龙桥

进入午门就算是进了皇宫了，这时有一条渠水横在前头（今天我们在午朝门公园内还能见到这条小沟渠）。其水源源自城东朝阳门外护城河，由东安门、经东上南门、东上北门、东华门、左掖门蜿蜒流入皇宫到此地，再到右掖门、西华门，出了西华门以后向南流，在午门西侧的社稷台附近与外金水河西段会流，然后再南向流入大中桥。这条横穿宫城内的水系叫内金水河，内金水河象征天上的银河，既然天帝的居所是跨越银河，那么在地上的天帝的儿子皇帝总不能不搞个地上银河来。内金水河上面有五座正对着午门的并行石桥，这五座石桥上都雕着龙，故而被称为内五龙桥。它们与外金水河上的外五龙桥相对称。

○ 奉天门——北京故宫的太和门

走过了内五龙桥，我们就能看见与午门等处于同一中轴线上的奉天门，奉天门是横卧前面的气势恢宏的第一座大型建筑。明皇宫的奉天门在今天南京午朝门公园的北门口不远处。奉天门名为"门"实际上是一座宏伟的宫廷建筑，它是皇帝朱元璋及其子孙每天上朝听政的地方（《明太祖实录》卷25）。朱棣北迁后，克隆了南京的明皇宫，连奉天门的名字也没改，清朝时改名为太和门。奉天门两侧有两道门，东侧的叫东角门，西侧的叫西角门，西角门是明代皇帝临时听政的地方。

一般来说，一个新皇帝上台，在奉天殿举行登基仪式的同时，还要到奉天门颁发登基或称即位诏书，诏告天下：又一个大一统专制皇帝登基了。

○ 奉天殿（金銮殿）——明皇宫里最大的宫殿——北京故宫的太和殿

过了奉天门朝北依次为三大殿：奉天殿、华盖殿、谨身殿。这三大殿合在一起往往被人们称为前朝或者叫外廷。前朝是皇帝举行重大仪式,接见外国使节和处理政务的地方。前朝诸殿中奉天殿最宏伟,整个大殿高达11丈,是皇宫的正殿,俗称金銮殿。明初朱元璋建明皇宫正殿,开始时就叫奉天殿,大概是"奉天承运"的意思。史书记载说:明大内"正殿曰奉天殿,上御之以受朝贺"(《明太祖实录》卷115),"大宴群臣"(《明太祖实录》卷224),即说奉天殿是皇帝接受群臣朝贺和设宴招待属僚的地方。朱棣迁都北京,克隆南京皇宫,还是叫它奉天殿。清朝时改名为太和殿。顺便说一下,明皇宫的奉天殿所在的位置是在今天南京明故宫公园南入口不远。(参见《明太祖实录》卷25)

尽管奉天殿是明皇宫里最大的宫殿,但它一点也不豪华,只是雄伟。这要归结于苦孩子出身的朱元璋舍不得浪费钱财。不过,要说朱元璋真的土到了一点点品位也没有的地步,那也不见得。相传奉天殿盖好后,朱元璋看见大殿内墙壁光滑如镜,心想这么好的殿壁,一片空白也不好看,来一点实在的,那画些什么呢?美女?不行,美女可使人堕落;神仙鬼怪?这皇宫里画神仙鬼怪还是帝国宫殿的正殿吗?岂不成了庙宇道观了!对,应该作一些激励人们奋进向上的绘画,于是他想到了大明江山一统了,应该叫人将它画出来,让子孙后代也能经常见到祖先创下的"基业"。他马上叫人将当时江南地区较有名气的文人画家周玄素叫来,让周来完成这幅画作。周玄素接到谕旨后,心如小兔那般跳,因为在他之前有好多位文人画家都因为绘画不合朱元璋的口味而被杀头,这次轮到他了,而且这次画作的题材太大,太有政治风险了。大明江山什么样子?恐怕只有今日人们利用飞机和航空技术才能正确把握好,而在明代哪有这种科学技术。那就随意画?这可万万使不得?朱元璋什么人?稍一不慎,就给你满门抄斩。周玄素一边跟着宫中来使,一边怀着忐忑不安的心情反复地思索,如何应对眼前的这场劫难。(【明】徐祯卿:《翦胜野闻》)

周玄素是苏州人,天生拥有苏南人特有的灵巧与智慧,脑筋一转,想出主意来了。当来到奉天殿面见朱元璋时,他拼命地磕头。在朱元璋说明了召他来的本意后,周玄素马上机敏地回答说:"小民来自偏僻的乡下旮旯,孤陋寡闻,没有机会饱览大明帝国美好的江山。大明江山是皇上您横枪跃马、南征北战一手打下来的,这大明江山图还是皇上最好御绘一幅草图,小的再进行艺术加工一下。"朱元璋一听,觉得周玄素讲得在理啊,于是拿起了笔按自己的想象在殿壁上画了起来。不久草图成了,叫周玄素修改润色。谁知,这时周玄素又扑通一下子跪下了,拼命磕头谢罪:"陛下已经将草图绘制好了,小的更不能动笔修改了!"这下朱元璋火了,心想:这个巧舌如簧的滑头,竟敢忽悠到皇帝老子的头上,真是胆大包天。当即命令手下人,要将周玄素拉出去砍了。谁知周玄素却不慌不忙地说:"皇上要杀小的还不方便?!只是小的有几句话要讲,您让小的把话讲完了再杀也不迟。"朱元璋不语,周玄素继续说道:"大明帝国江山是皇上您定的,其他人怎么能改动呢?若改动了,那就不吉祥了!"听到这话,朱元璋立马转怒为喜,心想:对啊,大明江山是我定的,我是大明帝国之主,这大明江山图除了我朱元璋还有谁能动,谁能改?于是他笑着离开了奉天殿。所以有人说,明代南京明皇宫奉天殿里曾留下了朱元璋的真迹——《大明江山图》,是真是假,明皇宫已毁,无法实地考证了。(【明】吕毖:《明朝小史·洪武纪·山河已定》卷1;【明】徐祯卿:《翦胜野闻》)

○ 文楼与武楼——北京故宫里同样也有文楼与武楼

奉天殿前面是个广场,很宽广。在这广场的东西两侧,有两座楼阁式的建筑,东侧的那个叫文昭阁,简称为文楼;西侧的那座叫武成阁,简称为武楼。(《明太祖实录》卷25)

○ 华盖殿——北京故宫的中和殿

过了奉天殿,就是前朝三大殿中第二大殿华盖殿,因为它方檐圆顶,犹如一座华盖,故名华盖殿。从结构意义上讲,华盖殿与其后面的谨身殿是奉天殿的辅殿。因为在传统中国思想文化中,"三位一体"是一个理想的数字与结构。华盖殿的功能就在于:皇帝朱元璋要到奉天殿去出席大朝会,先驾临华盖殿,接受重要大臣和侍卫们的行礼。(《明太祖实录》卷25)

朱棣北迁都城克隆南京明皇宫时,华盖殿还是原名,后来才改名叫中和殿。这就是大家现在游览北京故宫所能看到的中和殿。

○ 谨身殿——北京故宫的保和殿

如果说奉天殿是鲜花的话,那么华盖殿与谨身殿就是绿叶。正因为谨身殿也是奉天殿的附殿,所以它实际上也是起到对主殿的辅助作用。皇帝的除夕宴是在奉天殿的附殿谨身殿举行的。在谨身殿里皇帝朱元璋要宴请外藩王公、文武官员,与他们共度良宵(《明太祖实录》卷25)。朱棣北迁都城,北京明皇宫还沿用南京明皇宫的规制与名称,谨身殿还叫原来的名字。清时又改名为保和殿。

○ 文华殿和武英殿——北京故宫里同样也有文华殿和武英殿

在明皇宫中三大殿是前朝的重心所在,在三大殿的东南部与西南部分别有两座具有文化功能性的宫殿,那就是与奉天殿处于同一纬度上的外朝东南部的文华殿与西南部的武英殿。

从《明实录》的记载来看,文华殿和武英殿建造得相对比较晚。

文华殿是东宫皇太子"视事之所",后演变为文官入朝经东华门至此候旨。武英殿不仅与文华殿在位置上相对称,而且在形制上与文华殿也是一致的。武英殿是皇帝朱元璋"斋戒时所居"的地方(《明太祖实录》卷115),后演变为武官入朝候旨、休息之处。朱棣北迁后,武英殿还叫武英殿。

奉天殿、华盖殿、谨身殿三大殿和文楼、武楼在大明开国前夕就已建好了(《明太祖实录》卷25)。文华殿与武英殿是后来建的,完成于洪武十年九月。(《明太祖实录》卷115)

至此我们将前朝的宫殿全部合在一起来算,一共是"五殿两楼";这当中以奉天殿、华盖殿、谨身殿作为主体躯干,南与午门,北与玄武门横卧在明皇宫的中轴线上,而作为附殿的文华殿和武英殿是前朝三殿的"羽翼"。

○ 后廷"三宫六院"——游龙戏凤

中国古时候有一种称法是很有道理的,所谓朝廷,即前朝后廷。有前朝必有后廷,后廷则是皇帝就寝、皇后妃子们居住和游龙戏凤的地方。

◎ 乾清门——后廷与前朝的"分界线"——男人的禁地

在明皇宫的中轴线上位于前朝的最后一个殿是谨身殿,换句话来说,前朝到这里"结束",再往北就是朱元璋和他的后妃们及其他的子孙们(未分藩之前)的家——"后廷",或称"后宫""内廷""禁地"。古代中国后廷除了皇帝一个人以外,对男性的绝对的禁入是从东汉开始的,这种禁入是为了确保皇帝对后宫女性的绝对占有权和控制权,以确保皇帝子女血缘的纯正性。乾清门的主要功能是供皇帝御门听政和作前朝、后廷的分界线。

◎ 乾清宫——北京故宫里同样也有乾清宫

如果说奉天殿是明皇宫的正殿,那么乾清宫则是皇帝家的正室,是皇帝的寝宫和处理日常事务的重要地方。明朝南京紫禁城内的乾清宫大致位置应该是今天明皇宫公园内的东头那一边。从这里到后宰门这一带为当年朱元璋的整个后宫的地方,或者说这是当年朱元璋与六宫粉黛玩耍与睡觉的地方。那么有人要问了,为什么叫乾清宫?乾清宫的主要寓意是皇帝遵循上天的法则,永清海内。乾清宫是后宫中最大的宫殿。(《明太祖实录》卷25)

◎ 省躬殿——北京故宫的交泰殿

既然乾清宫是明朝皇帝的"主卧之处",那么皇后主卧在哪里呢?有人见这样的问题似乎觉得好笑,难道皇帝与皇后不睡在一起,还分居不成?这不是皇帝与皇后夫妻关系好不好的问题,关键问题是,皇帝太忙了,还有好多嫔妃等待他播撒雨露呐,所以,很对不起,皇后就只有另行安排住处了。皇后的寝宫就是坤宁宫。不过在皇帝寝宫乾清宫与皇后寝宫坤宁宫之间还有一个附宫,后来定名为交泰殿。这个宫殿在朱元璋时代还没有,到了明朝第二代皇帝建文帝朱允炆在位时,在"乾清、坤宁南北二宫之间,建退朝燕居殿",取名为省躬殿(【明】姜清:《姜氏秘史》卷2)。至于交泰殿的名称是后来才有的,它的形制与前廷的华盖殿很相近,是后宫三宫中体积最小的一个。交泰殿的名字的来历大概取自皇帝(乾清宫)与皇后(坤宁宫)男女相交,阴阳相和,万物遂顺,国泰民安的意思吧。交泰殿主要是后宫主子——皇后管理后宫事务与后宫嫔妃宫女、女官的主要场所。

◎ 坤宁宫——北京故宫里同样也有坤宁宫

坤宁宫是后廷三宫中的最后一个宫殿,它是大明皇后的寝宫。这里必须强调,从明皇宫的整体来看,坤宁宫和省躬殿、乾清宫构成的后三宫,它们与前朝的三大殿都建在皇宫的南北走向的中轴线上,是明皇宫中最重要的一系列宫殿,是整个皇宫中的主干。(《明太祖实录》卷25)

◎ 御花园

出了坤宁宫后的坤宁门就是皇家花园——御花园,不过明初朱元璋时代似乎还没有御花园之说。那到底有没有御花园?史书没说,很可能实际上有这样的皇家花园,但无御花园之名。既然如此,那明皇宫内的"御花园"(姑且用其名)又在什么地方呢?大概是在后宰门、玉带河这一带,位于宫城的西北方向。北京的故宫虽然在结构上基本都跟南京的明皇宫一致,但在御花园的设计与位置上却略有不同,北京故宫的御花园在宫城即紫禁城的正北面。

◎ 东西六宫——皇帝的嫔妃们的住所

乾清宫、省躬殿和坤宁宫构成明皇宫的后廷三大宫,在这些正宫两侧有奉先殿、柔仪殿、春和殿的3个辅殿。其中奉先殿位于乾清宫之左,"以奉(祖先)神御,每日焚香,朔望荐新节序及生辰,皆于此祭祀,用常馔,(皇家)行家人礼"(《明太祖实录》卷59)。除此之外,还必须提到的是老百姓平时口头经常讲起的"三宫六院"。"三宫"前面已作了介绍了,指的是乾清宫、坤宁宫和省躬殿。"六院"其实确切的说法不应叫"六院",应该叫"十二宫"或称"东西六宫"。相对于后廷三大宫,东西六宫已不在中轴线上,表示它们是从属的、辅助的地位,正像各个宫的主人一般,只有皇后是正宫,其他的嫔妃地位再高,也高不过皇后,因此她们即使脸蛋再漂亮、皇帝再宠爱,在皇后前还是从属地位的"二奶、三奶……N奶",这是由传统专制帝国等级制本身所决定的。这里强调一下:洪武时期不称"三宫六院",后宫整体性概称为"六宫"。"六宫"美眉多了,正如钱钟书老先生所说的:鸭多的地方粪多,女人多的地方话多、是非多。那怎么管理好这一堆堆女人呢?朱元璋很奇特,除了让马皇后统摄外,还在后宫设立六尚局宫官,"以职六宫,斯列圣相继之道也,近年精选民间淑德入宫者数人,使兼六尚事"。这就是明史上的女官制度(《明太祖实录》卷198)。

○ **南京明宫城的城壕**

在讲完明宫城内部后,我们再来看看紧挨着宫城的外部建筑与设计。出于对宫城安全与宫中用水的考虑,在南京明宫城筑成时,不仅围绕宫城的四周修建了厚厚的宫城城墙,而且还在城墙的外围加挖了一圈的城壕,至今南京宫城城墙已经基本上见不到了,但宫城的城壕在南京还遗有东、北、西三面的遗迹,南面城壕就剩东、西两侧一段了。现存城壕所包含的面积大约为东西宽850米(东西间)×807米(南北间)。

故宫外面修筑皇城　纵轴彰显专制灵魂

刚刚我们介绍完了明皇宫最核心的宫城。但是,按照中国古代都城的建制,宫城外部还有皇城,那么当年南京的皇城到底是怎样的呢?它究竟有多大范围?

南京明皇城主要由宫城城墙外围开始算起,到明皇城城墙加上御道街这一条。它的独特之处就在于整个皇城的形状从上空俯视来看,呈倒"凸"字形;南北长5里,东西宽4里,周长9公里,共有6道门,前后左右各自对称,包括宫城,一共大概有500万平方米。

讲了这么多,可能读者朋友可能还是觉得比较笼统。我们不妨做个比较:明初南京皇城周长为9 000米,北京元大都皇城周长为1 026丈(《明太祖实录》卷34),即3 420米,换言之,南京明皇城是大约元大都皇城的3倍,完全可以说是当时世界上最大的皇城。

我们来看看这个世界上最大皇城的整体布局与结构。

● 午门外御道两侧的重要建筑：太庙和社稷坛

午门外御道两侧各有一个建筑，左侧即今天南京午朝门公园南门的东南面，原有太庙（遗址在今天南京航空航天大学校园内），它是皇帝祭祀祖先的地方。午门的右侧即今天南京午朝门南门的西南面原有个社稷坛。明代官书记载说："社稷坛在宫城之西南背北向，社（指祭土地神的坛）东、稷（指祭谷神的坛）西，各广五丈，高五尺。四出陛，每陛五级。坛用五色土，色各随其方，上以黄土覆之。坛相去五丈，坛南各栽松树。二坛同一壝，壝方广三十丈，高五尺，甃以砖，四方有门，各广一丈，东饰以青，西饰以白，南饰以赤，北饰以黑。瘗坎在稷坛西南，用砖砌之，广、深各四尺。周围筑墙开四门：南为灵星门三，北载门五，东、西载门各三，东、西、北门皆列二十四戟。神厨三间，在墙外西北方，宰牲池在神厨西。社主用石，高五尺，阔二尺，上锐微立于坛上，半在土中，近南北向；稷不用主。"（《明太祖实录》卷24）洪武十年改建"社稷坛于午门之右，其制社稷共为一坛，坛二成，上广五丈，下如上之数，而加三尺，崇五尺四，出陛筑以五色土，色如其方，而覆以黄土"（《明太祖实录》卷114）。朱棣迁都北京后，北京皇宫的规划上似乎有所调整，社稷坛和太庙都向前挪了位，今天我们见到北京故宫的社稷坛不在午门前，而是位于天安门前方的西侧。社稷坛祭祀社、稷神祇，社是土地神，稷是五谷神。帝国皇家的社稷坛是帝国政权的象征，它的档次很高，一般来说，在坛中央竖有一方形石柱，为"社主"，又名"江山石"，象征帝国江山永固万代（《明太祖实录》卷24）。很遗憾，历经600年的沧桑，南京明皇宫午门外左右侧的太庙和社稷坛都早已不存在了。

● 南京御道街与明皇宫的端门

在太庙与社稷坛的中间有一条北起午门、南至洪武门、正阳门并与明皇宫中轴线重合在一起的宽阔大道，即今天南京城里有名的御道街。因为这一条特制的道路是当年皇帝的专用道，御道就是御用的专门之路，任何人都不能在这条御道上走，否则就要被治罪。当时洪武帝即有令：直驰中道（即御道）者，罪之。（《明太祖实录》卷64）

就在这条御道上，大约与太庙与社稷坛正南面几乎平行的一直线上，曾经建有明皇城一个比较重要的建筑——端门。端门的形制大体与承天门相同。为什么叫端门？有人说，在明皇城的承天门与明宫城正门之间加造这个端门，隐含了这样的意思，即前往皇宫的人们从这里开始要注意和保持庄重的仪表和肃然的心境，当然不能大声喧哗，不能衣冠不整……否则就要犯"大不敬"——对皇帝的不敬，那就是不忠不孝，此等恶徒还有什么用，杀！还有种说法来自中国古代天文学："太微，天子庭也……南蕃中二星间曰端门。"(【唐】房玄龄：《晋书·天文志上》卷11)详见下文。

端门还有两个用途：其一，用于考察各地荐举来京的人才，如：洪武十四年正月朱元璋"命吏部凡郡县所举诸科贤才至京者，日引至端门庑下，令四辅官、谏院官与之论议，以观其才能"(《明太祖实录》卷135)；其二，朱元璋诸子藩王回藩国时在端门行祭祀礼，如：洪武二十六年十月丁丑，"定诸王来朝及还国祭祀礼，其礼于端门，用豕一、羊一、荤素各一坛，不用制帛……"(《明太祖实录》卷230)

● 南京的承天门——北京的天安门

过了端门，沿着御道继续向南，大致在这御道全长1/3的地方曾建有一座十分气派的建筑，它就是承天门。至于承天门的名字来历，基本上还是传统的老一套说法，表示皇帝秉承上天之使命，代天帝治平天下的意思。朱棣北克隆南京明皇宫时，不仅同样建造了承天门，而且连名字也没改。明亡清兴，顺治八年(1651)改承天门为天安门。(《清史稿·世祖本纪二》卷5)

承天门是皇城的正南门，它是皇城的象征。据载洪武晚期，承天门、端门上各加盖了五楼，因此其气势十分雄伟(《明太祖实录》卷223)。承天门正因为是皇城的正门，因此说，出入承天门的不是阿猫阿狗都可以，一般来说，只有"贵不可言"的人才有资格进出，那就是皇帝了。除了皇帝，真的没有第二人经过了吗？那也不是这么绝对。一般来说，下列人员是可以出入承天门的，他们是：大婚当日的皇后；被皇帝召见的京官与外官，上任前来谢恩的官员；经常上朝的朝廷高官；科举考试中参加殿试的进士，等等。承天门在洪武时期主要用于皇家喜事或显示皇恩浩荡的恩赐活动：其一，由专门官员主持在承天门外进行新钞换旧钞(《明太祖实录》卷205)；其二，朱元璋的龙子龙孙迎亲队伍在承天门集合办事(《明太祖实录》卷224)；其三，在承天门举行开读皇帝诏赦仪式。(《明太祖实录》卷228)

十分可惜这么重要又气势非凡的南京承天门早已被毁得无影无踪了。

● 外金水河、外五龙桥和长安街

出了承天门继续向南,不远前面就有一条横河,叫外金水河。它的水源来自东面皇城外护城河,西向流去,汇入到玉带河,然后南向,流到大中桥。外金水河上有五座都刻上龙的并联着的石桥,故称"外五龙桥"。这外金水河、外五龙桥(至今尚存在御道街上)与午门内的内金水河和内五龙桥形成横向对称,反映出设计者构思的精巧与很高的建筑艺术审美情趣。

外五龙桥前有一条东西横街即长安街,可直达大中桥那个地区。

● 明皇城四方位四主门与"马娘娘梳妆台"

前面说过,明皇城的正南门就是承天门,除此之外,其他几个方位的城门有:东长安门、西长安门、东安门、东上门、东上南门、东上北门、西安门、西上门、西上南门、西上北门、北安门、北上门、北上东门、北上西门等。如果加上刚刚讲过的端门和承天门,整个皇城共有16道门。由于皇城是直接事关朝廷安全的第一大关防,所以洪武十年时朱元璋就下令,16道皇城门中各门皆设立正、副门官,负责进出皇城的具体安全工作,其中正职门官门正为正七品,相当于县处级领导干部;副职门官门副,为从七品,相当于副县副处级领导干部。(《明太祖实录》卷116;《明太祖实录》卷175)

而在16道皇城门中,除了前面讲过的"第一门"——承天门外,还有3道很重要的门:

皇城的东门为东安门——北京皇城东门也叫东安门。
皇城的西门为西安门——北京皇城西门也叫西安门。
皇城的北门为北安门——北京皇城北门也叫北安门。

这几个特别重要的皇城门当时都有专业部队负责守卫,洪武时期曾设立了专门的仓储,专供守御军士,其中设官仓副使一员。(《明太祖实录》卷236)

东安门现在南京也没了,其遗址大致在东华门与中山门之间,即地铁苜蓿园站附近;西安门大致在南京军区总医院附近;北安门就是如今的后宰门,明皇城后宰门的位置在今天南京富贵山下的佛心桥附近。后宰门原名为"厚载门",取之于《易经》的《象辞》:"地势坤,君子以厚德载物。"和《易经》的《象辞·坤》:"坤厚载物,德合无疆。""厚载门"之名据说在明朝后期犯了皇帝的圣讳——明世宗嘉靖皇帝名讳厚熜,其子穆宗隆庆皇帝名讳载垕,故改名为"后宰门"。明皇城的后宰门可能是宫

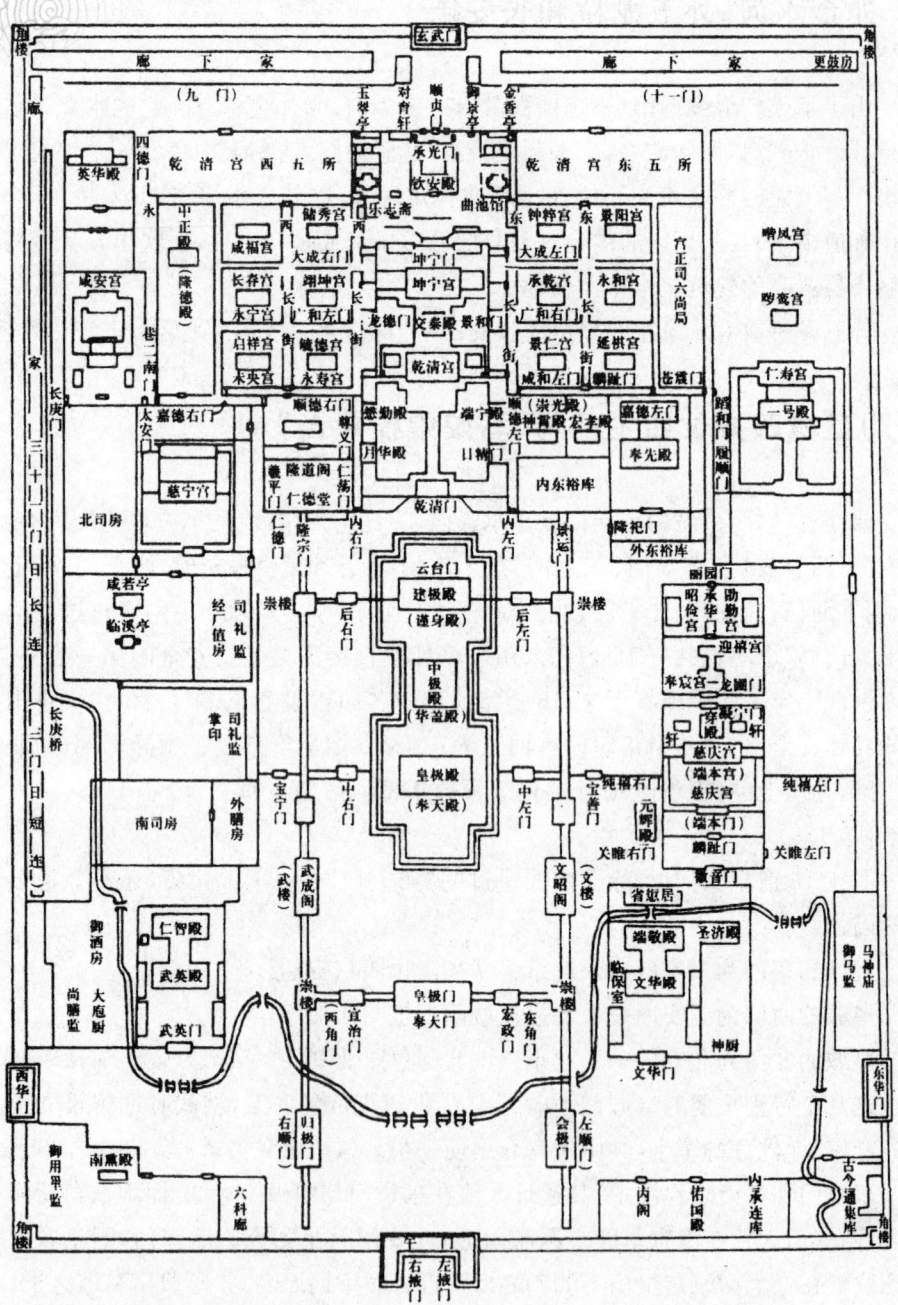

明成祖迁都后建造的北京紫禁城示意图（图片来源：夏玉润《朱元璋与凤阳》）

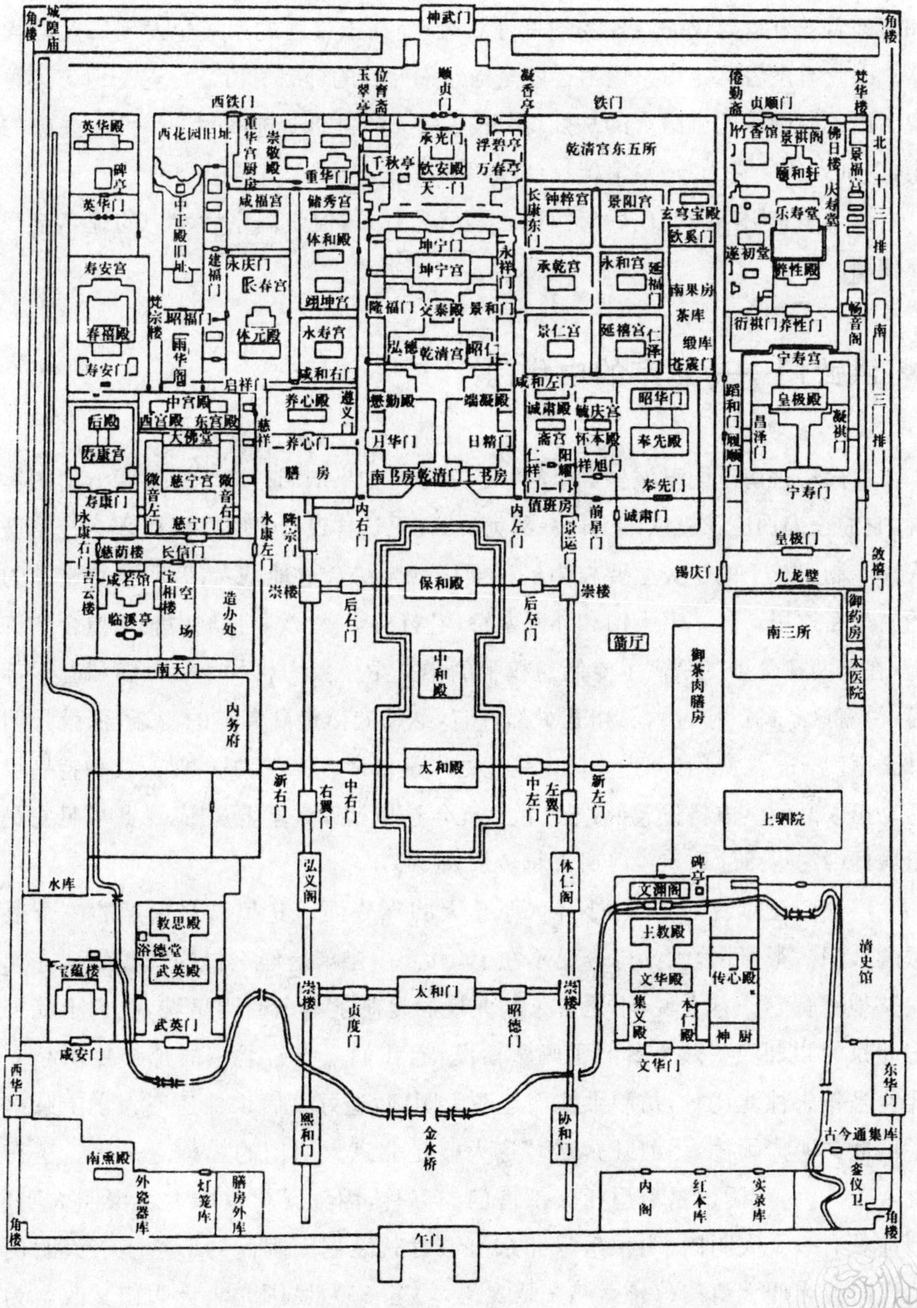

《大明风云》系列之 ❷

大明一统

清代紫禁城示意图（图片来源：夏玉润《朱元璋与凤阳》）

官衙署所在地,前些年在该地发现了一些当年宦官衙署监管的石作厂丢弃的栏杆和雕刻着龙、凤、云纹的石柱及螭首等石雕;而在玉带河的西边也发现一些明代瓷器。因此有学者认定后宰门附近就是当年朱元璋的御厨房所在。这一地方还曾发现了由铜砖砌成的御厨房的炉灶,另外还有一个明初遗迹——一座堆石垒起的假山,南京人俗称它为"马娘娘梳妆台"。

虽说南京明皇城北门后宰门也已荡然无存了,但是南京后宰门的地名至今还在使用。

● 洪武门——北京的中华门

前面讲过南京明皇城呈倒个的"凸"字形。如果从明皇城"规则"四方形图案来说,它的正南面应该就以奉天门一线为界,如果这样设计、建造的话,那么在皇城里代表专制皇权下的中央主要权力机构衙门就无法合适地"安置",明皇宫设计的精巧就是在这里。过了奉天门和外五龙桥,沿着与明宫城、明皇城中轴线重合的御道街,在其两侧分别"安置"了专制皇权下的中央主要权力机构——六部和五军都督府;沿着这条御道穿过六部和五军都督府,继续向南走到御道的南端,那就是明皇城正南门——洪武门(今光华门内稍北处),是皇帝、宗室参加重要庆典和特别重大活动出入之门。史料记载说:早在洪武元年这里就设立了千户所,由此可见它是明皇城门中的重点之重点。(《明太祖实录》卷35)

洪武门正对着都城的正阳门(即今天的光华门),是皇城最南端的一个很气派的大门。很可惜,洪武门今已不在了,洪武门当年是什么样的?我们现在无法完整地了解它。有人说,不是说朱棣北迁后复制了南京的明皇城,我们不就可以把北京的"复制品"做个参照了吗?话没错,我们来看看北京的那个复制品在哪儿?当年朱棣北迁时,仿制洪武门建造大明门,造好以后朱棣还叫大学士解缙题了门联:"明光天德,山河壮帝居。"这大概是北京大明门的名称之来历。还有一种观点认为,大明门是沿用元大都宫门的名称,因为元代宫中有主殿叫大明殿,殿前就有一个大明门,明永乐建北京皇城时就沿用大明门的旧称了。大明门在清代时改名叫大清门(《清史稿·地理志二》卷55),民国元年大明门又改名为中华门,保存还是完好的,1954年因扩建天安门广场而被拆除,1976年在其遗址上修建了毛泽东纪念堂。

● 明皇城的纵轴线与绝对君主专制主义的灵魂

南京明皇城的布局仍然以宫城纵轴线及其南延为主干——皇城的御道,至此可以说南京的明宫城、皇城都是以这条自北而南的中轴线为全城的主干,即北起北安门,甚至还可以北延到都城的太平门,中经玄武门、奉天门、午门、端门、承天门、洪武门,再往南延伸直到都城正阳门,城内的三大殿及其附殿、三大宫及其辅助宫殿、主要的门楼和专制主义中央集权政府机构都被排列在这条中轴线上;形成了地方以中央(专制君主所在的都城为标志)为核心,都城以皇城为核心,皇城以宫廷为核心的专制主义中央集权的结构形态布状。

当时的大明帝国的中央政府衙门也紧密地与御道这一中轴线相联在一起,御道左右两侧设立的都是当时专制主义中央政府权力机构。在御道的左侧有国家主要的五大行政部门,从北向南它们依次为吏部——专门管官吏的部门;户部——专门管老百姓的户口税粮的;礼部——相当于现在的民政部与外交部两者结合在一起的行政部门;兵部——相当于现在的国防部;工部——相当于现在的建设部。(《明太祖实录》卷223)与这五部同处东侧的还有最北端的宗人府,它主要是负责管理皇室的各种事务。这么说来,人们常说的六部衙门只有五部位于这御道东侧,剩下的一个部"跑到"哪儿去呢?

这剩下的一个部正是主管审理罪犯以及给他们判刑的刑部。古代中国人很迷信,过去人们普遍认为,审犯人以及给人判刑这都是阴损的事情,是一种不积德的行为,会折寿的。既然大家有着这样的迷信,那么自然不会将专门处治罪犯的刑部放在代表皇家威权以及福祉的皇宫前,而是把刑部放在了都城的北门太平门一带。这是吻合中国传统的"天人感应"的思想和阳德阴刑的刑法理论——中国从汉代董仲舒起正式形成了完整的阳德阴刑的理论,认为国家行法要顺阴阳,则五行,合天时,以德教为尚为本,以刑法为辅;因此刑绝不能占于正面的阳的地位,而只能处于从属的阴的位置。由此以后逐渐定型中国处死犯人要在秋杀之时,刑部当然不能居南了,只能是放在北边(属于阴的方位)去了。(【明】张瀚:《松窗梦语·东游纪》卷2)

了解了御道的东侧,我们再来看西侧,御道的西侧是当时朝廷里的最高军事指挥机构——五军都督府(《明太祖实录》卷223)。哪"五军"呢?从北到南依序来排:中军都督府、左军都督府、右军都督府、前军都督府、后军都督府。五军都督府的最南是太常寺,主管礼仪。(《明太祖实录》卷223)

西洋人利玛窦见证　最大皇宫最大皇城

以上是明皇宫和明皇城的主要建筑和规制，如此规模宏大、气势非凡的明皇宫是前后花了20多年的时间才最终建成的。讲到这里，读者朋友可能会产生这样的疑问：你讲的这些我们现在都看不到了，你能不能将明皇宫在今天的南京城内的大致范围作个描述呢？

据考证，南京明皇宫比较确切的占地范围应该是，东起中山门以内南京博物院一带，西至今竺桥、逸仙桥一带，南至光华门一线，北至今佛心桥一带，它绝非今天的明皇宫公园那一小块，而是范围广阔，殿阁崇伟，气势恢宏，堪称中国宫殿建筑史上的第一建筑。有人可能不同意我的这种观点，认为后来的北京故宫要比南京的明皇宫大。这似乎成为历史上的一个无头案了，因为一个还在而另一个早已给毁了。怎么能比较得出呢？

● 为明故宫"翻案"——利玛窦见证：明都南京和明皇宫是世界最大的城市与最大的皇宫

在明故宫已毁、目前有关明故宫史料缺失不全的情况下，外国人的记载我们不妨做个补充甚至可以进行历史的纠正。明故宫建成200多年之后的明朝万历年间，已经走过半个地球的西方传教士利玛窦来到明都南京（前后共计3次）。他参观了明故宫，曾发出赞叹："我还没有见过世界上哪个国家的皇宫像南京的明故宫这样雄伟！"

至于南京城有多宏伟？利玛窦在他的《利玛窦中国札记》里这样写道："它为三重城墙所环绕。其中第一层和最里面的一重，也是最华丽的，包括皇宫。宫殿依次又由三层拱门墙所围绕，四周是壕堑，其中灌满流水。这座宫墙长约四五意大利里。至于整个建筑，且不说它的个别特征，或许世上还没有一个国王能有超过它的宫殿。第二重墙包围着包括皇宫在内的内墙，囊括了该城的大部分重要区域。它有十二座门（实际上是十三个城门，不知这位老外当年见到时哪个城门被封闭了，可能少算了一个。本书作者注），门包以铁皮，门内有大炮守卫。这重高墙四围差不多有十八意大利里。第三重和最外层的墙是不连续的。有些被认为是危险的地点，他们很科学地利用了天然防御。很难确定这重墙四围的全长。当地人讲了一个故事：两个人从城的相反两方骑马相对而行，花了一整天时间才遇到一起。这座墙将可提供该城如何庞大的一些概念，同时城是圆形，所以比其他任何形状都容有更大的空间。这重墙内，有广阔的园林、山和树林，交叉着湖泊。然而城中居民仍然占有它的绝大部分。如果不是目睹,人们简直难以相信它,然而仅仅该城的警卫就有四万名兵士。该地位于经线32度,从数学上计算它的纬度,它几乎正在全国的中央。前面提到的那条河流(指长江,本书作者注),沿着城的西侧流过。人们不禁疑问,它的商业价值对于该城,是否比它秀美的装饰更加是一笔资财。它冲刷着城岸,有几处流入城内,形成运河,可以行驶大船。这些运河是现在居民的祖先所开凿的,费了艰巨和长期的劳动。此城一度是全国的都城和几百年来古代帝王的驻跸地,尽管皇帝由于前面提到的理由已移位北方的北京,南京仍然没有失掉它的雄壮和名声。即或是失掉,那一事实也仅只证明它从前比现在更加了不起。"(利玛窦、金尼阁,著,何高济、王遵仲、李申,译,何兆武,校:《利玛窦中国札记》,中华书局1983年3月第1版,P287～288;裴化行:《利玛窦司铎和当代中国社会》第1册,王昌社,译,土山湾印书馆,P283有相类的说法)

有人可能会发问:这个老外的话能信吗?

我个人认为应该可信,第一,利玛窦是从大西洋岸边来的西方人,一路走过了差不多有半个地球,在当时中国范围内可说是见识最广的人。第二,利玛窦跟后来来中国"旅游"或"公干"的其他老外不同,他是以一种"超然"的理性态度来看待中国的,较少带有后来跟随列强一同来到中国进行思想文化侵略的传教士那种个人和民族的偏见。事实上利玛窦前后来了三次南京,但都不是很愉快。因为当时中日之间正在进行战争,南京地方官知道,将一个不知其来自何国的大胡子"夷人"留在南京将会带来巨大的政治风险,于是就拼命地撵利玛窦离开南京。因此说,要讲利玛窦对南京有感情来夸大明故宫和南京城的宏伟似乎不可能,也没有这个必要。第三,利玛窦写他的这部《利玛窦中国札记》时,离开南京已近十年,一直居住在北京故宫边上,跟明朝万历帝倒有很多的联系,甚至有段时间还成为北京故宫里的常客。他教太监们调试西洋自鸣钟,展示西洋绘画(可详见笔者:《论明清西画东渐及其与苏州"仿泰西"版画的出版、传播》,澳门《中西文化研究》2007年12月,第2期)。由此万历帝不仅奖赏了利玛窦,而且在他死后还赐地北京故宫的边上,让这位西洋友好使者长眠于此。如此之举在中国历史上极为罕见。所以说,论情感,利玛窦对北京的感情要比对南京深得多了,可是在他有生之年尚未全部完成的《利玛窦中国札记》里却不停地赞美明故宫和南京城,要知道这《利玛窦中国札记》原本是写给他的罗马教皇宗主看的,没有必要讨好什么中国官员。但非常有意思的是,他在书里居然很少提到北京故宫的雄伟,而是浓墨重彩地渲染明故宫和南京城的宏伟、壮观,就此我们可以这么说,利玛窦是在对照了南京、北京的皇宫后做出的如实的、客观的评价(利玛窦、金尼阁,著,何高济、王遵仲、李申,译,何兆武,校:《利玛窦中国札记》,第三卷第 9、10 章和第四卷第 1、2 章,中华书局 1983 年 3 月第 1 版)。之所以后人认为北京故宫要比南京故宫要大、要好,无非是篡位者朱棣捣的鬼,很可能他篡改了南京的史料,这已不在本书讨论的范围,详见笔者《大明帝国》系列之⑦、⑧《永乐帝卷》。

● 明故宫"跑"到哪里去？——明故宫遭受的三场浩劫

然而历史老人却跟人们开了个不大不小的玩笑:这座被外国人称为世界第一宫殿的明故宫在五六百年后今天的南京城里居然荡然无存,只剩下一些令人无限感伤的断壁残垣。那么这里面究竟发生了什么事情使得南京城里的明故宫遭受了如此惨烈的灭顶之灾？

让我们穿过历史时空的隧道,一起来考察明故宫的盛衰吧！

昔日里雄伟恢弘的明故宫之所以会荡然无存,主要是它先后遭受了三次大劫难:

○ 明故宫遭受的第一场大浩劫——明成祖迁都北京

虽说明故宫在洪武晚期已经出现了沉降的问题,但这不足以将整个明故宫给毁了。换句话来说,下降了些不是明故宫毁灭的主要原因。事实上作为一个基本的框架,明故宫在历史上至少存在了近两百多年,否则在明万历年间来南京的外国传教士利玛窦,是看不到那么雄伟的宫殿建筑的,也绝不会留下那么多的对南京明故宫的美好又真实的历史记忆。遗憾的是无论是外国人还是我们本国人都没能零距离地接触明故宫——那是皇家重地。事实上当时的明故宫已经遭受了一次"浩劫",只留下一个宏伟的空架子了。那么究竟是谁最先使得世界第一皇宫蒙受如此大的"劫难"的呢？说出来好多人都不敢相信,就是那个口口声声说父亲朱元璋最喜欢的四儿子朱棣干的"好事"。

朱元璋死后一年不到,朱棣就公然造反,发动"靖难之役",将自己的侄子朱允炆从皇位上赶了下去,自己当皇帝,即永乐帝。然而一直自称"高皇帝好儿子"的永乐帝上台以后对父皇朱元璋苦心经营与建造的南京明皇宫却视如敝屣,其所作所为可以称得上是地地道道的败家子！虽说是在南京登了基,可南京城里建文朝大臣都与他不合作,加上他童年失母,留下了巨大的心理创伤,以及江南人对他的敌视或言冷漠(详见笔者《大明帝国》系列之⑦、⑧《永乐帝卷》),终使他不愿也不敢在南京久留,从永乐元年起就着手迁都老巢北平即后来改称的北京。迁都就迁吧,朱棣也真想得出，一方面克隆南京明故宫建筑设计格局，在北京大搞基本建设；另一方面，对南京明故宫及其相关设施进行拆卸。按理说，北京周围到处都是山，营造皇宫需要的巨型石料最便捷的方法就是就地取材，但也不知出于何种真实的想法，朱棣却要这样干。这是南京民间的一种说法。明代自永乐后的历帝都是朱棣的祖孙，当然他们不会在官书里头保留这种有损于祖先"光辉形象"的记载了，但在只言片语里头却也透露出明成祖迁都北京破坏南京的蛛丝马迹：洪熙元年四月，朱棣儿子明仁宗朱高炽下令"修南京皇城"（《明仁宗实录》卷9）。怎么修法？他降敕给南京守备太监王景弘，说："朕以来春还京（指南京，本书作者注）。今遣官匠人等前来，尔即提督，将九五殿各宫院，凡有渗漏之处，随宜修葺，但可居足矣，不必过为整齐，以重劳人力。"（《明仁宗实录》卷9）

从洪熙元年朱高炽下达的这项敕谕来看，当时南京明皇宫九五殿各宫院似乎都有渗漏，且不便居住，才多长时间就出现这样的破败相？众所周知，朱棣是在永乐十九年才正式迁都北京的，在这之前，朱高炽一直留守在南京，住在明皇宫。而永乐一共当政了22年，这样算下来到朱高炽洪熙元年时连头带尾不超过5年。5年时间明皇宫就不能住人了，除了人为破坏，自然风化总不会这么快吧。由此反倒印证了朱棣迁都时极可能对南京明皇宫进行过破坏。有幸的是明仁宗当政期间它得到了一定程度的修复，但似乎没有完全修好，新上台的洪熙帝之子宣德帝又一反老子的做法，拒绝还都南京。从此以后，南京和明故宫基本上成了没有皇家关注的"弃儿"（详见笔者《大明帝国》系列⑨、⑩《洪熙、宣德帝卷》）。虽然在以后南京还是陪都，也设有六部机构，也有国子监，也有都察院，等等，一如北京建制，但今非昔比了，皇家已经不在这里，皇宫无人精心看管、打理，明朝中期前后发生了大火灾，明故宫的前朝三大殿、内花园等先后遭火而毁。利玛窦来中国时，从时间上来看，很可能他没见到明故宫原貌，但肯定还是有一些大宫殿存在，譬如乾清宫、坤宁宫等后廷三宫及文华殿、武英殿等还没有被毁。明末南逃的福王朱由崧就是在武英殿即监国之位，建立南明弘光政权的。（【清】计六奇：《明季南略》卷2；钱海岳：《南明史》本纪1）

○ 明故宫遭受的第二场大浩劫——明末清初的清军肆意破坏

明末清初，天崩地裂，中国传统社会又经历了一次大劫难，位处南方政治中心的南京自然在劫难逃。清军铁骑疾风般地南下，不仅占领了明朝陪都南京，而且还肆意蹂躏明故宫。清军在明故宫午门前，筑起八旗兵驻防城，把将军、都统二署设在明故宫。这些清军"大兵"们在里头爱怎么折腾就怎么折腾，军队重地、禁地，"闲人"、"外人"概莫能入，无法问及，也不敢问及。康熙年间，清方又取明故宫石料雕件修建普陀山庙宇。于是一代皇都的皇城、宫阙顿时成了"废都""废宫"。

明末清初,天崩地裂,中国传统社会又经历了一次大劫难,位处南方政治中心的南京自然在劫难逃。清军铁骑疾风般地南下,不仅占领了明朝陪都南京,而且还肆意蹂躏明故宫。清军在明故宫午门前,筑起八旗兵驻防城,把将军、都统二署设在明故宫。这些清军"大兵"们在里头爱怎么折腾就怎么折腾,军队重地、禁地,"闲人"、"外人"概莫能入,无法问及,也不敢问及。康熙年间,清方又取明故宫石料雕件修建普陀山庙宇。于是一代皇都的皇城、宫阙顿时成了"废都""废宫"。

清代南京名人甘熙记载道:"明故宫为今驻防城。昔之五凤楼,文华、武英殿基不过指识其处而已,惟紫禁城内正殿旧址,阶级犹存。右偏有高阜,呼为圪垯山,乃叠石而成,玲珑可爱,指为梳妆台遗址。午门外左有土阜,坦平如砥,长可数十丈,两旁亦然,阶石柱础错落其间。其右有石坊,四面屹立,乃庙社之遗迹也。"(【清】甘熙:《白下琐言》卷2)

除此之外,清兵的驻扎与浩劫给南京留下的还有带着阵阵隐痛和颇多无奈的一些地名,如在今天南京城东南的御道街南端有蓝旗营、蓝旗街(清军八旗中的蓝旗营的驻地),在明故宫西北处有"马标"("马"字就骑马、骑兵的意思,"标"是清末军制单位,相当于后来的"旅")、"炮标"(清末"新军"的炮兵团驻扎营地)。好端端一座南方历史文化名城,在野蛮武夫们的刀光剑影下度过了近300年,明故宫及整个南京城不被破坏才怪呐。

○ 明故宫遭受的第三场大浩劫——清朝同治年间的太平天国运动

虽然说清军驻营南京,使得明故宫遭受了灭顶之灾,但还没有到毁坏殆尽的地步。清朝末年太平天国运动爆发,太平军进攻南京,与驻扎在明故宫的驻防清军进行激烈的战斗,一代明宫成为双方交火的战场,明故宫遭受的第三场浩劫开始了。后来太平军占领了南京,为了修建天王府和其他各王府,被人万般歌颂的太平天国领袖们来了个就地取材,上明故宫见什么拿什么,能拆得动的,能搬得动的,石材、石料全部都给搬走了。那么,他们新建的天王府和各个王府现在在南京却也见不到了,它们会"跑"到哪里去了呢?事实上它们没"跑",而是被清军一把火给烧了。(《清史稿·曾国荃传》卷413)

明故宫在历经三次大的浩劫后,只剩下了断垣残壁。

近代中国民主革命领袖孙中山先生逝世后的1929年,国民政府将他的遗体从北京运往南京,准备安置在现在的中山陵。但由于中山先生的灵车要从南京新街口一路东行,而前往东郊之交通又不畅,所以当时的国民政府就斥资筑路即今天的中山东路。而正是这条路恰好将满目疮痍的明故宫一分为二,即今天的午朝门公园和明故宫公园。如今南京明故宫公园内基本上是空旷一片,令人无比感伤。午朝门公园里仅有一块精美雕镂的大石壁、鳞次栉比的奉天殿前奉天门石柱础遗物和宫城东门、皇城西门、午门及其附近的城垣等极少一部分遗迹尚存。

  说到这里,有人可能要发出这样的感慨了:看来当时明成祖朱棣迁都北京还是对的,南京作为帝国王朝的都城怎么说都不吉祥啊!真是这样的吗?那我们来看看迁都后北京明皇宫的命运。

  清代有名学者赵翼曾做了史料收集和统计:永乐五年,始建北京宫殿。八年,(朱棣)北征还,即受朝于奉天殿,是奉天殿先成。十八年,各宫殿皆落成,诏改京师为南京,北京为京师。十九年四月,奉天、华盖、谨身三殿灾。二十年,乾清宫亦毁。自后未尝营葺,故仁宗即位,将还南京,诏改北京诸司悉称行在。直至正统四年,始修建北京宫殿。六年十一月,乾清、坤宁二宫及三殿俱告成,乃定都北京,诏文武诸司不得称行在。正德九年正月,乾清宫灾,遣使采木于湖广,因工作大加天下赋一百万。十六年十一月,乾清宫始造成。嘉靖三十六年,三殿又灾。四十一年九月,三殿告成,改奉天曰皇极,华盖曰中极,谨身曰建极。万历二十四年,乾清、坤宁两宫灾。二十五年,皇极、中极、建极三殿灾。三十年,重建乾清、坤宁二宫。三十二年三月,乾清宫成。天启六年九月,皇极殿成。七年八月,中极、建极殿成。崇祯十七年四月二十九日,宫殿又为流贼李自成所毁。(【清】赵翼:《二十二史劄记·明宫殿凡数次被灾》卷32)

  从上述史料中我们不难看出,从永乐十九年(1421)迁都起,到崇祯亡国,总计二百多年,其间北京明皇宫在没有发生南京那样大动乱的和平年代里,至少发生了6次莫名的天灾大祸,平均每37年就发生一次。最有讽刺意味的是朱棣魂牵梦绕迁都北京,迁去了才4个月,一把大火就把奉天、华盖、谨身三殿烧个精光(《明太宗实录》卷236),近一年后乾清宫也被烧了——永乐皇帝永远不会快乐起来了,因为他的安乐窝让老天爷给端了。就此而言,怎么也不见得比定都南京吉利!所以那种定都北京比定都南京吉利之说纯属无稽之谈,愚昧之至!

●南京明皇宫建筑设计与布局中的文化密码

  以上我们讲述了南京明故宫的曾经沧桑,如今当人们来到明故宫遗址时虽然迎面而来的不是断垣残壁,就是衰草连天。不过笔者提醒大家,千万别低估了它曾应有的历史地位与深刻影响,也千万别忽视了这座中世纪世界上第一大皇宫所曾隐含的中国传统文化之密码。

○ "师法自然" 注重实际

前文说过,从中国传统风水学出发,针对"虎踞龙蟠"之地的古都南京的具体特征,为了占尽紫金山龙气,朱元璋、刘基君臣在选定"龙穴"时将新宫地址往应天古城东南方向作了移动,可这样的做法恰恰与中国传统的皇都帝宫中心主义相悖了。《诗经·集解》曾云:"帝王所都为中,故曰中国。"而后《吕氏春秋》更明确地说:"古之王者,择天下之中而立国,择国之中而立宫,择宫之中而立庙。"(《吕氏春秋·慎势·审分览第五》)。十分明显,朱元璋君臣的做法已经游离了古制。为了弥补这一大缺憾,开国后的洪武帝一方面模仿《诗经》里所说"圣人居中国而治四夷"的做法,"以金陵为南京、大梁(即汴梁)为北京"(《明太祖实录》卷 34;《明史·太祖本纪二》卷 2),并以自己的家乡临濠为中都,打算巡回办公(《明太祖实录》卷 45);另一方面为了节省开支和不破坏金陵帝王之气而灵活地遵循中国传统文化经典《易经》中的"师法自然""崇尚自然"的"自然主义"价值取向,承袭中国传统建筑活动中"工不曰人而曰天,务全其自然之势"和"因其自然之性"的做法(【三国】管辂:《管氏地理指蒙》),将明皇宫周边附近的富贵山、覆舟山、鸡笼山、狮子山、马鞍山和清凉山等一系列金陵制高点收入了南京城的范围,并以外秦淮河为屏障。这样不仅节省了都城城防建设的大量开支,而且还充分利用了南京天然屏障来增强城市的防御能力(至少说在那冷兵器时代是如此),更加注重实用性和安全性。由此也就决定了南京都城和南京明皇宫在整体布局方面打破了中国传统帝国王朝都城对称性格局,将皇城置于城东,呈现出倒"凸"字形,实为中国王朝都城建筑史上的一大创举。

○ "三垣"相套 天人合一

除了上述"师法自然、注重实际"外,南京明皇宫和明都城的建筑布局中还有一种很重要的"天人合一"思想理念,那就是古人说得神乎其神的"三垣"之说。"三垣"之说最早见于隋唐时代,那时的人们将星空划分为三垣二十八宿,三垣是太微垣、紫微垣和天市垣的合称;二十八宿又称为二十八舍或二十八星,是古人观测天象时为了比较日、月、五星运动而选择的二十八个星官,或视为相对停宿的星座。其中分为东方七宿:角、亢、氐、房、心、尾、箕;北方七宿:斗、牛(牵牛)、女(须女或婺女)、虚、危、室(营室)、壁(东壁);西方七宿:奎、娄、胃、昴、毕、觜(觜觿)、参;南方七宿:井(东井)、鬼(舆鬼)、柳、星(七星)、张、翼、轸。此外,还有与它们关系密切的一些星官紧贴在附近,被称为辅官或附座。辅官或附座加上二十八宿,总共有星 182

颗。唐代天文学家李淳风在撰写天文历书时将神宫一列为尾宿的辅官,因而在古代中国人看来天体恒星总数为183颗。

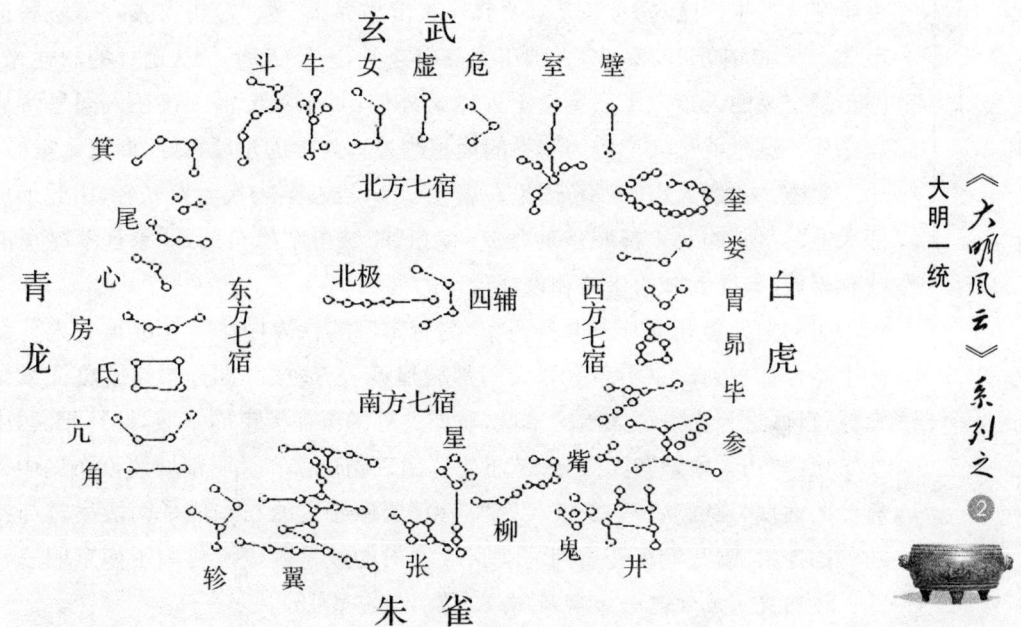

三垣二十八宿示意图

这183颗恒星或称二十八宿不均匀地分布,簇拥在三个主体天区,即三垣。

"三垣"中最为核心的可能要数紫微垣。紫微垣又名紫宫垣,"紫宫垣十五星,其西蕃七,东蕃八,在北斗北。一曰紫微,大帝之座也,天子之常居也,主命主度也"。(【唐】房玄龄:《晋书·天文志上》卷11)这段话说得很明白,紫微垣是天帝之座,是天子常居之所,主命主度。换句话说,紫微垣是象征皇权的星垣,也称为禁垣或大内。

紫微垣之外为太微垣,太微垣位于北斗之南,轸、翼之北。唐朝人认为:"太微,天子庭也,五帝之座也,十二诸侯府也。其外蕃九卿也。一曰太微为衡。衡,主平也。又为天庭,理法平辞,监升授德,列宿受符,诸神考节,舒情稽疑也。南蕃中二星间曰端门。东曰左执法,廷尉之象也。西曰右执法,御史大夫之象也。执法,所以举刺凶奸者也。左执法之东,左掖门也。右执法之西,右掖门也。"(【唐】房玄龄:《晋书·天文志上》卷11)

我们将上述这段话做个概述与推演:与天区天子庭太微垣相对应的应该是地上人间皇帝之坐所,其南面正中处应该是端门,正大门午门的两侧应该是左掖门和右掖门。按照天帝天庭之布局,在南京明皇宫建筑中人们都能给它们来个一一"对号入座"。就此而言,皇帝之坐所,太微垣之所在也,还有谁能否认大明开国皇帝朱元璋不是天帝的儿子？

"三垣"中最外面的一垣就是"天市垣"。《史记》中说"东北曲十二星曰旗。旗中四星曰天市。"(【汉】司马迁:《史记·天官书第五》卷27)唐人张守节解释道:"天市二十三星,在房、心东北,主国市聚交易之所,一曰天旗。"从这样的叙述来看,主国市聚交易的天市二十三星位于太微之外侧,其相应位置应该在人间皇帝居所皇宫之外。这也就是人们较为熟悉的南京明皇宫外围的京城百姓、商贾云集的地方。

紫微、太微、天市"三垣"理论在唐代初步形成,至宋代大发光彩,由此形成了象征天上"三垣"的北宋都城东京"三环相套"的城市结构布局,即象征紫微垣的里城或称阙城、象征太微的皇城和象征天市的外城。

明初朱元璋开国时一再强调"参酌唐宋"和"恢复中华",在继承先人传统的基础上整合和规划南京明皇宫和大明都城建设,于最核心部分构建了象征紫微垣的宫城,宫城之外为象征太微的皇城,皇城之外为象征天市的京城,环环相套,中国传统文化中"法天象地""天人合一"思想在南京明皇宫和大明都城建设布局中得到了充分的体现。从此以后,象征天区"三垣"层层相套的布局成了明清皇宫与都城构建的固定模式,我们现在看到的北京故宫最初就是明成祖复制了南京明皇宫而来的。(《明史·地理志一·京师 南京》卷40,志第16)

○ 堪舆术与星象术结合 法天象地

自宋元至明,理学大行,天地人三者合一思想为人们所极力推崇,反映在都城建筑设计与布局方面就是堪舆术与星象术相结合,法天象地。主要做法就是以《周易》为主干内涵,配以阴阳、五行、干支、二十八宿、北斗与星象分野等,构成一个完整的天、地、人对应体系。朱元璋一再强调"参酌唐宋",其中一个重要的内涵即在吸收唐宋以来都城建筑文化精华的基础上,使堪舆术与星象术的运用达到前所未有的完美境界。其主要表现有:

第一,阴阳。

《周易》中对于阴阳理论有过这样的论述:"一阴一阳之谓道。继之者善也,成之者性也。"即讲阴阳相合称之为道,"乾"发此道、开创万物,"坤"承此道、孕育万物。(黄寿祺、张善文,撰:《周易译注·系辞上传》卷9,上海古籍出版社1989年5月第1版,P538)由此可见,阴阳之道是世间事物对立统一与转化的自然规律,不可偏废。从这样的观念出发,南京明皇宫和都城之布局与建设贯彻了阴阳理论。

圜丘是用来祭天的,属于阳,故建"在京城东南正阳门外、钟山之阳"(《明太祖实录》卷24)。遵循中国传统的"天圆地方"之说,圜丘建筑物形状为圆形;与此相对,方丘是用来祭地的,属于阴,故建"在太平门外、钟山之北"(《明太祖实录》卷24)。因为古代中国人认为地是方的,所以方丘建筑物为方形。圜丘与方丘相对应,合于天:圆、南、阳;地:方、北、阴的风水阴阳观。

朝日坛是用来祭日的,属于阳,"筑于城东门外,高八尺";夕月坛是用来祭月的,属于阴,"筑于城西门外,高六尺"(《明太祖实录》卷48)。朝日坛与夕月坛相对应,合于日:阳、城东即左;月:阴、城西即右的风水阴阳观。

国子监是大明帝国培养人才的最高学府,为生,为阳,居鸡鸣山之南;而历代帝王庙是祭祀历代死去帝王的地方,为死,为阴,居国子监之北的鸡鸣山上。(《明太祖实录》卷193)国子监与历代帝王庙南北相对,合于阳:生、南;阴:死、北的风水阴阳观。

第二,五行。

早在中华元典创作时代,我们的民族文化中就有五行思想。《周易·乾卦》中《象》曰:"天行健。"(黄寿祺、张善文,撰:《周易译注·乾卦第一》卷1,上海古籍出版社1989年5月第1版,P8)这是说:自然的运行刚强劲健,就像金、木、水、火、土五行相生相克运动变化着那样。

中国传统文化中五行分类简表

五行	水	木	火	土	金
方位	北	东	南	中	西
季节	冬	春	夏	长夏	秋
五气	寒	风	暑	湿	燥
五味	咸	酸	苦	甘	辛
五色	黑	青	赤	黄	白
五音	羽	角	徵	宫	商
五志	恐	怒	喜	思	忧
五脏	肾	肝	心	胃脾	肺
五窍	耳	目	舌	口	鼻
五体	骨	筋	脉	肌	皮

由传统的五行理论出发,南京明皇宫和都城的建筑设计与布局渗透了这样的思想:

前文已述,南京明皇宫御道左侧设立的中央政府权力机构为五大行政部门:吏部、户部、礼部、兵部、工部。(《明太祖实录》卷223)这些机构属于文治、文化方面的建筑,从木,从春,故而将它们设在了御道的东侧即左侧;而五军都督府等机构属于兵政、武备方面的建筑,从金,从秋,因而将它们设在了南京明皇宫御道西侧即右侧。(《明太祖实录》卷223)

太庙与社稷坛的布局按照《周礼·考工记》中的规制应该为"左祖右社",朱元璋建都南京时在明皇宫午门左阙门前之左建造大明太庙（在今天南京航空航天大学内），在午门右阙门前之右设立社稷坛（与今南京航空航天大学隔个御道街相对的地方）。太庙主要用于祭祀先祖，祈福保佑子孙繁衍不息、香火不绝、大明国祚永享，因此说它主生化，从木，位居东方即左方；而社稷坛为国家、社会之神，国家与社会承载着臣僚子民，主收，从"金"，位于"宫城之西"即右方。(《明太祖实录》卷24）

在南京明皇宫众建筑中最能体现中国传统五行思想的当数由五色土等建筑而成的社稷坛了，"(社稷)坛用五色土，色各随其方，上以黄土覆之"(《明太祖实录》卷24)。这五色土在洪武初年的中都社稷坛建造中也用过，它们是北平等进献的黑土，两广、福建进献的赤土；湖广、陕西进献的白土；山东进献的青土；直隶应天等地进献的黄土(《明太祖实录》卷55)。将全国各地的五色土集中于南京社稷坛，不仅象征着以南京为首都的朱元璋政权拥有"普天之下，莫非王土"的绝对皇权中心主义，而且也是天地"全息"之模型。尤为值得人们注意的是，社稷坛五色土与中国传统的五行之说还有着很大的关联。其中的涵义为，天下万物是由金、木、水、火、土相生相克而成，人体内部是由肾、心、肝、肺、胃、脾组成，大明天下是由东、南、西、北、中诸方位相聚南京而成，于是，南京社稷坛上的五色土就是大明帝国统一天下之象征，也是中华民族统一之象征。

第三，四象。

南京社稷坛除了隐含上述特殊意义外，还有一个极富个性化的建筑文化特征，那就是它"四方有门，各广一丈，东饰以青，西饰以白，南饰以赤，北饰以黑"(《明太祖实录》卷24)。我们将上面史料换一种说法：左青龙、右白虎、南朱雀、北玄武，这就与代表了四方二十八宿相吻合了。青龙、白虎、朱雀、玄武在中国传统堪舆星象文化中被人称为"四象"（四种动物形象），四象运用于建筑上开始得很早，记载秦汉时期三辅城池、宫观、陵庙、明堂、辟雍、郊畤等建筑文化专著的《三辅黄图》曾这样说道："苍龙、白虎、朱雀、玄武，天之四灵，以正四方，王者制宫阙殿阁取法焉。"换句话说：至少在两汉之际我国已有在建筑宫阙殿门时取四象定四方的做法了。明朝开国皇帝朱元璋一向十分注意"恢复中华"传统文化，在都城与皇宫建造中更是着意使用传统的堪舆星象术，南京明皇宫的宫"城之门南曰'午门'，东曰'东华门'，西曰'西华'，北曰'玄武'"。(《明太祖实录》卷25)

这里的午门在传统意义上又被称为五凤楼，据说当年南京明皇宫午门上还真有五凤楼，后毁于战火。不过另有一说，"五凤"即凤凰五至，汉代班固在《两都赋·序》中写道："神雀五凤、甘露黄龙之瑞，以为年纪。"同时代的学者应劭解释说："先者凤凰五至，因以改元。"(【梁】萧统：《文选》上，《四库全书精品文存》⑧，团结出版社,P7)而凤凰在中国传统社会里又往往被人称为朱雀,所以说南京明皇宫宫城正门午门理所当然也可称为朱雀门。

与午门即朱雀门相对应的南京明皇宫宫城正北门就叫玄武门(《明太祖实录》卷25)。至于东华门和西华门之名的来历,那是由于朱元璋为了突出自己君权天授——天子居中当阳,四方位正,东西都有日月光华的意思。

南京社稷坛、明皇宫都"贴"上隐含天意所归的青龙、白虎、朱雀、玄武等天之"四象"了,朱元璋尚嫌不足,为了进一步证明自己政权的"合法性"和绝对权威性,他还在都城南京祭天之坛和明皇宫建筑设计上采用了"九宫八卦"的布局。

第四,九宫八卦。

伏羲先天八卦图

后天文王八卦图

相传上古时代,洛阳东北孟津县境内的黄河里出现了背负"河图"的龙马,它将"河图"献给了当时的"圣主"伏羲。伏羲以此演绎成八卦,这就是人们常说的"先天伏羲八卦"。又有一传说,大禹时代,洛阳西洛宁县洛河里浮出了一只神龟,它背驮"洛书",后将其献给了大禹。大禹以此治水,且大获成功。商末周初,周文王以"洛书"推演出另一种八卦顺序和六十四卦,人称其为"后天文王八卦"和六十四卦。《周易》中所说的"河出图,洛出书,圣人则之"(黄寿祺、张善文,撰:《周易译注·系辞上传》卷9,上海古籍出版社1989年5月第1版,P556),指的就是这两件事。

至于"九宫",有人又称之为"九宫格",它是由纵横皆"三"格所组成,其总数为"九"。而"九"在八卦中为最高的阳数,俗称老阳,在中国传统文化中有许多带"九"的最大、最尊贵的名称和习语,如九州、九方、九五之尊等。根据中国传统的说法,虽然九宫图是由洛书与后天文王八卦演绎而来的,但它是按照上天意志而做出这样完美布局的。

根据"九宫八卦"理论,南京明皇宫外围祭祀诸路天神之坛做了如下设计:

乾为天,方位在南,故而朱元璋在京城东南正阳门外设立专门用于祭天的圜丘,后世俗称为天坛;坤为地,方位在北,朱元璋将专门用于祭地的方丘(后世俗称其为地坛)设置在了太平门外、钟山之北(《明太祖实录》卷24);离为火,方位在东,故明初在城东门外设立朝日坛,专门用于祭日;坎为水,方位在西,故明初在城西门外设立夕月坛,专门用于祭月(《明太祖实录》卷48);巽为风,方位在西南,故明初在城之西南设立山川坛,专门用于祭祀风、雷、雨、电、太岁、五岳、五镇、四海等诸神;中央方在五行中属土,因为居中,所以明初朱元璋将代表国家权力象征的社稷坛设立在了祭祀诸路天神之坛(圜丘、方丘、朝日坛、夕月坛和山川坛等)的当中。

《周易》八卦理论是这样的:"帝出乎震,齐乎巽,相见乎离,致役乎坤,说言乎兑,战乎乾,劳乎坎,成言乎艮。万物出乎震,震东方也。齐乎巽,巽东南也;齐也者,言万物之絜齐也。离也者,明也,万物皆相见,南方之卦也;圣人南面而听天下,向明而治,盖取诸此也。坤也者,地也,万物皆致养焉,故曰致役乎坤。兑,正秋也,万物之所说也,故曰说言乎兑。战乎乾,乾西北之卦也,言阴阳相薄也。坎者,水也,正北方之卦也,劳卦也,万物之所归也,故曰劳乎坎。艮东北之卦也,万物之所成终而所成始也,故曰成言乎艮。"(黄寿祺、张善文,撰:《周易译注·说卦传》卷10,上海古籍出版社1989年5月第1版,P620)

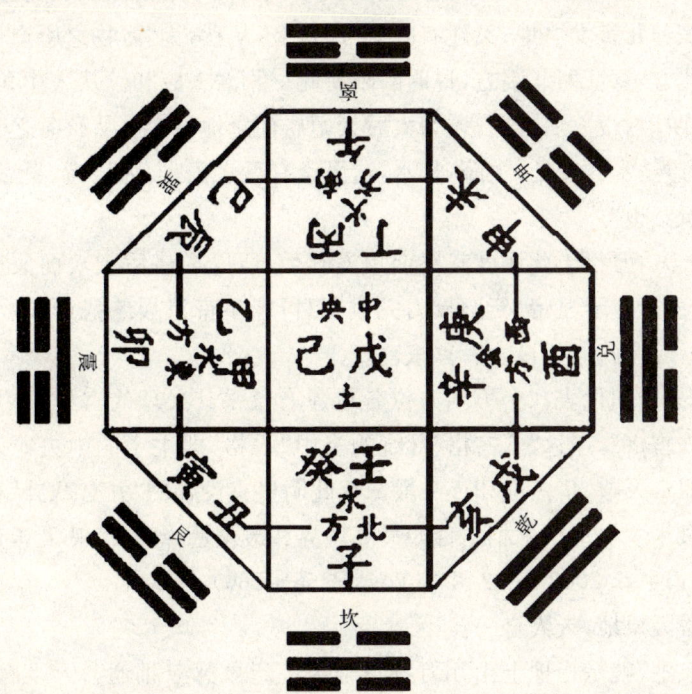

九宫八卦图

根据《周易》八卦理论,南京明皇宫做了如下设计与布局:

震：东方，万物由此萌生，主未来之希望，从木，从春，故在明皇宫正大殿之东侧设东宫和文华殿，东宫为皇太子居所，文华殿为文治与文化宫殿，合乎震卦从木从春之义理。

巽：东南方，万物生长整齐，从木，从春夏之交，明皇宫在这里设立文渊阁、文楼，文楼可能是收藏文化典籍的机构，文渊阁相当于皇帝的秘书班子，他们主要从事帝国万事的秘书工作，合乎巽卦的万物絜齐之义理。

离：南方，万物都旺盛而纷相显现，主光明，从火，从夏，故在这里设为明皇宫正门——奉天门和内五龙桥。奉天门是文武百官早朝之地，有时也是皇帝接受朝拜与处理政事之处，即"御门听政"，合乎离卦的"圣人南面而听天下，向明而治"之义理。

坤：西南方，万物都致力养育于大地，从土，从夏秋之交。据杨宽先生的考证，这里当为武楼。（杨宽：《中国古代都城制度史研究》，上海古籍出版社1993年12月第1版，P520）

兑：西方，象征正秋时节，万物成熟欣悦于此时，因此从秋，从收获。这里设有西宫，为妃嫔养儿育女之地；又建有武英殿，从金，从秋，为"万物之所说也"。

乾：西北方，象征西北阴方，说明阴阳在此交相潜入应和。从人生角度来讲，属于收势尾声阶段，设立后宫西宫，为太后太妃居住之地，从金，从秋冬之交。

坎：北方，是水的象征，主藏，从水，这里设有后宫正宫，为皇帝、皇后寝居之地，为"万物之所归也"。

艮：东北方，万物于此成就其终而更发其始，所以说最后成功而又重新萌生于艮——太上皇让位于皇帝，新旧权力完成交替，老皇帝退居二线，居住于此，从土，从冬春之交，故在此方位设立后宫东宫。

以上八卦分别代表八个不同方位各自建有合乎其义理的宫廷"八方建筑"，也可视之为"八宫格"，在这"八宫格"环绕的当中"一格"即主土的中央龙穴建有明皇宫三大殿，即奉天殿、华盖殿和谨身殿。至此明皇宫设计的"九宫八卦"得以完美结合，达到了风水学与星相术相结合的最高境界和最佳选择。（参见夏玉润：《朱元璋与凤阳》，黄山书社2003年12月第1版，P258～260）

第五，法天象地，天人合一。

"法天象地"就是指地上山川万物总与天上星象感应相通。天上有东方苍龙、西方白虎，地上就有东岳泰山、西岳华山；天上有云河天河，地上就有长江、黄河；天上有紫微星宫，地上就有南京明皇宫；天上天宫太微垣"南蕃中二星间曰端门"，地上明皇宫正大门午门前也有端门……这样天地感应和天人合一思想在传统中国社会中大有"信众",即使是贵为"九五之尊"的大明开国皇帝朱元璋也不例外。1366年在兴建吴王新宫即后来的南京明皇宫时,朱元璋就跟手下人这样说道:"天道微妙难知,人事感通易见,天人一理,必以类应……下修人事,上合天道……上下交修,斯为格天之本。"(《明太祖实录》卷21)

"上合天道,下修人事,天地感应,天人合一",这就是朱元璋一贯的思想。

天上有紫微、太微、天市三垣,大明都城南京有层层相套的宫城、皇城和京城;天上紫微垣分别排列北极五星,地上皇帝宫殿应有五门对应五星,中国传统文化典籍之一的《周礼》曾规定:天子五门。为此,南京明皇宫中轴线上从里到外先设了五门:路门—乾清门、应门—奉天门、库门—午门、雉门—洪武门、皋门—正阳门,明皇宫五门象征与对应的就是天上紫微垣中的五星。五星对应中国五方大地,代表五方诸侯,也代表全中国人民;五星总是聚集在帝王身边,这表示五方臣民拥戴帝王。后来朱元璋下令增修南京城时,于洪武十年十一月又修了端门和承天门(《明太祖实录》卷116),这样一来五门变成了七门,以象征北斗七星。

更绝的是朱元璋让人制定的明皇宫《正旦朝会仪》中仅仪仗队伍就有如下让人眼花缭乱的旗帜名目:"……列旗仗于奉天门外之东、西:龙旗十二,分左右,用甲士十二人;北斗旗一,蠹一(居前),豹尾一(居后),俱用甲士三人。虎、豹各二,驯象六,分左右,左右布旗六十四:左前第一行,门旗二;第二行,月旗一、青龙旗一;第三行,风云雷雨旗各一,天马、白泽、朱雀旗各一;第四行,木、火、土、金、水五星旗各一,熊旗、鸾旗各一;第五行,角亢氐房心尾箕旗(各一);第六行,斗牛女虚危室壁旗各一。右前第一行,与左同;第二行,日旗、白虎旗各一;第三行,行江、河、淮、济旗各一,天禄、白泽、玄武旗各一;第四行,五岳旗各一,熊旗、麟旗各一;第五行,奎娄胃昴毕觜参旗各一;第六行,井鬼柳星张翼轸旗各一。每旗用甲士五人,一人执旗,四人执弓弩。"(《明太祖实录》卷35)

上述史料中直接提到的大明皇宫内大朝仪从里到外列阵的旗帜名有龙、北斗、青龙、朱雀、白虎、玄武和"角亢氐房心尾箕"等东方苍龙七宿、"斗牛女虚危室壁"等北方玄武七宿、"奎娄胃昴毕觜参"等西方白虎七宿、"井鬼柳星张翼轸"等南方朱雀七宿。乍看一下,不了解内涵的人还可能以为这是天庭大聚会呐。龙、北斗都是天帝的象征,以其命名的旗帜位列于前,紧挨着天帝之子——大明皇帝与皇太子;以青龙、朱雀、白虎、玄武等天之四象及二十八宿命名的旗帜渐次列位,外绕北斗星旗,恰似天庭之象被"搬"到了明皇宫。有谁还能否定朱元璋不是上天的儿子?

除了天宫天庭之象外,明皇宫仪仗旗帜上还有长江、黄河、淮河、五岳等相应的地象,就连木、火、土、金、水与日、月等阴阳五行和自然之象也被一一用在了仪仗旗帜上。

至此，我们不难看出，朱元璋君臣定都南京、建造布局明皇宫完全是以"仿效宇宙星象"与地象进行的，充分利用了唐宋以来风靡全国的风水术和易学、阴阳五行术、星象术，法天象地，将天道、地道和人道三者完美地沟通、融合。因此，从中国传统文化角度来看，南京明皇宫和都城的布局设计在中国历代都城建设中堪称完美成熟之典范，也可以说是中国传统文化在建筑上巧妙融合与集中的体现。

○ 独一无二的中轴线　体现绝对皇权专制主义

其实上述这等法天象地、天人合一的精心设计与布局并非是朱元璋君臣一时所为，而是在我国有着相当悠久的历史。早在上古时代，我们的先民就以特殊的方式探索和表达天地人之间的易理关系。《周易》曰："《易》有太极，是生两仪，两仪生四象，四象生八卦，八卦定吉凶，吉凶生大业。是故法象莫大乎天地；变通莫大乎四时……"这段话的意思是，《周易》创作之先有（混沌未分的）太极，太极产生（天地阴阳）两仪，两仪产生（太阳、太阴、少阳、少阴）四象，四象产生（天、地、雷、风、水、火、山、泽）八卦；八卦（的变化推衍可以）判定吉凶，判定吉凶就会产生盛大的事业。所以说，仿效的对象没有比天地更广阔的了，变化会通没有比一年四季更大的了。（参见黄寿祺、张善文，撰：《周易译注·系辞上传》卷9，上海古籍出版社1989年5月第1版，P556~557）

正因为太极如此玄妙，汉晋以后它就被人直接呼之为天宫和仙界。三国时阮籍有诗："时路乌足争？太极可翱翔。"（【曹魏】阮籍：《咏怀》之72）晋代道家大师葛洪在《抱朴子》里写道："园囿拟上林，馆第僭太极。"宋代道教类书《云笈七签》直接说："太极有元景之王，司摄三天之神仙者也。"（【宋】张君房：《云笈七签》卷8）

与此同时，用来指代人间天宫、仙界的帝国皇家宫殿——太极殿也随之诞生。曹魏青龙三年（235）魏明帝"大治洛阳宫，起昭阳、太极殿，筑总章观"。（【曹魏】陈寿：《三国志·魏书三·明帝本纪》卷3）直至隋唐，几乎历代王朝都要建造太极殿，以示自身政权的神圣性与权威性。唐武德起，太极殿成为天帝之子——皇帝代天理政的正殿。（参见梁思成：《中国建筑史》，百花文艺出版社1998年2月第1版，P96）

太极观念被皇权利用，在大朝仪礼的启示下，它与中国自古就有的崇中观念相融合，并被用到了都城与宫廷建设与布局之中，这就是后世人们熟知的王朝都城与宫廷中轴线。

说到中轴线，人们自然会联想到那整齐划一、"一竿子到底"的北京明清皇宫与都城布局设计,其实那是中国近世500年的事情,在这以前却并非完全如此。以中华传统文明经典时期——隋唐两朝为例,那时的宫廷建筑布局较分散,这在一定程度上倒是与君权几分、受制的政治氛围大相呼应。从宋代起君主专制主义有所加强,与之相伴,帝国皇家宫殿也出现了相对集中的趋势;但从整体上来说还是缺乏全面的规划,以至于它们并不严格占据都城的正中位置,这就使得当时的都城中轴线与皇宫及政府权力机构等未发生必然的联系。

  元朝时君主专制主义中央集权得以强化,反映在都城与皇宫建筑设计中首次实现了中轴线的高度重合。从元大都南面丽正门向北,经棂星门、周桥、崇天门、大明门、大明殿、寝殿、宝云殿、延春门、延春阁、清宁宫、厚载门,直达大都城正中心的中心台,一条重合的帝国都城和大元皇宫中轴线贯彻始终。(参见夏玉润:《朱元璋与凤阳》,黄山书社2003年12月第1版,P222)

  明初朱元璋开始将中国传统社会君主专制主义中央集权发展到登峰造极的地步,由此沿袭元帝国都城及其皇宫设计布局的那条独一无二中轴线更加体现出绝对皇权专制主义。具体说来,有如下几大方面:

  第一,南京明皇宫中轴线上的建筑无一不是皇权之象征,尤其突出以帝国皇家"正穴"——奉天殿为首的三大殿的地位。

  从很早起朱元璋君臣在南京就择好了"正穴",并不惜一切代价予以全面建设,即前文所说的"移三山填燕雀"(【明】陈沂:《金陵古今图考·国朝都城图考》)。大约到吴元年(1367)下半年时,一座崭新又气派的皇宫终于矗立在南京城的东南方。史书记载说:那年九月,"新(大)内成。正殿曰'奉天殿',前为'奉天门',殿之后曰'华盖殿',华盖殿之后曰'谨身殿',皆翼以廊庑。奉天殿之左、右,各建楼,左曰'文楼',右曰'武楼'。谨身殿之后为宫,前曰'乾清宫',后曰'坤宁宫',六宫以次序列焉"。(《明太祖实录》卷25)

  奉天殿是明皇宫三大殿的第一大殿,"奉天"两字朱元璋很早就开始使用,1366年八月庚戌日,"以伐张士诚告祭大江之神曰:'惟神奉天明命,主宰大江,察鉴无私,代天行令'"(《明太祖实录》卷21)。洪武元年(1368)正月朱元璋在诏告天下的即位诏书中将自己打扮成"奉天承运"的真命天子:"奉天承运,庶见人主,奉若天命,言动皆奉天而行,非敢自专也。"(《明太祖实录》卷29)洪武元年八月己卯日,朱元璋在大赦天下之诏书中再次唠叨:"天生民而立之,若君者奉天而安养斯民者也。"(《明太祖实录》卷34)……

  如果要追问下去:这样的"奉天"概念最初又来自何方圣典?据目前我们所能查阅的史料来看,恐怕最早出自上古时代的《书经》里头:"惟天惠民,惟辟奉天。"

(《尚书·周书·泰誓中》)这话是说：只有顺承天意、惠爱斯民的人君才能拥有天下；凡顺承天意的人君，必得民心。为什么这么说呢？同为上古时代的典籍《周易》中《谦卦》有辞："谦，亨。天道下济而光明。"这是说：谦虚，亨通。天的规律是下降济物而天体愈显光明。(黄寿祺、张善文，撰：《周易译注·谦卦第十五》卷3，上海古籍出版社1989年5月第1版，P137)因此说，在上天面前，人们只有谦虚得不能再谦虚，才能万事亨通。人君理当如此，也只有这样，才能真正秉承天命，才能真正拥有天下。

由这样的逻辑出发，朱元璋一改元朝皇帝诏书首语"上天眷命……"为"奉天承运……"，就连他做皇帝所执大圭上的刻字也改成了"奉天法祖"。那么皇帝大朝会之正殿、皇宫第一大殿理所当然要改为奉行天命了。至此人们不难发现，朱元璋确定明皇宫第一大殿名为奉天殿的良苦用心就是为了彰显或言标榜自己的所作所为均以天理、天意和天道为准绳，体现的当然是天道。

奉天殿之后是明皇宫三大殿中的第二大殿——华盖殿。华盖本是中国古代天文学中属于紫微垣里头的星官，其形如伞盖，故名。古人详细描述道："钩陈口中一星曰天皇大帝，其神曰耀魄宝，主御群灵，执万神图。抱北极四星曰四辅，所以辅佐北极而出度授政也。大帝上九星曰华盖，所以覆蔽大帝之座也。"(【唐】房玄龄：《晋书·天文志上·中宫》卷11)覆蔽大帝即天帝之座的华盖被人间所仿造，制成那华丽无比的伞盖，大多用在君王出行时张盖在头顶上或车上。又因其宽大被人比作为大地，而大地之道在于刚柔相济。先秦儒家典籍《周易》就这样说："昔者圣人之作《易》也，将以顺性命之理。是以立天之道曰阴与阳，立地之道曰柔与刚。"这话的意思是：从前圣人创作《周易》的时候，是要用它来顺合万物的性质和自然命运的变化规律。所以确立天的道理有"阴"和"阳"两个方面，确立地的道理在于"柔"和"刚"。(参见黄寿祺、张善文，撰：《周易译注·说卦传》卷10，上海古籍出版社1989年5月第1版，P615~616)既然立地之道在于"柔"和"刚"，而大地又是那么的广阔无垠，朱元璋用"华盖"作为南京明皇宫第二大殿的殿名无非是要向人们表明，他的统治不仅上承天命，而且还是公平而无私，甚至也会刚柔相济，体现的当然是地道。

华盖殿之后就是明皇宫第三殿谨身殿。"谨身"之说最早可能来自中国古代儒家的伦理学著作《孝经》："用天之道，分地之利，谨身节用，以养父母，此庶人之孝也。"(《孝经·庶人》)这是作为普通人应当谨身的缘由，那么对于帝王来说为什么要谨身？洪武三十年三月，天象出现异相：荧惑侵入太微垣。从天人感应视角来看，人世间当在楚王府那边要出问题了。朱元璋急派特使前去告诫楚王朱桢："自古至今有土有众者，务谨身心、观天道、察人事，不敢自暇、自逸。刘向云：'人君候五星出入所舍,何分进退休咎,务必知之。'盖人事作于下,则天道应于上,可不谨哉?"(《明太祖实录》卷251)老朱皇帝的话大致意思是:人世间的事情上天都张大眼睛看着呐,要是地上人事有什么不好的,上天定会做出某种反应。因此说朱元璋将明皇宫前朝第三殿取名为谨身殿,就是要向世人表明:他谨身地以"天道""天意""天理"为指向,务求代天治民之正道,即为其为人之道。

总之,首先确立于明皇宫中轴线上的以"正穴"——奉天殿为首的三大殿之营造与命名所要体现的,不仅仅是朱元璋所持有的天道、地道与人道之理念,更隐含着向天下人表白:大明君主治国遵循天道、地道和人道,光明正大,公平无私,克己奉公,与天地共存,与日月同辉。

第二,南京明皇宫中轴线上及其两侧的建筑无一不是服务、从属于至高无上之皇权。

除了上述的三大殿外,南京明皇宫中轴线及其两侧还有一系列的殿、阁、门按照一定的规制组建成具有特殊涵义的建筑群。

三朝五门:"参酌唐宋"是朱元璋建国前后经常挂在嘴边的口号,以唐宋时人们的说法:"古者,天子三朝:外朝、内朝、燕朝。外朝在王宫库门外,有非常之事,以询万民于宫中。内朝在路门外,燕朝在路门内。盖内朝以见群臣,或谓之路朝;燕朝以听政,犹今之奏事,或谓之燕寝。"(【宋】叶梦得:《石林燕语》卷2)由外、内、燕三朝蕴意发展而来的南京明皇宫中轴线三四个对应的宫、殿、门就被赋予了特殊的意义与功能:承天门似乎是朱元璋君臣特意加出的,其原意是"承奉天道",来自传统经典《周易》:"至哉坤元,万物资生,乃顺承天。"这卦辞是说:"美德至极啊,配合上天开创万物的大地!万物依靠它成长,它顺从秉承上天的志向。"(参见黄寿祺、张善文,撰:《周易译注·坤卦第二》卷1,上海古籍出版社1989年5月第1版,P25)既然大地都是顺从秉承上天的志向,那么作为大地上的人间之主大明皇帝当然应该要大张旗鼓地秉承天道,且唯恐不足,还要将"承天"之名写在自家皇宫大院落的正大门即承天门上;承天门之后是午门,明初午门的政治功能大致对应于古代天子三朝中的外朝,主要用于颁发时宪历书仪式、献俘和廷杖罪臣;午门之后是奉天殿,明初奉天殿的政治功能大致等同于古代天子三朝中的内朝,主要用于举行大朝会、大礼仪;奉天殿往里与古代天子三朝中的燕朝大体对应的当数乾清宫,乾清宫是皇帝的正式寝宫和召见臣工的地方。至于天子五门,诚如前文所言:最初南京明皇宫即吴王新宫有乾清门对应路门、奉天门对应应门、午门对应库门、洪武门对应雉门、正阳门对应皋门,后来为了对应上天北斗七星,才增修了端门和承天门。这样一来,大明天子"奉天法祖"与君权神授色彩就变得更加浓烈了。(《明太祖实录》卷116)

为了进一步彰显"奉天法祖"与君权神授的理念,朱元璋除了"法祖"建立三朝五门外,还曾沿袭中国古代传统的"前朝后寝"建筑布局思想,严格规整南京明皇宫的前朝后廷。

中国古代很早起就确立了"前朝后寝"或言"前堂后室"的建筑形制,前堂即前面建造正堂,后室就是正堂之后建有寝居之室。据说商周时代王侯公室已有分工较为明确的前朝后寝两座建筑。到了隋唐两宋时期,这样的规制有了进一步的发展,不过从整体角度来讲,它们还是显得布局分散,不在同一中轴线上。元大都建造时开始改变这种局面。南京明皇宫兴建之初就确立了严格的同一中轴线上的"前朝后寝"或言"前朝后廷"制度,前朝为"大内正衙",其范围是以奉天、华盖、谨身三大殿为中心,包括奉天门、东西两侧的文华殿、武英殿、文楼和武楼等建筑,是皇帝与百官臣僚举行典礼和政治活动的地方;后廷为皇帝与妃嫔们游龙戏凤之处,其包括后宫正宫、东宫、西宫和后宫东宫、后宫西宫(参照凤阳中都皇宫)。若从主次关系来讲,后廷为辅,前朝为主,后廷依附于前朝,而前朝又以坐落在中轴线上的"真龙天子"之"正穴"奉天殿为根为本。

有意思的是,沿着奉天殿—奉天门—午门等一路中轴线继续向南的御道两侧上分布着帝国政府衙门,其设计理念中除了前文已述的阴阳五行成分外,还含有天人合一的奇思妙想。根据中国古代天文学说法:"太微,天帝南宫西"和其"西,将;东,相;南四星,执法;中,端门"。(《史记·天官书第五》卷27),朱元璋将直接听命于自己的最高军事机构五军都督府置于御道西边,即右侧;将原本属于中书省宰相府、后改为直接听命于自己的最高文治机构六部(除刑部外实际为五部)置于御道东边,即左侧,其中间一段夹有坐落在中轴线上的端门。如等设计简直就是将天帝南宫太微垣搬到了南京城里来,谁还能否认朱元璋这位大明天子之君权不是来自上天呢!

第三,中轴线上皇帝御用的宫或殿突出绝对君权的"九五之尊"。

中国人自古以来就特别讲究礼数和理数,先秦时的儒家经典《周礼》和《礼记》曾记载道:"天子之堂九尺,大夫五尺,士三尺。"这些阳数设计中的不同数理代表不同社会地位与等第,换句话来说,从群体规划到建筑设计甚至是建筑构造具体细部都必须要严格遵循此等数理,其中"九五"合数隐含最高等第,它的理念可能来自《周易》。《周易·乾卦》有辞:"九五曰'飞龙在天,利见大人'。"翻译成现代文:九五爻辞说:"巨龙高飞上天,利于出现大人物。"(参见黄寿祺、张善文,撰:参见《周易译注·乾卦第一》卷1,上海古籍出版社1989年5月第1版,P15)这里的"九"是八卦中阳爻的最高数;"五"是第五爻,指卦象自下而上的第五位,是变卦中最大的阳爻。"九五"合数往往指最高地位的皇帝,皇帝也因此被人称为"九五之尊"。由此出发,朱元璋令人在南京明皇宫中轴线上建造的御用宫或殿皆以阔九间、深五间,含有九五之数。除此之外,南京明皇宫还有九龙椅、九龙壁、大门八十一颗门钉(纵九、横九)、皇宫屋顶五条脊、檐角兽饰九个等,无一不突出绝对君权的"九五之尊"。因此说南京明皇宫的中轴线本质上就是专制主义皇权之象征。(夏玉润:《朱元璋与凤阳》,黄山书社2003年12月第1版,P213~265)

总之,从"师法自然"、注重实际到"三垣"相套、天人合一,从堪舆术与星象术相结合到法天象地,中国传统文化的阴阳、五行、三垣、四象、九宫八卦等各种思想通过精妙的建筑布局设计等特定的语言表达了出来,南京明皇宫宛如宇宙之缩影,城市形、数匹配,形似涵盖天地的八卦巨阵,达到了天地人三者高度合一的境地。这是一座绝对君主专制主义的皇宫,又是一座隐藏中国传统文化密码和凝结古代中国人丰富思想的宝库。南京明皇宫的建造是中国古代皇城史上的一次变革,深刻影响了后来的明清皇城与都城建设布局。

明都城第三层京城　最大城墙最大都城

确切地说,明代南京城应该来说由宫城、皇城、京城、外廓城等四层组成。但习惯上人们所称的南京城,一般是指京城,即都城而言。朱元璋时代为抗击陈友谅的入侵曾于至正二十年(1360)"筑龙湾虎口城"(《明太祖实录》卷8),但这仅仅是应急偶尔为之之举。真正南京城的营建开始于至正二十六年(1366),至洪武二十五年(1393)而成,中间有过中断,断断续续地持续了20多年。它将历史上南京的古城或遗址如石头城、六朝建业和建康城、南唐江宁府城及西州城、东府城、丹阳郡城等全部包括在城内,并将南京城四周的所有制高点全收入了其中,形成了一座北至后湖(玄武湖)、南面聚宝山(雨花台)、东起紫金山、西到长江边的空间广宽、规模宏伟壮观的世界最大的古代砖城。

● 明代南京城墙——中国目前现存的规模最大的古代城墙

明代南京城的城垣也就是我们通常说的明城墙,它是明朝南京京城范围的"标志",呈不规则形,其周长号称有96里,而实测长度为67里,换算成今天的计量单位为33 500米。那么南京明城墙有多高呢?据有关部门实地测定,城墙高度的最高处为26米,准确地点是在琵琶湖一带,而一般高度在14~20米之间;至于城墙的宽即厚度,最宽的城墙有19.75米,在西干长巷一带;最窄的也有2.6米,在富贵山西侧,一般城墙宽也有14米左右(杨新华:《南京明城墙:神秘的浩瀚史书》,叶浩主编:《走进市民学堂⑥》,江苏文艺出版社2008年4月第1版,P124)。因为明城墙最主要的作用是防备外来进攻,于是作为守护方自然在南京城墙上设计了好多应对外来入侵的"机构",其中建有"反攻城"的防守的雉堞(垛口)13 616个和屯兵窝棚就有200座。据有关部门统计,整个南京明城墙共有城砖3亿5千万块,这在中国城墙建筑史上是亘古未有的。因此我们说,明代南京城墙是我国目前现存的规模最大的古代城墙。

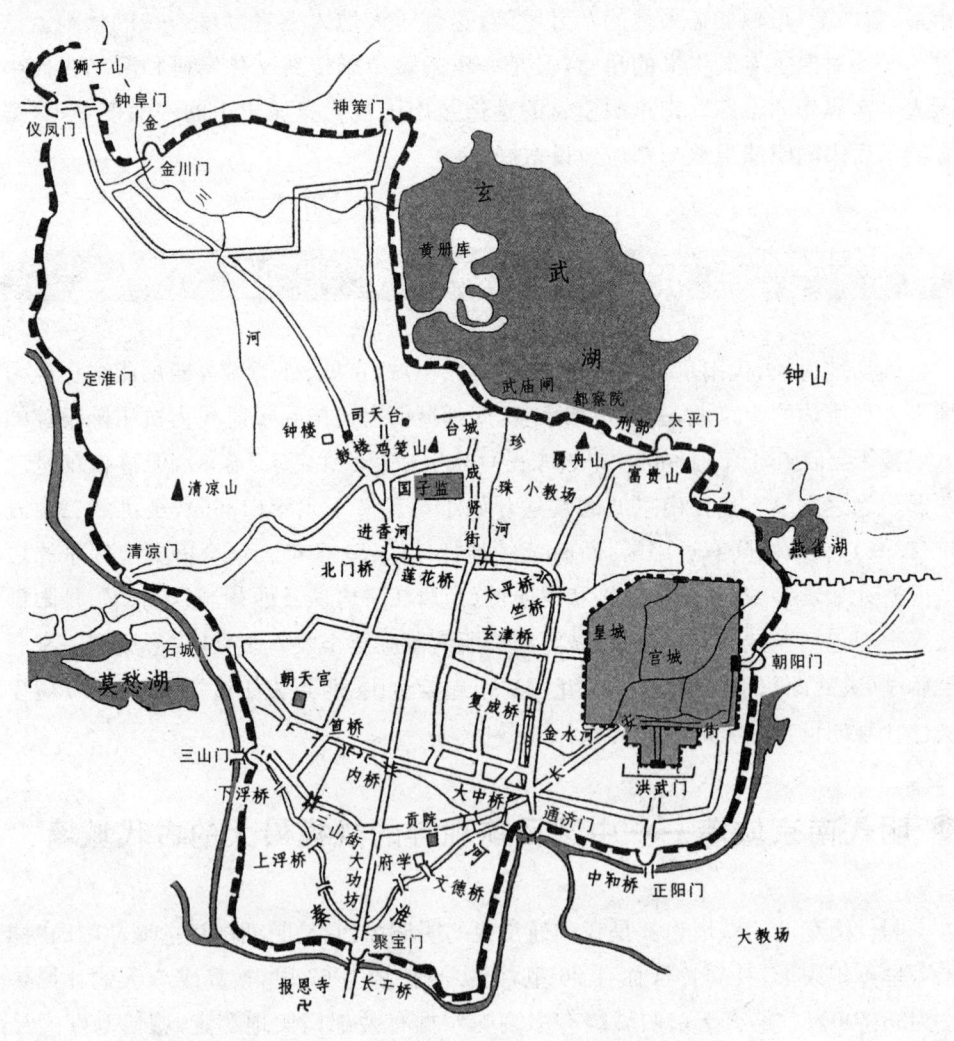

明代南京京城示意图

那么这么一座气势恢宏的明城墙是如何建造的呢?据说,整个南京明城垣都用巨大的花岗岩或石灰岩条石来砌成城墙的基座,在这个上面用一块块巨砖砌城墙内外两壁,然后在这内外壁之间倒入砾石、碎砖、黄土等物,接着将这些碎物夯实,倒入糯米浆等黏合物进行加固,砌到城墙的顶部时铺上平整的石板。如今在中央门附近的神策门、进入紫金山山区的琵琶湖等地段都有保存完好的明代城墙。

●南京城墙已经经历了600多年的风风雨雨,但它却巍然屹立,为何?

每当听到各地频频爆出的"豆腐渣工程"消息时,人们就会情不自禁地要问:规模宏大、气势非凡的南京明城墙为什么在历经600年风雨却巍然屹立?

第一,南京明城墙选材讲究,质量可靠。明城砖都是用优质黏土或白瓷土烧制而成的,朱元璋底层出身,对于这等建筑活儿比历史上任何皇帝都"精"。明朝初年在明城墙建筑材料——城砖的烧造任务的下派上就相当有讲究,朱元璋主要动员了江苏、江西、安徽、湖南、湖北5省152个州县的民众干这活儿,因为这是优质黏土和白瓷土地区。他没有"动用"北方的沙土地区,这是十分有见地的。

第二,南京城墙砖潜在的科学性。明城墙砖的砖长在40厘米~44厘米之间,宽20厘米~22厘米,厚10厘米~13厘米(杨新华:《南京明城墙:神秘的浩瀚史书》,叶浩主编:《走进市民学堂⑥》,江苏文艺出版社2008年4月第1版,P118),重约在20斤~40斤之间。如果太大了,人们搬不动,太小了压不住城墙,而且抗压强度也会受影响,只有在上述标准范围内城砖最为合适。经过有关人员运用现代物理技术对这些当年烧制过关的明城砖进行检测,发现已经经历了600年风雨的明城砖的抗压强度为每平方厘米100千克~150千克之间,这可比当代砖的强度还要高得多。

第三,建造工序质量的讲究。南京明城墙在砌砖时,采取统一的工序——在砖与砖的间缝里灌上由糯米汁、石灰、桐油混拌而成的"夹浆"。这个"夹浆"一旦凝固了,其坚固程度可能胜过现在的普通水泥(据说现在水泥的寿命为80年)。

第四,推行与贯彻责任制,实行层层严格管理与质量监督。明廷制定一定规制下发到地方,由此烧制成城砖,然后运往京师南京。整个制造与运输都很有讲究,每块城墙砖上都一律打印上烧制者的姓名、地址及时间等,除此之外,还要打印上烧制者的监管领导、运输者的姓名及相关信息,如果发现城砖不合格那就要立即退回重烧;在筑成时采取了分段分层包干的形式,责任到人。如果发生倒塌,相关人员就要被治罪。明代文人笔记记载说:"太祖筑京城,用石灰秫粥锢其外,时出阅视。监掌者以丈尺分治,上任意指一处击视,皆纯白色,或稍杂泥壤,即筑筑者于垣中,斯金汤之固也。"(【明】祝允明:《九朝野记》卷1)

尽管这样令人悲愤的记载并不见于正史,但事实上在中国历代的工程与手工制作中,责任制是一直存在的,而且在中国古代法制中也有对违规者和玩忽职守者的责任追究,但像这等严密的责任制也只有到了明太祖朱元璋时代才真正出现并落实于实际。也许是安徽人的悠久传统和相近的基因吧,600年后,又是安徽的小岗村的农民率先偷偷地搞起了土地承包责任制,由此又成为中国当代农村改革的模板。这两者之间是否有种必然(一笑)?

从历史事实来看,朱元璋时代建造的明城墙还是经得起600年岁月的考验,就目前南京城而言,尚有三分之二的南京城垣仍然保存完好。那么还有三分之一的城墙到哪里去呢?不是被战火摧毁了就是给城建给搞没了。近年听说朱元璋老家凤阳明城墙也已经历尽600多年都没倒,而有关部门一修就倒了,如今的豆腐渣工程与朱元璋时代修建的明城墙之间反差,何其巨大!

● 明代南京京城十三城门和城楼

如果你打开标有南京古城墙的现代南京市地图来看的话,就会发现南京古城与其他古城相比,有着明显的不同,它呈不规则形,整体上像一个中文字的"甲"左上方加了一点。老南京人解释说,这是按照朱元璋的脸型设计的,甚至有人最近在网上撰文摆出了几个推断理由。我们不去讨论文章的是与非,但我们说南京的城墙平面成形确实是不规则形,这是南京明城墙的第一个特征;南京明城墙设计与建造的第二个特征是,打破了中国古代城门设计讲究的距离对等、方位对称的规制,而是因地制宜根据实地需要设置城门,充分体现了朱元璋建造明都的节俭实用为本的宗旨,于是出现了中国自古以来甚至到了后来京城北迁后北京城的建设也不类于它的独特现象;第三,南京明城墙共计布置了13道城门,每道城门上都设计建造了巍峨的城楼,每道城门都有用铁皮包裹的大木门和千斤闸各一道,目前能见到此景的,据我了解,可能只有神策门了。这是讲的13道城门的普遍的设置,但若处于军事要冲的城门那可要增设数道瓮城,像中华门、三山门、通济门等地理位置很重要的都曾建造瓮城。这又一次体现朱元璋建造明都的宗旨——实用、恢宏与牢固。

如此不规则的城墙,绕了一圈,共开了13道城门,而且这13道城门规模都很宏大,国内没有一个城市可以与之媲美。那么当年这13道城门又都分布在南京城的哪里?朱元璋究竟是出于何种意图设置了这些城门?今天它们又都在哪里呢?

让我们还是先从南京城南面的三个城门说起。

○ 南面有3道门:聚宝门、通济门、正阳门

先讲聚宝门。聚宝门相当于现在的中华门,位于今天中华路的最南端。据民间的传说,是由于城门下埋有江南首富沈万三传家之宝——聚宝盆,才得此名。

说到沈万三,有关他的故事与传说可以说是一摞摞。尽管历史已经过去了600年,但在今天的南京,沈万三依然是一个被传得神乎其神的传奇人物。据说他在元末明初时就是闻名遐迩的江南首富,除了苏州等地外,在京城还拥有巨大家产,现在南京城南的马道街、油坊巷、堆草巷、白酒坊等地原来都是沈家的故宅后院,今天中华路(原来名为南门大街)上曾有的650多楹廊房也是沈万三家的,还有玄武湖(后湖)中的陆地与太平门等地是沈家的后花园(【明】黄瑜:《双槐岁钞·刘学士》卷2)。明人记载说:"国初,南都沈万三秀者,甚富,今会同馆是其故宅,后湖中地是其花园。"(【明】郎瑛:《七修类稿·国事类》卷8)清人也记:"太平门外,沿湖有堤,名曰孤凄埂。志称:明初,沈万三故园在其处。"(【清】甘熙:《白下琐言》卷2,P30)

关于江南富豪沈万三和聚宝门的民间传说实在太多,我做了一下归类,大致有以下几种:

◎ 传说之一:强借聚宝盆,活埋戴鼎成

据说当年聚宝门开始建造的时候不知道什么原因,建了好多次都不成,建了就塌。朱元璋知道以后,派了刘基到聚宝门去看看。刘基看了以后,也感到无可奈何。有一次,他从聚宝门返回皇城的途中,听到有几个小孩在唱一首童谣,细听之下,是这么唱的:"金陵城、金陵城,金陵有个聚宝盆,找到聚宝盆,再找戴鼎成,戴鼎成头戴聚宝盆,埋在城墙根,城门笃定能盖成。"刘基默默地记下了这几句童谣,回到皇宫以后,就向朱元璋复述了一遍。再说朱元璋正为这聚宝门老建不成而发愁呢,听到刘基这般说法,犹如真的找到了解决问题的方法了,随即派人到处打听谁家有聚宝盆。一打听就打听到了,江南首富沈万三家就有这宝物,否则他怎么会成为江南首富呢?朱元璋马上叫手下人到沈家去借。

再说聚宝盆本是沈家的宝贝,沈万三听说有人来借,说什么也不肯啊!但是问题是现在来借的是当今的皇上,皇命不可违,否则的话就会落个"抗旨不遵"之罪,

那可不是一般的罪名,要杀头的。尽管沈万三一万个不愿意,最后也只好乖乖地将这聚宝盆奉献了出去。

有了聚宝盆还不行,按照童谣里所唱的,朱元璋还得叫人去寻找一个叫戴鼎成的人。找啊找,终于在南京城南找到了一个叫戴鼎成的平民。朱元璋把他叫来,让手下人将他给绑起来,再给他头上戴上聚宝盆,然后一把将他推到聚宝门的城墙根地基里,随即在上面盖土。盖着盖着,人们发现,真是神了,过去老塌陷的地基,现在工程却一路顺风,最终那聚宝门也建成了。只是可怜那个叫戴鼎成的人莫名其妙地被朱元璋绑了给活埋了,这冤鬼一做就做了600年了。

◎ 传说之二:"白衣天子"都因嘴巴惹的祸?

从1366年开始朱元璋在进行南京城与明故宫兴建时,还派出了徐达等几路人马在外作战,几头并进,财政经济一下子吃不消了。但从小就机灵的朱元璋主意多,财力不够可不难,马上找到了富甲一方的沈万三,向他提出了"经济"要求,相当于我们现在社会中政府找企业家来"赞助"。据说当时沈万三一口就答应了,自觉自愿承担了从水西门至正阳门(光华门)这一段筑城的工程及其费用,并与朱元璋讲好进行筑城比赛。朱元璋叫工部(相当于现在的建设部)挑了城北的太平门直到鸡鸣寺附近原本由台城等古代城墙围起来的并有很多天然屏障"基础"这一块,也就是说修造起来花费得要小、代价要少;而沈万三负责修建的城南洪武门到水西门地带除了南唐留下来的一些城墙以外,可利用的现成资源很少,几乎都要从头建起。但既然讲定了,就不好反悔,君子一言,驷马难追。双方约定同时开工,看谁先完工。令朱元璋意想不到的是,最终在双方规定的时间范围内,沈万三比工部提前了三天完成筑城!这让朱元璋心里十分佩服,并对他大加赞赏,呼为"白衣天子",还把太平门外的一块地赐给他做后花园。(【明】郎瑛:《七修类稿上·国事类》卷8;【明】皇甫录:《近峰闻略》)

沈万三心醉了,在那么多的荣誉光环下不知不觉有些飘飘然。有一次,到明皇宫里喝酒,皇上朱元璋半开玩笑半当真地问他:"我将要去犒劳军队,你要不要也一起去,顺便表表你的意思?"言下之意,就是朱元璋在向沈万三要第二次赞助。沈富豪不假思索地回答:"好啊,只是不知陛下您有多少军队?"朱元璋说:"一百万!"沈万三听后爽朗地笑了起来:"我倒以为有多少呐,没问题,犒劳军队,每个士兵一两银子。"这样折算下来,沈万三拿出百万白银作军中犒饷,眼都不眨一下,可见其何等富有!(【明】郎瑛:《七修类稿上·国事类》卷8;【明】皇甫录:《近峰闻略》)

说者无心,听者有意,沈万三不假思索的慷慨却为自己埋下了不曾料想的祸患。

听了沈富豪的慷慨许诺以后,朱元璋嘴上没说什么,心里却极度的不舒服。他回到后宫里就跟马皇后说了如此这般,并发出狠话:"沈万三这个人富可敌国,且目中无人,我一定要把他给杀了!"听到这里,马皇后赶紧制止:"皇上,你可杀不得他,就为他要犒劳你的军队,你还要杀他,实在说不过去呀!再说法律是用来制裁不法的,不是用来惩治不祥的。平头百姓富可敌国,这本身就不祥了。不祥之民,老天自然会惩治他的,陛下您又何必要去杀他呢!"经过反复劝说,朱元璋基本上听从了马皇后的话,没要沈万三的脑袋。但沈万三最终也难逃出厄运,全家被发配到云南,他的女婿余十舍家被流放到广东潮州。(《明史·孝慈高皇后传》卷113;【明】郎瑛:《七修类稿上·国事类》卷8;【明】皇甫录:《近峰闻略》)

◎ 传说之三:沈万三在南京修建苏州街,到底是谁在"谋心"?

在被发配之前,沈万三一直乐善好施,不仅资助了大明皇家城建,犒劳了帝国军队,还为老百姓做了许多好事,比如:在南京城里开展慈善活动,修桥补路。但就这些好事而言,朱元璋也给他找到了瑕疵。沈万三在修路的时候,用茅山的石头来铺街道,最后修建成了一条街,叫苏州街。然而朱元璋琢磨着这事儿,茅山石头铺的街心啊,什么意思?据说凤阳人把"茅"读成"谋",因此在朱元璋那里,茅山石头铺的街心一下子就变成"谋心","谋心"还不是谋反之心,那可是一项重罪啊!

虽然这种说法有些牵强。但是天子若说你有错儿,你又能奈何呢?

沈万三被流放以后,他在南京的后湖(今玄武湖)里的沈家花园被没收,改为储存大明帝国全国钱粮户籍的"黄册库"。沈万三在市区的府邸也被大明帝国给占了,改为接待外宾的会同馆(相当于国宾馆)。有史记载,明朝永乐年间,渤泥国的国王率领妃子、弟妹和陪臣150余人来到南京朝拜大明天子,他们便被安排住在原本沈万三府邸的会同馆里。用沈家府邸当做接待外国宾客的宾馆,由此可见当年沈万三的富庶实在令人咋舌,而所谓沈万三"谋心"之罪的真相也昭然若揭,不是沈万三有"谋反之心",而是朱元璋有谋心,"谋"沈万三巨额财产之心,后"以兵围其家(指沈万三家),尽抄擒之家财入官"。(【明】孔迩述:《云蕉馆纪谈》)

◎ 传说之四:儿媳争胜赛公公——南京赛虹桥的来历

南京赛虹桥的由来,据说不仅沈万三本人乐善好施,他家有个儿媳妇,虽然没留下名字,但人们传说她也是一个菩萨心肠的人。看到公公做了不少好事,自己也想学学公公的或者说跟公公来个比赛,于是沈家儿媳妇在南京城南门外西南护城

河上造了一座桥,那桥造得气派得没得说,俨然不比她的公公做的公益事业差,于是人们干脆就把这桥叫做赛公桥。赛公桥在几百年的历史发展中,渐渐地被南京市民演变成了如今的"赛虹桥"。另外有人说,这赛公桥还不是造在南京,而是在苏州郊区吴江的平望。(【明】孔迩述:《云蕉馆纪谈》)

关于江南富豪沈万三更为确切的情况,我们不得而知。但是通过这些民间传说,可以折射出,明初的这个超级富翁或者说大慈善家,确实为当时的南京城建设作出了巨大的贡献。

◎ 朱元璋仇视沈万三为哪般?

朱元璋之所以三番五次要杀沈万三,即使是在无罪的情况下,最终还是将他发配到偏远的云南去,个中原因很复杂,现在我们对其作一下剖析。

第一,有人说沈万三曾经和其他吴中富豪以财力支持过张士诚来抗衡朱元璋。这是很有可能的,而朱元璋到了中晚年心胸狭窄的毛病日益彰显,逮住机会就会尽力报复。

第二,有人说,沈万三曾和胡惟庸、蓝玉有着密切的往来,后来胡惟庸"谋反",朱元璋也就对沈万三心存罅隙。但是关于这种说法,我却不能够完全认同,在《明史·胡惟庸传》等重要史料中,关于这样的事情没有任何蛛丝马迹,所以不足为信。倒是吴江方志上对于沈万三女婿顾学文与蓝玉案的关联有所记载。顾学文当上了粮长后,利用职务之便,引诱别人家女人。这家女人的公公在朱元璋身边当官,怕自己的儿子被戴绿帽子,就诬告顾学文与蓝党有关,进而株连无辜。(弘治:《吴江志·杂记》卷12;详见本书第8章)

第三,沈万三多次在皇帝面前露富、斗富,表示自己的富有超过皇帝,这就触犯了朱元璋作为皇帝的尊严。首先,童年时代的贫困经历与苦难遭遇曾给朱元璋留下了极大的心理创伤,在当上皇帝之后,原以为贵为天子就可以摆脱处处不如人的痛苦景况了。不曾想到,沈万三如此富有,竟然超过了我,这也许使得朱元璋内心产生了一种不能言明的屈辱,由此引起了内心的极度不平衡。其次,在中国人传统的思维中,如果贵为天子了,就得要处处显得超越于常人,样样都能第一,假如某人原本是个目不识丁的一介武夫,经过拼杀当上什么将军或者是皇帝,你就不能再说人家没文化,而要讲人家天下第一,连文章也是天下第一,要是他没有什么硕士、博士文凭,那么高校就送他一张纸不就得了。用孔子的漂亮话来讲"为尊者讳",这几乎成了中国社会里人们普遍认同的一种潜意识,也是我们民族心理中深层次的思维定式。所以说,朱元璋既然当了皇帝,还不如一个商人富有,自然会心生仇恨。

第四,朱元璋仇视沈万三还有几个深层次的原因,即以朱元璋为代表的中国底层人或多或少都有仇富心理。

第一个仇富原因,可以理解为暴富的原罪形态。具体说来,就是有些人的富裕是在一夜之间暴富起来,而不是理性的富裕。所谓理性的富裕,是在理性的法律制度下,慢慢地进行资本的原始积累,逐渐地发展壮大,这样形成的富裕才是理性的。恰恰相反,一夜暴富通常是通过官商勾结等非法手段来获取的,所以在普通大众的内心自然就形成了一种鄙视甚至是仇富的心理。但自古以来中国社会中官商勾结一夜暴富的事情屡见不鲜,事实上好多官商勾结的肮脏交易,还是有人知道的,之所以没有被揭露,一个是中国始终都存在着权大于法的现实,人们怕官;另一个就是我们民族价值取向问题,说到底我们民族的普通人价值取向是功利主义。过去人们常常将读书与科举连在了一起,读书就是为了科举做官,地地道道的功利主义。现在读书就是为了高考,弄个文凭,找个好工作,"考证"也是如此。"没有用"的知识精神追求在好多现在人看来,是没有用的;在经济领域里,我们经常听到人们会问"某人发了没有?"当有人真的发了,人们就会发出这样的"赞美":"某人就有本事",但一般不问其中的过程,也就是暴富是否有"原罪"。这就造成了中国社会普遍存在的一个事实,那就是笑贫不笑娼。可一旦理性下来,就会产生出仇富的心态。

第二个仇富的原因,主要是由于为富不仁的现象过于常见。比如有些人通过官商勾结而一夜暴富之后,为了保全财产或者扩大财富,对官府更加献媚,从而有足够的实力欺行霸市,盘剥百姓,甚至欺男霸女。前文提到的沈万三女婿顾学文就是这么一个花心的"富二代",想勾引人家"官二代"的漂亮媳妇,没想到最终将自己的小命也给搭了进去。再说沈万三儿子沈文度也是个"为富不仁"的"富二代",《明史》记载:"吴中故大豪沈万三,洪武时籍没,所漏赀尚富。其子文度蒲伏见纲,进黄金及龙角、龙文被、奇宝异锦,愿得为门下,岁时供奉。纲乃令文度求索吴中好女。文度因挟纲势,什五而中分之。"(《明史·纪纲传》卷307)

第三个原因,是由于中国人没有多少宗教意识。其实宗教并非完全是一种迷信,它同时还存在着人与人之间、个人与自己内心之间的对话,这种对话中存在着精神的内敛,比如:宗教中有一个很重要的仪式,就是要人们学会忏悔。信奉宗教的人会忏悔我的财富中有无通过不正当、不合法的渠道获得的,或者说我富有之后是否应该更多地施予他人,帮助弱势群体。然而,由于传统中国人普遍没有多少宗教意识,富人也鲜有忏悔,他们对待弱势群体的态度通常都是穷凶极恶的。所以弱势群体一旦登上了权力中心以后,就会发疯似的报复。这样的事情在中国历史上有很多,比如太平天国定都南京后就是这么干的,朱元璋也是这样。

综上,正由于潜意识里的这些因素,这才导致了朱元璋对富豪沈万三的猜忌与仇恨,进而将他流放到云南。

但南京人民始终记得沈万三,因为他对南京城的建设作出了实实在在的贡献。不过聚宝门的名称来源于聚宝盆的传说在史料中并无记载,所以不足为信。那么这聚宝门到底是如何得名的呢?

◎ 南京中华门——中国现存规模最大最完整的古城堡

聚宝门所在的位置原本是南唐都城的南门,因此明初修建聚宝门是在利用了南唐都城的基础上加筑了城堡与楼阙等,这样就形成了气势雄伟的聚宝门。聚宝门的名字来历有案可据是因为该城门正对聚宝山(今雨花台),从而得名聚宝门。

据史书所载:"(聚宝门)东至通济门界,西至三山门界,九百五十三丈五尺,垛口一千二百零二座。"(【明】施沛:《南京都察院志·职掌17·巡视门禁职掌·里十三门事宜》卷24)现在我们能看到的中华门(未改名前就叫聚宝门)已经被毁坏了一部分,但大致还保留着。聚宝门共由四重城墙组成,3个瓮城和4道拱门,在其内部环环相扣,相互贯通;如果从上空俯瞰,整个城门就像汉字"目"。这4道拱门每道门券有门两重,外门则与南京城的其他12道城门一样,建有可上下启动的用铁皮包裹的"千斤闸"。如果你从城门内向上望去,一目了然,城门两侧有两道宽敞的缓坡,那是供军马上城头专用的。

最为独特与精巧的设计是在整个聚宝门内的瓮城上下和内外城壁共建了27个"藏兵洞"(杨新华:《南京明城墙:神秘的浩瀚史书》,叶浩主编:《走进市民学堂⑥》,江苏文艺出版社2008年4月第1版,P115)。这些藏兵洞有大有小,大的藏兵洞可容纳千人,而小的也可以容纳百人以上,当然这些藏兵洞还不完全用于藏兵,还有用于储备军事物资。如果全部用于藏兵的话,那么整个聚宝门可藏兵3 000人,故聚宝门有"藏兵三千不见影"之称。由此可见,此门规模之大和设计之精巧了。聚宝门平面图形呈长方形,东西宽为118.5米,南北长为128米,城高达21.45米,总面积为15 168平方米(据杨新华先生的考证为16 512平方米)。所以说,它是中国现存规模最大最完整的古城堡。1928年聚宝门被国民政府改名为中华门。

◎ 通济门、正阳门

紧挨着聚宝门的还有两座城门,它们与聚宝门一起组成了南面三门。

在聚宝门的东边是通济门,秦淮河水由此入城。所谓通济就是通河流,通济门由此而得名。据史书所载:"(通济门)东至正阳门界,西至聚宝门界,长五百一十一丈七尺,垛口七百四十四座。"(【明】施沛:《南京都察院志·职掌17·巡视门禁职掌·通济门》卷24)通济门是南京13座城门中规模最大的一座城门。明代"神机火器,俱由通济、双桥二门出入"。通济门原来是南唐时的上水门,它也有3个瓮城和4道拱门,类似于我们如今可以看到的中华门,但它不像中华门呈"目"字形而是呈船形,这在中外城墙建筑史上独树一帜。十分可惜的是,上世纪50年代时,该城门被拆除了,不过它的地名我们南京人一直在使用。

城南三门的最后一座就是正阳门,即今天的光华门一带。由于修建时它与皇城的洪武门正对着,处于同一条南北中轴线上,是皇城最南面的正面朝阳的城门,所以叫做正阳门。据史书所载:"(正阳门)东至朝阳门界,西至通济门界,长九百零八丈,垛口一千三百二十六座。"(【明】施沛:《南京都察院志·职掌17·巡视门禁职掌·正阳门》卷24)

正阳门一直未曾受到重大的破坏,所以到了民国时,它基本上还是完好的。国民政府为了纪念辛亥革命时江浙联军攻克南京这一历史事件,于1931年将正阳门改名为光华门,即光复中华之意。上个世纪40年代,光华门及左右一段城墙被拆除,但是城门名依然沿用。

○ 西面共5道门:三山门、石城门、清凉门、定淮门、仪凤门

三山门:南京城的西边由南向北来的第一个城门是三山门,原本是南唐时候的下水门,明初在此进行扩建修筑,因此门南眺三山而得名三山门,又因内外秦淮河水从这里穿过,故俗称水西门。据史书所载:"(三山门)南至聚宝门界,北至石城门界,共长七百一十五丈,垛口八百六十四座。"(【明】施沛:《南京都察院志·职掌17·巡视门禁职掌·三山门》卷24)城下南面建有水关一座,即有名的西水关,门形与通济门相似。上世纪50年代,三山门券及右侧沿界城墙被拆除,但城门名一直在沿用。

石城门:三山门之北就是石城门,这里在南唐时被称为大西门。因为此门与三山门同处于南京城的西边,但没有像附近的三山门那样有河流穿过,故俗称为"旱西门",又因此门遥望北边一里左右的著名的石头城,所以人们也叫它石城门。据史书所载:"(石城门)南至三山门界,北至清江门界,共长三百九十九丈,垛口六百五十四座,铁窗棂水洞一座。"(【明】施沛:《南京都察院志·职掌17·巡视门禁职掌·石城门》卷24)1929年改名为汉西门。1931年国民政府在石城门侧旁开辟了汉中门后,老的石城门遂废。现有两个券门及瓮城之台尚属完好。近几年大搞城

建,城西干道和汉中门广场建成,但是历史古迹汉中门(原石城门)却因此而被拆除。

清凉门:石城门的北边就是清凉门,因为该门位于清凉山的西麓,故名清凉门。又因该门前有清江河,所以它又名为清江门。据史书所载:"(清江门)东至石城门界,西至定淮门界,长七百二十五丈,垛口一千零五十座。"(【明】施沛:《南京都察院志·职掌17·巡视门禁职掌·清凉门》卷24)由于此门位处幽僻之处,人们很少经过使用,所以在明朝永乐年间就封闭了。也幸而它被封闭不再使用,方能使得如今清凉门门券及部分城墙保存得相对完善。

定淮门:这西边第四个门为定淮门,在清凉门以北,古平岗西头,最早被人们称为"怀远门"。由于城外的秦淮河由此开始节流并流入长江,故名为定淮门;又因为洪武时期其临近城内的马鞍山,故又名马鞍山门。据史书所载:"(定淮门)南至清江门界,北至仪凤门界,共长一千七十五丈,城铺三十五座,旗台五座,垛口五千七十座,水洞四座。左有磨旗山,右有全家山。"(【明】施沛:《南京都察院志·职掌17·巡视门禁职掌·定淮门》卷24)定淮门及南侧城墙在南京一直被保存了600年,上世纪60年代被拆除。

仪凤门:南京城西边最北的一个门,就是下关的仪凤门。据史书所载:"(仪凤门)南至定淮门界,北至钟阜门界,长五百八十丈,垛口八百座,城下水洞两座。"(【明】施沛:《南京都察院志·职掌17·巡视门禁职掌·仪凤门》卷24)仪凤门位于定淮门以北,紧靠狮子山,明清时代出入长江此地为必经之路。1931年改名为兴中门。上世纪40年代被拆除,但左右两侧城墙保存相对完好。近年南京市政府又重修了仪凤门。

○ 北面共4道门:钟阜门、金川门、神策门、太平门

明朝南京城北面共有4道门,那么这4道门如今在南京城还有没有遗迹呢?

钟阜门:由西往东来,在南京明城墙的西北角,是钟阜门。钟阜门位于狮子山东侧,因为它正对南京城东南方的紫金山,紫金山又名钟山、钟阜,所以该门得名为钟阜门。据史书所载:"(钟阜门)南至金川门界,北至仪凤门界,长五百一十四丈零五寸,垛口七百五十座,城铺十七座,旗台二座,水洞二座,把总官厅五间,内官厅六间,军余直房四间,锁匙一副。"(【明】施沛:《南京都察院志·职掌17·巡视门禁职掌·钟阜门》卷24)因地处荒僻,该城门得以完好保存。它面向东方,为了与东门相区别,南京人俗称钟阜门为小东门。

金川门:南京城北边由西向东的第二个门很有名,即金川门,它的位置应该是

在萨家湾的北边。金川门的得名是由于金川河穿过此地。据史书所载:"(金川门)东至神策门界,西至钟阜门界,长七百三十五丈,垛口一千零五十座。"(【明】施沛:《南京都察院志·职掌17·巡视门禁职掌·金川门》卷24)朱棣发动靖难战争打到南京,由于内奸的帮助,顺利入城篡夺大明皇位,金川门由此而为人所熟知。但因当年地处偏僻,与钟阜门都属于封塞状态(【明】陆容:《菽园杂记》卷3,P25)而未遭破坏。清末建宁省铁路(市内火车道),曾从下关铺设铁路轨道穿越金川门进城,20世纪30年代被国民政府改名为"三民门"。现荡然无存。

神策门:南京城北边的第三个门叫做神策门。神策门位于今中央门广场东南,玄武湖的西北部。据史书所载:"(神策)西至金川门界,东附后湖小门界,长九百九十五丈,垛口一千五百五十九座。西有方垛六十四座,以镇后湖下沙;瓮城上方垛一百零八座,以映北固山。"(【明】施沛:《南京都察院志·职掌17·巡视门禁职掌·神策》卷24)此门位置僻静,砖砌不通。清初清军曾经在此大败郑成功,故一度更名为"得胜门"。1931年,国民政府将其改名叫和平门,取意为民国政府所倡导的"和平、民主"。上个世纪50年代起神策门为军管区,现已还给了南京地方政府,此地辟为"神策门公园"。神策门算得上是南京城门里保存尚佳的一个,现尚存一个瓮城及一个券门,还有谯楼一座。

太平门:这北面最后一个门就是太平门了。它地处城东北紫金山南麓、玄武湖东南。据史书所载:"(太平门)东至朝阳门界,西至后湖小门界,长八百四十五丈,垛口一千三百二十七座,本门券上城头实砌垛口三十一座。"(【明】施沛:《南京都察院志·职掌17·巡视门禁职掌·太平门》卷24)之所以被称作"太平门",正是由于此处是明朝的"三法司"(刑部、大理寺、都察院)专门审理、处决犯人的地方,有很多犯人都在此处受刑,传说明朝时太平门附近的老百姓总是在夜半时听到里边犯人因忍受不了酷刑而大声哭闹,为了让这里太平安稳些,遂取名为"太平门"。不过正规的说法却不是这样:"太平门内有各院执法之台。外临贯城谦狱之境,玄武湖册室贮天府之图籍,神烈山形胜表金陵之龙蟠,龙广乃陵寝之余脉,覆舟系鸡鸣流沙。司法森列于重地,四境宴然,山湖依险于要关,一方保障。"(史料出处同上)太平门为紫金山通往城里的最近的通道,历来为兵家必争之地,洪武时期曾设立千户所。

1931年国民政府将太平门改名为"自由门",上世纪四五十年代,该门被全部拆除。

在13道城门中最后一个介绍的也是后来名声最大的一个门就是东面的朝阳门。

○ 东面的朝阳门——中山门

这东边的城门面朝着太阳升起的地方,故名朝阳门。据史书所载:"(朝阳门)南至正阳门界,北至太平门界,长七百五十四丈五尺,垛口二千零五座,城下水关一座。"(【明】施沛:《南京都察院志·职掌17·巡视门禁职掌·朝阳门》卷24)朝阳门位于明皇城东西走向的横轴线上,紧靠着明皇城、明宫城所在地,又是前往明孝陵的必经之路,因此过去该处曾被列为"禁地",一般人是不能靠近的,用得很少,遭到的破坏也就较小。

1929年民国政府举行奉安大典,将孙中山先生的棺柩奉安中山陵,由于朝阳门相对狭小,中山先生的灵车无法通过,所以在朝阳门的北边修了一个三拱形的券门。这就是我们现在很熟悉的中山门。

关于明朝南京城的13道城门就介绍到这里。这么多的城门一般人不容易记住,为此,聪明的南京人将它们编成了一个朗朗上口的顺口溜:"神策金川仪凤门,怀远(定淮)清凉到石城,三山聚宝连通济,洪武朝阳定太平。"这里就少了一个钟阜门,如果将它加入顺口溜中,那就是南京民间通常所说的"内城13门"。但是如今来看,南京的城门似乎远不止这些。那么多出来的城门都有哪些?它们又是如何来的呢?

● 清末与民国时期直到现在新辟的南京14道"小"城门

这"新内城14道门"分别为:1908年在清凉门与定淮门之间开草场门;在太平门与神策门之间开丰润门,1928年改名为玄武门,即今天玄武湖公园的西大门;1909年在神策门和钟阜门之间开了小北门(1950年拆除),清末主要开的就是这三道门。1921年在定淮门与仪凤门之间开海陵门,1931年又将海陵门改名叫挹江门;1929年在中华门和通济门之间开了武定门(20世纪50年代被拆除,今在重建);1929年在正阳门北边开出中山门;1931年在清凉门与石城门之间开辟汉中门;在神策门左侧开中央门;1931年在中华门城堡两侧开中华东门和中华西门,1955年中华东门和中华西门又被拆除,今又在重修;1934年在金川门与钟阜门之间开新民门;1936年在中华门与武定门之间开雨花门,1950年雨花门被拆除;1952年在玄武湖鸡鸣山后山东增开解放门。除此之外,还有挹江门与定淮门之间的华严岗门和上浮桥与下浮桥一带的集庆门等都是近期才开的。至此,南京应该共有27道城门。

● 现今南京保存完好的 10 多处城门和城垣

从明代到民国与现代,南京共有城门 27 座,但目前保存基本完好的,却并不多,它们是中华门城堡、中山门门券、集庆门、华严岗门、挹江门门券及城楼、神策门门券及城楼、玄武门门券、解放门门券、清凉门门券和石城门门券、仪凤门(重修)、武定门(重修)。

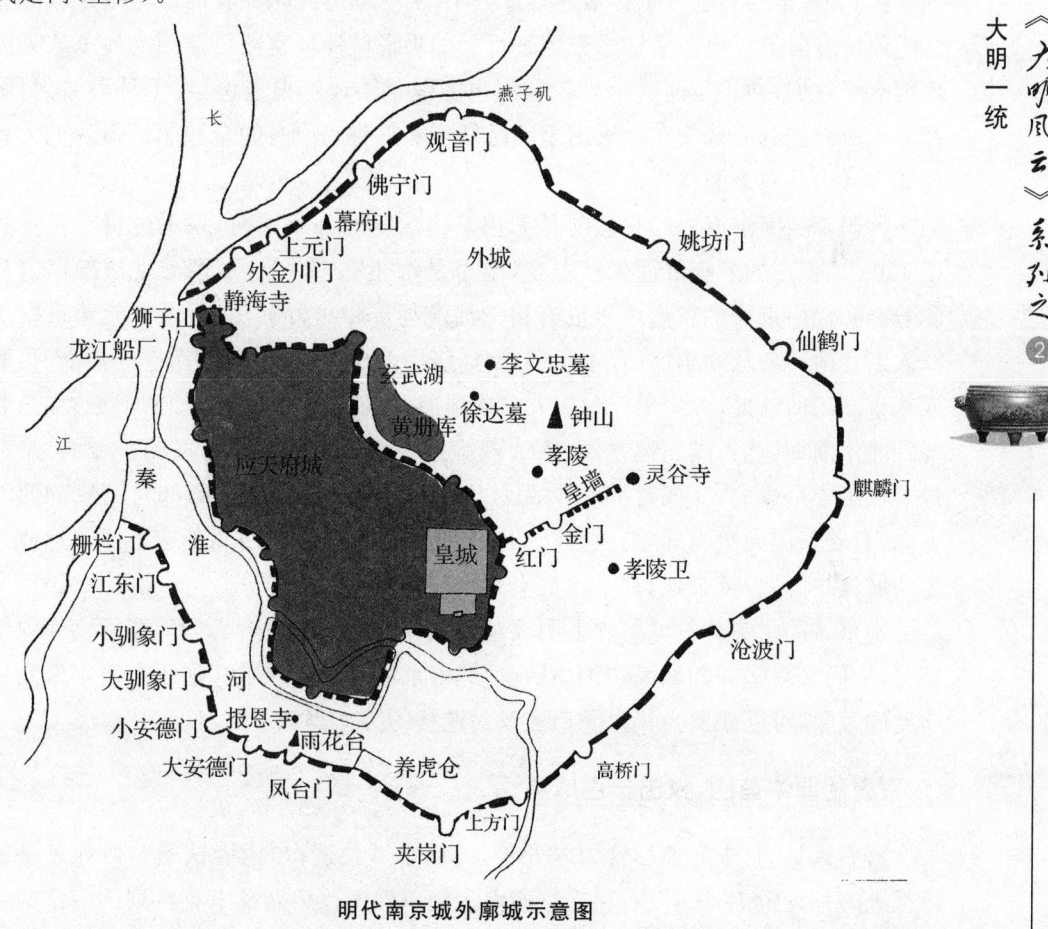

明代南京城外廓城示意图

外廓十八环绕南京　众星捧月拱卫朝廷

今天如果您走到这 10 多处城门前,看到历史沧桑的痕迹,不知有何感想?对南京城门之多,老南京会向你脱口说出"里十三,外十八"的城门名。"里十三"前面我们已经讲过,那么这"外十八"指的又是什么呢?这"外十八"指的就是明朝外廓的十八座城门。那么朱元璋为什么要修筑外廓城?外廓城的这十八门又叫什么呢?

● 明代南京城外的护城河

在 20 多年的大明帝国都城建设过程中,另一项与此相配套的确保南京城池安全的外护城河工程也在紧锣密鼓地进行。如果说城墙与宫殿可能因为战争或火灾等因素将它们给毁了,而这个外护城河也能毁了不成?很遗憾,由于种种原因,明都南京的外护城河确实在今天南京城已经不能见到它原有的全貌了。但我们大致还能辨认出其原来的模样。

大明都城南京南面的护城河是利用了南唐时的外秦淮河,只不过将它拓宽到了 120 米,现在的外秦淮河依然很宽,至于是否还有 120 米,就留着地质部门去实测吧。明代南京城的东南由于没有自然河流与屏障可以利用,所以朱元璋只得下令人工开凿一条从朝阳门(今中山门)到通济门的壕沟,这条壕沟南连外秦淮河,北通燕雀湖的旧址处,今中山门外东北方向还有一段燕雀湖未被填埋的河域;城东北面往北由前湖(燕雀湖)、琵琶湖、玄武湖等这些地理上的屏障形成的护城河,是经过了加工才形成的,完成时间在洪武六年前后(《明太祖实录》卷 86);南京的西北方向,有着长江天堑为屏障。这样一圈下来,整个南京城的四周都有了或天然或人工的城濠护围,应该来说,安全系数大为增加了。

南京城的这条外护城河加上明故宫皇城外的护城河——人们一般称之为内护城河,中间又有坚固的城墙,"铜墙铁壁"的南京城终于形成了。这正是当年朱元璋所要的效果,可以想象当年朱元璋应该对这样的杰作满意了吧?!

○ 荒唐定罪牛首山,杖击一百成笑话

可有人认为,朱元璋尽管力求完美,将南京城建造得"铜墙铁壁",但他还是留下很大的一处败笔——没有将南京的南大门口的牛首山以及雨花台划归南京的城建范围之内。那么做事万般"细致"与苛求完美的朱元璋为什么会留下这么一个大的缺憾呢?

南京民间有人这么解释:朱元璋在进行南京城建规划的时候,观察了南京的山川风水,见到几乎所有的山岭都像星星捧月一样面朝着京城,而独独城南的牛首山之双峰向着外部,朝着安徽的马鞍山方向。朱皇帝非常来气,认为牛首山吃里爬外,于是下令对牛首山进行惩罚——杖击一百!并给它定了罪,还一气之下将它从

南京的"山川户籍"内除了名,划归了当时太平府,排除在南京城建规划外!(【明】周晖:《金陵琐事·牛首解嘲》,南京出版社2007年9月第1版,P108)

当然这是后人编成的一个笑话。诚然将牛首山和雨花台划归南京的城建范围之外,很有道理。但我们如果从当时朱元璋所处的实际情况与条件来看,真把牛首山以及雨花台这一带融合在一起作为南京城南的屏障,也许会耗费更大的财力物力。我们不妨想一下,当时大明帝国刚刚建立,国力有限,尤其在建设南京的城墙时,朱元璋就几次三番向沈万三寻求"赞助",就连正史里也记载说:"吴兴富民沈秀者,助筑都城三之一。"(《明史·孝慈高皇后传》卷113)虽说朱元璋这样做多少带有劫富的色彩,但是有个不争的事实是,当时大明军队仍在外征战,确实也没有那份实力;如果再退一步来考虑,即使是从军事角度来看,南京明都城已经建有天下第一城堡——通济门、聚宝门(中华门)等,外面又有外秦淮河作为安全的护城河,在那个基本上还属于冷兵器时代拥有这样的军事屏障已经足够了,如果再去耗费精力、物力和财力去规整牛首山以及雨花台这一带,在当时也没有这个必要。因此说,朱元璋在南京规划上并没有什么大的疏漏。

但有人就不这么认为了,甚至认为南京城的这等营建简直是将明皇宫置身于随时都可能被炮击的危险目标中。这人是谁?朱棣!

● 明代南京城外的外廓城修建

朱元璋在建好南京都城以后,曾亲自带领儿孙们和亲近的大臣一同欣赏他的杰作,然而四儿子朱棣的一番话,却使他和军师刘伯温之间产生了严重的冲突。这又是怎么回事呢?

○ 朱元璋赐橘子,马皇后赐桃子,刘伯温却不敢吃,他要逃命。这是为什么?

传说朱元璋携儿孙、大臣们登临紫金山巅,俯瞰着南京城,一时间意气风发,志得意满,对儿孙们感慨道:"我自幼贫苦出身,如今辛苦半生,有了这骄人的江山,再看看这都城建造得怎么样?!"听到这席话,儿孙与大臣们纷纷表示赞同,并附和说这南京城修建得如何雄伟庄严、如何稳固牢靠。朱元璋听了心里舒服透顶。

就在这时,14岁的四儿子朱棣却乌鸦嘴说了一句:"这南京城是谁帮您设计的?是不是军师刘先生刘伯温?父王您仔细看看,如果在这紫金山上架了一门炮,还不是炮炮都可击中紫禁城啊!"闻听此言,朱元璋脸色大变。朱棣确实是乌鸦嘴,但他也道出了南京都城规划建设中的缺陷。(参见杨新华:《南京明城墙:神秘的浩瀚史书》，叶浩主编：《走进市民学堂⑥》，江苏文艺出版社2008年4月第1版，P116）就现有都城来说，东有钟山，南有聚宝山，北有幕府山，等等，这么多的重要制高点都规划在南京城外，对都城的军事城防极为不利啊！想到这里，朱元璋几乎是一身冷汗。由此他对全面负责筹划和修建南京城的刘基产生了极大的愤恨，甚至是恨极了，原来这个刘老先生竟然这般居心不良。回宫以后，他马上命太监给刘基送去一盘橘子。刘基看了，立马明白了皇上的意思。我们平常吃橘子还不都是剥皮抽筋地吃啊，刘基知道皇帝送他橘子的意思，是要将他剥皮抽筋。他急啊，这怎么办？忽然间他想到了马皇后，因为大臣们都知道，当今皇帝只有跟原配马皇后一直相敬如宾，平日什么人的话都可能听不进，只有马皇后劝解几句或许还有用。可在向马皇后求救之后，刘基没想到马皇后也没有说什么，只是差人送来了一篮子桃子。刘军师多聪明啊，立马明白马皇后的意思，叫我快逃（"桃"的谐音）！于是，刘基连夜逃往镇江茅山去当道士了。

  对于这样的民间传说，我们该信几成呢？我们不妨来分析一下故事的可信度。

  传说这事是在朱棣14岁时发生的，而朱棣出生于1360年，这么说来，这件事就应该是在1374年发生的。可这故事又据说发生在南京城建成以后，我们都知道南京城建成是在1386年以后的事。这样看来，第一个漏洞：时间上的冲突就出现了。

  其次，如果按照史料记载南京城建好的时间——1386年，彼时的刘伯温在哪里呢？这时的刘伯温早已不在人世了，《明实录》和《明史》都记载说：洪武八年（1375）四月，"诚意伯刘基卒"（《明太祖实录》卷99；《明史·刘基传》卷128）。所以怎么可能在死后11年他再次被赐死呢？

  那为什么民间会有这样的故事流传呢？我认为有这么两方面的原因：

  其一，是为了美化朱棣。在这个故事中，朱棣说的炮炮都能打中紫禁城，明显地是在渲染朱棣从少年时候起就比他的打天下的父亲更加有眼光、更有胆识，似乎是为了说明朱棣的"伟大"——自古英雄出少么。因此我认为，之所以有这么一个"故事"，不排除这样的可能，即朱棣在当了皇帝之后，找了几个文人墨客为自己杜撰一些"故事"，这样就能显现他篡位皇帝天生就是"非凡之人""千古一帝"。

  其二，为朱棣的败家子行为寻找开脱的借口。朱棣篡位登基后，着手迁都北京，将南京明皇宫视为敝屣，败了祖宗的基业，好端端的南京城里的"朱家"开始散在他的手里。这不是败家子行为还是什么呢？而子孙败家在中国传统社会里是人人都切齿痛恨的不耻行为，既然败了家，朱棣当然要想方设法寻找理由和借口，为自己辩白；而在这个传说里，恰恰巧妙地为他败家行为找到了开脱的借口：这明皇宫你们建得不好啊！所以我就不想要了，我要迁都。

● 明代南京外廓城的18道门

我们否定了朱棣挑出明初南京城建设的瑕疵之说,并不是讲朱元璋在位时对自己建造的南京已经十分的满意。事实上,我在前面已经讲过,朱元璋的童年与青少年时代的苦难与缺憾太多了,造成了他成年以后内心深处一直有着强烈追求完美的心理。由此而言,大明都城建成以后,或许真有如前面传说中所讲到的朱棣那样具有真知灼见的高人,给朱元璋指点了迷津,也许朱元璋自己反复琢磨出来都城可能存在的隐患,所以在洪武二十三年(1390),朱元璋又下令在南京京城外面建造外廓城。外廓城主要利用南京城外的黄土丘陵依山傍水筑成,只在附廓险隘之处才用城砖砌墙开门,其余皆以山埂培土夯成,俗称土城头。外廓城周长号称180里(【明】顾起元:《客座赘语》卷6;《明史·地理志一》卷40),实际周长为120里,其中砖砌部分约40里,占整个外廓城总长的1/4不到。土城一般高约8米,上宽7米左右,最早筑有15~16座城门。洪武二十三年有驯象门、安德门、凤台门、双桥门、夹岗门、上方门、高桥门、沧波门、麒麟门、仙鹤门、姚坊门、观音门、佛宁门、上元门、(外)金川门,"凡十五门"(《明太祖实录》卷201);洪武二十四年,置京城外十六门,并置千户所,各铸印给之(《明太祖实录》卷207)。洪武二十八年时的外廓十六门为麒麟门、仙鹤门、姚坊门、高桥门、沧波门、夹岗门、上方门、凤台门、大驯象门、小驯象门(陆容笔记中载为"双桥门")、大安德门、小安德门、江东门、佛宁门、上元门、观音门(《洪武京城图志》;【明】陆容:《菽园杂记》卷3)

南京外廓城十八城门最早出现似乎是在明英宗时代,正统四年(1439)九月,"命修南京驯象等十八门外城,以夏秋久雨浸颓故也"(《明英宗实录》卷59)。但即便如此,南京外廓城的十八城门似乎与后世南京民间流传的并不完全相同。

由于"外十八"主要是由土堆和高丘构成,自身有问题,加上岁月的流逝和战争的破坏,南京外廓城十八门至今已荡然无存了。但它们曾存在过,那么南京外廓城到底有哪十八门?

东面6门,它们分别是:姚坊门,也就是如今地名尧化门;仙鹤门,如今此地名仍然沿用,在仙林一带;麒麟门、沧波门、高桥门、上方门,这几个地名如今也都在用。

南面6门:夹岗门、凤台门、大安德门、小安德门、大驯象门、小驯象门,这些地名我们如今都还常常听到。

西面有2门:江东门和栅栏门。江东门这个地方现在是南京大屠杀纪念馆所在地,地名的存在自不消说;但是栅栏门却几乎没什么人知道了,常用的地图上也不一定找得到。

北面4门中的外金川门、上元门、观音门都成了耳熟能详的地名,只是佛宁门没多少人知道了。

以上就是南京民间所说的"外城门十八"。至此,整个南京城从里到外,一共有四层,还有两条护城河,即皇城外的内护城河与京城外的外护城河,南京四周东面钟山、南面聚宝山、北面幕府山和西面清凉山等所有制高点全部纳入了都城南京的范围内,城墙又厚又坚,真正称得上是铜墙铁壁了。如此规模,堪称世界都城之最。

分类区域规划都城　六百年后依然可认

南京本是一座历史古城,朱元璋定都南京,不仅在城市建设方面将南京打造成世界第一都城,而且也曾给古城南京带来社会经济的"繁荣"。明初南京人口急剧增加,由原来的几十万人口的中型城市不久就激增到了拥有百万人口的国际超级大都市。那么,如此国际超级大都市到底是怎样区划与分布的?

大体来讲,明初南京市区大致可以分为高干富人区、手工业和商业区、宗教文化区、帝国军事区、帝国政治权力中心区、皇家园陵区和风景游乐区等。

● 高干富人区

○ 常府街(花牌楼)、信府街、邓府巷

当时的高干富人区主要集中在内秦淮河两岸,也就是从镇淮桥到下浮桥一带和北新街南北地带。尤其是从镇淮桥到下浮桥这一地区是明初公侯将相、达官贵人云集的高干区。当时有个诗人写了首诗生动地描述了淮右新贵云集南京的空前盛况:"马上短衣多楚客,城中高髻半淮人。"(【元】贝琼:《贝清江先生诗集·秋思》卷5)淮河流域在春秋战国时代属于楚国,朱元璋及其家乡出来的功臣勋贵们出身于淮河流域,所以诗中的楚客和淮人就是指的这批凤阳人、定远人等,他们一下子云集在南京,占据了半个南京城(城中高髻半淮人),由此可见当时新来的淮右新贵之多了。这些高官显贵依仗自己特殊的功勋或与皇帝朱元璋特殊的亲缘关系,相对集中地生活在南京城南这个特定的区域,名噪一时,使得他们的府邸在南京城留下了极深的印记,或将府邸作为标志的街道名而流传数百年,或者留下了官邸的遗

址,让后人叹为观止。比如曾在今天南京市杨公井一带开府的开平王常遇春曾经的府邸虽然经过岁月的洗礼早已不存在,可常府街却因此成为了那一带的地名;常遇春府邸前还曾有朱元璋特别恩赐允许修建的花雕牌楼,南京人称之"花牌楼"。今"花牌楼"已不在了,但这花牌楼地名沿用至今。而信国公汤和,后被追封为东瓯王,他的王府就在信府街一带,可惜的是也只留下了地名,让我们遐想当年的荣华景象;同样情况的还有宁河王邓愈的王府,在今天的邓府巷一带。

○ 南京夫子庙的瞻园、徐达中山王府和白鹭洲公园

由于种种原因,明初众多高官府邸现在只留下了一个个沧桑的地名,但有一处除外,那就是魏国公徐达的中山王府。徐达王府就在如今城南瞻园路一带,地名就叫大功坊。当时的魏国公府范围大致在今中华路东,夫子庙西,建康路南,瞻园路北,秦淮河之右,其宏伟气势可见一斑。如今我们在夫子庙还能看到的瞻园,仅仅是魏国公府的一个西花园罢了。其实在魏国公府邸的东边还有一个花园,它紧邻夫子庙,叫遂初园,后来败落了。魏国公府除了府内有东西花园以外,它的府外还有一座十分漂亮的花园,那就是魏国公府的东花园——今白鹭洲公园。这"白鹭洲"的名字据说来自李白诗句:"三山半落青天外,二水中分白鹭洲。"可见其当时的秀美风景。因位于魏国公府第的东侧,所以人们一般就称它为东花园。

魏国公府是皇帝朱元璋恩赐给大明第一大将军徐达的,徐达死后,其长子徐辉祖及其子孙继承爵位,世代居住于此。徐家还有一人获得大明公爵爵位名号的,那就是徐达第四子徐增寿。此人在建文朝当官,却暗地里为姐夫朱棣"打工",将建文朝廷的机密泄露出去,最终被建文所杀。朱棣"靖难"成功后,追封他为定国公(《明太宗实录》卷9)。永乐二年,明太宗朱棣命徐增寿之子徐景昌继承父亲的公爵爵位(《明英宗实录》卷31)。但今人已无法弄清楚当时的定国府在南京何处。

● 手工业、商业集中区——南唐皇城四周

○ 明代南京城里手工业、商业分布地区——《南都繁会图卷》

除了秦淮河两岸的高干富人居住区,南京城的城南一带也是明初比较繁华的手工业、商业集中区,中心地带应该在过去的南唐皇城内,也就是今天中华路的王府园附近,确切位置是南起聚宝门以内,北达北门桥(今珠江路北),东自大中桥,中为镇淮桥,西到三山门(今水西门)。其中以南唐的御街三山街尤为繁华,内桥东南

的承恩寺一带也相对比较发达。明代人这样记载道:"南都(指南京)大市为人货所集者,亦不过数处,而最终为行口,自三山街西至斗门桥而已,其名曰'果子行'。"(【明】顾起元:《客座赘语·市井》卷1)

今天中国历史博物馆里珍藏着一幅巨画《南都繁会图卷》(长3.5米),真实地"记录"了明朝南京城南地区商品经济繁荣的状况。经过专家、学者的考证,这画描绘的正是当年的三山街到升州路和建邺路一带街市繁华的景象,画上有着109种店铺招牌和1 000多人物,有人称之为明代的《清明上河图》,其时南京城南地区工商业一片繁荣跃然纸上。

当时南京城做生意的主要有下列四种"商人":

第一种商人——外地商人开"铺行"。当时大明帝国在都城南京的商业街道两侧都建有"官廊"或称廊房。洪武十九年十二月,朱元璋下"诏中军都督府督造通济、聚宝、三山、洪武等门,……新筑……六部围墙并廊房街道,并以罪人输作"(《明太祖实录》卷179)。这种官修的廊房可租也可买下使用,之所以如此,一来是由于大明帝国为了占有商业利润,二来是为了便于管理。也正因为帝国政府对商业进行有序的管理,于是在明初南京城里很快就形成了众多的专业一条街,例如聚宝门一带,因糖坊廊而出名;三山街上遍布着书铺廊、裱画廊、绸缎廊;朝天宫附近因红纸廊而闻名;今城中新街口西南有明瓦廊,至今这些地名还在沿用。

第二种商人——本地匠户做"住商",即南京本地的军、民、匠户。他们既是专门的手工业者,又是兼职的商人。

○ 评事街和七家湾地名的由来　南京云锦

由于明初定都于此,那时南京的手工业发达程度居全国之首。明初从全国各地调集了20多万的手工业匠户进行"城建"与劳作,客观上繁荣了南京的工商经济,当时南京的小手工业已然发展成了三百六十行!

有人认为,明朝初年,南京七家湾一带居住着很多的外地人,其中以西域人为众,他们擅长的手艺很独特,比如我们如今吃的牛皮糖、芝麻糖等就是通过这些西域人传授了西北少数民族的制作工艺。这些西域人居住在评事街上,他们中的好多人都从事皮革加工制造,由此形成了评事街上皮革专业"一条街",被人们叫做"皮市街""皮作坊"。时日久了,来的外地人多了,大家将它口讹为"评事街"。清人曾记载说:"评事街亦名皮作坊,……今由打钉巷抵七家湾,攻皮者比户而居,夏日污秽不可近,尚沿旧习。而转东一巷名曰皮场,盖亦皮作坊之所。"(【清】甘熙:《白下琐言》卷6,P103)与评事街呈丁字型的七家湾,也是当时皮革加工制造的专业街,据说其中有七家人家的皮革最负盛名,所以人们将那个地方称作"七家湾"。这是南京"七家湾"地名来历的民间另一种版本。

朱元璋定都南京和明初南京工商业的繁荣,促使明代南京手工织造精品——云锦迎来了历史的辉煌。云锦很早就有了,但在明代以前南京云锦在全国并不"畅行"。明初定都南京,朱元璋政权的新贵们就地取材,他们按照一定的规制穿用云锦服饰,由于整个大明帝国中的官方有着相当大的需求和上流社会的热衷追捧,南京云锦由此开始走向了全国、甚至走向了世界,也开始走向了自身历史发展的辉煌时代。

第三种商人——城乡农户赶集忙。明朝南京经商的第三种人就是城乡农户,他们主要是在城乡结合地区进行交易买卖,即古制中的"市",这个"市"绝不能理解为现代意义上"城市"的"市"。中国古代通常将定点但有时间性限制的贸易场所叫做"市",也就是类似于今天农民赶集的地方。明朝初年都城南京的市主要在石城门、三山门和聚宝门等大的城门外边。

第四种商人——官商从中渔"利"。至于官商,中国历朝历代都有,而且都很强大,有时甚至垄断了很多的经济领域,这种官商类似于国营垄断企业。

○ 听说过没有:官妓也是官商经营的一类"行业"?

明朝的官商主要从事下列几类"行业":

第一,廊房。前文已经提及,据说当年仅在上新河一带就一次性建了数百间廊房。其实除了朝廷衙门有廊房外,似乎当时的军队也有(待研究)。洪武三十一年五月庚申条的《明实录》记载道:"羽林右卫军丁以遗火烧廊房六十余间,法司请治其罪。上曰:彼非故为也,释之。"(《明太祖实录》卷257)

第二,塌房。"初,京师(指南京)军民居室皆官所给,比舍无隙地。商货至,或止于舟,或贮城外,驵侩上下其价,商人病之。(洪武)帝乃命于三山诸门外,濒水为屋,名塌房,以贮商货。"(《明史·食货志五》卷81)这是说,朱元璋下令在三山门外,靠在水边建了一座座"塌房",类似于现在中转仓储地,"塌房"专供商人们中转存货,以方便在此经商;而政府从中收取一定的管理费用、税收等。

第三,酒楼。朱元璋下令在江东门、聚宝门、三山门、三山街等商业来往最繁忙的通道上建造了南市楼、北市楼、讴歌楼等16座大型国营酒楼。明人记载了其中南市楼的繁华境况:"国初,知县揭公轨有《宴南市楼》诗云:'帝城歌舞乐繁华,四海清平正一家。龙虎关河环锦绣,凤凰楼阁丽烟花。金钱赐宴恩荣异,玉殿传宣礼数加。冠盖登临皆善赋,歌词只许仲宣夸。'观此诗,当时之盛可知矣。"(【明】周晖:《续金陵琐事·宴南市楼诗》上卷,P196)

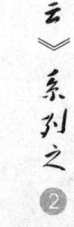

第四，官妓。有了酒就要有美女作陪，这样喝酒才能越喝越有味。既然官方办了这么多的酒楼，当然不能忘了酒楼的特殊娱乐消费形式——狎妓与嫖妓（朱元璋时代是禁止公务员嫖妓，但对非公务员不禁止），这样就有了官商第四种形式——官妓。明初国营酒楼中有6家专供官妓的：朱元璋时"特于京师聚宝门外，建官妓馆六楼以安远人。一曰来宾，一曰重译，一曰轻烟，一曰淡粉，一曰梅妍，一曰柳翠"。（【明】吕毖:《明朝小史·洪武纪》卷2）

除此之外，官妓主要集中在教坊司下属的富乐院，富乐院大致位于今日江南贡院河对岸。"明初设教坊司，立富乐院于干道桥"，后来因为一场大火灾烧了，朱元璋下令将其移至武定桥（【清】甘熙:《白下琐言》卷6，P104），自此以后秦淮妓院声名渐起。官妓的主要来源是犯罪者的女眷们，她们因父亲或老公等亲人犯罪而被罚到了教坊司当风尘女子，以此来为官方挣钱赎罪。明初南京青楼中最为悲惨的就要数建文朝大臣的妻女了，对此有人抨击道："靖难诸臣（指建文朝大臣）妻女，多入教坊，风教沦丧，至文皇（指朱棣）而极，真从古未闻。"（【清】甘熙:《白下琐言》卷6，P104）

● 文化与宗教区

○ 秦淮河两岸的世俗文化区——夫子庙风俗文化与青楼文化

直到今日，每年元宵节声势浩大的夫子庙灯会不知吸引了多少南京人的眼球。这灯火通明洋溢着民俗气氛的灯会之所以如此繁盛，还应该归功于明太祖朱元璋对它的"助力"与倡导，就连秦淮河上那么多、那么大的画舫也跟朱元璋有关。事实上，明初在夫子庙前的秦淮河上画舫并没有这么多、这么大。据说有一天，朱元璋携马皇后去游览夫子庙，见到那些小画舫在河里摇曳而过，朱元璋顿感大煞风景，随口就说了句："要是大一点就好了！"说者无心，听者有意，随从官员赶紧吩咐手下人开始着手建造又大又漂亮的画舫，类似于我们现在经常在那里见到的画舫或称游艇，从此在秦淮河泛舟也成了别有趣味的一项游览节目。

至于夫子庙的灯会，在明代以前已经繁盛起来了，但是灯会的时间很短，只在正月十四日前后。朱元璋定都南京以后，时不时地来夫子庙"逛逛"。他喜欢灯会，但总感觉这个夫子庙灯会有些美中不足，时间短了点，也许是为了彰显明都盛世繁华美景，他下令将夫子庙的灯会时间延长，从正月初八开始一直到正月十八才结束，这样一来，热闹的节日就可持续十天左右。明代南京灯会远不止夫子庙一处，但以夫子庙、笪桥、评事街一带的灯会最为热闹，由此造就了秦淮河两岸夫子庙地区世俗文化的繁荣。

明朝夫子庙地区还是教育、考试重地。夫子庙在洪武初年曾经还被当作国子监(后被迁到鸡鸣山南面),考试重地——贡院就坐落在它的边上。

而夫子庙对面、秦淮河南岸连同夫子庙和江南贡院附近原本还是风化区,但集中地是在秦淮河的南岸。来这里风流的举子很多,这些"才子"自然要找"佳人"来相伴,由此明清时代这里的青楼文化十分兴盛。

○ 以雨花台为中心的社会忠义教化区

南京城南雨花台是明代社会忠义教化集中区,那里埋葬着众多的忠魂义骨,建有历代忠义祠:"聚宝门外诸祠:曰二忠祠,祀宋丞相文公天祥、建康府判杨公邦乂……曰海公祠,祀明南京都御使海忠介公瑞;曰王公祠,祀明应天府尹王公爌……曰方公祠,祀明文学博士方忠文公孝孺……曰景公祠,祀明御史大夫景忠壮公清;曰先贤祠,祀吴泰伯一下诸人……"到清代时"合而为十三祠。"(【清】甘熙:《白下琐言》卷6,P113)

○ 以鸡笼山为中心官方主创的宗教文化区和南京五大名寺

明初官方设置的宗教文化区主要是在鸡鸣寺和国子监(今东南大学)这一带。以鸡笼山(今鸡鸣山)南麓为中心原本是六朝时期的御花园——华林园。陈朝灭亡后,华林园被毁。宋元之际,这一带才逐渐恢复起来。洪武十四年四月,朱元璋下令在鸡鸣山下南面建造大明帝国的最高学府——国子监(《明太祖实录》卷137)。鸡鸣山上原有藏传佛教僧人星吉监藏修行布道,洪武十八年十二月,朱元璋诏令在宋、元时期的法宝寺基础上修建鸡鸣寺,"以祠梁僧宝公,命僧德瑄住持",星吉监藏移至寺西。(《明太祖实录》卷176)

◎ 明代南京钦天山上曾有最为先进的国家天文台

就在鸡鸣寺的不远处的原六朝司天台旧址上,元代曾建有观星台。朱元璋建都南京后的洪武十八年下令在先前遗址基础上修筑钦天监观星台,而原在雨花台的天文台则成为回回钦天监观星台(《明太祖实录》卷176)。观星台由大明帝国专门掌管观察天象、推算节气、历法的国家官署——"钦天监"管辖的,由此观星台也就被人们称作为"钦天台"。"钦天台"所在的鸡笼山随之被称为钦天山。为了加强钦天山上的天文观察研究,明初朱元璋还下令将元帝国所有的国家级天文仪器从北京运到南京,安装在鸡笼山观象台上,且新造了一批天文仪器,这下鸡鸣山上的钦天台成为了拥有当时中国人视野里最为先进的仪器设备的国家天文台,它的建造比英国格林尼治天文台还早300年。鸡笼山观星台一直沿用至清初,康熙时南京观星台所有仪器被全部运往北京。

◎ 鸡笼山上的十庙剩一庙,进香河成了"进香河路"

明朝时鸡笼山南麓修建了好多庙,有纪念历代开国皇帝的帝王庙、纪念汉秩陵尉蒋忠烈侯的蒋子文庙、东晋忠臣成阳卞忠贞公的卞壶庙、南唐大将刘忠肃王刘仁瞻的刘越王庙、北宋大将济阳曹武惠王的曹彬庙、元卫忠肃公的福寿庙;还有祭祀主管南京城池之神的城隍庙等;明朝为了使人们永远记住徐达、常遇春、邓愈、汤和、沐英等21位开国功臣(没犯错的)而特地又在鸡鸣山麓建立了"功臣庙";洪武二十七年正月,将汉寿亭侯关羽庙迁至鸡鸣山南坡,这样算下来共计有十余座庙宇,因而当时人们称之为"十庙"。朱元璋"*命应天府每岁以四孟月及岁除祭,功臣日致祭,岁以为常*"。(《明太祖实录》卷186)

在明朝初年,百姓经常要到鸡鸣山上的这十庙去上香,鸡鸣山南麓对面是一条南北走向的潮沟,那是三国时孙权定都南京时开挖的,主要用来运送粮食。南朝覆灭后,该河流渐渐堵塞。明朝初年,为了方便百姓来到鸡鸣山上进香祭祀,大明帝国花了大力气,疏浚此河,并且就此取名为进香河。很可惜,后来明王朝迁都北京以后,来此进香的人越来越少,这条河也就淤积了。上世纪80年代,索性就将这条河直接铺成了路,这就是现在的进香河路。

◎ 明初南京五大名寺

其实除了鸡笼山为中心官方主创的宗教文化区外,明初洪武时期最有名的寺庙还有天界寺、天禧寺、灵谷寺、能仁寺(《明太祖实录》卷229)和永乐时期的大报恩寺等,其中大报恩寺为大明皇家寺院(永乐开始)。但按照明代文臣学者葛寅亮的划分,明代南京有8大寺。其中钟山灵谷寺、凤山天界寺、聚宝山报恩寺为金陵三大刹;摄山栖霞寺、鸡笼山鸡鸣寺、卢龙山静海寺、天竺山能仁寺、牛首山弘觉寺为金陵五个次大刹。(【明】葛寅亮:《金陵梵刹志》卷3,卷16,卷31;卷4,卷17,卷18,卷32,卷33)

● 军事区——大小教场、马群、苜蓿园

明初军事区分成这么几块:鼓楼以北,分布着庞大的禁卫军的营房驻地;军队

训练场地,主要位于南京城东,小九华山以南。明代将这里辟作军事教练场,曾名小教场,老百姓俗呼小营;而京城的大教场位于京城的东南方向,至今也还有这个地名的存在,是以前南京的飞机场;城外麒麟门至观音门一带是军队的牧马区,"明初牧马皆在外廓门以内,如麒麟门至观音门一带地方,有黄马群、青马群、红马群、白马群。朝阳门外东二十里,有马房山,为枣骝群,又有马巷口,皆其所也"。(【清】甘熙:《白下琐言》卷4)后来人们索性称那一带为马群,城东的"马群"这个地名由此沿用下来;朱元璋曾"命户部释淮南北及江南、京畿间旷地,遣军士种苜蓿饲马"(《明太祖实录》卷208)。今南京城东苜蓿园大街一带曾有很大一片空地,因响应朱皇帝的号召,广植苜蓿,人们由此将其称为苜蓿园。

● 皇家陵园区

南京的城东钟山被朱元璋设置为皇家陵园区,这里也就是明孝陵与东陵的所在地。

● 风景区

至于狮子山、秦淮河两岸、莫愁湖、清凉山、城南凤凰台等地则是当年有名的风景区。(参见高树森、邵建光:《金陵十朝帝王州·南京卷》,中国人民大学出版社1991年5月版;《南京古代道路史》,江苏科技出版社,1989年10月第1版)

以上便是大明初年对南京区域规划的大致情况,由此可见当年明太祖朱元璋花了一番心思、费了很多的神。从后来历史的发展以及当今生活中我们不难发现,明初的这种区域规划对南京城后来的社会经济与文化发展有着深远的影响。当然大明帝国定都南京的意义与影响远不止于此,接下来我们将作详细讨论。

建都南京意义非凡　定名大明缘由何在

● 大明帝国定都南京的意义

○ 第一次将大一统帝国的都城建在了南京,开创了大一统帝国南北中心的多重选择的新局面,也为世界大国政治、经济、文化多重中心创立了历史先例

南京作为一个王朝的都城,无论是六朝,还是南唐,都不过是偏安一隅的局部

性割据政权。从明朝开始,南京才第一次成为全国性政权的首都,真正意义上的大一统王朝的帝国首都,全国的政治、经济、文化中心。

明朝洪武元年(1368)八月,朱元璋下了一份诏书:"朕观中原土壤,四方朝贡,道里适均……其以金陵为南京,大梁(开封)为北京,朕以春秋往来巡狩。播告尔民,使知朕意。"(《明太祖实录》卷34)这段话的意思是说:"朕综观中国的疆土,四方臣民属国前来我大明朝贡,以路途较为合适的——应该以金陵作为我大明帝国的南京;以大梁(开封)为我大明帝国的北京,朕每年的春秋时节在南、北两京之间来回巡视办公。今告诉你们的百姓,使他们知道朕这样定都的一片良苦用心。"朱元璋将金陵为南京,大梁(开封)作北京(后废止),中国历史上南北京之称由此而始。用今天话来说,朱元璋从巩固大一统帝国全方位的角度,主张设置南北两京制度。

"两京制"古已有之,周代有两个都城:镐京(西安)和雒邑(洛阳),隋唐时期也有两京:长安和洛阳。这是大一统帝国治理过程中的一个创制,但历史上的这些"两京"都局限在关中地区或北方中原地区。从大一统帝国全方位角度来说,这种两京制有明显的缺点,那就是厚此薄彼,重北方而轻南方。明代改变了这种格局,它是顺应南方经济与社会文化的后来者居上的态势,因此我认为这种"南北两京制"本身就是一个历史的"创制",中国的经济与文化中心从北向南转移不是从明代才开始的,而是在宋元;但宋元都没有及时适应历史发展之势而从政治上予以调整,但明代做到了,因此其历史功绩与深远影响不容低估。它第一次将大一统帝国的都城建在了南京,开创了大一统帝国南北中心的多重选择的新局面,也为世界大国政治、经济、文化多重中心创立了历史先例。

○ 建都南京,大一统帝国的政治、经济和文化三重中心合一,顺应自然地奠定了中国传统社会后期发展的基本格局,解决了南粮北运带来的许多劳民苦众的社会大问题,同时也开启了中国历史上的"南北之争"之先河

明代以前,中国历史上的大一统帝国的政治中心一直在北方,尤其是宋元之际,中国传统社会的经济重心由北方转移到了南方,由此给大一统帝国带来了极为头疼的经济问题——北方政治中心及其政治性的高密度人口所亟须南方粮食等经济物质支撑。为了解决这个问题,大一统帝国政府采取了南粮北运的措施与国策,具体的做法为漕运与海运。但漕运与海运这两根大一统帝国政治中心的经济生命"输氧管"却极为脆弱。一旦发生什么变故,整个大一统帝国的经济秩序就会被打乱,甚至陷入瘫痪状态,元末就是这种情况。这是经济中心与政治中心相背离所引发的严重后果之一。

严重后果之二是：大一统帝国实行了南粮北运，其支付的经济成本相当之昂贵。我们不妨以永乐迁都后的情势做个对比：

明代前期学者陆容曾这样记载道："苏州自汉历唐，其赋皆轻，宋元丰间，为斛者止三十四万九千有奇。元虽互有增损，亦不相远。至我朝止增崇明一县耳，其赋加至二百六十二万五千九百三十五石。地非加辟于前，谷非倍收于昔，特以国初籍入伪吴张士诚义兵头目之田，及拨赐功臣，与夫豪强兼并没入者，悉依租科税，故官田每亩有九斗八斗七斗之额，吴民世受其患。洪武间，运粮不远，故耗轻易举。永乐中，建都北平，漕运转输，始倍其耗。由是民不堪命，逋负死亡者多矣。"(【明】陆容：《菽园杂记》卷5)

永乐年间江南地区老百姓大多逃亡的缘由是政府赋税太重，那么究竟重到什么地步呢？陆容又记载说："永乐间，平江伯陈公瑄把总海运粮储，共一百万石。时未有总兵之名。十三年，里河漕运（即大运河漕运——笔者注）加至五百万石，统各处一百七十余卫。后以湖广、浙江、河南、山东各都司所属茶陵、临山、彰德、济南等卫地远，省之，每岁上运四百万石。"(【明】陆容：《菽园杂记》卷9)

永乐初年尚未迁都，北运漕粮100万石，永乐十三年大运河完全通畅后，朱棣加快了迁都的步伐；也就从这年起大明帝国差不多每年要从南方地区吸血500万石粮食，但因湖广等地不便运输，于是从苏南北运400万石粮食成了铁定的规制。明代文人张瀚记载说："国朝岁供军储四百万，大抵取给江南。"(【明】张瀚：《松窗梦语·宦游纪》卷1)但实际上这400万石运往北京的粮饷还仅仅是官粮和军粮，民粮根本不在其中，"天下岁运米至京师者有四百余万，民粮不在其数"。(【明】陆钛：《病逸漫记》)

额定北运粮为400万石，其实这当中还不包括"损耗"与人力费用，明代中后期文人学者说，南粮北运的成本费用大约是额定北运粮的100%。也就是说江南人民不仅要负担400万石的"爱国粮"本额，还要承担400万石粮食北运的成本费，两项总计高达800万石，是永乐初年的800%，这是何等残酷的剥削！

与苏南连在一起的还有个难兄难弟——浙江，"浙江银课，洪武间岁办二千八百七十余两，永乐间增至七万七千五百五十余两，宣德间增至八万七千五百八十余两"。(【明】陆容：《菽园杂记》卷11)

浙江银课增长率在100%左右，受剥削的灾难程度要比苏南轻得多了，可即使这样，浙江人已经受不了，镇守地方的官员不断上请，要求予以减免。(详见【明】陆容：《菽园杂记》卷11)而赋税负担增加了800%的苏南人民可就更没什么活路了。明朝文人陆容说得好，"地非加辟于前，谷非倍收于昔"，而赋税负担却增加了

800%,江南人民还怎么活？所以最终"民不堪命,遗负死亡者多矣"。因此说迁都北京对传统中国社会经济尤其是对江南地区经济的发展简直就是灾难。京杭大运河作为帝国的吸血管,源源不断地吸吮着江南人民的鲜血,摧残了江南地区社会经济的发展,加重了江南人民的苦难,这绝对不像某些官僚政客和走狗文人所吹嘘的那般。就连永乐死后他的亲儿子明仁宗朱高炽也曾痛心疾首地说道:"南北供亿之劳,军民俱困,四方向仰咸(属)南京,斯亦吾之素心。"(《明仁宗实录》卷10)

明清之际大思想家黄宗羲站在明代近300年的历史角度,这样评述迁都北京的:"江南之民命竭于输挽,大府之金钱靡于河道,皆都燕之为害也。"(【清】黄宗羲:《明夷待访录·建都》)

严重后果之三是:社会成本无限加大。"南粮北运"带来的最直接的"丰硕成果"就是大运河经济的"繁荣"。如果留心观察我们一直引以为傲的世界第一大人工开凿的运河——京杭大运河在元、明、清三代的经济生活中的状况,你就会发现它似乎特别"活跃"。这到底是为什么呢?京杭大运河不是元朝起才有的,早在隋炀帝时就已经开凿通行了,但在随后的七八百年里大运河似乎并不怎么引人注目,或者说用处并不大。可在元、明、清三代却特别热闹,主要是由于大一统帝国官方主持的"南粮北运"所造就的。从大一统政治出发,树立"漕本思想",畅通"南粮北运",由此带来运河沿岸经济的"发达",促进了商品经济"病态的"繁荣。说到底,这是一种建立在非理性基础之上的病态经济,是由无所不能的绝对专制皇权倾力打造出来的美丽无比的肥皂泡。

而建都南京,大一统帝国的政治、经济和文化三重中心合一,这就顺应自然地奠定了中国传统社会后期发展的基本格局——全国经济中心的南移,解决了南粮北运所带来的诸如劳民苦众、社会成本无限加大等一系列社会大问题,同时又能与宋元时期已经开启南移的中国文化中心相重合;无论是从理论还是从实际的角度都是属于一种比较理性的选择。然而它也带来一个无法回避又十分严峻的问题,中国自古以来就是一个多民族的国家,中华各民族不仅在地域分布上很不均匀,而且各民族的个性特征也有很大差异。但从总体角度来看,北方少数民族不像南方少数民族那样温顺,他们比较剽悍、好斗,时常南下与中原王朝发生冲突。定都北方的大一统帝国的中央政权似乎便于就近调集军事力量,对付游牧民族的侵扰,而且中国北方诸如北京、西安等地都有很好的自然屏障作依托,临危尚可应急,这就是我们昔日津津乐道的定都北方最有利的证据和理由。笔者曾经也认同过,但在深度研究思考后却发现了问题。

就以明代而论,定都南京的洪武朝31年间大明帝国不仅没有京都之危,而且还一再北伐和"清沙漠",重创元蒙残余势力;相反,迁都北京以后的第29年即明正统十四年,朱棣的玄孙明英宗朱祁镇在位时不仅没能抵御住北疆蒙古人的入侵,反而堂堂的大明天子还当了俘虏,写下了大明帝国历史耻辱的一页。对此,明末三大思想家之一的黄宗羲曾一针见血地指出:"有明都燕不过二百年,而英宗狩于土木,武宗困于阳和,景泰初京城受困,嘉靖二十八年受围,四十三年边人阑入,崇祯间京城岁岁戒严,上下精神敝于寇至,日以失天下为事……江南之民命竭于输挽,大府之金钱靡于河道,皆都燕之为害也。"(【清】黄宗羲:《明夷待访录·建都》)

根据黄宗羲所列举的明成祖迁都以后近200年的时间里发生的六七次君主受困与京城被围大危机,我们来个平均折算,大约每30年左右北京及其周边地区就会出现一次大危机或军事大告急,而这样的危局在朱元璋定都南京时却不曾出现!

由此看来,迁都或定北方并没有如某些人吹得天花乱坠,全是优势。自洪武定都南京和永乐迁都北京起,600年间中国人关于南北都城之争几乎一直没有中断过,谁是谁非,自有公断。

○ 奠定了南京600年历史发展的基本格局,确立了南京在大一统帝国中的经济和文化中心与重心地位,提升了南京在大一统帝国中的地位甚至国际名望

朱元璋定都南京,对南京城的历史发展及其在大一统帝国中的地位和国际声望都有着深远的影响。这里面包含有三个方面的内容:

第一,朱元璋在明朝开国之前就开始着手进行南京城的建设,整个建设工程断断续续持续了20余年。史载:元至正二十七年(1367)二月,"拓都城(南京)讫工"(《明太祖实录》卷22);洪武六年六月,"修筑京师城周一万七百三十四丈二尺(约35 780米),为步二万一千四百六十八有奇,为里五十有九。内城周二千五百七十一丈九尺(约8 570米),为步五千一百四十三,为里十有四。"(《明太祖实录》卷83)洪武十年九月,"改作大内宫殿成"(《明太祖实录》卷115)……由此建成了明朝南京京城,其范围大致是:东北到紫金山;北部紧靠玄武湖,将鸡笼山(今鸡鸣山)和九华山都包括在内;西北抵达狮子山;东南濒临秦淮河。我们不妨看一下《洪武京城图志》和《明代应天城图》(明版画),便知南京城在明朝洪武以后的600年的时间内没有什么大变化。换句话来说,明初建成的南京城,奠定了南京城市600年发展的基本格局。

第二,明初定都南京,确立了南京在大一统帝国中的经济和文化中心与重心地位,也扩大了南京的国际名望。

从明朝初年起,南京一直是全国的经济、文化的中心和重心。洪武开国时,应天府(相当于现在的南京市)人口数约为10万。洪武四年闰三月,"应天府奏:核实

关厢军民官吏人户,凡二万七千一百五十九,民二万一千五百六十七户,军一千八百九十六户,公侯族属一千一百九十七户,官吏二千四百九十九户"(《明太祖实录》卷63)。这段史料是讲,当时南京城的户数为27 159户。我们以古时候每户人家平均人数5人来计算,估计当时实际人口大约在10万。但随着定都南京、建设南京各项活动的开展,南京人口数开始急剧地增长,仅洪武二十四年一次迁徙江浙富民到南京的就有5 300户(万历:《上元县志·人物志二》卷10),即为26 500人,外加在京的京卫军士、文武官员及其家眷、国子监生、在京服役的轮班工匠和坐班工匠等,到洪武二十六年时,南京市(当时称为应天府)户数为163 915,人口为1 193 620(梁方仲:《中国历代户口、田地、田赋统计》,上海人民出版社1980年8月第1版,P340)是全国人口最多、最密集的城市。

与同时期的西欧的"大"城市法国的巴黎与英国的伦敦相比,中国南京的人口是它们的十几倍,简直是超级大城市,难怪明代中叶以后来华的西方传教士利玛窦,在看到南京城的宏大与繁荣时,极其惊叹地写道:"……论秀丽和雄伟,这座城市超过世上所有其他的城市;而且在这方面,确实或许很少有其他城市可以与它匹敌或胜过它。它真正到处都是殿、庙、塔、桥,欧洲简直没有能超过它们的类似建筑。在某些方面,它超过我们的欧洲城市。这里气候温和,土地肥沃。百姓精神愉快,他们彬彬有礼,谈吐文雅,稠密的人口中包括各个阶层;有黎庶,有懂文化的贵族和官吏。后一类在人数上和尊贵上可以与北京的比美,但因皇帝不在这里驻跸,所以当地的官员仍被认为不能与京城的相等。然而在整个中国及邻近各邦,南京被算作第一座城市。"(利玛窦、金尼阁,著,何高济、王遵仲、李申,译,何兆武,校:《利玛窦中国札记》,中华书局1983年3月第1版,P286~287)

南京的国际名望的赢得也是在明朝的初年。朱元璋洪武年间和朱棣永乐年间,东亚的日本、朝鲜和东南亚诸国纷纷遣使到南京来向明王朝朝贡。这个时候东亚、东南亚国家不仅知道了南京,了解南京是一个大一统帝国的都城,而且还派遣留学生到南京国子监来留学。对此大明朝廷给予极大的关怀,如洪武二十五年八月,朱元璋下令"赐琉球生日孜每阔八马等罗衣各一袭及靴袜衾裯"(《明太祖实录》卷220);洪武二十六年四月,又"赐国子监琉球生云南生夏衣靴袜,其傔从之人亦皆有赐"(《明太祖实录》卷227)。甚至还有外国人来南京参加洪武年间的科举考试,洪武四年三月殿试时,"高丽入试者三人,惟金涛登第,授东昌府安丘县丞"。(《明太祖实录》卷62)

永乐时期中外官方交往更为活跃,特别是郑和下西洋以南京作为最初的出发点,由此南京的国际地位得到进一步提高。这是南京历史上从来没有的。据史料所载：永乐朝相继有6个海外国家9个国王来华朝贡通好，虽说后来永乐迁都北京了，但有一半以上的外国国王到了南京，其中有个浡泥国国王麻那惹加那因水土不服，加上突然患病，死于南京，被大明朝廷礼葬于安德门外。明人这样说道："按当时之夷没葬于中国者，如浡泥、苏禄、麻剌共三人焉。非我朝德咸远被，乌能使海外遐酋倾心殒身如此哉！"(【明】严从简：《殊域周咨录·苏门答剌·麻剌》卷9)

第三，文化教育方面，南京在明清500多年的历史中一直居于大一统帝国的重心和中心地位。

从明朝初年起，整个明清500余年的历史中，科举中试者包括状元，南京及其周围的苏松地区出身的占压倒性的优势；明清时期的科学家、思想家、文学家和能工巧匠等，也是南京及其周围的苏松地区出身的占了绝对的优势。

明朝初年南京建起了全国性的国立第一大学——国子监，拥有全国最大的科举考场，即后来人们所称的江南贡院，明末有名的科学家徐光启曾来南京参加科举考试，并展开了他的社会活动。西方著名传教士利玛窦也曾三次来南京，参观了明故宫、北极阁的天文台，并制作了天文仪器。南京曾经一度成为中西文化交流的重要据点。

在绘画艺术方面，明初在南京城里文人画家云集，明中期在南京绘画艺术界活跃着一支集南北画之长的"浙江画派"和带有明显江南地方特色的"吴门画派"——其中坚文征明、唐伯虎及明末有名的松江画派的领袖董其昌、娄东画派的主要领袖与骨干大多以南京作为人生事业与仕途的起点站而走出来。

文学方面更是人才云集，高手如林。明初由于朱元璋的高压，文学自由创作受到极大抑制，但是具有雍容气象的台阁体文学却大行其道。活跃在南京历史舞台上十分有名的宋濂、刘基、高启和方孝孺不仅是当时众望所归的文坛领袖，而且也是擅长写作台阁体文学的高手，他们一起服务于朱元璋、朱允炆政权。(《明史·宋濂传》卷128；《明史·刘基传》卷128；《明史·文苑一·高启传》卷285；《明史·方孝孺传》卷141)

至明朝中晚期，南京的文坛进入了真正的黄金时代，文学成就斐然，出现了顾璘、陈沂、王韦"金陵三俊"，其后宝应出了个文学人才朱应登，人称"四大家"(《明史·文苑二》卷286)。明清之际文坛大家钱谦益较长时间在南京任职，《桃花扇》的作者孔尚任就是长期寓居南京的文学家，《水浒传》的作者施耐庵、《儒林外史》的作者吴敬梓都曾在南京参加科考，吴敬梓还长期寓居南京，《红楼梦》的作者曹雪芹是出生与生活在南京。所以从某种程度上讲，南京是培养文学家的摇篮。

不仅如此，南京也是培养思想家的温床。明朝中后期有名的思想家焦竑就是南京人,明代著名的思想家李贽也曾寓居在南京,与焦竑和利玛窦等进行了中西思想大交流。

南京周边地区的能工巧匠也很多,南京明故宫、明代北京故宫、天安门的设计者与建设者好多就是出身于南京或南京周边地区的。

○ **基本确立了南京南北混合的地域文化风格**

尽管由于明永乐年间、明清之际和清末的太平天国三次大破坏,最令现代人心驰神往的明故宫如今却空空如也。但南京曾经作过明朝的首都,明代建筑之类的物态文化还是有相当一部分地保存了下来,如南京明城墙、明孝陵等。但问题是这些官方修建的庞然大物主要是从政治角度出发的,承继了中国传统的皇都文化与皇权政治文化,不足以反映地方文化的特征。我个人认为,最能反映南京明代地方文化的要数南京城南秦淮河一带的徽派建筑,因为南京城南的秦淮河一带曾是明初的"高干区"。反映在语言与风俗习惯上,由于明朝初年,社会主流群体中很多直接从要饭的、种地的等社会极下层中上来的,他们将一些低俗的语言带入了南京城市市民社会里,这是历史上朝代更替所带来的必然结果。

问题是这样低俗语言之类的亚文化一般是随着社会经济的发展与政治主导群体自身素质的提高而不断地影响或有意或无意地进行矫正,但偏偏是在明初第三位皇帝时,大明帝国将都城从南京迁往了北京。这样一来,社会低俗亚文化来不及矫正,而重礼节的北方风俗和讲气派的皇家味却被留了下来,由于曾经是皇朝的政治中心,南京人喜欢谈政治,说话比较直接,相对不太注重细致入微的事情。

明初朱元璋强制迁徙了许多江南富民豪强到南京,直接将他们置于皇帝的眼皮底下,加强了政治控制,但同时也繁荣了南京地方的经济和文化,因此在南京的南方人也占一定比例。明代南京学者顾起元曾记载道:"高皇帝定鼎金陵,驱旧民置云南,乃于洪武十三年等年,起取苏、浙等处上户四万五千余家,填实京师,壮丁发各监局充匠,余为编户,置都城之内外,名为'坊厢'。"(【明】顾起元:《客座赘语·坊厢始末》卷2)四万五千余户人家,相当于20万人,占据了当时南京人口的1/5。其实何止江浙人,洪武年间江西、福建、湖广、山东等省份都有大量的人口移至南京,甚至还有西域人。如有个叫金大车的人,"其先西域默伽国人也,太祖时以归义,授鸿胪寺卿,赐是姓,遂为金陵人"(道光:《上元县志·艺文》卷16)。从洪武晚期南京人口已经超过百万大关来看,当时的外地人在南京占据了绝对的优势,南北混合的地域文化特征日益凸显出来。

明末清初南京又经历了一次大动乱,不少北方官僚与军队南下来宁,甚至居住下来，他们自然将北方的饮食风俗等文化带到了南京。加上南京原本在六朝时代就形成了北方士族为主流的文化导向，所以南京的地方文化整体上偏向北方，譬如饮食中带辣但又不重、适量面食、碗大等这些南北方交汇的特征。

◉ 定都南京的大明帝国为何取名为"大明"？

在中国历史上朝代或帝国的取名大致是这样的："三代以下，建国号者多以国邑旧名；王莽建号曰新，亦以初封新都侯故也；公孙述建号成家，亦以据成都起事也；賨人李雄建号大成，盖亦袭述旧称也。金太祖始取义于金之坚固，遂不以国邑而以金为号。（按金志：太祖以国产金，且有金水源，故称大金。）然犹未用文义也。金末宣抚蒲鲜万奴据辽东，僭称天王，国号大真，始有以文义为号者。元太祖本无国号，但称蒙古，如辽之称契丹也。世祖至元八年，因刘秉忠奏，始建国号曰大元，取大哉乾元之义，国号取文义自此始。其诏有曰'诞膺景命，奄四海以宅尊；必有美名，绍百王而纪统。肇从隆古，匪独我家。且唐之为言荡也，尧以之而著称；虞之为言乐也，舜因之而作号。驯至禹兴而汤造，互名夏大以殷中。世降以还，事殊非古。虽乘时而有国，不以义而制称。为秦为汉者，著从初起之地名；曰隋曰唐者，因即所封之爵邑。是皆徇百姓见闻之狃习，要一时经制之权宜，概以至公，不无少贬。我太祖圣武皇帝，握乾符而起朔土，以神武而膺帝图，四震天声，大恢土宇，舆图之广，历古所无。顷者，耆宿诣庭，奏章申请，谓既成于大业，宜早定于鸿名。在古制以当然，于朕心乎何有？可建国号曰大元，盖取易经乾元之义。'云。命世之君，创制显庸，必有以新一代之耳目，而不肯因袭前代，此其一端也。然如唐之为荡，虞之为乐，则五帝以来，原以文义建号，其说见尚书传注及史记正义。"（【清】赵翼：《二十二史劄记·元建国号始用文义》卷29）

我们将上述这段文字再作个整理，看看中国历史上朝代或帝国的取名规律：

第一，以自身的民族为王朝或帝国的名字。如夏朝、商朝、秦朝，还有"一代天骄"成吉思汗建立大蒙古国时就是以自己的民族来命名帝国名字的。

第二，以祖先或开国皇帝的封地为王朝或帝国的名字。如汉朝的"汉"来自开国皇帝刘邦的封地。隋、唐、宋都是以祖先或开国皇帝的封地名为自己的朝代或帝国的名字的。

第三，以儒家经典中的关键语句来为王朝或帝国取名。如元朝国号的来历就是属于这种情况，忽必烈建立元朝时，取的国号就来自中国儒家经典《周易》中"大哉乾元"，也是从"大元"王朝开始，中华帝国王朝的名号前有"大"，后来的"大明"、

"大清"等都是如此。但现在娱乐界在拍历史剧时取名却几乎一概冠以"大",这是不符合历史的,是误人子弟的"戏说"。

那么我们现在讲的这个"大明帝国"的国号到底是怎么来的呢?

由于历史上朱元璋在给自己的"大明帝国"取名时没有直接解释为什么叫"大明",所以后人通过对现存史料进行分析研究,认为"大明"国号的来源主要有以下三个方面:

○ 来源于明教的"明王出世"之宗教信条

明代人说"大明"国号是当年刘基给朱元璋出的主意(【明】祝允明:《九朝野记》卷1),沿袭了"明王出世"说,"明王出于《大小明王出世经》。《大小明王出世经》为明教经典,明之国号实出于明教"(吴晗:《明教与大明帝国》,《读史札记》,三联书店1956年2月第1版,P237)。朱元璋是通过参加元末红巾军起义而起家,随后逐渐发展壮大,最终走上了统一全国的道路。而元末红巾军起义的思想武器与理论工具就是元末民间盛传的白莲教。白莲教又被人称之为"明教",它宣扬"弥勒佛降生""明王出世"之类宗教信条。元末红巾军就是打出这样的口号来号召人们起来斗争。明王是谁?宗教的神秘性就在这里——含糊性,红巾军领袖韩山童死后,他的儿子韩林儿就被尊为小明王。韩山童自称为北宋徽宗的第八代子孙,北方红巾军政权的国号就叫"大宋"。朱元璋政权的发展一直是打着北方红巾军"大宋""龙凤"政权"小明王"的旗号。在攻占浙东时,他就叫人在江南等处行中书省浙东分省衙门前树了两面大黄旗,上面写着"山河奄有中华地,日月重开大宋天"(【明】钱谦益:《国初群雄事略·宋小明王》卷1引俞本《纪事录》;【明】刘辰:《国初事迹》)。"明王"就是"小明王"?可"小明王"天不保佑,溺死于南京长江里了。既然过去一直使用龙凤年号,尊小明王为主。现在小明王没了,朱元璋开创新帝国,取国号没有比"大明"更合适了,因此说,"国号大明,承林儿小明王号也"(【明】孙宜:《大明初略》卷4)。这样至少有三个好处:第一,"明王出世"现在真的出世了,连名字也一样,只是加了一个"大"字,人世间好日子开始了;第二,明王已经出世在人间了,也只此一家,别无分店,换言之,其他要有出现的话,都是赝品,大家不要相信;第三,老红巾军将士和广大百姓盼到的明王就是时下称帝的"大明"天子,他可是北方宗主一脉下来的,故而老红巾军将士和广大百姓比较容易接受这个新兴帝国的"大明天子"。用"大明"作新国家的名号,正是朱元璋为了争取自己手下将士们和广大群众的信任和支持。

○ **吻合中国传统儒家经典学说**

"大明"国号如果按儒家的学说来解释也很微妙,明是光明,是火的意思,谁不喜欢光明而喜欢黑暗?又,如果将"明"字折开了,那就是"日"和"月"两个字。从古代先秦时代就已经形成的礼制来看,祭祀"日月"和祭祀"大明"是儒家主张的礼制中的正祀,又是后世朝廷的正祀,无论是列作郊祭或特祭,都是历代皇家所重视的(吴晗:《朱元璋传》,三联书店1965年2月第1版,P142)。所以取名"明"是吻合儒家经典的礼制规范,合乎正统的文化。

○ **符合中国传统阴阳五行学说**

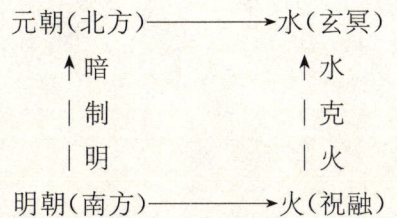

按照中国古代的阴阳五行之说,南方属火,由火神祝融执掌,属阳;北方属水,由水神玄冥执掌,属阴。在阴阳五行的相生相克中,水被火所克,水属于阴,方位上处于北方;而克水的火属于阳,方位上处于南方。暗示:朱元璋起兵南方,北伐中原,攻克元大都,推翻了北方的元朝,就是以火克水,以阳克阴,以明克暗,完全吻合阴阳五行学说所解释的朝代相克相替的规律。

明代人认为:"(朱元璋)本姓朱,本祝融。祝融,帝颛顼子,为帝喾火正,有大勋于天下,故别为祝融。在国臣(柯)仲炯言:'……太祖定鼎金陵,则祝融之故墟也。……故建国号大明,其有祖也。夫祝融大明,容光必照。……所以我太祖以大明建国,亦以大明光天,中天下而立,定四海之民,所重民历,以示三纲五常,以昭日用,以引趋光而避凶,此皇明治天下,潜移默化之大旨,所以四海来朝,亦以是赐之耳。知此道者,其可以语我太祖取号大明之秘义乎。故汉德若水,我皇明其德如日月之代明,汉得地道,我皇明得天道,三统之义,皇明统于天矣。"(【明】袁文新:《凤阳新书·太祖本纪》卷1)

将大明定都的南京说成是祝融的故墟,南京属于南方,南方主火,北方北京主水,以火制水,以南京的大明克住、制服建都北平的元朝及其残余,所以在攻占北京元大都皇宫后的洪武元年,朱元璋立即命令工部主事萧洵捣毁元故宫(【明】萧洵:《元故宫遗录》,《中华野史》第1册,P25)。哪来如一些御用文人所推测的那样:老朱皇帝偏爱北京,偏爱说不清道不明其来路的四儿子朱棣?(详见笔者《大明帝国》系列⑦《永乐帝卷》上,第2章)还有一方面的典型例子,明初曾跟随朱元璋闹革命的刘辰曾说:"太祖以火德王色尚赤,将士战袄、战裙、壮帽、旗帜皆用红色。"(【明】刘辰:《国初事迹》)无需赘言,明太祖朱元璋尚南、尚火、尚红色,红彤彤的江山才是"大明"呐!

因此说,朱元璋以"大明"为国号,重建大一统帝国,不仅"应验"中国民间宗教的教义和"满足"了中国底层普通百姓对美好未来的追求,也是吻合中国传统社会的正统思想,赢得了广大人民和正统儒家知识分子的拥护和支持,其意义深远。更有中国传统阴阳五行之说中的以火制水、以火克水和以南克北等理论依据,为大明彻底颠覆元朝统治提供了历史的隐喻;推翻蒙元异族统治,恢复中华正统;套用朱元璋的原话,那就是"驱逐胡虏、恢复中华"。

下章
驱逐胡虏　恢复中华

《大明风云》系列之 ② 大明一统

100多年前在南京诞生了中国历史上也是亚洲历史上第一个民主共和国——中华民国,当时的临时大总统孙中山先生率领南京临时政府的官员们一起拜谒了城东的明孝陵,并在随后的一次紫金山行猎途中表示:"百年之后,愿向国民乞此一抔土以安躯壳。"即他发愿:死后葬于南京明孝陵旁。那么孙中山先生为什么要这样做？更有意思的是,如果你仔细观察的话,就会发现100多年前的中国同盟会纲领竟然与600年前的朱元璋"北伐宣言"几乎一模一样,这到底又是为什么？难道是朱元璋指导了孙中山？明初这个的"北伐宣言"到底隐含了什么内容？当年朱元璋又是如何贯彻这个"北伐宣言"的精神？

兼顾南方重在北伐　三路大军同时出发

东灭张士诚、筹备称帝南京和开创大明之际,朱元璋政权的势力范围已经"东连沧海,西抵峡口,南有湖湘,北有两淮,兼跨中原"(《明太祖实录》卷26),拥有了江浙、安徽、江西、湖广等大一统帝国的经济心脏地区——长江中下游流域或言中国南方大部分地区。但就全国形势而言,东南尚有浙东方国珍、福建陈友定、两广何真,西南尚有四川明昇、云南元朝宗室梁王把匝剌瓦尔密等地方割据势力;而在北方,大元帝国虽然仍维系着以元大都为中心的半壁江山,且在其名下也有几股强悍的军事势力,如中原与关中地区的扩廓帖木儿、李思齐、张思道(又名张良弼)等,但这些打着大元帝国官方牌子的割据势力,为了各自的利益,互不相让,大打出手,争得你死我活,如等情势反倒有利于朱元璋正在着手进行的统一大业。而此时的他已将目光和精力投向了大一统帝国的全局,且紧锣密鼓地筹划起全国性的统一战争。用那时的正式文字表达,那就是"驱逐胡虏,恢复中华"(《皇明诏令·谕中原檄》卷1);体现在军事行动上,即为扫平东南割据势力,北伐中原,统一天下,实现明代版"隆中对"中所确立的"先南后北",全国"一统"的战略目标。

● 朱元璋最终实现大一统帝国重建战略思路:兼顾南方,重在北伐

吴元年十月"因姑苏班师诸军日集金陵,皆言中原、广西、福建扰攘未已,民有倒悬之急"(《明太祖实录》卷26),朱元璋觉得,应该因势利导,一鼓作气,乘着刚刚攻灭东吴,军队士气高涨的大好形势,迅速地将统一运动推向全国,尤其要着重解决掉自己的真正对手——北方残元帝国。想到这些,他就跟身边的侍臣给事中吴去疾等人这样说道:"我原本是个平头百姓,两手空空起兵到现在拥有这般天地,大约已有15个年头的光景了。李相国李善长、徐相国徐达、汤平章汤和都是我的老乡,我们老家相距不过百里,君臣相遇,做成大事,绝非偶然啊!现已扫灭了江南群雄,拥有了长江中下游广阔的区域,有人说这是全国土地最肥沃、物产最丰富、人口最密集、经济最发达的地区,谁都想争着要,可我占了它却心里老不安。常言道:人心难安而易动,事机难成而易坏。如果治理不当,处置失宜的话,动乱很可能就会再次产生。更令人寝食不安的是,北方中原地区尚未平定,我怎么能安心坐守一方而忘了未来的远大谋划?正应该练兵选将,扫平东南割据残余,北伐中原,彻底推翻元朝统治。说到这事,我倒想起来了,诸将中能小心忠谨、不折不扣地执行我命令的,唯徐达一人也,他可堪任北伐中原的主将;常遇春果勇有为,可作副将;其余的或为偏将、裨将,或为守城,都是一些可用之才。要是老天帮忙的话,我看就这些人组建的团队足够北伐了。"吴去疾等臣僚听懂了主子的话中之意:他在征求我们的意见,于是赶紧回答道:"知臣莫若君,主公您这般知人善任、知人善使,尤其是让第一大将军领衔北伐,重点在平定中原。以小臣之见,主公您统一全国之宏愿不久就能实现!"(《明太祖实录》卷26)

从上述谈话中不难看出,一路凯歌的朱元璋此时信心十足,打算重拳出击,派出徐达、常遇春为首的主力军进行北伐,同时兼顾对南方几个割据势力的征讨。其实早在东灭张士诚克复平江城前夕的吴元年(1367)九月初,朱元璋已派出参政朱亮祖率领浙江衢州、金华等卫马步舟师,挺进浙东,进攻方国珍,扫灭东南割据势力的残余。(《明太祖实录》卷25)

● "先南后北"战略中最终东南统一战争的开启——扫平浙东方国珍

方国珍在元末大起义中应该说是起义最早的一个(起义时间为1348),他与张士诚倒是有一点相同,都是盐丁出生。但他的人品、素质等各个方面却都远远比不上张士诚,是个地地道道的反复无常的小人。反元、降元、又反元、又降元……可以说,他是元末群雄中最为无耻的人。方国珍的势力范围主要在庆元(今宁波)、台州、温州等地,一生最大的本事有两个:一个是变色龙似地改换门面,哪个强,他就投靠哪个,地地道道的奸商性格,有奶就是娘,什么道德、骨气、人格都一文不值;另一个本事就是,能跟你打,就打两下,打不过,对不起,老子不陪你玩了,赶紧就往海上逃,且逃得远远的,让"旱鸭子"们站在岸上拼命骂娘,他只当什么也没听到,反正奸商的脸皮特别厚。

朱元璋与方国珍正式打交道是从至正十八年(1358)攻下浙东婺州后开始的,当时他派了主簿蔡元刚、儒士陈显道前往庆元(今宁波)招谕方国珍(《明太祖实录》卷6)。方国珍当即召集兄弟与部将进行讨论,鉴于浙东地区大军压阵,大家都觉得"姑示顺从,藉为声援,以观其变",于是就遣使向朱元璋请降,奉上黄金50斤、白金100百斤等,随后又派"郎中张本仁以温、台、庆元三郡来献,且以其次子(方)关为质"。(《明太祖实录》卷7)

"老江湖"朱元璋一看对方来了这么一手,当场就明白:自己大忽悠今天碰到了大滑头。方国珍割据地盘就温州、台州、庆元三郡,要是他真心请降,还不得亲自前来,何必要拿次子做人质呢?考虑到自己军队在婺州地盘上刚刚取胜,且前有处州元军,后有张士诚军,最后朱元璋还是"大度"地处理了,不仅将方关等人放回去,而且还厚赐了一番。随后又封方国珍为福建等处行中书省平章政事,将其视为自己的藩属。可方国珍表面上对朱元璋称臣,背地里却向元廷讨好,以求自身利益的最大化。那时他大造海船,每年替元朝海运粮食10余万石。元朝人也不亏待他,将他封为江浙行省左丞相、衢国公,开府庆元。对此,朱元璋很恼火,派人前往庆元,予以严斥。方国珍一看自己的小聪明不顶用,让人给戳穿了,赶紧派人上应天去,奉上以金银珠宝镶嵌的马鞍绺子,向朱元璋请罪。朱元璋拒收礼物,但因忙于西线战事而无暇深究,最终不得不又一次"大度"地放了方国珍一马。为此,方国珍甚为得意了一阵子。(《明史·方国珍传》卷123)

西吴军大举进攻张士诚那阵子,方国珍终于明白了唇亡齿寒的道理,一方面不断地派出间谍前往西吴境内侦查动向,另一方面暗地里派人北通扩廓帖木儿、南交福建陈友定,目的是想形成掎角之势,来抵御朱元璋的进攻。

可这等蹩脚小把戏岂能瞒过从濠州一路混出来的老江湖,向来将谍报工作做得有声有色的朱元璋获悉后,马上派出特使前往庆元,让方氏交上23万石粮食赎罪,且降书严斥:"你先前答应我,只要我军打败杭州的潘原明,你就献出温、台、庆元三郡,归降于我。这大概是你周围的那些为了共保富贵的人出的好主意吧!可你却怀奸挟诈,阳降阴叛,一次次地愚弄我。请别忘了,你的领地与张士诚相连接着,张士诚已被我们打得落花流水,难道你我们就不能打吗?之所以我们至今尚未动手,你还真以为我们的实力不够吗?说得更透彻一点,你能安处东南海滨一隅,坐享富庶的温、台、庆元三郡之洪福,还不是我朱某人网开一面!你的所作所为已经自取不祥了,你的背信弃义最终会将你自己给害了,真不知道你怎么会这么糊涂!今天我明明白白告诉你:我大军攻下姑苏后,即刻南下,来取你的温、台、庆元三郡,水陆并进,到时候你想挡都没法挡。由此说来,以我看倒不如你识趣点自动归降算了,做好这样的小事,成全了人间的大义,不仅你自己可以终身拥有荣华富贵,而且连子孙后代和下人们都能沾上好处!如不然,那你就集中三郡兵力,与我一决胜负,这倒也不失为男子汉大丈夫所为!要是这也不干,丢下温、台、庆元三郡百姓不顾,偷生怕死,自顾自扬帆海上,流窜于海岛之间,我想到时候恐怕你就会为子女、老婆和金银细软所拖累,你乘坐的海舟中就不会有人惦记着你那么多的金银珠宝、那么漂亮的妹妹?不要日后为天下豪杰所讥笑啊!非分的恩赐,不能样样都得到,希望你仔细考虑考虑!"(《明太祖实录》卷24)

方国珍接信后大惊,没想到"大忽悠"朱元璋将自己看得这么透,一时慌了神,赶紧将兄弟子侄和诸将找来,一起商议解决办法。郎中张本仁说:"江左西吴军队正在围攻姑苏,姑苏张士诚是西吴的一大劲敌,国富兵强,城高池深,如果怀有必死之心的话,东西吴之间谁胜谁负很难料定。朱元璋写这信来也就吓吓我们,难道他能飞越千里之地来攻打我们?不太可能吧!"左丞刘庸随即说道:"江左朱元璋军多的是步骑兵,步骑兵善于陆路作战,用在海上不顶用,他们能将我们海舟如何?"听到这里,方氏家族的人纷纷表示,刘左丞说得有道理。只有谋臣邱楠持反对意见,他说:"张郎中和刘左丞所说的都没有将主公的福祉考虑进去,常言道:惟智可以决事,惟信可以守国,惟直可以用兵。如果朱元璋军队一旦攻下姑苏,马上出兵南向,乘胜进军我地,责怪我等背叛之罪,他们可理直气壮呐,且军队又强,我等将以谁作为外援呢?没了外援,一败涂地就不用说了。倒不如遣使奉书,向朱元璋明确表示:我们顺服归降,这样不仅可以解纷息兵,免除战乱之祸,而且主公您也能得永久之富贵,甚至还可能恩惠子孙;要是不这样的话,灾祸用不了几天就会降临!"方国珍听了两种截然不同的意见后顿时就没了主意,但说白了一点,谁都想当鸡头而不愿做凤尾啊!方国珍说是拿不准主意,不过有一点很清楚,赶紧将自己积聚的金银财宝往海船上搬,免得给那个"不识货"的凤阳叫花子看到后给糟蹋了。他命令手下人日夜忙碌着,做好泛舟出洋的准备。(《明太祖实录》卷24)

忙碌准备泛舟出洋的方氏还没落得歇一歇,朱元璋派出的统一东南先锋部队——浙东衢州、金华等地的朱亮祖队伍已于吴元年(1367)九月下旬向台州发起了进攻。方国珍眼看大势不好,这凤阳叫花子怎么说打就打了,不像以前仅仅吓唬吓唬人而已,怎么办?他还是想起唇亡齿寒的道理,赶紧派人上福建去,向陈友定求救。陈友定接到告急文书后,当即回答:不救!干吗不救人家?人家方国珍灭亡了,接下来保不准就轮上你陈友定啊!可陈友定是个死心眼的人,说啥也不肯,理由很简单:方国珍手下人曾经误杀了几个陈友定的海上戍卒,不成朋友,便成陌路人,干吗要救呢?所以方国珍讨救兵等于白忙乎了一场,最终只能靠台州守将方国珍弟弟方国瑛自己来抵挡住朱亮祖的进攻了。可这一个守城、一个进攻,不是一个等量级的,朱亮祖向以"勇悍善战"著称(《明史·朱亮祖传》卷132),方国瑛哪是他的对手,加上手下将士多怀"惧战症",纷纷逃亡,最后他自己驾着巨舰,带了妻儿老小,乘着黑夜由海上逃亡到黄岩。朱亮祖乘势攻取了台州,随即攻下附近的仙居诸县。(《明太祖实录》卷25)

台州之捷的喜讯传到应天,朱元璋心里乐开了花,因为几乎与此同时,平江围城战也取得了决定性的胜利,双喜临门,能不开怀欢乐!不过欢乐归欢乐,朱元璋还是十分清醒地意识到,现在该是从平江前线调集些兵力,对付浙江东南的那个"小喽啰""变色龙"方国珍的时候了。吴元年十月癸丑日,他任命刚从平江前线凯旋的御史大夫汤和为征南将军、金大都督府事吴祯为副将军,率领常州、长兴、宜兴、江阴诸军,赶赴庆元,进剿方国珍老巢。(《明太祖实录》卷26)

方国珍一听说濠州来的叫花子又派了一路人马来攻自己的老窝庆元,顿感不妙,台州已被朱亮祖攻占了,温州也岌岌可危,自身难保,看来庆元之危无人能救了,于是连忙指挥将士们上海船,来个扬帆入海。等汤和大军赶到庆元时,只有副枢方惟益和元帅戴廷芳稍稍抵挡一下,随即就归降。汤和仔细查看了一下,发现情势不对,投降的全是小喽啰,赶紧与水师头领吴祯率军继续往海边追赶,可惜没来得及追上。汤将军还师庆元,略定定海、慈溪等地;吴祯则率领水师出海再追,终于在海上一个叫盘屿的小岛上追上了方国珍,双方干了一场,没想到一辈子以海为生的方国珍居然输得相当之惨,狼狈到了只带上老婆等几个人逃脱,躲到另外一个海岛上,将大量的战船和辎重都"送"给了吴祯。吴祯高高兴兴地率领水师将士们回到了庆元。恰巧这时，另外一路由黄岩进兵温州的朱亮祖军在温州城南的太平寨也打了一个大胜仗，大败方国珍的部将，并迅速地占领了温州城。至此，方国珍割据三郡全为朱元璋军所占领。(《明太祖实录》卷26)

这时漂浮于海上的方国珍又听到了另外一个坏消息：朱元璋派了中书平章廖永忠为征南副将军，带领另一路水师会合汤和部队，开始了海上大规模追剿，方氏亲属部将方国瑛、方明善、徐元帅、李金院等纷纷投降。走投无路的方国珍只好派遣儿子方明完、方明则、从子方明巩等，带上省院及诸司银印、铜印26枚，外加白银10 000两、铜钱2 000缗，于吴元年十二月上汤和军营里乞降。(【明】钱谦益：《国初群雄事略·台州方谷真》卷9)

朱元璋对反复无常的方国珍很恼火，本来要杀他的，但见了方氏乞降表后却改变了主意。那么这个降表里都说了什么？

降表首先将朱元璋与天地并列，说当皇帝的人应该是体天法地，无所不容。朱元璋出身贫贱，找不到其他天资"凭证"，就将自己好运归结于天运，自己行为举止归结为体天法地，奉天而行，就连新王朝正式的办公大殿也叫奉天殿。这方国珍降表里的话说到了马上登基的新皇帝心坎上。随后方国珍将自己与手下人大骂了一通，并把自己现在归降于朱元璋类比于犯错的儿子向父亲认罪，甘愿小杖则受，大杖则走。最后解释说，本来想亲自到朱元璋面前来请罪的，但就是怕盛怒之下的君父动用斧，这样一来，天下之人和后世子孙就不知道有个叫方国珍的人罪孽是那么的深重，进而大家还可能误以为君父朱元璋没有度量呐！

摇尾乞怜，极尽肉麻，难怪朱元璋看了降表后顿生怜悯之心，并回复道："你早就违背了我的好意，没有及时来降，还跑到海上去，辜负我太多了。现在你穷途末路了，说话也变得哀求、诚恳了，我就当你这一回是认真的、诚恳的。你来降吧，也不要再犹豫不决了！"(《明史·方国珍传》卷123)

方国珍接到朱元璋的回音后，连滚带爬地赶往应天，然而像狗一样地趴在朱元璋跟前，不停地叩首求饶。朱元璋笑着说："你来得何其晚啊！"听到这话，方国珍头叩得更响了。

没过几天就是新年，大明帝国开国了，昔日排排坐的"诸雄"中的"一大枭雄"朱元璋荣登皇帝大位。为了显示自己的言行是体天法地，自己的气量是无所不容，洪武皇帝不仅赦免了方国珍的所有罪过，而且还给了他一个与元朝给的相近的官衔——广西行省左丞。官职辖地在广西，不在浙江，不过没关系，新皇帝很体贴人，叫方国珍"食禄不之官"，即光拿工资不用上班，并且在应天还给他建造了千步廊宅百间新家，让方左丞优哉游哉地度过人生的最后岁月。没过几年，方国珍就突然病

逝在应天。(《明史·方国珍传》卷123)

与主子终享富贵命运有着迥然不同的方氏下属刘庸等可惨了,他们被强制迁徙到了临濠即后来的凤阳(《明太祖实录》卷28),当起了大明帝国的"二等臣民"、凤阳难民。这恐怕是朱元璋对那些怂恿主子进行变相对抗的狗奴才们所采取的一种惩罚手段吧!至此,东南一股割据势力被彻底铲除。

● 一日连发三道军令:兼顾南征　重点北伐　齐头并进

就在方国珍集团土崩瓦解之际,吴元年(1367)十月二十日,朱元璋召集各路将领,实施兼顾南征与重点北伐、齐头并进的策略,同日命令三路大军进发。(《明太祖实录》卷26)

○ 第一路南征福建陈友定——(吴元年十月~洪武元年正月)

第一路大军由中书平章胡廷瑞任征南将军,朱元璋养子江西行省参政何文辉任副将军,率领安吉、宁国、南昌、袁州、赣州、滁州和无为等地的卫军,由江西出发,湖广参政戴德随征,进攻对象为福建割据势力陈友定。(《明太祖实录》卷26)

◎ 这个上门女婿可比凤阳那个厚道,但人生事业也就那么一点了

陈友定,福建福清人,与朱元璋、方国珍、张士诚、陈友谅一样,都是苦孩子出身。自幼父母双亡,孤苦伶仃,没法子只能给人当雇工糊口。因为家贫,没有姑娘愿意嫁给他,后来经人凑合,他当了人家的上门女婿,这段经历跟朱元璋如出一辙。不过他可能没有朱元璋么聪明,倒插门后学做生意和跑买卖都不行,老亏本,最后只好洗手不干,投到明溪驿站去当驿卒。用今天话来讲,干驿卒这个工作基本上算得上是捧着国家饭碗了,可这个国家饭碗也是最低档次的,不过生活还好有些保障,适合于陈友定这个实在人。(《明》钱谦益:《国初群雄事略·福建陈友定》卷13)若不是元末大起义的风暴席卷到了东南沿海,陈友定或许一辈子也就吃着驿卒这碗饭了。

至正十二年(1352)天完红巾军又称西线红巾军迅猛向外发展,尤其是"祖师爷"彭莹玉等人领导的队伍一路势如破竹,往着浙江、福建方向推进。当时福建宁化有个叫曹柳顺的人,集结了不少福建当地人响应西线红巾军起义,攻打明溪。正在明溪当最低国家公职人员的陈友定组建起了一支500人的"义兵"队伍,对抗并打败了曹柳顺的起义军。这在元末国家一片腐败的情势下,陈友定一下子变成了"呆若木鸡"的大元官场中的"仙鹤",随即被汀州府判蔡公安提升为黄土寨巡检,可能相当于黄土寨公

安派出所所长,从此陈友定也渐渐地在当地出了名。(《明太祖实录》卷29)

当时汀州、延平、建瓯和邵武等地正在闹红巾军,福建金都元帅吴按滩不花想去征讨,但就不知带谁去为好,大元帝国已经彻底腐烂了,军队里的人都不会打仗,思来想去,毫无办法。这时,有人推荐,带上陈友定说不定能打胜仗。吴按滩不花没有选择了,带了陈友定等就上路。嗨,后来果然取胜了,陈友定也因为征战有功而被授予清流县主簿,可能相当于清流县的县长助理,不久就升为县尹,即县长。至正十八年至二十一年间,西线红巾军再次勃兴大发展之际,陈友谅曾派了康泰、邓克明和胡廷瑞等数次进攻福建,但都被陈友定打败了。元朝福建行省为此授予陈友定为汀州路总管。至正二十二年(1362)陈友定收复汀州后,又被晋升为福建行省参政。(《明太祖实录》卷29;【明】钱谦益:《国初群雄事略·福建陈友定》卷13引《八闽通志》)

那时刚好降元的张士诚与方国珍两人吵翻了,原来元朝协调的由张士诚出粮、方国珍运粮之间的合作破裂,京师大都粮食供应再次岌岌可危。就在这时,陈友定自愿担当起了元大都粮食供应的"输血者","独能运粮至京师,由是京师民始再活"(【元】权衡:《庚申外史》卷下)。《明史》也说:"是时张士诚据浙西,方国珍据浙东,名为附元,岁漕粟大都辄不至。而友定岁输粟数十万石,海道辽远,至者尝十三四。"(《明史·陈友定传》卷124)元朝也没有亏待陈友定,在至正二十六年(1366),提升他为福建行省平章政事,即相当于福建行省副丞相,后又置分省于延平,进陈友定为参知政事,"于是,闽中八郡,皆其所守"。(《明太祖实录》卷29;《明史·陈友定传》卷124)

◎ 冤家易结不易解——两个上门女婿之间的恩恩怨怨

陈友定原本与朱元璋不搭界,朱元璋扩张到浙东婺州,就开始与陈友定相互为邻了。开始几年双方之间还算和宁,至正二十五年、龙凤十一年(1365),陈友定扩展地盘,进攻处州,为朱元璋手下将领参军胡深所败。胡深乘胜追击,由处州追到了闽北蒲城、松溪一带。随后他便向朱元璋报告说:"近来我军攻克了松溪,俘获了陈友定手下将领张子玉,其余的人都逃亡到了崇安。"并建议朱元璋:"调集广信、抚州、建昌等地兵马,三路进攻,规取八闽,指日可待!"(《明太祖实录》卷17)

朱元璋接到喜讯后,十分高兴地跟人说:"张子玉是陈友定的骁将,如今为我军所俘获,想必他们已经吓破了胆,我们应该乘势追击,一定会所向披靡。"他当即接受了胡深的建议,命令广信卫指挥朱亮祖由铅山、建昌左丞王溥由杉关开进福建,会合胡深军,攻取当时福建省城延平。(《明太祖实录》卷17)

朱亮祖一路进军十分顺利,江西铅山稍稍往南走一点,就进入了福建的崇安,崇安再往南就是建阳,建阳往南就是战略重地建宁府了。朱亮祖进军到建宁城下,与胡深军会合后,打算连续作战,一举攻克建宁。但胡深认为时机还不成熟:就建宁城内陈友定守将阮德柔坚守城池、顽强抵抗不说,他还派了一支40 000人的兵马出其不意地绕到了胡深军的背后安营扎寨,战势顿时变得扑朔迷离。可朱亮祖一介武夫,简单粗暴,一味催促胡深:"我们大军已经来到人家的城墙根下了,时机怎么会变得不成熟?那你说到底什么时候才算成熟?"胡深浑身是嘴也无法跟这样的武夫说明白,被逼无奈,只好出兵,攻占了阮德柔两个营寨,没想到就此陷入了敌人重重包围之中。胡深率领将士们拼死作战,打了整整一天,就是没法突围出去。眼看天色越来越暗,四周渐渐安静下来了,好像敌人都回营休息了。胡深作最后一次努力,带着将士们想往外冲,不料阮德柔设下的伏兵顿时从地里"冒"了出来,杀声四起。战马受惊,胡深一不小心从战马上掉了下来,当场被活捉。阮德柔将他"送"给了陈友定。陈友定本身也不是什么凶恶顽徒,自己大字不识几个,对于文武双全的胡深十分敬重。但不巧的是,那时刚好有元朝的使者在延平,蒙古人可狠了,一味叫杀,陈友定尊奉元朝为主,最后被逼急了,只好下令将胡深给杀了。就此,陈友定与朱元璋之间的脸皮给彻底撕破了。当听到胡深被害的消息后,朱元璋心里极其恼火,但迫于其他各路形势,他只好将福建这一路的战事暂时给放一放。(《明太祖实录》卷17)

　　一转眼两年过去了,朱元璋统一运动旗开得胜,捷报频传,尤其是平江围城战胜利在望之际,军中有人提议,发兵攻灭福建割据势力陈友定。朱元璋没有接受,他说:"吾固知之,然方致力姑苏,而张氏降卒新附,未可轻举。且陈友定据闽已久,积粮负险,以逸待劳。若我师深入,主客势殊,万一不利,进退两难。兵法贵知彼知己,用力不分,此万全之策,吾前计之审矣,徐而取之未晚也!"(《明太祖实录》卷23)

　　可能是由于上次胡深被害事件深刻教训的缘故吧,朱元璋南征陈友定一直要等到东灭张士诚后的吴元年(1367)十月才开始。这也就是他在十月二十日一天内连发三个进兵征讨令中的第一令——胡廷瑞为征南将军、何文辉为副将军率领江西等方面军进军福建。之所以作出这样的安排,朱元璋跟胡廷瑞说:"你原是陈友谅属下的江西行省丞相,对江西、福建一带形势比较熟悉,又跟随了我这么多年,忠实可靠,从未犯过什么错,所以我任命你为总兵官,负责进攻福建事宜。我的义子何文辉为你的副手,湖广参政戴德也听从你的调拨,这两个人都是我的亲近之人,但你千万不要因为这个缘故而坏了军中之事。凡是军中纪律号令,无论谁都得要遵守;谁要是违反了,军法从事!我刚当兵那时,看到部队里的将领不会领兵管理,从心底里瞧不起他们。后来我当军官了,曾领一军,都是刚刚归附过来的兵士。有一天我带他们出外进行野战训练,就有两人违反军令,当场就让我给斩了,顿时军中一片惊怵,没人不听我的指挥。人有志向,有什么事做不成的呐!我听说你过去领兵常去攻打福建,想必你对当地的地理环境、山水险峻都很熟悉吧。现在你总领大军再往福建,凡攻围城邑,一定要选择方便有利的地方下手,这样进退不会失宜。南征凯旋,全靠你啦!"(《明太祖实录》卷26)

◎ 福州之战与延平(南平)之战　门里头大虫宁死不屈

　　胡廷瑞大军出发后,一路进兵相当顺利,十一月越过杉关,随后相继攻克邵武、建阳,向着建宁方向挺进。十二月,浙东方国珍投降,在明州的汤和、廖永忠、吴祯军队接到朱元璋的命令后,迅速开拔,从海路进兵福建的福州,声援胡廷瑞的南征大军;与此同时,朱元璋还采纳章溢的建议,命令外甥李文忠率军由浙江境内出发,经闽北蒲城,南下进攻建宁(《明史·李文忠传》卷126)。一时间三路大军从西、东、北三面向着福建进逼。

　　此时陈友定正坐镇在延平(今日南平),而在布阵上却以延平与福州作为重点,尤其在福州城外密密麻麻筑了一大堆的堡垒,且每隔50步建一个瞭望台,这样一来与精兵驻守的福建分省驻地延平互为犄角,本以为牢不可破。可没想到从明州过来的汤和军到达福州后稍稍发起了几次攻击,福州守将曲出就感觉吃不住了,参政袁仁赶紧派人偷偷上城汤和军营里去求和。汤和一下子明白了福州城内的局势,下令将士们猛烈攻城、登城。守将曲出发现形势不对,赶紧带着妻儿逃跑。参政袁仁率军投降汤和。汤和随即派他上兴化(今莆田)、漳州、泉州诸路去招降,并分兵进取尚未拿下的福宁州。随后三路大军开始向着陈友定镇守地延平合围过去。(《明史·汤和传》卷126)

　　汤和可能是南征军中资格最老的一个"老革命",见的世面也广,像陈友定这样处境的人,正可称得上是瓮中之鳖,一般来说,顽抗到底,鱼死网破,无益于事,常见的"聪明人"往往会自动缴械投降。汤和想到这些,马上叫人给陈友定写了一封劝降信,然后就喊来一个手下亲信,让他充当特使,上延平去,将劝降信送给陈友定。

　　陈友定接到信后当场什么也没说,照常宴请诸将和宾客。正要开喝时,他命令手下人,将汤和派去的劝降使者给杀了,并将其血全部倾入酒坛子里头,然后分予将士们共饮,慷慨誓师:"我们这些兄弟十几年来生死与共,蒙受元廷厚恩,誓死保卫我们的家园,绝不妥协。谁要是不能以身报国,我就分他的尸体,杀他的全家!"陈友定这一招,果然能在一时解决了城内人心不稳的问题,但时日稍稍长了些,延平城内的人还是开始惊恐恍惚了,甚至有军队里的兵士乘着黑夜偷偷地越过延平城防,来到汤和营中求降。半个月后的洪武元年正月二十九日,不知怎么的延平城中军仗库突然发生了火灾。这下可不得了,军仗库里头有的是炸药,噼噼啪啪响个没完没了。汤和获悉后立即下令,乘乱迅速攻入延平城内。

陈友定听到城池已被攻破的消息后,知道生还无望,当即服毒自杀,但被快速攻入的明军救下。值逢大雨,陈友定让大雨给淋醒了,没死成,连同自家儿子一起被押往了应天。朱元璋亲自审问他:"元朝灭亡已成定局,你这样顽抗到底又是何苦?"陈友定说:"事到今日,说什么都晚了,不必再说了,了不得也就是一个死吧!"陈友定至死不降,朱元璋很为恼火,下令将他与儿子一起弃市。这时,征南将军胡廷瑞和何文辉率领的大军也早已攻下了建宁等地,兴化、漳州、泉州诸路闻风而降,到洪武元年年初时,福建全境被平定。(《明太祖实录》卷29;【明】钱谦益:《国初群雄事略·福建陈友定》卷13;《明史·陈友定传》卷124;《明史·汤和传》卷126;《明史纪事本末·太祖平闽》卷6)

○ 第二路南征两广何真等——(吴元年十月~洪武元年七月)

福建平定后,南征第一路大军接到朱元璋的命令,迅速南下,增援南征第二路大军。这南征第二路大军就是当初朱元璋同时发出三路大军出发命令中征讨两广的那一路,即由湖广平章杨璟、左丞周德兴和参政张彬率领的武昌、荆州、益阳、常德、潭州、岳州、衡州等地的湖广卫军。大约在吴元年年底时杨璟等人带领军队由今天湖南的衡阳出发,第二年即洪武元年(1368)正月时进军到永州(今湖南零陵),而就在这里杨璟大军遭到了元军的顽固抵抗,经过近3个月的艰苦作战,最终才攻克零陵,然后往南方偏西的广西全州、靖江(桂林)方向继续推进。(《明太祖实录》卷29;《明太祖实录》卷31)

◎ 东莞作秀高手何真玩大了:将前来领赏的奴才扔进了沸腾的锅里

这时大约已经是四月份了,进攻福建、平定陈友定割据势力的南征第一路大军早就出色地完成了使命。朱元璋看到进攻两广的杨璟一路进军速度缓慢,便将南征第一路大军调过来,并对其军事前线指挥做了一番调整,把御史大夫汤和等人给换下来,让他上明州(今宁波)去督造海舟,漕运军饷,支援徐达主力军北伐,确保统一战争重心目标的实现;而任命了廖永忠为征南将军、朱亮祖为副将军,由福建福州出发,从海上进攻广东(《明太祖实录》卷30);另外派遣赣州卫指挥使陆仲亨、副使胡通等人率领他们在江西的本卫和广东西北的南雄、韶州等地的卫军,由北而南,进攻广东的德庆,这样一来,与早先出发进攻广西的杨璟军形成了犄角之势,围歼两广境内的元朝残余与亲元割据势力。其实元朝统治南方地区的军事力量并不强大,这也是朱元璋等南方起义军迅猛发展、所向披靡的一个重要原因。就当时两广境内而言,最为强大的就要数广东何真割据势力了。(《明太祖实录》卷30)

何真,广东东莞人,曾任河源务副使、淡水盐场管勾(可能相当于现在的城管或菜市场负责人),后来弃官居于东莞圆头山。元末农民起义爆发后,岭南地区有人举旗响应,焚掠州郡。至正十五年(1355),东莞发生了王成、陈仲玉起义。何真上当地的元朝元帅府去告状,元帅受贿,反而要逮捕何真,幸亏他跑得快,才没被逮着。随后何真跑到乡间去,组织义兵对抗起义军。有一次在作战中,他十分幸运地逮住了起义军的一个头领陈仲玉。另外一个起义军头领王成可不好对付,他修筑了很多的营寨,派人日夜巡哨。何真让弟弟何迪和部将黄从简等带了好些兵前去征讨,但久无成效,最后何真想到重赏之下必有勇夫的策略,给出高价,只要谁能逮住王成,我何真就重重地奖赏他! 告示贴出后没多久,有人就把王成给绑来了。一问是哪位勇士干的? 前来领赏的人自称是王成的奴才。这下可把何真给惹怒了,二话没说,就让手下人将那狗奴才给绑起来,然而当着众人的面宣布他的罪行——卖主求荣,数落完了,令人将那无耻的小人扔到沸腾的锅里煮了,并向众人解释说:"要想背叛主子的奴才们,请想清楚点!"为此,元朝江西行省主管领导还替何真特地向元廷请功呐。(《明史·何真传》卷130)

至正十六年(1356)惠州爆发王仲刚起义,下级将领黄常发动兵变予以响应,两军联合起来攻占了惠州。何真闻讯后率领武装前去镇压,杀了王仲刚,撵走了黄常,夺回了惠州,随即被元朝政府授予惠阳路同知、广东都元帅,驻守惠州。不久广州传来消息,有个叫邵宗愚的人率领了一大帮子"海寇"乘着天下大乱之势,强占了广州城。何真又领兵前去平乱,赶走了邵宗愚,夺回了广州。元廷为了嘉奖何真的"忠勇",又特别提拔他为广东分省参政,后又擢升其为右丞,可能相当于广东省省长助理这一类的官职。不久元朝将江西、福建两省合二为一,何真也由此升任为江西、福建等处行省左丞。时值中原大乱,两广等南方地区与北方隔绝,有人劝何真仿效西汉赵佗的做法,独立建国。可何真不接受,通过海路不断地派人北上朝贡,孝敬元顺帝。众叛亲离的元顺帝见到广东那么远的地方还有这么一个"孝子贤臣",顿时心中乐开了花,一高兴就封何真为资德大夫。有了元朝的合法外衣,何真这条元朝人的走狗心里就踏实多了,练兵居险,雄踞一方。(《明史·何真传》卷130)

◎ 原以为铮铮铁骨却是一个见风使舵的软蛋——何真投降啦!

何真与朱元璋之间原来隔着个陈友定,听到陈友定受到大明军三路的进攻,何真顿时也慌了手脚,坐立不宁,心想:下一个就轮到我了,我得赶紧想个应对救急的好办法!好办法还没想出来,人家朱元璋派出的新征南将军廖永忠率领的大军已由福州航海到了潮州。昔日慷慨陈词痛恨奴才卖主求荣的何真此时顾不上自己"伟丈夫"的光辉形象了,赶紧派手下人都事刘克佐上潮州廖永忠的军门,奉上印章与其所辖郡县户口兵粮图籍,奉表请降。廖永忠立即向朝廷奏报,很快从应天降下的诏书被送达广东。诏书中朱元璋高度表扬了何真:"朕听说古时候真正的英雄豪杰都是保境安民,等待有德之人来接管。像东汉的窦融、隋唐间的李勣(即徐懋功)等,他们拥兵据险,角逐于群雄之间,不是真命天子,还不肯归附呐。汉唐这样的名臣今日还真不多见。你何真管辖岭南数郡,不费我朝一兵一卒,保境安民又能来归附我,即使像汉唐窦融和李勣那样的名臣所做的也不过如此而已。"原来历史在政治家那里成了可以随意打扮的小女孩,朱元璋为了自己的利益不惜歪曲历史,在抬高断了脊梁的元朝癞皮狗何真的同时,也将自己着实给提升了一下,刚刚在应天城里称孤道寡的凤阳和尚就此自行挤入了历史上明君和"有德之人"的行列。也难怪我们时常会听到某些人一直在吹自己永远先进、永远正确。这就叫什么?与时俱进!何真的"聪明"就在于他能及时地抓住"时代的脉搏",当好新时代的奴才。当然其新主子也不会亏待他,朱元璋立即给了个江西行省参知政事的官职,后来又擢升他为浙江右布政使、湖广左布政使,最后将他封为东莞伯。(《明太祖实录》卷189;《明史·何真传》卷130)

由于何真的主动投降,广州及其附近州县很快就让朱元璋政权给接管了。再说进攻广东的北路军,即陆仲亨率领的那一支队伍也在洪武元年四月间连下英德、清远、胥江、连州、肇庆和德庆等郡县,元朝守将张鹏程等驱众弃城遁逃,陆仲亨等领兵前往广州,与廖永忠军会师,至此广东全境为朱元璋军所控制。(《明太祖实录》卷31)

廖永忠在接管广州等地后留下部分人马维护秩序,自己则率领大部队继续西进,攻占广西梧州、郁林、滕州等地,向着广西重镇靖江(今广西桂林)方向推进。再说此时从湖广过来的杨璟、周德兴率领的南征军也在此时赶到了靖江,一时间数路南征军会师象鼻山下,然后从四面八方将靖江路给团团包围。双方"相持凡二阅月",元军守将也儿吉尼被围得实在没法子了,最后驱赶手下将士出城死战,被明军杀得丢盔弃甲,四处逃窜。也儿吉尼眼见情势不对,赶紧缩回城内死守。六月,杨璟通过内应攻入城内,也儿吉尼仓皇出逃,靖江城终被明军占领(《明太祖实录》卷32)。接着南宁、柳州、郴州、象州等地相继归附。到洪武元年七月时,广西全境被明军平定。也就是从这个时候起,两广才全部纳入大明帝国的版图。(【清】谷应

泰:《明史纪事本末·平定两广》卷7)

至两广统一为止,除了四川、云南等地区外,南中国已为朱元璋所统一。这不仅使得初创的大明帝国有着更加广阔的统治区域,而且还为朱元璋北伐中原战争提供了人力、物力和财力等方面的支持。

○ 第三路即主力军北伐中原——(吴元年十月~洪武元年八月)

实际上早在吴元年十月二十日那天朱元璋连发三道进兵征讨令中的最为重要的一道,就是北伐中原,这也是当时朱元璋政权进行全国统一战争的最大关键。

◎ 北伐问计问出个骄傲来　战前做好思想统一工作

还在东灭张士诚军事行动接近尾声之际,朱元璋就开始谋划起北伐战争的事宜。吴元年九月的一天,他跟太史令刘基、学士陶安这样说道:"张氏集团已被剿灭,南方大体统一。现在我们应该将精力重点投到北方中原,统一全国。你们两位对这样的战略决策有何看法?"刘基当即回答:"主公您的疆土越来越广阔,属下的民众也越来越多,以目前的态势来讲,我方可席卷天下!"从底层一步步爬上来的朱元璋可小心了,听了刘基的话却并不认同他的观点:"疆土甚广但不可以此恃强,属民甚多可也不能以此恃壮。我自起兵以来,与诸雄豪杰作战,凡是遇上小敌,就当做他是大敌,所以每每都能取胜。现在帝王大业即将建成,唯中原地区动荡不已,我等岂能小觑? 历史上功败垂成的例子可多了,我们难道就不应该从中吸取些教训?"刘基解释道:"张士诚刚刚被灭,想必北方也已经听说了吧,说不准还会不寒而栗。我方应该乘着这个大好形势,迅速北伐,长驱中原,谁能抵挡得了我军? 这就是所谓的'迅雷不及掩耳'!"朱元璋却不同意这种说法:"凡事只有深层次研究各个方面,方知通盘应变之策略。北方官军扩廓帖木儿、张良弼等各处一方,形成掎角。我军北伐开始,一旦他们醒悟到了问题的严重性,并纷纷出动,相互声援,到那时候,我们很可能动弹不得,还怎么个长驱直入? 所以我想啊,先打好一场漂亮的大战役,然后利用这股破竹般的声势,扫平北方劲敌。要是真能长驱直入取得天下的话,别人早就抢去了,还会等到今天我们去? 且我仔细观察了一下,北方元人早有败亡之兆,我们久有必胜之道,不过还得要小心谨慎,想个万全之策,怎么能骄傲大意,进而遭受不测之祸害?"(《明太祖实录》卷25)

与刘基、陶安之间的谈话中,朱元璋敏锐地觉察到:全国性的革命胜利在望,但人们心中的骄傲轻敌思想却在滋长。连没有直接参与军事行动,就在应天城内掐着指头算算的刘军师尚且这样,更何况取得累累硕果的军中将领们。为了统一思想,给一路飙升的"长驱直入"和"做大做强"的发热头脑降降温,吴元年(1367)十月十六日,不久将要登临皇帝宝座的新帝国主人将信国公徐达、鄂国公常遇春等北伐预定主要军事领导找来议事。众人刚刚落座,他就开说:"自元失政以来,君昏臣悖,兵戈四兴,民毁涂炭。我与诸公仗义而起,最初也就是为了图谋活命,希望能有人出来安定天下秩序,让黎民苍生能活下去就行了。哪料到战乱一个接着一个,没完没了。指望不上谁,我就在众人的拥戴下,先干干再说,于是就率领大家渡过长江,上江南来发展,与群雄角逐,西平陈友谅,东灭张士诚,南定闽广,胜利在望。南中国大致统一了,现在我十分挂念的就是扰攘的中原,那里饱受战乱之苦的人民还过着地狱般的日子。而就此大势来看,山东有王宣父子,狗偷鼠窃,反复无常;河南有扩廓帖木儿(汉名王保保),此人虽然蛮会打仗的,但他政治操守可能有问题,名义上打着元朝的旗号,实际上却专为自身势力发展而谋利,专横跋扈,根本没将他的元廷主子放在眼里,但也不会有什么大花头的。就他的那支军队势力而言,也不见得有多么的了不得,上疑下叛,迟早要出事的;关陇地区尚有李思齐、张思道等几支队伍,还算说得过去,但他们之间又彼此猜忌,势不两立,且与扩廓帖木儿构成嫌隙,明争暗斗,没完没了。看来啊,元朝灭亡差不多也就在这个时候了。今天我召集诸公,想好好讨论一下北伐大计。各位,畅所欲言!"(《明太祖实录》卷26)

朱元璋话音刚落,"快速将军"常遇春马上接上话头,来了个快人快语:"如今南中国大体扫平,我们兵强马壮,直捣元大都,以我百战之师去攻打那些安逸懒散之军,大伙儿挥挥长枪就能将他们给搞定了,元大都岂不就归咱们的啦!既然元大都拿下了,我们就以破竹之势,乘胜长驱,歼灭元军残余就如囊中取物!"朱元璋听到这话,心想:我要的就是常遇春这样的说法。军事胜利一个接一个,人们的骄傲情绪也在不断地滋长,今天借着这个机会给讲一讲,泼点凉水,让大家都能保持着清醒的头脑。于是他提高了嗓门说道:"常将军讲得不无道理,不过我要提醒大家:元朝在大都盘踞了百年(差一点点,实际上为97年),他们的都城一定建得很牢固,城防也很严密。如果按常将军的作战思路,我们长驱直抵大都,孤军深入,可万一又不能破城,困顿在城下,后方的粮饷接济不上,这时元军从四面八方合拢过来,我军进进不了,退又没地方退,这下该如何是好呢?"(《明太祖实录》卷26)

◎ 制定北伐中原的"三其"战略

说到这里,朱元璋将目光盯在了常遇春身上,此时"快速将军"再也不快速了,哑口无言。朱元璋乘势继续说:"以我之见,出于保险角度考虑,我军不妨在元大都的山东屏障、河南羽翼和潼关户槛上做好文章,这叫做先取山东,撤其屏蔽;移师河南,断其羽翼;拔取潼关,据其户槛。这样下来,天下大势尽在我们的掌控范围了。然后我们再进兵元大都,到那时,已成为光杆司令的元廷势孤援绝,用不了多少时间就会不战而降。元大都一搞定,我军立即西进,云中、太原以及关陇等地便可席卷而下!"听到这里,众将莫不叫好。(《明太祖实录》卷26)

这个"三其"方略就是当年明初有名的北伐战略。朱元璋通过循循善诱的阐述与告诫及时地将自己稳妥的战术思想贯彻到北伐主要将领那里,余下就是进行战前的具体军事准备了。四天后的十月二十日,在发出两路大军南征福建、两广军事命令的同时,朱元璋着力在北伐中原上,任命中书右丞相、信国公徐达为征虏大将军,中书平章掌军国重事的鄂国公常遇春为征虏副将军,率甲士25万,"由淮入河,北取中原"。(《明太祖实录》卷26)

◎ 朱元璋对北伐军将领的再三嘱托

即使到了这一步,朱元璋还不怎么放心,就在十月二十日这一天发出三道南征北伐令的同时,他再次训谕诸将:"发动征讨战争应该是奉行天讨,平戡祸乱,安抚百姓,故而任命将领率兵出征贵在选对人才。现在我军诸将中不乏勇敢善战的,但若论能带好军队、持重、守纪律又能打胜仗、处事得体的,恐怕没有谁能赶得上大将军徐达的;若论面对敌人百万之众,能率先勇往直前、摧锋陷阵、所向披靡的,恐怕也没有谁能赶得上副将军常遇春的。说起常将军,我倒不担心你不能打仗,反倒为你的轻敌而担惊受怕!想当年进攻武昌时,我亲眼所见,常将军绕过了好几个骑兵,不顾一切地追赶敌人。陈友谅手下的骁将张定边赫赫有名,可哪是我们常将军的对手啊!可当时常将军你是攻城指挥者,身为大将,却与军中小校争功显能,这可不是我所希望看到的啊,今后无论如何都要引以为戒! 此次北伐,倘若遇上大敌,常将军一定要领前锋开道。如果敌势甚强,那么常将军就与参将冯胜分为左右两翼,各自率领精锐发起攻击;右丞薛显和参政傅友德都是勇冠三军的优秀将领,你们两位可以各自领一军,独当一面;如果遇上孤城小敌,只要派遣一员有胆识的偏将,交给他总制指挥权,不用费什么力气就能搞定了。徐大将军,你就专门负责中军,调兵遣将,运筹帷幄,决胜于千里之外,就是不能轻举妄动。古人云:将在外,君主不予干涉就能打胜仗。我想你们都懂这话的含义!"(《明太祖实录》卷26)

说到这里,朱元璋稍稍停了一下,然后转过头去,面对着徐达说道:"大军出了应天城,一切事宜我皆托付给你啦。大将军,此次北伐非同小可,你一定要从山东入手,依次攻克河南与潼关,再围拢过去包围元大都。不过话得说回来,就第一步攻取山东也不容易。山东,古人称之为'十二山河之地'。你们进军时,一定要军纪严明、步调一致，众志成城，这样才能做出合理的进退决定，实施合乎事宜的军事举措，使得战必胜，攻必取！倘若我军虚弱，敌人力量很厚实，那就先规避一下再说；倘若我军充实敌人空虚时，那就抓紧时间打击敌人。前敌主将，就是三军总司令，你得注意：发出的命令一定要有威信，一定得注意自己的军势。威信高了，下级与兵士们自然会听命；军势重了，敌人自然会害怕而不敢来犯。我经常回忆起自己与诸路豪杰的角逐过程，发现他们的失败几乎无一例外都是由于威信不立、威势不重所造成的。所以说你要引以为戒，谨慎之谨慎啊！"（《明太祖实录》卷26）

就在这一天，朱元璋还亲自跑到应天城北门的七里山设坛祭告天地，然后又召集出征将士，申明军纪："今命尔诸将各率所部以定中原，汝等师行非必略地攻城而已，要在削平祸乱，以安生民！凡遇敌则战，若所经之处，及城下之日，勿妄杀人，勿夺民财，勿毁民居，勿废农具，勿杀耕牛，勿掠人子女！民间或有遗弃孤幼在营，父母、亲戚来求者，即还之。此阴骘（zhì，安定）美事，好共为之。"诸将一致表示服从命令，随后各自率领大军，浩浩荡荡地从应天城出发，踏上了北伐中原之路。（《明太祖实录》卷26）

"驱逐胡虏 恢复中华" 颠覆元廷 声震华夏

在做好一系列北伐军事准备后，朱元璋想想还有事情没做妥当。北伐，自古以来有几次是成功的？每当朝代更替时，北方几乎都成为历史反动的大本营，可北方中原子民无罪啊！为了分化北方阵营，朱元璋于北伐军开拔后的第三天即吴元年十月二十三日檄谕齐鲁、河洛、燕蓟、秦晋之人，即明初有名的《谕中原檄》，也可称之为《北伐宣言》，其文如下：

● 朱元璋的"北伐宣言"与"驱逐胡虏，恢复中华"

"自古帝王临御天下，皆中国居内以制夷狄，夷狄居外以奉中国，未闻以夷狄居中国治天下者也。自宋祚倾移，元以北狄入主中国，四海内外，罔不臣服。此岂人力，实乃天授。彼时君明臣良，足以纲维天下，然达人志士，尚有冠履倒置之叹。自是以后，元之臣子，不遵祖训，废坏纲常，有如大德废长立幼，泰定以臣弑君，天历以弟酖兄，至于弟收兄妻，子烝父妾，上下相习，恬不为怪，其于父子、君臣、夫妇、长幼之伦，渎乱甚矣。夫人君者，斯民之宗主；朝廷者，天下之根本；礼仪者，御世之大防,其所为如彼,岂可为训于天下后世哉!及其后嗣沉荒,失君臣之道,又加以宰相专权,宪台报怨,有司毒虐,于是人心离叛,天下兵起,使我中国之民,死者肝脑涂地,生者骨肉不相保。虽因人事所致,实天厌其德而弃之之时也。古云:'胡虏无百年之运。'验之今日,信乎不谬。当此之时,天运循环,中原气盛,亿兆之中,当降生圣人,驱逐胡虏,恢复中华,立纲陈纪,救济斯民!今一纪于兹,未闻有治世安民者,徒使尔等战战兢兢,处于朝秦暮楚之地,诚可矜悯。方今河、洛、关、陕虽有数雄,忘中国祖宗之姓,反就胡虏禽兽之名以为美称,假元号以济私,恃有众以要君,凭陵跋扈,遥制朝权,此河洛之徒也;或众少力微,阻兵拒险,贿诱名爵,志在养力,以俟衅隙,此关陕之人也。二者其始皆以捕妖人为名,乃得兵权。及妖人既灭,兵权已得,志骄气盛,无复尊主庇民之意,互相吞噬,反为生民之巨害,皆非华夏之主也!

予本淮右布衣,因天下乱,为众所推,率师渡江,居金陵形势之地,得长江天堑之险,今十有三年。西抵巴蜀,东连沧海,南控闽越,湖、湘、汉、沔、两淮、徐、邳,皆入版图,奄及南方,尽为我有。民稍安,食稍足,兵稍精,控弦执矢,目视我中原之民,久无所主,深有疚心。予恭天承命,罔敢自安,方欲遣兵北逐群虏,拯生民于涂(涂)炭,复汉官之威仪。虑民之未知,反为我仇,挈家北走,陷溺尤深。故先谕告:兵至,民人勿避。予号令严肃,无秋毫之犯,归我者永安于中华,背我者自窜于塞外。盖我中国之民,天必命中国之人以安之,夷狄何得而治哉!予恐中土久污膻腥,生民扰扰,故率群雄奋力廓清,志在逐胡虏,除暴乱,使民皆得其所,雪中国之耻,尔民其体之。如蒙古、色目,虽非华夏族类,然同生天地之间,有能知礼义愿为臣民者,与中夏之人抚养无异。故兹告谕,想宜知悉。"(《明太祖实录》卷26;《皇明诏令·谕中原檄》卷1;【明】程敏政:《皇明文衡·谕中原檄》卷1)

这篇出自名儒宋濂之手的檄文便是当年朱元璋"北伐宣言"的全部内容。说起这个"北伐宣言",我们社会当中的一些政治过敏者往往会将其贴上"反动""落后"的标签,甚至要进行大批判。但如果摒除既定的概念、置身于当时的社会实际而仔细阅读全文的话,你或许会发现这是一篇极为难得的反异族压迫的解放宣言和新帝国的施政大纲。何出此言?

○ 重新解读"驱逐胡虏,恢复中华,立纲陈纪,救济斯民"

第一,全文除了个别地方使用不妥词语如"胡虏""禽兽"之外,整个宣言充满了汉民族为主体的"中华民族"的自信。这里的"中华民族"之所以要加引号,那是指的历史概念,而不应该与现代意义上的"大中华"概念完全画上等号。我们现代意义上的中华民族概念是1902年梁启超先生在《论中国学术思想变迁之大势》中率先提出的,是指生活在中华大地上所有民族及海外华人的统称。古代的"中华"概念可能更多指的是以汉民族为主体的传统文明,"中华"后面当时可能没有直接加上"民族"两字,但这并不等于说当时就没有"中华民族"的文化认同感。而作为民族之林中的老大哥汉民族由于自身文明的先进性而拥有一定的自傲感也没什么过错啊,更何况在汉民族建立的历代帝国政权中少有或几乎没有什么民族压迫和民族残暴统治,倒是文明相对落后的少数民族一旦占据了统治地位就会变本加厉地推行愚昧又落后的民族压迫政策,蒙元是如此,后来的清朝也是如此。所以说,要想客观地评价这篇"北伐宣言",我们必须站在全面、客观的角度,而不是响应什么政策、什么政治来个"与时俱进"。

第二,整篇"北伐宣言"的核心精神为"驱逐胡虏,恢复中华,立纲陈纪,救济斯民"。这十六字中至少又有四层涵义:

第一层涵义即前面四字"驱逐胡虏"。这里的"胡虏"指的就是元朝人,有人说应该讲蒙古人,但我们的主流媒体不允许这么说,说了怕影响民族关系。其实我们的国人很累,动不动就有人上纲上线。"胡虏"这个称呼首先是个历史概念,可现在要是有人说了"胡虏",人们可能以为他是神经出了问题。既然"胡虏"是历史上的称呼,我们说历史时为什么就不能说呢?其次,民族文明发展有快有慢,即使同一个民族内的人由于分布区域的不同、人们视角的不同,也有地方的人被所谓先进地方的人称为"蛮、夷、狄"等。譬如江南人和岭南人,历史上就被中原人称为南蛮子,直到今天人们还有这么个称呼,但我还从来没听说过江南人或岭南人对此称呼觉得有什么不妥或反感的。由此反观历史时我们又何必要对600年的那种称呼拥有那么高度的政治敏感呢?再次,作为民族的加害者——当年的蒙古统治者和后来的满族统治者,曾疯狂地屠杀我们汉族同胞,如"扬州十日""嘉定三屠",甚至摧毁我们汉民族传统与自尊,如蒙古人霸占江南姑娘的初夜权、满族人实施"留发不留头"和"留头不留发"……如此暴行好像都被当今某些人给忽略不计了,反而在主流媒体上还大谈异族入侵是如何的"历史进步"。怎么啦?某些人得了"猥亵症"抑或失忆症?再来看600多年前的蒙古人是如何地肆意凌辱汉民族的,进而激发和唤醒了当时最为低等的"南人"和"汉人"的民族斗志与民族自信:

元初至元年间,有个西僧嗣古妙高不好好地念经修行,反倒动起了一夜暴富的歪心思。他看到杭州城外(今属于绍兴市东南35里处宝山)建有好多的宋朝皇帝陵寝和大臣的冢墓,想着这里头肯定藏有很多的财宝。要是将这些汉族老祖宗留下来的"财富"给开发出来的话,肯定要比在当今咸阳阿房宫上建什么纪念馆来钱来得快!嗣古妙高算计好了,但这还不行,必须得请示上级主管领导的批准,否则就成了非法的盗墓贼。于是他就如此这般地跟当时元朝江南总摄杨琏真加说了,按理说这种令人诅咒的疯狂念头是对民族的犯罪,无论怎么说都应该予以坚决的打击。可令人想象不到的是,元朝地方大员不仅同意了这位地方"兼职企业家"的"开发计划",居然还上报给了中央朝廷。元廷也批准了"开发",这下可好了,"尽发宋(帝)诸陵之在绍兴者及大臣冢墓,凡一百一所,窃其宝玉无算"(【明】戴冠:《濯缨亭笔记》卷1)。可怜宋朝列祖列宗,连死后还不得安宁,尸骨横七竖八地散落于荒野之中。可能是怕阴魂缠绕,元朝的地方"兼职企业家""合法的盗墓贼"最终还是将死人骨头集中起来,瘗埋于杭州的宋故宫,在其上面建了一座佛塔,据说是用来镇镇邪气,搞个什么佛教旅游人造景点,以此来掩盖其犯下的滔天罪行。在这过程中最令人发指的是,西僧嗣古妙高还将宋朝皇帝宋理宗的头颅给割了下来,搞掉里头的脑浆等物,然后作为日常生活饮器,一天到晚拎在手里。"天下闻之,莫不心酸"。(《明太祖实录》卷53;【明】戴冠:《濯缨亭笔记》卷1)

堂堂汉族人的皇帝死后都不得安宁,人间之主头颅被人割下来当做饮器(一说被当做溺器),这是令人何等心酸和愤懑的事情!所以当年朱元璋听说此事后,叹息良久,随后跟侍臣危素这般说道:"宋朝南渡后列帝果然不怎么样,但与蒙元不是世仇啊!元朝是乘着南宋衰弱之势才灭了人家的,这已经是最为严厉的处罚了,何至于要将人家'老祖宗'头颅用做饮器呢?真是肆虐残暴到了极点啊!"(《明太祖实录》卷53)

在传统社会里,汉族皇帝就是汉族人的"大父亲""老祖宗",连他们死后都不得安宁,还要受到如等奇耻大辱,这样的汉民族情感伤痛恐怕是难以用言语来表达的。所以说朱元璋提出"驱逐胡虏,恢复中华"这样的口号,至少说在汉民族当中具有极大的战斗号召力,或者说引发巨大的共鸣,也为汉民族找回了民族的自尊心与自信心。从这样的角度来看,他无疑是汉民族的民族英雄。

第二层涵义为"恢复中华"。这里边不仅仅包括了要恢复汉民族统治,要重建传统帝国王朝,而且还隐含着要恢复元朝以前的中华传统文明,洗涤蒙元胡俗陋习,"参酌唐宋之制而定之"(《明太祖实录》卷36)。唐、宋是中华古典文明发展史上的经典时代,尤其使得古代中国成为世界公认的四大文明古国的几项十分显著的"文明标杆"——"四大发明"都是在唐宋时代完成的,而随后的蒙元时代绝对称不上对中华民族传统文化的传承有着多大的积极贡献,恰恰相反,它的"横加插入"倒是使得传统文明遭受了突然打断,甚至是对传统社会价值体系的严重摧毁:废长立幼,以臣弑君,以弟酖兄,弟收兄妻,子烝父妾,……父子、君臣、夫妇、长幼之伦,渎乱之至!(《明太祖实录》卷26)因此说朱元璋的"恢复中华"绝对称得上是历史的进步,我们绝不能低估。

第三层涵义为恢复汉民族为主体的大一统帝国统治秩序,实行帝国境内各民族基本平等。朱元璋明确宣布,对于少数民族"有能知礼义愿为臣民者,与中夏之人抚养无异"。这是告诉人们:我朱元璋建立的大明帝国绝不会像元朝人那样搞民族压迫和民族歧视,而是实行民族平等政策! 要知道在遭受异族入侵、饱受异族歧视与压迫长达一百年的情势下,提出这样的民族平等口号与施政精神,这需要何等之勇气和度量! 同样,500多年后的1895年孙中山等人创建的革命团体香港兴中会时,将入会誓词定为"驱逐鞑虏,恢复中国,创立合众政府"(转引自李新主编:《中华民国史·中华民国创立》(上)第一编,全一卷,P99,中华书局1981年9月第1版);1905年中国历史上第一个统一的革命政党中国同盟会在日本东京成立,选举孙中山为总理,中国同盟会纲领定为"驱除鞑虏,恢复中华,创立民国,平均地权"(田桐:《同盟会成立记》,《胡汉民自传》,《辛亥革命史料选辑》上,P94,P170,湖南人民出版社1981年9月第1版;章开沅、林增平:《辛亥革命史》中册,P35,人民出版社1980年12月第1版)。这也充分表明了孙中山为首的革命党人具有非凡的度量与胆识,继承了朱元璋的民族平等融合精神(详见马渭源:《论辛亥革命定都南京的过程及其历史影响》,澳门《中西文化研究》2011年6月总第19~20期)。我们绝不能套用现在的价值观与政治观来过高地要求古人。再说所谓的各民族绝对平等,即使600年后的今天或许还不一定能做到,譬如为什么汉族人孩子高考不能加分、少数民族为什么能享受特殊的生育政策? 等等,郁闷的今人何必要去苛求古人呢?

第四层涵义为"立纲陈纪,救济斯民",这主要表明朱元璋在即将开创的大明帝国中要以中华传统为模板,建章立制,将蒙元"冠履倒置"的状况给重新摆正,恢复我们中华传统的典章礼仪与法律制度以及社会秩序,将水深火热中的元帝国子民给解救出来,即"拯生民于塗(涂)炭,复汉官之威仪"(《明太祖实录》卷26)。以这样的口号来吸引和激发深受元朝黑暗统治之苦的广大人民的斗志和信心,由此说来,这八字也是与当时的北伐直接相关联的。至此,我们可以进一步地肯定,朱元璋当年发布的这个"北伐宣言"是很了不得的新帝国施政大纲。

第三,朱元璋提出的这十六字"北伐誓言"中的民族平等精神不仅仅是当时政治宣传或言"口头秀",在统一北方和后来大明帝国的治国理政中他还确确实实地做到了。

○ 朱元璋首创中华民族大家庭供奉列祖列宗的超级太庙——历代帝王庙

洪武六年八月即元朝被推翻后的第六年,历代帝王庙在南京建成,这是祭祀历代正统王朝帝王的神圣殿堂。按照唐宋旧制,被列入帝王庙中的祀主都是中国传统社会里的汉族正统王朝的帝王,少数民族政权的帝王一概不在其内。可明朝从开国起就来了个"大变革",根据朱元璋的指示精神,南京历代帝王庙内按照"先祖居中,左昭右穆"的次序排列,将正殿分为五室,"中一室以居三皇(伏羲、炎帝、黄帝,本书作者注,以下略),东一室以居五帝(少昊、颛顼、帝喾、唐尧、虞舜),西一室以居夏禹、商汤、周文王,又东一室以居周武王、汉光武、唐太宗,又西一室以居汉高祖、唐高祖、宋太祖、元世祖"(《明太祖实录》卷84);且规定"每岁止以仲秋月遣官祭之"。(《明太祖实录》卷196)

将中华民族公认的"最早的老祖宗"三皇列为居中位置,将五帝与历代大一统帝国的开国帝王分列左右。如此一来,历代帝王庙就成了祭祀中华民族大家庭的列祖列宗的超级太庙了!这既突出了中华、汉民族大一统王朝开国帝王的主体地位,同时也认可了少数民族——蒙古族建立的大元帝国为中华正统,让元世祖忽必烈享有同祀尊崇的地位,这是前所未有的。因此说朱元璋的政治视野远比元朝及其以前的统治者要宽广,政治境界也高出多得多。正如有学者指出的:"他(指朱元璋)第一次用庙宇祭祀的形式,彰显了中华一统帝系的历史传承,也体现了对蒙元王朝的民族包容。"(许伟:《历代帝王庙的来龙去脉》,《光明日报》2013年8月12日)

当然有人见此可能要说,就祭祀祭祀还不就是搞搞形式主义,糊糊人的。真的是这样吗?我们不妨再看看历史事实,洪武三年四月,朱元璋诏告天下:天生斯民,族属姓氏各有本源。古之圣王尤重之,所以别婚姻、重本始,以厚民俗也。朕起布衣,定群雄,为天下主,已尝诏告天下,蒙古诸色人等皆吾赤子,果有材(通"才")能,一体擢用。(《明太祖实录》卷51)也就是说朱皇帝向全国各族人民再次明确表态:他绝不搞民族歧视与种族压迫,实行民族平等,一视同仁,只要是人才,不管他是什么民族的,我都要予以重用。

见此有人可能还是觉得不能相信,这朱皇帝口头秀秀得很多,实际做的却是另一回事。想当年洪武开国前后他猛烈抨击刘邦滥杀功臣,可到了洪武晚期他自己却几乎将开国元勋杀得一个都不剩;他号召大臣们进谏,可人家真的赤胆忠心地进谏了,他又受不了,将直言者给剁了。不过我倒觉得,在与政治领域内诸多说归说做归做相比较而言,朱元璋对于大明帝国的民族平等工作做得还是相当不错的。

北元丞相咬住、蒙古贵族忽哥赤是元朝灭亡后长期与大明帝国对抗的死顽固分子,洪武晚期降明后,朱元璋分别任命他俩为大明都察院右副都御史和工部侍郎(《明太祖实录》卷204);有着相似情况的还有安童,洪武二十三年朱元璋"以鞑靼指挥安童为刑部尚书"……(《明太祖实录》卷199)。

回过头来再说说当时北伐开启之际,朱元璋首先做出姿态,将张士诚拘留在平江的元宗室神保大王及黑汉等9人送回元大都去(《明太祖实录》卷25)。就是在以后清沙漠军事战争取得重大胜利的情势下,对于俘获的元顺帝孙子买的里八剌等元朝宗室贵戚不仅不虐待、不摧残,反而将其封为崇礼侯等,最终还尊重他们的个人意愿,送回北方去。这与元朝拿了宋朝皇帝的头颅当做饮器岂不形成天壤之别!(《明太祖实录》卷53)

不错,朱元璋的这等做法里头不乏"政治秀",目的也就在于分化北方阵营,争取最大程度上的北方各界民众的支持。史实也确实如朱元璋集团所希望的那样,由于政策正确,军事进攻策略得当,徐达北伐军从渡江开始就进展顺遂,一路势如破竹。

● 稳扎稳打三步北伐　颠覆元廷声震华夏

○ 先取山东,撤其屏蔽

朱元璋是个细致谨慎之人,凡事都得提前准备。早在大军攻占平江城的第二天,他就派了虎贲左卫副使张兴率勇士1 000人奔赴淮安,做好北伐的前哨准备,同时又命令在濠州练兵的平乡山寨军来淮安会师,打算从山东的胶州和登州、莱州等处入手。(《明太祖实录》卷25)

◎ 解决元朝山东沂州守将王宣父子

元末明初的山东地盘很大,北面还包括辽东,南部就是今天的山东。山东是南北交通的必经之路,从北京到南京或从南京到北京路经山东主要有两条路可走,一条路在西边,我们姑且称其为西路,由今江苏的徐州(明代属于南京的徐州府)出发,进入山东,主要路段依次为济宁、东平、东昌(今聊城)、济南、益都,济南再往西北一点就是有名的德州府(临近北京——明代大北京概念)。走这条路线的最大好处有两点:第一,南北两京之间的距离最短。第二除了陆路外,水陆也很方便,著名的京杭大运河几乎与其平行或重合。因此历史上发生南北战争时,这条路线成了兵家必争之地,30多年后朱棣发动"靖难"战争走的就是这条路。朱元璋下令北伐时,元朝守护这条路线的主要是由坐镇益都的山东东西道宣抚使普颜不花统筹负责,或言由他屏障京畿元大都的安全。另一条路在山东东部,我们姑且称其为东路,由南京(明代概念的南京相当于今天江苏、安徽两省)的江淮北出发,进入山东不久就能到达沂州,沂州径直向北就是益都。在山东境内这条路算得上是南北走向最近的了,当时由沂州守将王宣和王信父子领兵镇守着。(《明太祖实录》卷20)

王宣,扬州兴化县长安乡人,元末为司农椽。黄河大决口那年,朝廷下令各地推荐才干能人,让他们组织百姓修治黄河。王宣感到自己的人生机会来了,就来了个毛遂自荐。元朝官府任命他为淮南淮北都元帅府都事,并给了一些公款,让他出去招募民众。王宣回老家扬州一带一下子就招募了丁夫(青壮劳动力)30 000人,然后带了他们去修治黄河。没多久徐州"芝麻李"起义爆发,王宣被元朝任命为招讨使,率领修治黄河的丁夫跟随总兵知枢密院也速前去镇压起义。因镇压有功,被授予淮南淮北义兵都元帅,驻守山东马陵。后移镇山东益都。王宣的儿子王信曾跟随察罕帖木儿镇压田丰起义军,因立有军功而被授官。朱元璋大军北伐前,王宣父子位居沂州守将。(《明太祖实录》卷20)

但对此王宣父子并不安分,在那个变化莫测的年代里,关键在于人的眼光要锐利。王家父子由北看到南,北方元顺帝就那个样了,亡国是个时间问题;南方那个叫花子出身的朱重八还真不可小觑,大有一统天下的架势,可惜他是以下犯上的"作乱者",名不正,言不顺,怎么办?父子两人想了好久,最终决定:先到朱重八那里"挂个号",写封信,大灌迷魂药,什么"虽在苍颜皓首之际,犹望阁下鼓舞群雄:殪子婴于咸阳,戮商辛于牧野,以清区宇!"一句话,将朱元璋吹捧成改朝换代的真命天子一般。可骨子里压根儿就没当回事,乘着朱元璋军东灭张士诚忙碌之际,王宣父子派遣军队偷袭了海州(今连云港)、宿迁等地,可事后又派人上应天去谢罪。朱元璋看穿了王家父子的本质,让徐达北伐时先解决沂州问题。(《明太祖实录》卷24)

吴元年(1367)十月二十四日,也就是"北伐宣言"发布的第二天,徐达大军来到了淮安,与朱元璋先前安排的张兴小股部队会师,然后派人上山东沂州去诏谕王宣父子。王宣父子没想到朱元璋军队这么快就到了,自己的军备还没来得及完全准备好。怎么办?大军压阵,打是肯定打不过,先缓一下再说,来个诈降,"外虽请降,内实修备"。这事不知怎么地给应天城里的朱元璋知道了,他马上派人给徐达送去密信,提醒大将军:"王信父子反复,不可遽信,宜勒兵趋沂州,以观其变。"(《明太祖实录》卷26)

当时徐达进军到下邳,派遣张德胜养子张兴祖率领分支队伍前往徐州,做好进攻山东的先遣准备。突然间有人来报:王宣父子反叛!徐达立马领军前往山东沂州,分兵把守北门和南门等重要的出入口,将沂州死死地围住。就在这个过程中,王宣乘人不备,派儿子王信外出募兵。可募兵这事不是一时所能解决的,王宣天天在城内盼望着儿子募兵的到来,可左等等不来、右等等不来,沂州城危机日益加重,徐达围城也越来越厉害。最让王宣心跳不已的是,朱元璋手下有名的冯胜将军太绝了,他叫人打开了沂州城郊的水坝,引水灌城。王宣终于熬不住了,打开城门投降了徐达。徐达叫他立即写信给在外募兵的儿子王信,让王信也赶快来降。王宣写好信后,徐达派手下镇抚孙惟德携信去找王信,没想到王信不但不听父亲召唤,拒绝投降,反而将镇抚孙惟德给杀了,随即带了他的哥哥逃亡山西去。徐达听说后十分恼火,下令杖击王宣,并把他处死。消息传开后,周围郡县的地方官与守将皆闻风丧胆,泽州右丞赵蛮子、莒州周黻、海州马骊及沭阳、日照、赣榆等县相继不战来降。(《明太祖实录》卷27)

◎ 徐达、张兴祖等东西两路进攻,迅速拿下山东

朱元璋听说徐达大军攻下沂州后,随即派人火速赶往山东,送去了一封急信,信是这样写的:"听说大将军已经拿下了沂州,就不知你们现在行军到何处?如果由沂州笔直北向上益都去,以我之见,应该派遣精锐将士前往黄河扼冲之要去驻守,切断敌人的援兵,使他们外援进不来,里边的人出不去,困死在里头,我军稍稍加点力,便能拿下山东重镇益都;如果你们还没有兵向益都,那就应该将部队转向西路,因为东路上在接近益都的南部地区有座大岘山,古称济水之天险,很难攻克。与其这样,倒不如转向西线,攻取济宁、东昌、济南等,然后再东向进军益都。攻下益都,山东境内元朝势力就没什么的了,其他地方会不攻自降。"

徐达接信后立即派遣韩政率领部分精兵扼守黄河要冲,令张兴祖带领部分人马沿着大运河进攻济宁、东平,而他自己则领着主力军去攻打益都。益都守将就是前面讲过的平章普颜不花,他倒是铁了心,坚决抵抗,可其他的部将毫无作战之心,又听说黄河边的援军被"卡"住了,感觉对抗北伐军是徒劳的,于是纷纷投降。最终普颜不花战死,益都被攻克。徐达乘胜占领寿光、临淄、昌乐、高苑等县,以及潍胶、博兴等州。十二月攻克济南、莱阳、登州。与此同时,张兴祖也攻下了运河沿线的济宁、东平等地,到洪武元年二月常遇春攻克东昌、茌平等军事要塞时,整个山东大体上给搞定了。那年三月,北伐军肃清了山东境内的元军残余,征虏大将军徐达等上报山东战果:"所下山东州县,凡获辛三万二千余人,马一万六千余匹,粮五十九万七千余石,盐五万三千七百余引,布绢八万七百余匹。"(《明太祖实录》卷31)

○ 旋师河南,断其羽翼

攻占山东,按照朱元璋事先制定的步骤,徐达大军由山东转入河南境内。那

时，南方统一战争也进行得相当顺利，在攻占福建后，朱元璋将汤和给换了下来，让他回明州去督造海船，为徐达北伐军运输粮饷；同时命令康茂才率兵北上，支援徐达，又令征戍将军邓愈率领襄阳、安陆、景陵等卫军，攻取南阳以北地区，牵制元军，策应徐达大军进攻河南。(《明太祖实录》卷29)

◎ 北伐军不费一兵一卒占领了河南重镇汴梁

再说徐达在山东取得一系列军事胜利后，顾不上休息，马上由益都北部的乐安掉头转向济宁，在济宁西北的郓城转入黄河泛道，逆行而上，进入河南。

洪武元年(1368)三月，北伐军来到了汴梁东北的陈桥。元朝汴梁守将李克彝闻讯后十分着急，赶紧将左君弼、竹昌等手下部将找来商讨应对策略。他眼睛盯着左君弼，说："左公过去跟朱元璋他们交过好几次手，听说当年还在庐州(即合肥)城下将徐达大军困住了好久，想必您也熟悉他们的战术套路。如今徐达大军打上门来了，我就授予左公您前线作战指挥大权，我在后面相机行事，乘虚发起攻击。您看怎么样？"左君弼一听是这等差事，你叫我打头阵，去送死啊，再说我跟朱元璋、徐达他们过去是有过过节，可他们对我还是不错的。想当年家中老母让他们大军给俘获了，但最终还是给送了回来，就冲着这个情义我也不能再跟人家翻脸了。不过这样的话不能说出口，于是左君弼换了一种说法："主将错爱了，我左君弼实在也没什么本事，见了朱元璋大军，两腿就发软，不说打仗，就是逃跑恐怕也逃不成。你想，当初我要是干得过他们，我还会来投奔你们吗？更何况那个叫徐达、常遇春什么的，打起仗来都不要命似的，所向披靡，我左君弼怎么敢与他们玩命！"李克彝听了，觉得也没什么可说的了，不过心里总有这样一个念头：打仗打不赢，但我也不能让你们北伐军占什么便宜！于是当夜乘着天黑，他下令将汴梁府的军民全部赶往河南府(洛阳)去。左君弼和竹昌没走，投降了徐达，北伐军不费一兵一卒就占领了河南重镇汴梁。(《明太祖实录》卷31)

◎ 攻克洛阳和河南全境

汴梁占领后，徐达将它交给部将陈德成守，自己则与常遇春率领北伐军追赶逃跑的李克彝。大约在洪武元年四月初八日追到了虎牢关以西的河南塔儿湾，在那里遭遇到了元将詹同、脱因帖木儿的阻拦——元方两将领了50 000兵马列阵于洛水之北十五里处迎战。人称"常百万"的常遇春见了这拨子人马，压根儿就没放在眼里，单骑直闯敌阵，看到敌人一前锋正出来迎战，他搭起弓箭便射，可怜那先锋还没来得及伸伸胳膊就命赴黄泉。此时的徐达率军紧紧跟上，杀声震天。巧不巧就在这节骨眼上,"南风骤发,兵尘涨空,呼声动天地"。元兵还没有弄清楚是怎么一回事,脑袋就搬了家,活下来的赶紧逃命啊!足足逃了50里,脱因帖木儿收集散卒向着陕州方向流窜。据说此时的李克彝也西向陕西。徐达率军追了过去,到达河南府即洛阳城时,北伐军驻军北门。洛阳城里的元朝官员眼见官军溃败到了这般田地,知道大势已去,识时务者为俊杰,赶紧出来投降吧。于是,河南行省平章梁王阿鲁温,遣其副枢夏仲良送款徐达军门,表示愿意归降。

至此,又一个河南重镇洛阳被北伐军占领,徐达命左丞赵庸守城,派遣员外郎高瑞抚谕各处山寨,指挥任亮招谕嵩州,河南西北部各地相继归附。到四月底为止,整个河南差不多全归朱元璋所有。(《明太祖实录》卷31)

○ 拔取潼关,据其户槛

河南战局无惊无险,北伐军轻轻松松地占领了中原腹地,不过也留下了"尾巴",脱因帖木儿和李克彝都向着陕州方向逃去,而那边前面讲过的活跃着像李思齐、张良弼等元朝地方官军,要是他们合在一起可就麻烦了。朱元璋的军事天赋就在于他常常看到了别人所没看见的。早在北伐开启时他就想到了西边一路的军事应对,除了命令征戍将军邓愈率领襄阳、安陆、景陵等卫军进兵南阳以北地区外,他还曾派了一个重量级的将领都督同知冯宗异(后改名冯胜)西取陕州。再说那个犹如惊弓之鸟的脱因帖木儿刚刚逃到陕州,还没喘上口气,有人来报:朱元璋手下的冯胜将军率领兵士前来攻营!脱因帖木儿本能反应:碰到这些不要命的北伐军,赶紧跑!陕州顿时被冯胜占领。冯胜随即领兵西向,进逼潼关。元朝潼关地区的军事将领李思齐、张良弼也没想到朱元璋北伐军来得这么快,招架不住,撤兵逃往关中。冯胜乘胜占领潼关,然后再向西进逼华州,元朝地方守军纷纷望风而逃。

就在这时,朱元璋给冯胜来了道紧急谕旨,提醒他:"你的任务是配合徐达北伐,所以一旦攻克潼关后,就不要再一味向西进军了,'今大军方有事,北方宜选将留兵守关,以遏其援兵。尔且率师回汴梁,朕将躬往议之'"(《明太祖实录》卷32)。冯胜接到谕旨,赶紧领兵回了潼关。至此,朱元璋的"拔取潼关,据其户槛"的军事目的又实现了,剩下的就是下一步目标如何攻取元大都。

○ 直捣北平,颠覆元廷

上面说了这么多,细心的读者朋友可能会发现,元朝末期有个很关键的军事大人物扩廓帖木儿(汉名王保保)到了哪里去了?大元朝廷快要完蛋了,作为臣子,他无论如何都应该出来有所表示呀?要想说清楚这些事情,我们还得从1363年扩廓

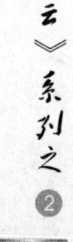

帖木儿与孛罗帖木儿的争斗说起。

◎ 两个"帖木儿"、两个佞臣和一个皇太子

朱元璋在南方大发展,西击陈友谅,东灭张士诚之际,扩廓帖木儿与孛罗帖木儿也斗得像乌眼鸡似地,两者争夺的主要对象是晋、冀之地,今天你打我,明天我找个机会来报复你,没完没了。他们的上级领导元顺帝拿他们没辙,只能发发谕旨,说:"你们争来争去,争的地方都是我大元王朝之地盘,争的百姓都是我大元王朝之子民,有什么好争的?"可这两个"帖木儿"压根儿就把元顺帝的谕旨当做耳边风。当时资政院使朴不花与丞相搠思监沆瀣一气,乘机大发国难财,他们只看扩廓帖木儿和孛罗帖木儿哪个人给的钱多就为哪个人说话办事,如果扩廓帖木儿给的钱多,他们就说皇上有密旨,叫你去灭了孛罗帖木儿;若孛罗帖木儿给的钱多,他们就说皇上有密旨,叫孛罗帖木儿去灭了扩廓帖木儿。由此两个奸臣发足了财,两个"帖木儿"打得不可开交。(【元】权衡:《庚申外史》卷下)

有个监察御史叫傅公让的实在看不下去了,率领群僚一起弹劾资政院使朴不花与丞相搠思监。殊不知奸臣后面有着很硬的后台,资政院使朴不花受到弹劾后就向奇皇后(有书上写祁皇后)哭诉。奇皇后将皇太子爱猷识理达腊找来,跟他说:"朴不花是我资政院老火者(老宦官),我看他家也不富,怎么监察御史们老说他贪污受贿,是想要除掉他吧!这些监察御史也太无情了,太子你可不能不为我做主啊!"爱猷识理达腊的皇太子之位在相当程度上是由奇皇后出力弄来的,所以今天皇后老妈一开口,他当然得听进去了,马上表态说:"阿婆(不知元朝人怎么将皇后老妈叫做阿婆的)放心,我自有办法!"(【元】权衡:《庚申外史》卷下)

第二天皇太子下了道命令:将傅公让弄到吐蕃去,其他几个一起弹劾朴不花的监察御史也给贬到外地去,只留下一个叫老的沙的人仍在御史台,然后又调了一些人到御史台充任监察御史。没想到这些新监察御史刚刚任又在一个叫陈祖仁的领头下,集体上奏,弹劾资政院使朴不花与丞相搠思监。皇太子爱猷识理达腊又利用手中的权力,将他们一一撵走,再换上一些新人担任监察御史。这下可好了,整个御史台的所有监察官都自发地拧成一个劲,非要弹劾搞垮朴不花和搠思监。皇太子听说后简直就要气疯了,不过静心想想,头绪出来了:新来的监察御史怎么会知道朴不花和搠思监的事情,御史台每次人员变化就一个叫老的沙的人没动过,莫非是他指使的?想到这些,皇太子就开始布置,除掉老的沙。不料有人将秘密给泄露了出去,老的沙闻讯后顿感形势不妙,赶紧跑啊。跑到哪里去?满朝都有太子的人,朝廷与京师大都肯定都不能待了,那上哪儿去?对,上孛罗帖木儿那里去!

（【元】权衡：《庚申外史》卷下）

◎ 18功臣家子孙冤案

李罗帖木儿一见到老的沙，就大致猜出，又一个冤大头来了。当听完老的沙的诉苦后，他就更加坚定了自己的看法，将老的沙藏在自己的后院寝室里头。这样朝廷特使来要人，李罗帖木儿便以不知其下落为名搪塞过去，弄得堂堂大元皇太子也束手无策。

再说资政院使朴不花见到这般状况，就去找丞相搠思监密议，他说："既然现在老的沙不在了，危险也相对少了些。只是元大都还有一些潜在的隐患，那就是18功臣家子孙，他们朝夕在皇帝身边，对于朝廷上下所发生的事情知道得一清二楚，我想朝廷秘事就是他们泄露出去的。过去那些该死的御史弹劾来弹劾去，弄得沸沸扬扬，现在朝堂上只要头脑正常的都可能知道了，这可对咱们不利啊！"搠思监听后深有同感地说道："18功臣家子孙都是老的沙的同党，既然现在老的沙被李罗帖木儿藏了起来，估计他们一定是想要用军队打入京师来。如果真到了那个时候，恐怕这18功臣家子孙就会做老的沙的内应，社稷都不保，还有你我的性命吗？"（【元】权衡：《庚申外史》卷下）

两人密议到此，随即决定马上动手，利用手中的权力将18功臣家子孙抓起来，送到朴不花一手遮天的资政院，审讯他们谋害皇太子的罪行。晴天霹雳，冤案骤生，18功臣家子孙哭天喊地，就是一个字："冤！"朴不花不怕大家不服，加重用刑，这下可好，18人全说是谋害太子的主犯了，进而都被打入了大牢。可没多久，巧了，皇太子得了咽喉疾，且病得还挺厉害的。身边人看不下去，乘机劝导道："放了那18个被冤枉的人，太子您的病自然也就会好了！"丞相搠思监听说后，赶紧将那18人安排到外地去。有的不幸死在路上，有的行贿了，才免遭活罪，留在了大都。

（【元】权衡：《庚申外史》卷下）

◎ 秃坚帖木儿犯阙兵谏，除去朴不花和搠思监两佞臣

一起大冤案尚未了结，又一起冤案在被制造着。知枢密院秃坚帖木儿早些年与丞相也先不花都曾在西方领兵过，相互有过往来，较为熟悉。与秃坚帖木儿不同，也先不花很有野心，且在秃坚帖木儿面前有所表露过，但事后想起又有点害怕，就怕秃坚帖木儿泄密，于是就利用自己升任丞相的权位优势，让元顺帝下了道诏书，指派五府官上军营去逮捕秃坚帖木儿。秃坚帖木儿被激怒了："我有何罪，居然要让五府官来逮我？！"当即命令手下将士反将五府官给逮了起来。按照那时的规

制,这种行为属于反逆,对抗朝廷命官,要是真处置起来,受罚是相当之重的。秃坚帖木儿做都做了,但下一步怎么办,顿时没了主意,他跑去问孛罗帖木儿:"当今朝廷佞臣当道,即使在皇帝那里也没法说什么,我想领兵上大都去问问,到底这世上还有没有公道,你看去问谁?皇帝还是皇太子?"孛罗帖木儿没想到秃坚帖木儿会这样做,一时也没了主意。(【元】权衡:《庚申外史》卷下)

可呼啦啦的军队里人多嘴杂,密议之中的事情不知怎么地传到元大都去了。朴不花、搠思监听说后很为惊慌,对外宣称皇帝有诏书,并说皇上已定性:孛罗帖木儿与秃坚帖木儿一同谋反,削除孛罗帖木儿的兵权。诏书到达时,孛罗帖木儿连看都没看,就将它撕得粉碎,并囚禁了朝廷使者,这下事态越来越复杂了。

再说秃坚帖木儿那时已经举兵进入京师,皇太子爱猷识理达腊见势不妙,赶紧溜到古北口宜兴州去避风头。秃坚帖木儿派人给元顺帝上奏说:"我从来没有对不起国家,可国家怎么能那样对不起我的。今天我来不是想犯阙,只想除去搠思监和朴不花两奸臣而已。"元顺帝被逼无奈,只好将两人交给秃坚帖木儿。秃坚帖木儿当即将两个奸臣关押在军营里头,然后再上奏元顺帝,一请宽恕自己执缚朝廷大臣之罪;二请宽恕自己称兵犯阙之罪。无计可施的元顺帝只好一一答应。秃坚帖木儿得到了皇帝的赦免回音后,来到元廷,朝见君主,当面哭谏:"陛下受左右佞臣蒙蔽已非一日,祸害了很多的忠良大臣,倘若因循不改前非,大元江山将会怎么样,我就不用多说了。我现在抓了这两个奸臣,希望陛下您能悔过自新,多听听正人君子的意见,不能再让奸臣邪说所迷惑了。只有这样,我大元天下才有望保住,祖宗基业才可巩固!"元顺帝听后一味说好。秃坚帖木儿不敢久留宫廷,说得差不多了,就走出了元宫,押着朴不花、搠思监两个奸臣来到了孛罗帖木儿的军营。(【元】权衡:《庚申外史》卷下)

◎ 孛罗帖木儿领军进入大都"清君侧"

到了军营后,秃坚帖木儿将两个奸臣交给孛罗帖木儿。孛罗帖木儿并没有马上开审他们,而是让他们静思了三天,然后开始审讯。见了搠思监,孛罗帖木儿劈头就问:"我以前送给你的七宝数珠一串,今天你怎么还不想还我?"搠思监只好通知家人,马上送来了六串数珠,可他贪污得太多了,家人也搞不清到底哪一串是孛罗帖木儿送的。再说孛罗帖木儿拿到六串数珠后,仔仔细细地反复察看,居然没有一串是自己所送的,于是就继续追问,直到最后拿到了那串七宝数珠才罢休。不过那时的孛罗帖木儿已经相当愤怒了,他说:"你身在皇帝边,竟然贪婪到了这般田地,我怎么能不管呢?"说完令人将朴不花、搠思监两奸臣拉出去砍了,然后举兵向

着大都进发,旗号是"清君侧"。(【元】权衡:《庚申外史》卷下)

至正二十四年(1364)七月二十五日,孛罗帖木儿与老的沙、秃坚帖木儿等领着军队来到了元大都,封死了城门,然后派人上奏给元顺帝,说:"国家所用之人都是软弱贪婪之徒,哪能治理得好国家啊?愿陛下召回贤臣也速,任其为右丞相,我孛罗帖木儿为左丞相,秃坚帖木儿为枢密知院,老的沙为中书平章,我们几个人同心竭力,整治庶政。"元顺帝见到兵临城下,没法不依,只好一一照办。至此,孛罗帖木儿还仅仅是开个头,随后命人将朝廷中逸侫大臣、元顺帝大玩性乐游戏的9个"好伙伴"一起抓起来杀了,教授元顺帝床上秘戏功夫的西番僧都被赶出了宫廷,宫中工程建设一律喊停,就连奇皇后也被撵走了后宫,屏居于厚载门外。(【元】权衡:《庚申外史》卷下)

◎ 孛罗帖木儿偷情奇皇后,还要高丽美女,奇皇后不吃醋,居然还给了。怪?

奇皇后是个了不得的女人,人长得很漂亮,功夫也好,即使是半老徐娘了,可风骚不减当年,更重要的是,她的心机特别多。虽然被撵出了后宫,但她知道原本对自己早已不感兴趣的共用丈夫元顺帝自身难保,要想挽救命运,就得靠自己的手法和功夫了。听说当今元大都的真正第一人孛罗帖木儿有个夜间巡警的习惯,她马上动起了心思:夜间巡警不可能不到皇城的厚载门呀,而厚载门毕竟不是后宫大院,连个公苍蝇也不让飞进,也不是我们女人露胳膊、露腿的禁区呀。想到这些,她就吩咐仆人外出打听孛罗帖木儿来厚载门巡警的大致时间,而就在这段时间里她将自己打扮得花枝招展,弱光底下,哪看得出是个老女人啊?再说孛罗帖木儿本是部队里的粗人,碰到皇后级别的妩媚女人,一下子就没了魂,情不自禁地跟着去,"至(皇)后所留宿",最终成了一对野鸳鸯。(【元】权衡:《庚申外史》卷下)

大凡女人主动跟男人套近乎,可不仅仅是为了做对野鸳鸯,要么你娶了她,要么她有事求你办,奇皇后就属于后一种。自从与孛罗帖木儿好上后没多久,奇皇后又搬回宫中去住,恢复了昔日的一切待遇。孛罗帖木儿当然也不是傻子,之所以"放"了这个翻云覆雨的半老徐娘,是因为他们之间有着秘密约定:几乎打了一辈子仗的"老土"孛罗帖木儿此次兵进大都,总算人生没白活,体验到了高丽美女所带来的舒适服务,而当时大元帝国上下谁都知道高丽籍的奇皇后是高丽美女"批发公司"的总经理,朝廷权臣只要有她看中的,求他办事的,奇皇后就会奉送几个高丽美女。孛罗帖木儿早就听说了,就是一直没机缘,现在跟奇皇后"好上"了,还不赶快向她要!奇皇后倒也是个爽快人,且一点也不吃"小妖精"们的醋,更没有说"露水丈夫"孛罗帖木儿是个花心大萝卜,而是竭尽全力为他张罗物色高丽美女。(【元】权衡:《庚申外史》卷下)

一转眼就是至正二十五年(1365)的新年了,望眼欲穿的高丽美女怎么还没送来,孛罗帖木儿找上门去问奇皇后:"不是我们讲好新年成婚的,你赶紧得将美女送过来呀,总不会忘了这事吧?"奇皇后不紧不慢地回答:"丞相之事岂敢忘记,美女我早就准备好了。只是美女到您府上,我总得给她们准备些嫁妆吧,就这嫁妆办起来特费时。"孛罗帖木儿听了不耐烦,说:"嫁妆晚一点没关系,不送也不要紧,只要美人早点来就行!"奇皇后算计不过,只好将美女交出。孛罗帖木儿得了美人后等不到预定的"结婚"日子,就急吼吼地行事了。

据说当年孛罗帖木儿曾经拥有40多个美人日日相伴,早上40多个美女跟她们的共同"丈夫"一起吃早餐,晚上一起共寝;共同"丈夫"出门办事,40多个小美女集体相聚,每人敬一杯酒,天天这么伺候着,大约一年的光景,孛罗帖木儿体力严重透支。看来干这等"活",自己确实还没有上级领导元顺帝有经验,应该先多学学房中术啊!(【元】权衡:《庚申外史》卷下)

正当孛罗帖木儿身体每况愈下时,有人来告诉说:皇太子爱猷识理达腊从宫中逃出后,跑到了扩廓帖木儿那里,并将扩廓帖木儿大军搬到了元大都的城外,兵分三路,封住了京城。其中有个叫白琐住的领军驻扎在通州,很猖狂。孛罗帖木儿听后当即暴怒,命令部将姚一百前往通州去,将白琐住给灭了。可哪知姚一百的水平太臭,根本不是白琐住的对手,仗还没怎么打,自己让人给俘虏了。孛罗帖木儿听到消息后简直就要气疯了,赶紧穿上盔甲,领了些人马直奔通州。到达通州时,首先进入孛罗帖木儿将军眼帘的不是白琐住和他的军队,而是一个乡间的美人。嗨,美人,要啊,他命人将美人给绑起来,带回大都去好好享受!至于征讨白琐住的军事战斗,早就给扔到了爪哇岛上了。(【元】权衡:《庚申外史》卷下)

◎ 丞相问皇帝:你的宝贝女人能否给我用用?

其实孛罗帖木儿之所以敢如此大胆和肆意妄为,依仗的就是自己的枪杆子。至于围在大都城外的扩廓帖木儿,孛罗帖木儿将军跟他和他的养父察罕帖木儿之间已经打了好多好多年的仗了,谁都心知肚明对方想的是什么,谁都清楚对方的套路,大家还不就是相互抬着混,再说以资格辈分而言,自己还是围城者扩廓帖木儿的叔叔伯伯辈的,量这个"小侄儿"也不敢怎么的。

孛罗帖木儿的这等想法是很有道理的,再说这扩廓帖木儿围城围了好久了就不动真格。由此孛罗帖木儿更加胆大包天,确切地说是色胆包天了。有人跟他说:元顺帝身边有个寸步不离的美女,这才是世界顶级尤物,只要是正常的男人见了她,没有不掉魂的。那面似桃花、柳眉细腰的美人胚子,不是天上的仙女下凡,就是王昭君、貂蝉或者说是杨贵妃再世,男人要是得了这么个美女,一辈子什么女人都看不上眼了,就是为她去死都乐意。孛罗帖木儿被说得心里痒痒的,找了个机会,开口向元顺帝要那美女。这下可把皇帝大人气得半死,等孛罗帖木儿走后,他还怒气冲冲地说道:"欺我至此耶!"(【元】权衡:《庚申外史》卷下)

◎ 孛罗帖木儿被刺

或许说者无心,听者却有心,有个秀才叫徐施奋的听后觉得自己长久的愿望有望实现了。徐施奋是个汉人,在蒙元帝国时代,汉人本来就不受重用,加上元朝讲究出身,非蒙元红彤彤家世,你就别想有什么出头之日。自己之所以现在能在元顺帝朝廷里当个待制的"破官",还不是因为这大元帝国折腾到了几乎无人能治理的地步,才迫不得已用些底层汉人呐。我得利用这个机会,设局将这个腐烂的帝国彻底给搞垮。所以当看到元顺帝对孛罗帖木儿发出那般愤怒时,他就感觉到,机会来了,于是就如此这般地跟皇帝大人说了。

元顺帝听后感觉徐待制的主意不错,随即密令洪保保、火儿忽答、上都马、金那海、和尚、帖木儿不花6个心腹侍卫在各自的内衣里藏好短刀,外面都穿上宽松的衣服,当元顺帝听政时就让他们侍立在延春阁东古桃林内。(【元】权衡:《庚申外史》卷下)

有一天早上,孛罗帖木儿朝见天子后,用过早餐,也没什么大事,他就打算回府去。按照元朝的规制,丞相出门,皇家禁卫要做好侍卫工作,其中有一个侍卫应该先奔到丞相的坐骑前恭候着,其他的侍卫跟着丞相一同出来。当丞相骑马回去时,所有的侍卫就要骑着高头大马护卫着丞相一起走,直到丞相平安回家为止。每一个步骤都安排得相当严密,环环相扣。可那一天因为皇帝的心腹侍卫的内衣藏刀不宜快奔,看到孛罗帖木儿起身要回去,大家面面相觑。徐施奋看了心里急啊,脱口而出:"还没结束啊!"大家没明白这是怎么一回事,忽然平章失烈门匆匆赶到孛罗帖木儿跟前,说:"丞相慢行,我们有好消息要向皇帝陛下去报告。"孛罗帖木儿一听有好事要上报,再怎么说也应该去啊。于是就跟着失烈门一起来到了皇帝听政的延春阁外头。由于两人一路匆匆走来,没在意周围环境,突然间孛罗帖木儿感到自己的官帽被什么东西给戳了下来,抬头一看,是一根杏树枝"捣的蛋",也就没当回事。这时平章失烈门已经将顶头上司孛罗帖木儿的官帽给捡了起来,刹那间有个彪形大汉闯到了孛罗帖木儿跟前。孛罗帖木儿一惊,随即喊道:"平章(即指失烈门),这人很面生,怎么会……"话未说完,那人便用短刀砍向丞相的头部。孛罗帖木儿本能性地举手挡刀,同时喊道:"我的带刀侍卫在哪儿?"他这一喊,更多的谋杀

他的带短刀者一拥而上,当场就将他给活活砍死了。(【元】权衡:《庚申外史》卷下)

◎ 元大都宫廷政变的胜利者是谁?

就在这时,由于内应的帮助,扩廓帖木儿军队已经悄悄地占领了皇宫。与孛罗帖木儿一起在朝廷出任高官的老的沙被人当做同党而砍伤,幸亏他跑得快,逃出皇宫,捡了条老命。孛罗帖木儿将士在外见了老的沙就问:"里边怎么啦?我们的长官为什么好久都不出来?"老的沙只顾自己逃命,随口编了句话:"你们的长官又发酒疯了,还砍了我一刀。"边说边拼命往外跑,可孛罗帖木儿兵士还不罢休,追着问:"到底怎么啦?好像宫里头乱透了!"老的沙回头看看,发现没什么危险,就跟将士们实话实说:"你们的头儿被人杀了,扩廓帖木儿大军已经占领了西宫。"听到这个消息,孛罗帖木儿军队一下子全乱了套。

这时,躲藏在地下密室里的元顺帝正在焦急地等待消息。按照原先的约定,一旦除掉孛罗帖木儿,政变者就给他放鸽子,所以当时大元皇帝正焦急地等待着。正等着,鸽子还真的飞来了,原本惊恐万状的元顺帝一下子就来了精神,撇着嘴,昂着头,趾高气扬地走出地下密室,随即发令:凡是见到孛罗帖木儿川军将士的,人人都可得而诛之!这道谕令可算下得"及时",扩廓帖木儿军和元大都的老百姓齐动手,川军将士没来得及跑的,一个个都成了肉饼。大都街头满是横七竖八的尸体,甚至有的巷子塞得全是川军死尸。见此,元顺帝却十分得意,因为他又能"安稳地"坐回了自己的龙椅了。(【元】权衡:《庚申外史》卷下)

再说老的沙一路跌跌爬爬,好不容易回到孛罗帖木儿大营。这时川军将领已经做出决定,不管老的沙同意不同意,立马与死去的长官孛罗帖木儿的"老伙伴"秃坚帖木儿军合兵在一起,以便共同对敌。秃坚帖木儿知道大势已去,见到老的沙就说:"事情到了这一步,也不能全说是意外。当今皇上是个脓包,那皇后就会风骚,皇太子乳臭未干,岂是国器!不如我们一起去投奔元宗室赵王,推他为帝,我们岂不成了大功臣?!"

再说元宗室赵王听了两人的游说后动了心思,但转而又怕事情做不成,反而遭来杀身大祸,于是就好酒好菜"热心"招待老的沙和秃坚帖木儿,等两人喝得差不多了,他就招呼手下人,将他们给捆得严严实实,然后再送往元大都去,交给元顺帝处置。至此,孛罗帖木儿势力大体上被铲除,发动铲除孛罗帖木儿政变的那6个皇家侍卫都受到了皇帝的重赏,但就是政变的策划者徐施奋怎么找也找不到,因而元顺帝也就无法对他进行好好地行赏了。立有平乱和保护皇太子大功的扩廓帖木儿护送着皇太子回到了大都,他被元顺帝晋封为河南王,授予太傅、左丞相之职。元末两大强悍军事集团——孛罗帖木儿与扩廓帖木儿的长期交锋,夹裹着宫廷势力斗争,最终以孛罗帖木儿被杀、扩廓帖木儿的胜利而告终。(【元】权衡:《庚申外史》卷下)

◎ 朱元璋北伐军快打来了,被迫出京的河南王却与关中军打起了内战

经过这一系列的内讧,元帝国朝廷内外已经虚弱不堪,理应好好休整一番,励精图治。可一个行将灭亡的政权即使是神仙下凡,也难以将其起死回生。

扩廓帖木儿出任元廷左丞相时,丞相府的头把交椅右丞相却仍由蒙元贵族出身的伯撒里把持着,因此他做什么事都得要看看有着红彤彤血统又愚蠢不堪的蒙元贵族的颜色;倒过来,在蒙元贵族看来,扩廓帖木儿是个"非根脚官人"(即没有蒙元高贵血统之人),因而他们常常轻视他、排斥他。扩廓帖木儿护送皇太子回宫,按理说,他与帝国皇家的皇位继承人之间有着相当不错的关系,可谁料到这位太子爷也不是什么省油的灯,回宫后就与奇皇后一起,想让扩廓帖木儿支持他效仿唐肃宗的做法,自立为帝,逼迫老爷子元顺帝提前退位,哪知有着极强忠君思想的扩廓帖木儿不赞成。这下可好了,扩廓帖木儿处处不讨喜,在朝廷上快快不乐。左右谋士看出后劝他:既然如此,还不如回咱们的军营里开心、自在,当这样的中央朝廷的破官,实在也没什么意思。

至正二十五年(1365)闰十月,仅仅当了2个月丞相的扩廓帖木儿向元顺帝提交了辞呈,要求外出治兵,南平江淮。元顺帝居然批准了,下诏封他为河南王,让他统率大元全国兵马,代皇太子出征。(【元】权衡:《庚申外史》卷下)

扩廓帖木儿不傻,我立了这么大的功劳,你大元朝廷从上到下还是看不起我——"非根脚官人",得了,你们这红彤彤的江山就让你们这些有着高贵血统的"根脚官人"来保护吧,什么国事、你皇帝家的破事,关我什么屁事。至正二十六年(1366)二月,他回到了河南。当时朱元璋已经灭了陈友谅,正在发动对张士诚的战争,按理说,这是攻伐朱元璋的良机,可扩廓帖木儿压根儿就不愿往这方面去多考虑,到了河南后迟迟没有行动。元廷耐不住了,开始不断地催促,他就以养父三年大孝尚未服完为名,拒绝举兵南下。左右谋士如孙翥、赵恒等人见此劝说道:"将军心思我们都懂,不过非常时期要有非常举动。老以服丧未完为借口可不怎么好。将军可否记得:皇帝陛下给你的头衔与权限中有一项很重要——受天子命,总天下兵,肃清江淮。就前面这两句,将军可做大文章啊。兵法有言:欲治人者,先自治。如今李思齐、脱里白、孔兴、张思道四军坐食关中,累年不调。将军您现在以皇命在身为名,调他们四路军与我军会师,然后合力渡过淮河,进行南征。倘若关中四路军中有不听指挥的,我们就征讨他们,随即就占据关中,这样我们的地盘不就越来

越大,我们的军队人数不就越来越多。"扩廓帖木儿听到这里,当即拍案而起:这主意太妙了,马上开始行动!(【元】权衡:《庚申外史》卷下)

再说关中诸路所谓的元朝官军将领接到扩廓帖木儿的调兵文书后,当场就很恼火,自己的这个家底都是拼死才得来的,凭什么你扩廓帖木儿就要夺去呢?张思道、脱里白、孔兴俱不受调,李思齐则反应更为强烈,破口大骂:"乳臭小儿,娘胎里出来的黄发可能还没有褪掉,居然想来调遣老子!想当年老子跟你养父察罕帖木儿同乡里,你父亲给我敬酒,尚且要拜三拜,我才会喝下那碗酒呐。你臭小子要是在我面前的话,连个立足之地都不会有,现在你公然自称总兵官,想来调遣我的军队,这不是痴人说梦话!"随即下令:"各部队注意了,谁也不要动,要是扩廓帖木儿来攻咱们,咱们就联合起来剿灭他。"李思齐嘴上很凶,可人家扩廓帖木儿军事上更凶,还真的打上门来了,进兵关中。李思齐号令大家一起对抗,由此双方打得难解难分,前后百战,胜负未决,相持了一年。而恰恰是这一年多的时间,朱元璋大体上完成了东灭张士诚,统一长江流域的关键性的步骤。(【元】权衡:《庚申外史》卷下)

◎ 怨天尤人的元顺帝敢骂艳后母子、体罚皇太子,就是不敢动河南王?

再说扩廓帖木儿军与关中四军打了一年多的内战,谁也赢不了谁,最后还是这位河南王想起来了,自己的大本营河南不能长期空虚啊,听说那个濠州出来的叫花子最近特别活跃,南方长江流域全让他给占了。照此发展下去,河南不久就可能要成为他的进攻目标。想到这些,他下令将大军由怀庆移屯彰德,随即在彰德囤积粮草10万,坐食观望。

扩廓帖木儿的如此举动,他的上级领导元顺帝看在眼里不能不有所想法了。有一天,他在宫中跟左右近侍这样说道:"扩廓帖木儿当年吵着闹着要外出治兵,肃清江淮。可江淮压根儿他就没去,而是带了军队跟关中军干了一年,可也没干出什么名堂来。现在倒好,移兵彰德,莫不是想窥视我朝廷?"说着说着,元顺帝越来越生气了,尤其气的是奇皇后和皇太子,他说:"过去孛罗帖木儿举兵犯阙,如今扩廓帖木儿尾大不掉,大有称王称霸之势,天下很不太平,你们母子俩害我害得不浅啊!如今我大元疆土分裂,坐受危困,都是你们母子俩干的好事!来人呐,给我拿家伙来,我要好好地教训教训我家的这个孽障!"说完他操起廷杖,"噼噼啪啪"一顿乱打,将皇太子打得鬼哭狼嚎似的。皇太子边挨打边活动活动着心眼:看来今天的这个情势不对劲,再不逃走的话,就会被父皇打死。赶紧吧,乘着间隙,来个脚底抹油,溜了。再说元顺帝火归火,不过话得说回来,眼下只怪艳后和皇太子也无济于事啊,当务之急就是设法解除眼前的危局。想到这里,元顺帝开始不断地下诏,派

人送往彰德去,催促扩廓帖木儿赶紧南下进剿。(【元】权衡:《庚申外史》卷下)

面对接二连三的催剿皇诏,扩廓帖木儿实在也没法再拖了,不得不要表示一下。至正二十六年年底,他派遣同母兄弟脱因帖木儿及部将貊高、完仲宜等领兵进驻山东济宁、邹县等地,对外宣称是为了保障山东安全,阻挡朱元璋军队的北进,并以此上报给朝廷,说自己正准备大举南下江淮。可暗地里却根本没把这些事放在心上,他的心目中挂记的是如何收拾关中那些不听他话的割据势力,想来想去,只想到一招:增兵关中。关中的李思齐、张思道见到大事不妙,敌人援兵不断,心想:再不想办法,真的要被扩廓帖木儿吃掉了。于是马上派人上大都去,向元顺帝朝廷哭诉。朝廷随即派了左丞袁焕及知院安定臣和中丞明安帖木儿前去调停,令双方息兵罢战,各率所部,共剿江淮。(【元】权衡:《庚申外史》卷下)

◎ "理直气壮"内讧,居然无法取胜,只好调兵增援,没想到引来兵变

见到朝廷这般诏旨,扩廓帖木儿不知所措,问计谋士。谋士孙翥秘密进言:"将军,我们的事情快要成功了,不能误听息兵的诏旨。再说此次朝廷钦差中领头的那个袁焕本是个贪贿之人,这里边就有文章可做了。我们叫安插在京城的人去给袁焕家送礼,袁焕一拿到好处就会为我们说话,事情不就好办了么。"扩廓帖木儿一听有道理,马上叫人去办。果然不出所料,那个叫袁焕的一收到礼物就开始改口了,说什么:"关中军不听话就应该打,不除李思齐、张思道,扩廓帖木儿将军就没法安宁。"这下可好了,进攻关中更加"理直气壮"了。

可没想到的是,扩廓帖木儿军队打了几个月的仗,还是没能打败李思齐、张思道的关中军,这下可怎么办?他将孙翥、赵恒两谋士找来问问看。孙、赵说:"关中四军中惟李思齐军最强,李思齐军败了,其他三军不打自服。现在我们在关中作战的军队人数恰好与他们相等,劳师费财,相持不决。以我们俩之见,关中军最怕的可能就是貊高统领的部队。"扩廓帖木儿听到这里,插话道:"貊高驻守山东邹县一带,目的确实是为了挡住朱元璋军队的北上,一旦将他们调走了,岂不危险了?"孙翥、赵恒说:"以目前的形势来看,朱元璋军队还没这么快北上,再说即使他们很快来了,沂州的王宣父子也能抵挡一阵。我们马上抽调貊高军队,令他们快速从河中(地名)渡过黄河,直捣凤翔,将李思齐的老巢给毁了,如此下来渭北之军不战而自降,这就是当年唐庄宗攻破汴梁的计策啊。关中一定,回过头来我们再来抵挡朱元璋军,估计时间还来得及。"扩廓帖木儿一听,来精神了,马上派人上貊高军中去调兵。(【元】权衡:《庚申外史》卷下)

◎ 貊高兵变　元廷设立大抚军院，图谋恢复军事指挥统一大权

　　貊高部队接到调令后就出发，一路西行，走到彰德南面的卫辉时，出人意料的事情发生了。这支队伍里多数成员来自孛罗帖木儿军，老上级孛罗帖木儿死于宫廷政变，政变的幕后主使就是当今天子，对此大家无话可说。但是皇帝之所以能做成这事，还不就是你扩廓帖木儿在为他撑腰，带了那么多的军队将整个皇宫都给占了，所以说杀害孛罗帖木儿的真正凶手应该就是你扩廓帖木儿！大家只是没有说出来而已，但心里却早已憋着一股子怨气。如今又要风风火火地赶往关中去，谁也不是傻子，去干吗？打关中军，为扩廓帖木儿抢地盘！有人抱怨了："我们是元朝官军，扩廓帖木儿为我们的总兵官，他叫我们去攻打南方造反者朱元璋军尚且说得过去，可现在却让我们星夜飞驰，渡河西趋凤翔，干掉李思齐部队。那李思齐军队也是官军呀，怎么能以官军攻杀官军呢？"有人附议："是啊，这仗还怎么打啊？"议论者越聚越多，河西平章张知院等人乘势说："大伙儿不用多说了，今夜五更以后，我们一起共扶貊高为咱们的总兵官，脱离扩廓帖木儿，谁要是不同意就杀了谁。"兵变由此发生，貊高一下子成了兵变叛军的头领。不过在他们看来，自己却不是什么叛军，而是"正义"的化身。貊高派了首领兵胡安之火速赶往大都，报告最近发生的情况，同时命令手下将领谢雪儿率领精骑北进，攻取扩廓帖木儿的大本营彰德；还派遣沙刘带领精骑西向，夺取怀庆。（【元】权衡：《庚申外史》卷下）

　　貊高派往彰德的人数少，那时刚好扩廓帖木儿不在那里，彰德守将为范国英。范将军并不知道发生兵变了，看到是自家人来，就让他们进了城，哪知道这下可引狼入室了。范国英被杀，彰德城被占领。而上怀庆的人多，见到大队人马，驻守怀庆的扩廓帖木儿部将黄瑞发现不太对劲，赶紧关上城门，攻取怀庆失败。不过此时貊高在最高当局那里的活动却已取得了成功，首领兵胡安之到了元廷一说军变之事，元顺帝顿时大喜，升貊高为知院兼平章，总领河北军队，同时诏令扩廓帖木儿率领潼关以东军队迅速拿下淮南；李思齐等关中四军出武关，拿下襄、汉；貊高率领河北军与也速及脱因帖木儿、完者仲宜等兵向淮东，诸路共挡朱元璋的北伐军。（【元】权衡：《庚申外史》卷下）

　　再说脱因帖木儿是扩廓帖木儿的弟弟，看到叛逆者貊高居然在朝廷那里受到了那般重用，心里就火气十足，临离开山东时，下令将当地劫掠一空，然后满载着各类财物西向卫辉；与此同时，扩廓帖木儿统辖下的河洛地区军队与百姓北渡怀庆。而貊高听说脱因帖木儿带了人马向卫辉过来，怕扩廓兄弟来个两面夹攻，于是也劫掠卫辉当地百姓与牲畜往北赶，前往彰德去。整个中原大地乱成一锅粥，而大元朝

廷却对此又无可奈何。(【元】权衡:《庚申外史》卷下)

这时有三个谋士帖临沙、伯元臣、李国凤给皇太子出主意:"过去各路军队只要接到诏令,就按照指示行军进兵,不需要立什么大将军和总兵官的,现在看来这样不行。古时候有过这么一种做法:皇太子在朝时监国,外出时巡抚大军。太子殿下,您何不上奏皇上,设立大抚军院来统一管理军事。凡是出征大战、调兵遣将,都由大抚军院统一规划。这样一来,军事权统一了,自内而外,大事可为,但对于心向朝廷的貊高那支队伍要予以特别的关照。"爱猷识理达腊一听,觉得这个主意不错,马上上报给父皇元顺帝,在大都设立大抚军院,专制天下兵马,省台部院皆受其节制;以表彰首倡大义为名,给予貊高军中全体将士忠义功臣的名号;同时还采取分化瓦解扩廓帖木儿阵营的做法,引诱其部将李景昌、关保等归附朝廷,授予国公称号。如此强有力的挤压,迫使扩廓帖木儿放弃先前占有的怀庆,退据山西泽州。至正二十八年(1368)初,在泽州待了没多久的扩廓帖木儿又被迫退据山西平阳。(【元】权衡:《庚申外史》卷下)

极度混乱的军阀内讧和强有力的军事好手扩廓帖木儿被挤出河南、山东,这在客观上大大方便了朱元璋军的北伐。所以人们看到,徐达率领的北伐军自进入山东境内起,几乎步入了无人之境,一路进展出乎人们意料的顺利。

○ 明代"北虏南倭"边防问题中的"北虏"的最早由来

洪武元年(1368)四月,徐达北伐军攻占河南重镇汴梁后,河南诸郡相次降附。备受打击和抑制的元朝河南王扩廓帖木儿这时又被迫退守到了山西太原。五月下旬,朱元璋满面春风地来到汴梁,将汴梁路改为开封府。当然新即位的朱皇帝之所以急匆匆地赶往开封来,绝非是为了改个地名,他还有两大重要的工作要做:第一,考察在开封建都是否可行;第二,召集徐达、常遇春、冯胜等诸路北伐将领,听取他们的军事情况汇报,研究下一阶段的战略部署。当朱元璋问及下一步将如何进攻时,徐达说:"现在中原地区基本上都给我们大明军占领,只剩下扩廓帖木儿部队占据的山西太原和元大都了,因此我们应该立即进攻元大都。"(《明史·徐达传》卷125)朱元璋听后指着地图做了作战布置,最后提到了一个问题:"我大明军包围元大都时,元顺帝他们会不会不战而降?"徐达反问:"陛下,我们进攻大都时,元顺帝要是向着他们祖上的北方老巢逃去,那必将是后患无穷,我们要不要派军队追击?"朱元璋说:"成败都是天意,如果他们真是能够逃回蒙古老家去,上天都会讨厌的,他们不用我们去收拾,也会自取灭亡。你们啊,就不必去追赶了!但他们出塞之后,我们大明军得加固边境的城池与守卫,防止他们来侵扰!"朱元璋的这番指示,

说白了就是把蒙元赶走就行了,即"驱逐胡虏",叫他们回到自己祖先的地方就够了。(《明太祖实录》卷32)

大明帝国开国君主的这个北方战略思想不但决定了明军北伐最终的方针大计,而且还影响了有明一代北疆边防的大体格局。正因为此次北伐留下了一个大"尾巴",后来这个"北虏"问题一直困扰了明王朝,它与南方的"倭寇"并称,号为"北虏南倭",成为大明帝国最为头疼的边防问题,与大明王朝的寿命相始终。

○"驱逐胡虏" 推翻元朝统治——1368.8

大明北伐军在做紧急部署、直捣元廷的军事准备时,面对行将覆灭命运的元廷统治集团却还在乐此不疲地内讧着。至正二十八年、洪武元年(1368)五月,元顺帝下诏进剿扩廓帖木儿,令关保与貊高合势攻其东,张思道、李思齐、脱里白、孔兴合军攻其西,元朝官军大内战的活丑闹剧在中原大地上再度上演了。徐达抓住机遇发起了猛烈的进攻,闰七月一日,北伐军自中滦渡过黄河,三日,平定卫辉,五日平相州,七日平广平,八日平顺德。(【元】权衡:《庚申外史》卷下)

◎ 元顺帝树立的两个"新时代标杆"全在内讧中当了俘虏

而就在闰七月初二日这一天,受元顺帝之命攻打太原扩廓帖木儿的朝廷新宠臣貊高,见到太原久攻不下,他想出来观察观察军阵。由于出来时走得急,没带上几个人,走了一大圈就想回去了。忽然太原边上的扩廓帖木儿部将毛翌看到了貊高在巡阵,顿时就来了灵感,他马上叫人将自己的军营旗帜给换下来,将貊高军旗给扯了上去,周围人不解地问:"干吗要这么做呢?"毛翌说:"你们别问得那么多,等一会儿看好戏!"(【元】权衡:《庚申外史》卷下)

再说那个巡阵的貊高转了一大圈,头都转晕了,想回营,往哪里走?反正往着竖有自己军旗方向走,总没错。就这样,没多一会儿,他就自觉自愿地走到了毛翌的军营里了。毛翌当即下令,将这个背叛主将的小人给绑起来,留着后用。

与貊高一起成为元廷新宠的关保,原本也是扩廓帖木儿的部下,这次受到朝廷派遣,前来征讨太原,又与貊高同时扎营在太原城西。毛翌逮住了貊高后,将其绑在了高高的战车上,然后令人推车出去,又让军中嗓门大的大声叫喊:"赶快投降吧,你们的主帅貊高被我们抓住了,马上就要开刀问斩了,只要不抵抗,我们什么人都能宽恕!"这一喊可不得了,不仅貊高部队全跑光,就连关保部队也一同散伙了,关保当场被捉。元顺帝树立的两个"新时代标杆"一刹那间全当了俘虏。(【元】权衡:《庚申外史》卷下)

◎ 徐达北伐军打上门 大元将军扩廓帖木儿想看好戏

元朝官军内斗得越激烈，徐达北伐军进军就越顺利。七月，就在貂高被捉那阵子，徐达大军到达了山东的临清，他派人上东昌去通知张兴祖、上东安去通知华云龙，让各路水陆大军一起在临清会合，然后再水陆并进，直上元大都去。与此同时，他派傅友德率领步骑兵打前阵，令顾时疏通运河，方便水师运行。

闰七月，徐达北伐大军从临清正式出发，经德州、长芦（河北沧州）、直沽，直抵通州，一路上元朝守军将士望风而逃。七月二十日，北伐军攻克永平，元将也速逃窜，檀、顺、会、利、大兴等处，依次降附。

与此同时，配合北伐军进军的西路军在攻克潼关后，又打败了张、李、脱、孔四军。

消息传到元廷，元顺帝几乎瘫倒在地，起不来了。在稍稍平静后，他立马下诏，撤销大抚军院，杀伯元臣、李国凤等，归罪皇太子，恢复扩廓帖木儿一切职务与爵位，并派哈完太子来到扩廓帖木儿军营，督察军事，让扩廓帖木儿率军火速前往大都，勤王御敌。

扩廓帖木儿接诏后什么也没说，率领大军往着距离大都更远的云中方向去。有人不解地问："将军率师勤王，理应出井陉口，向着真定方向去，与河间（河北境内）也速军会合，这样才可以挡住朱元璋的北伐军；现在您却领兵前往云中（今内蒙古境内），距离元大都越来越远啦，这是干嘛呀？"扩廓帖木儿毕竟是见过大世面的，面对这样的责问，他不紧不慢地回答道："我带军队往云中，然后偷偷地从大都北部的紫荆关进入京师，出其不意，难道这也不可以吗？"说得问者哑口无言。不过他的部下赵恒、矍元辉倒是说出了实话："朝廷开设什么大抚军院，一步一步要逼杀我们大将军。现在倒好，又想起我们啦，要我们去勤王，我军驻扎到云中去，慢慢看看好戏再说吧！"（【元】权衡：《庚申外史》卷下）

◎ 元顺帝"顺利"北逃与元朝统治被推翻 "胡虏"被逐

好戏果然在后头，七月二十七日，徐达北伐军抵达元大都近地通州。惊恐万状的元顺帝连夜召集太子和三宫六院的美眉们，一起商议弃城北逃事宜。第二天他在清宁殿召见文武大臣时公开表达了自己打算北逃的想法，知枢密院事哈喇章首先出来反对，他说："通州已失，倘若陛下再一走，我元大都马上就完了。大都一旦被攻占，我大元帝国还会存在吗？所以当务之急是，陛下您应该死守于此，等待各地的勤王兵和援军。"元顺帝哀叹道："也速也败了，扩廓帖木儿远在太原（他还不知道这位河南王已经往云中去了),还哪里有援军啊!"随即命令淮王帖木儿不花、丞相庆童留守大都。当天夜里三更时分,元顺帝带领皇太子与后宫美眉等100多人,开建德门,出居庸关,逃往上都。

元顺帝逃走后的第五天即八月初三日,徐达大军来到了元大都的齐化门外,开始了对大元帝国统治中心的最后一战,将士们填濠登城,"一鼓而克全城",监国宗室淮王帖木儿不花及太尉中书左丞相庆童、平章迭儿必失朴赛因不花、右丞张康伯、御史中丞满川等中央朝廷高贵全部被俘处斩,明军"并获宣、让、镇、南、威、顺诸王子六人及玉印二、成宗玉玺一,封其府库及图籍宝物等,又封故宫殿门,令指挥张焕以兵千人守之"。至此为止,大元帝国统治正式被推翻。(《明太祖实录》卷34;【元】权衡:《庚申外史》卷下)

十 "清沙漠"除去"尾巴" 横扫割据 统一天下

● "大尾巴"、大后患的凸显与朱元璋的北平之行

徐达北伐军攻占元大都时,朱元璋已在南京称帝半年多。腐败无能的元廷被推倒,这本是件欢天喜地的大好事。就此而言,是不是意味着朱元璋梦寐以求的传统中华大一统帝国重建工作完成?显然不是。洪武初年,除了西南明玉珍的夏国和元宗室梁王把匝剌瓦尔密拥有几十万军队割据的云南外,中国北方地区尚有几支强劲的故元势力:元河南王扩廓帖木儿活跃在华北;李思齐、张良弼、孔兴和脱列伯等控制着关陇地区;西北"小西域"为察合台后王所掌控;东北则由元太尉纳哈出为首的残元势力盘踞着,其军队人数达二十多万;而北逃的元顺帝"旋舆大漠,整复故都,不失旧物"。更为严峻的是,当时北元军事还是有着相当的实力,"引弓之士,不下百万众也,归附之部落,不下数千里也,资装铠仗,尚赖而用也,驼马牛羊,尚全而有也"。(【清】谷应泰:《明史纪事本末·故元遗兵》卷10)

那么当时朱元璋政权的军事实力如何?我们现在没有洪武初年的直接史料依据,不过《明实录》中记载了洪武二十五年大明帝国在南京的军队人数为206 280人,在外地的军队人数为992 154人(《明太祖实录》卷223),两者相加,可知当时全国军队总人数为1 198 434人,接近120万,即发展了20多年大明军队人数才与洪武初年的北元"引弓之士,不下百万众也"大致相当,这就充分表明:尽管当初元廷被颠覆了,但朱元璋统一全国的任务还十分艰巨。故而明清时期的史学家曾这样

说道:"元亡而实未始亡耳"。换言之,当初在进攻北京时徐达"恐其北奔,将贻患于后"(《明太祖实录》卷32),即担心不采取"关门打狗"的战术会留下的一个难以除去的大尾巴、大后患。不幸的是,这一切都让徐达当初给言中了。因此,攻克大都、颠覆元廷仅仅标志着朱元璋提出的十六字北伐与建国宗旨和目标的部分实现,即"驱逐胡虏"做到了,但距离恢复传统意义的"中华"还远着呐。为此在接下来的20多年的时间里,朱元璋君臣作出了不懈的巨大努力。

洪武元年(1368)八月辛巳日,大将军徐达派遣的特使到达南京,进献《平元都捷表》,即报告北伐军平定元大都、颠覆元廷的大喜讯,当天整个南京城乃至全国陷入了欢乐的海洋中。一百年了,受尽了蒙古人欺凌与压迫的汉族兄弟姐妹如今终于昂起头来了,不,还不仅仅是这一百多年,自从北宋初年契丹族强占幽云十六州以来,300多年的异族统治终于在朱元璋、徐达等人的努力奋斗下给推翻了,至少说在关内"恢复中华"了,人们能不高兴吗?朱元璋,在后世人们的解读中给人更多的印象是暴君,但他还曾是可敬的汉民族英雄,这一点绝不能忽视和低估。所以说洪武开国时,大明朝堂上下为何人才济济,英雄辈出,纵然原因很多,但有一点我想应该予以强调的是,曾经饱受压迫、歧视和侮辱的汉民族尤其是勤劳又聪明的"南人"们再也不猥琐了,大家扬眉吐气,都向往着美好的新未来。这也就是北伐喜讯传来普天同庆的主要原因吧。

与全国人民同样快乐的当然还有大明君主和他的大小臣工们,只不过各人对成功的喜悦表达方式有所不同而已。草根出身的新皇帝保持着谦虚谨慎的态度,除了第二天举行庆贺活动外,他一如既往地做好北伐后续之事。洪武元年八月壬午日即接到喜讯的第三天,朱元璋下诏,改大都路为北平府,命令徐达将元朝故官送往京师南京。也就在一天,他从南京出发,"复幸北京",并下令给徐达置燕山等六卫,保卫北平。徐达接令后将飞熊卫改为大兴左卫、淮安卫改为大兴右卫、乐安卫改为燕山左卫、济宁卫改为燕山右卫、青州卫改为永清左卫、徐州五所改为永清右卫。(《明太祖实录》卷34)

朱元璋的此次北行由八月上旬出发,到十月初十日回来,前后共有两个月的时间,对于百废待兴、日理万机的新帝国和新皇帝来说,两个月的"真空"简直是不可思议。那么朱元璋到底到北平干什么?

长期以来,由于人们沿袭了朱棣篡位后的说法,凸显北平的重要,说什么朱元璋开国之初就看中了北平,从而将其封给了"最为喜欢"的四儿子朱棣,甚至还曾考虑建都北平。那么历史真相到底如何?据《明实录》记载:在徐达大军攻克大都的前两天即洪武元年八月己巳日,朱元璋下诏以金陵为南京、大梁为北京(《明太祖实录》卷34),也就是说在朱皇帝北上之前就已经决定了以南京和开封为南北两京。虽然定都问题在以后的岁月中有过反复,但在朱元璋的眼里或者说在当时主流官方看来,北平应该是被"克"的地方,发源于北方的元朝不就被南方兴起的明朝给"克"掉了,明朝主火,应该定都于南方的南京,这似乎是当时人们的普遍认同,包括明初的大明第一人朱元璋都拥有这样的看法。由此说来洪武元年八月大明新皇帝匆匆北上的真实目的可能不在这里,那么他到底要到北平去干什么?

部署对北元的作战步骤,计划彻底割除前阵子北伐留下的"大尾巴"。(《明太祖实录》卷35)

●《克复北平诏》与太原夜袭、山西平定(1368.12)

鉴于北平已被攻占,朱元璋"命徙北平在城兵民于汴梁(当时称北京)"(《明太祖实录》卷35),并决定留下30 000兵马,由都督副使孙兴祖、金事华云龙负责戍守就足够了,命令大将军徐达、副将军常遇春率领北伐主力大军进兵山西。考虑到山西是故元重兵屯驻之地,他再调副将军冯胜和平章杨璟跟随徐达一同征讨(《明太祖实录》卷34)。刚好这时负责打造海舟运送粮饷上北方的汤和,因为夏季海上多有飓风,暂时空闲下来了,朱元璋让他出任偏将军,火速赶来,协助徐达北伐军攻取山西。

至此,明朝初期有名的开国将领齐集起来,虎虎生威。看到这番阵势,朱元璋才满意地离开北平,回到南京。就在回到南京的第二天,他为大明北伐军攻占北平而专门诏告天下,即明史上有名的《克复北平诏》。

在这篇诏告天下文中,朱元璋表达了四层意思:第一,"海宇既同,国统斯正,方与生民共此安平之福",即说蒙元统治已被推翻,我们实现了"驱逐胡虏"的奋斗目标,天下从此可以太平,百姓可以安居乐业了。第二,我朱元璋说话算数,大明帝国不搞民族压迫和民族歧视,天下百姓与各族人民归附后,"各安生理",我大明官府定会"常加存恤";凡我子民,一视同仁;故元或称残元将领由于种种原因还没来归降的,我们不分时间先后,一律欢迎,除个别顽抗到底的死顽固分子外,只要来降了,只要是人才,不论你是什么民族,我都"一体量才擢用"。第三,元主父子指元顺帝和爱猷识理达腊只要"衔璧来降",我朱元璋保证以最隆重的礼仪来迎接你们,将你们当做我家的宾客一般优待。第四,委婉地讲到:尽管我们驱逐了胡虏,颠覆了元廷,但没有完全做到"恢复中华",我们行将继续努力,希望社会各界支持我们的统一战争。(《明太祖实录》卷35;《皇明诏令·克复北平诏》卷1)

应该说这篇檄文写得相当有水平,当然绝不会是半文盲的朱皇帝亲自所为,但进一步充分表达了朱元璋"驱逐胡虏,恢复中华"和建立多民族和平相处的大一统帝国的信心和决心。

不过说到底,这些都是属于政治宣传,枪杆子才是硬道理。就在朱元璋回南京之前,按照他的指示,明初两位极为有名的"快速将军"常遇春和傅友德率领的先遣部队已于九月下旬自北平出发,连连攻克保定府、中山府、真定府;十月初七,另一路由右副将军冯宗异(即冯胜)、偏将军汤和率领的部队在河南渡过黄河,进抵怀庆,故元平章白琐住等弃城逃跑,躲入山西泽州城。冯胜和汤和领兵追到泽州,故元平章贺宗哲、张伯颜等望风而逃,泽州随即被占领。扩廓帖木儿部将平章韩札儿、毛义等听说大明北伐军已经攻入山西,形势十分严峻,赶紧率领兵马前来迎战,大明平章杨璟、参政张斌等听说扩廓帖木儿军来了,也火速赶往前方去增援,这样双方在韩店展开大战,最终明军失利。不过他们并不气馁,因为他们知道,自己的任务不是拿下什么韩店,而是与常遇春、傅友德的另一路大军相互形成掎角之势,配合徐达主力军,攻下扩廓帖木儿当时在山西的大本营——太原。(《明太祖实录》卷35)

那么这时徐达主力军在哪儿?按照事先的约定:十一月徐达率领主力大军离开北平,在河北真定与常遇春、傅友德军会合后,再做了一些调整,然后分兵进攻山西太原。

太原不是扩廓帖木儿的大本营,难道这位残元名将就这么束手就擒?没有,说来也巧合,那时的扩廓帖木儿还不在山西,正在外面执行他的老上级元顺帝下达的任务。

却说元顺帝在北逃上都的途中思前想后,觉得要想挽救大元帝国的残局,目前也只有扩廓帖木儿或许能帮他翻盘,于是就派人前去传旨,令扩廓大帅率领军队出雁门关,由保安州经居庸关,从北部发起进攻,夺回元大都。扩廓帖木儿接旨后迟疑了很久,但想到北伐军真的将天全翻过来了,自己也没什么好处,加上从小就培养起来的忠君思想在这个时候起了大作用了,最终他接受了元顺帝的指示,领兵从太原出发,向着东北方向进军。(《明太祖实录》卷37)

扩廓帖木儿这么一走,山西"家"里就空虚了,再说那么一大群的部队北向行军怎么不会让人知道呢?大明北伐军侦察兵将情况报告给了徐达,有人在边上听到后很为着急:"扩廓帖木儿在元朝将领中以善战著称,且现在他的主力大军前去征剿北平,北平方面的大明守军会不会吃不住?"徐达听后笑道:"扩廓帖木儿率师远出,太原必虚。北平由都督副使孙兴祖和佥事华云龙率领六卫将士足够镇守抵御了。我们应该乘着扩廓帖木儿不在'家'时,立即进抵太原,将他的老窝给端了,让他进又不能跟我们打,退连个老窝都没了,这在兵法上叫做'批亢捣虚'。倘若他回头来救太原,我们正好以逸待劳'恭候'他,让他进退都失利,乖乖地当我们的俘虏!"诸将听了徐达的分析后个个点头称是,随即大军朝着太原方向快速前进。

(《明太祖实录》卷37)

再说此时的扩廓帖木儿正走到元顺帝诏令中指定的保安州,忽然听说徐达大军前往太原,顿时心里就慌了神,当即下令部队转向,回救老巢,并怒气冲冲地扑向徐达、常遇春行军地,大约在距离太原70里的龙镇卫口子临时扎营过夜。(【元】权衡:《庚申外史》卷下)

常遇春听说后,跟徐达讲:"我军骑兵都已集合好了,可步兵速度慢,很多人还在路上赶路呐,要是以现在的这个样子与急速赶来的扩廓帖木儿军交战的话,恐怕对我军会不利啊! 倒不如今天夜里休息时,我们派一支精兵队伍,给扩廓帖木儿来个意想不到的半夜闯营。我想到那时他的大军必定会乱作一团,说不准主将都让我们给逮住了。"徐达听后觉得这个主意不错,当场同意就此实施行动。也许好运真是照着大明,就在徐、常决定实施非常计划时,扩廓帖木儿部将豁鼻马派人偷偷地来到北伐军营中,约定适时归降,且表示愿做内应。

当天夜里正当人们快要入睡时,徐达派出的军中精锐突然间如飓风一般"卷"入元军中。扩廓帖木儿正点着蜡烛坐在营帐里看书,两个童子侍立在边上,突然间听到军营中一下子乱哄哄的,伴随着喊杀声和呼救声,他顿感情势不好,我们可能受人夜袭了! 慌乱之中他下地穿靴,只穿上一只,还有一只怎么也穿不上,算了,只好一只脚光着,跑到营帐的后面,也管不了是不是自己的宝马,拉来就骑,结果骑了一匹骡马,一颠一颠地往着大同方向逃去,随从只有18个骑兵跟上。

天亮了,豁鼻马派了儿子来徐达军中通报,徐达随即率兵进军太原城西,豁鼻马带了大批的将校兵士来降。当时北伐军共俘获了40 000元兵,40 000多匹马。徐达在忙碌着受降,常遇春也没闲着,听说扩廓帖木儿往大同方向逃去,他立即率领人马拼命追赶,追到忻州时还没追上,眼看也没什么希望了,算了,回营吧! 可犹如惊弓之鸟的扩廓帖木儿却听说有人在追赶,大同他也不敢去,算了,要逃就逃得远一点,一口气跑到了甘肃(今甘肃省张掖)。(《明太祖实录》卷37)

扩廓帖木儿这一跑,山西境内元军阵营如多米诺骨牌一般地倒塌了。就此北伐军占据整个山西。

● 剪除余虏、夺取关陇——朱元璋:我忽悠你们的呀,现在可来真格的啦!

山西平定后,按照事先的设计与规划,下一个进攻目标就是关陇地区的几股残元势力。

◎ 增援北伐军,转向关陇

洪武二年(1369)正月,朱元璋派人给太原的北伐诸将送来敕谕,说:"御史大夫汤和等平定浙东、福建,平章杨璟等进剿湖湘地区、平定广西,都已班师回朝复命了,但论功行赏之事尚未举行,就等大将军你们北伐彻底取胜的喜讯了。前阵子我派了一些将领前来增援你们,以汤和为偏将军,杨璟听用。杨璟可带领一部分人马由泽州出发,经潞州,直接西向,进攻关中残元部队。虽说人数可能少了些,但战场上就要看你们怎么用兵的了。这些兵家常事,当然就不用我多说什么了。太原之捷得之于用兵之巧,岂不是一大奇事! 今天我叫人来,主要是通知你徐大将军:右副将军冯胜位居常遇春之下,偏将军汤和位居冯胜之下,偏将军杨璟位居汤和之下,以此排序,希望你们能协力同心,即行西进,攻取关中,剪除余虏,完全实现我们恢复中华之宏愿。不要以为细小的事务我会怎么看,倘若我有什么安排处置不当的、调度不周的,你们发现后就得谨慎行事;不要以为是我定的事情,就不可作一丝一毫的修正与改动,你们更应该谨慎又谨慎啊!"(《明太祖实录》卷38)

该敕谕与北伐前朱元璋的那番说法似乎有着很大的差异,除了对北伐军将领做了新的排序外,赋予了身临战争现场的徐达等军事将领更多的灵活机动权。那为什么先前极度自信、"自我感觉优秀"的朱皇帝一下子变得谦虚起来了呢?

以笔者来看,很可能那时的朱元璋发现:先前自己定的攻打元大都的具体战术出了小纰漏,徐达曾提出"关门打狗"的策略是相当正确的,可惜当场被否定了。朱皇帝决策的不足就在于:看高了元朝的实力和军事作战能力,缺乏对瞬息万变的战争局面做出及时正确的反应,留下了无穷的后患。不过那时的朱元璋有个十分可贵之处:一旦发现错误,及时地加以纠正和弥补。现在大明北伐军要去攻打关中了,这是首次交锋的对手,究竟怎么个打法,只有徐达等亲临战场的人才清楚,所以说朱元璋的这份敕谕下得还是很有水平,也很及时。而徐达呢,对于凡事都要过问的老领导之脾性太清楚不过了,尽管在敕谕里头皇帝没有也不可能直接地说"上次我错了",但在只言片语中就透露出了这样的意思。知错能改就好,昔日我们是哥儿们,可现在他是君,我是臣,我还是做好臣子的本分! 想到这里,徐达立即叫来千户刘通海,让他带了朱皇帝的敕谕上陕西潼关去,找都督同知康茂才、都督佥事郭兴,告诉他俩:"潼关是三秦门户,两位将军领兵扼守在此,就等于是把控住了老鼠洞口,李思齐、张思道等就如洞中老鼠一般,我们不用多少力气就能制服他们。不过,倘若近期他们来进攻,你们就不要理会,战场上的事情最让人捉摸不透,胜败谁也说不清,你们最为重要的任务是守好关口,厉兵积粮,严为守备,等到我们大军一

到,诸军合力,共歼顽敌,夺取关陇。"(《明太祖实录》卷38)

在做好布置后,徐达于洪武二年(1369)二月命令常遇春、冯胜等带领大军率先西向渡河,直趋陕西,自己则于三月带领主力大军经栎阳(潼关北)直抵鹿台,进攻奉元路(即西安)。当时元朝官军在陕西奉元路一带的布置情况是这样的:元行省平章李思齐据凤翔,副将许国英、穆薛飞等守关中,张思道与孔兴、脱列伯、李景春等驻鹿台,三路军从三个不同的方向拱卫着奉元。要说这三路军在当年也说得上是远近闻名,不过他们的闻名却不怎么光彩,是因为与中原的扩廓帖木儿打内战打出了名。原本起兵时,他们都因大元国家有难,响应元顺帝的号召,组织义兵来对付如火如荼的反元起义。后来各地反元起义军相继被镇压了,就剩下南方的朱元璋等几支反元军事势力,元廷要求他们督兵南进,与扩廓帖木儿一起进剿,但他们个个都是猴精,谁也不乐意。正因为这些大元帝国的地方军事大亨们格外的"矜持",客观上"帮助"了朱元璋实现了南方的统一。(《元史·顺帝本纪十》卷47)

◎ 关中军阀:原来朱元璋是忽悠我们的! 北伐军攻占关陇重镇奉元即西安

吴元年(1367)十月中旬朱元璋在正式下达北伐命令之前,曾派人上关中去给李思齐、张思道等元将大亨送上"劝慰"书信。朱元璋在信中大搞"统战"工作,软硬兼施,先将李思齐、张思道两大军阀拉一拉,捧一捧,然后告诫他们要顺应天命,通时务,识大体,要审时度势,息兵养民,尊奉"可尊者"——潜台词是你们尊奉的那个"主"是什么货色,值得你们那么去为他卖命吗?信中朱元璋还说:"二公当揣其福德,威力足慰民望者,推一人为尊,抚定关中",这不明摆着叫他们互不买账,整出个是非来。尽管李思齐、张思道两人并没有就此翻脸,但对于各自的内心而言,朱元璋的书信还真挠到了他们的"痒处",更有什么"吾若以用兵争强之事相告,使二公彼此角力以决雌雄,是秦民未有休息之日"明显带有威胁性的口吻,等于是告诉他俩:请你们不要来惹我,我也不碰你们(《明太祖实录》卷26)。还真别说,朱元璋这等手法十分管用,徐达率军北伐中原时,这两大关中势力就持观望的态度。

可不久让李思齐、张思道两位内讧好手没想到的是,"大忽悠"朱元璋仅仅是"忽悠""忽悠"他们,哪会真的"你不犯我,我不犯你"呐。再说中国还有句古话,叫做"卧榻之侧岂容别人酣睡",更何况"驱逐胡虏,恢复中华"还是当时朱元璋的建国纲领和大明北伐军的奋斗目标! 而现在中原地区的"胡虏"已被驱逐出去了,北伐军自然就要转过身来收拾李、张为首的关中地区的"胡虏"帮凶与爪牙。

要说关中地区的这些"胡虏"帮凶和爪牙,过去与扩廓帖木儿搞内斗还十分在行,但面对秋风扫落叶似的大明北伐军,他们却个个闻风丧胆。听说过去的老冤家扩廓帖木儿与大明北伐军尚未正式交手,就给吓得只穿了一只靴子逃跑的传闻后,李思齐和张思道连继续待在原地的勇气都没了。洪武二年三月,徐达军先锋都督佥事郭兴攻进奉元路,张思道听到消息后赶紧出逃,一口气跑到奉元北面上百里外的庆阳,元平章王武率领当地官属和父老千余人开城归降,徐达整师入城,随后改奉元路为西安府。(《明太祖实录》卷40)

北伐军进入关中时,正值当地闹饥荒,老百姓嗷嗷待哺,鉴于十分严峻的形势,徐大将军上请皇帝朱元璋同意,给每户人家发米一石。可每户一石大米怎么也解决不了眼前的活命问题,而当地的粮食又特别紧张,朱皇帝听说后,下令给徐达,让他从河南孟津等地调集大量的粮食,运往关中,给每户人家再发二石米。这下可救了百姓们的命,由此民心"大悦"。(《明太祖实录》卷40;【明】高岱:《鸿猷录·勘定关中》卷5;【清】谷应泰:《明史纪事本末·略定秦晋》卷9)

◎ 轻轻松松占领凤翔与临洮大捷

在安定百姓的同时,徐达命令耿炳文驻守西安,常遇春、冯胜则率军继续西进,征讨凤翔的李思齐。李思齐原先屯兵在潼关,洪武元年四月,冯胜率领先遣部队开始闯关时,李思齐丢盔弃甲逃往到了凤翔(今宝鸡东北),在那里待了一年左右。(《明太祖实录》卷32)现在听说徐达派人来攻打凤翔了,这位打内战的老手充分发挥了自己的另一个特长——逃跑,率领10多万部众一路没命地向西逃窜,唯恐不安全,一直逃到数百里外的临洮才算停下了脚步,由此凤翔府轻轻松松地给常遇春和冯胜占领了。(《明太祖实录》卷40)

占领凤翔后,陕西南部的军事重镇全都掌握在北伐军手中,形势实在喜人。不过令人遗憾的是,让李思齐和张思道两个老牌军阀给溜了。如果不对其进行乘胜追击的话,必将会留下巨大的后患。为此,北伐军前线总指挥徐达在凤翔召集诸将,讨论彻底消灭关中地区残元军事割据势力的作战方案。多数将领认为:北逃庆阳的张思道才能不如西逃临洮的李思齐,且庆阳没有临洮那么坚固,因此主张先由豳州攻取庆阳,然后再由陇西西向进攻临洮。可徐达不这么认为,他说:"张思道军中兵士多剽悍,且占据的庆阳城又十分险要,不容易迅速攻下。而临洮之地,西通番夷,北面是黄河与湟水,我军一旦攻下它,'其人足以备战斗,其土地所产足以供军储'。况且从目前的形势来看,逃亡临洮的李思齐只要我军再逼一逼,他要么乖乖地献出临洮城,要么再向西逃往胡虏地界。不论哪一种,临洮城就是咱们的了。西北重镇临洮一旦被攻下,其他城池就会不战而降。"听到这里,诸将个个点头称是。徐达当即决定,命令御史大夫汤和守卫营垒、辎重,指挥金兴旺偕余思明等驻

守凤翔，自己则亲率大军开赴西北陇州。(《明太祖实录》卷41)

当时有军事情报说，北元大将也速率军偷偷南下，想利用大明北伐军西征的间隙，袭击北疆要地通州。朱元璋获悉后立即派出特使火速赶往西北，急调常遇春率师奔赴北平和通州，对付南下的北元军。于是，西征之事就由大将军徐达独当一面。(《明太祖实录》卷41)

再说徐达大军一路进兵非常顺利，第二天就攻取了凤翔西边军事要地陇州(陕西陇县)，没几天又攻下了巩昌(甘肃陇西，临洮东边不远的一个军事要地)。在巩昌，徐达稍稍做了一下休整，命令都督佥事郭兴守城，然后兵分两路：一路由右副将军冯胜率领的天策、羽林、骁骑、雄武、金吾、豹韬等卫的精锐将士前去征讨临洮；另一路则由都督副使顾时、参政戴德各将本部兵进攻兰州。其实大明军进攻到巩昌时，临洮、兰州就在眼前了。两地的元军听到大明军一路所向披靡，早就吓破了胆。四月十三日，当顾时与冯胜分别发起对兰州和临洮的攻城战时，两城元军将士毫无作战之心，乖乖地举手投降。势穷力蹙的李思齐看到这般情形，也只好归降大明军。徐达随即将其送往京师南京，皇帝朱元璋相当高兴，任命李思齐为江西省左丞，享受着大明帝国省部级"老干部"的待遇，又不必去上班，美哉！美哉？！(《明太祖实录》卷41)

◎ 庆阳围城战与陕西的平定

李思齐问题解决后，大明军西征的下一个目标就是占据陕北庆阳的张思道割据势力。对此，远在千里之外的皇帝朱元璋予以了高度的重视，在获悉临洮大捷的喜讯后，他专门遣使诏谕大将军徐达："将军提师西征，攻必克，战必胜。现在李思齐归降了，下面要攻取庆阳与宁夏，不知将军有何打算？占据庆阳的张思道兄弟多谲诈，倘若他们来降，将军要特别谨慎处理，千万别中了他们的诡计！"(《明太祖实录》卷41；【清】谷应泰：《明史纪事本末·略定秦晋》卷9)

徐达接到朱皇帝谕旨后集合大军，由临洮出发，兵向东方，连连攻克安定(甘肃定西)、会州(甘肃会宁)、靖宁(甘肃静宁)、隆德等要塞，然后翻越六盘山，来到了开城、红城，东出萧关，遂下平凉。由此开始兵分两路，一路由指挥朱明克率领攻取东北方向的延安；另一路则由他亲自带领进逼正北的庆阳。(《明太祖实录》卷41～42)

而此时庆阳城里已经发生了变化，关中大军阀张思道听到大明北伐军攻克西北重镇临洮的消息后，顿感情势不妙，赶紧拿出自己的看家本领——逃跑。逃跑前他将庆阳城交给了他的弟弟张良臣与平章姚晖镇守，自己则向北流窜到宁夏，为先到那里的扩廓帖木儿所不容，与"金牌张"等部将一起被抓。

这时徐达已攻下了平凉，正谋取庆阳，派了御史大夫汤和攻打泾州(甘肃泾川)

以及别遣指挥张焕率领骑兵侦逻庆阳。张良臣眼见这等情势,心里十分紧张,恰恰就在这时从北传来消息:哥哥张思道被老冤家扩廓帖木儿给抓了起来,顿感无路可走了,面对大明北伐军的强大攻势和频频招降,忽然间他灵机一动,派了手下属官参政花某赶往徐达军营里,主动献上庆阳城军民人数清册等,表示愿意整城归降。徐达当然很开心,派了右丞薛显带领骑兵 5 000 人、步兵 6 000 人随同张良臣特使李克己等一同赶赴过去,打算接管庆阳城。到了庆阳时,有人快速入城通报给了张良臣。张良臣随即率领庆阳官员匍匐在道路的左侧,表示归附大明。等到夜晚来临时,乘着赶了一天的路程已经疲惫不堪的大明将士们入睡时,他突然间发起了袭击,大明指挥张焕被抓,薛显受伤后拼死作战才得以逃脱。(《明太祖实录》卷 42)

见到受伤的薛显,徐达不由得感慨万分,跟身边的将领说道:"皇帝陛下万里之外早已看出了张氏兄弟的奸诈,今日所发生的事情,与圣上所讲的真是一模一样啊!张良臣自以为聪明,殊不知这般逆行是在加速自己的灭亡啊!我们大家齐心合力,攻取庆阳,除掉这个奸诈的小人!"众将齐声称好。徐达随后亲率主力大军疾趋泾州。就在这时,远在临洮的右副将军冯胜和参政傅友德听说了徐达军的遭遇后,立即赶赴过来增援,御史大夫汤和也率部前来会师。至此,关中地区的大明北伐军主要将领基本到齐。徐达当即做出严密的作战安排:平章俞通源带领精骑守住庆阳城的西面,都督副使顾时守住北面,参政傅友德守住东面,都督佥事陈德守住南面,整个庆阳让大明北伐军给团团围住了,出入不得。

眼看就要被困死在城内了,张良臣几次派出求援特使,梦想北向向扩廓帖木儿求救,可不是被大明军给杀了,就是给俘虏了;而扩廓帖木儿此时好像也"回心转意"了,几次派了救兵想来增援庆阳,可全让徐达、冯胜军给击败了。如此下来,庆阳城内外音讯不通,粮饷乏绝,最后到了煮人肉汁和泥充饥的地步。八月下旬,已经坚守了 4 个月的庆阳城再也支撑不下去了,受张思道委托守城的另一部将姚晖带了熊左丞、胡知院、葛八等人打开城门,投降了明军。徐达率军入城,张良臣父子眼见大势已去,又走投无路,只好投井自尽。不料被迅速入城的大明军将士给捞了出来,徐达下令将其处斩。(《明太祖实录》卷 44)

自此,陕西大体平定。九月,徐达与汤和接受洪武皇帝之令,返回京师南京,留下右副将军冯胜守卫庆阳,总制各镇兵马。(《明太祖实录》卷 45)

● 十"清沙漠",南平川滇,横扫割据,天下一统

陕西的平定,不仅标志着洪武开国、统一全国运动进入了新阶段——大明实现

了全国大体上的统一（除川滇等以外），而且也意味着朱元璋北伐军西征使命的完成，大家可以好好地休整一番。

可就在这时，逃亡塞外的元顺帝为首的蒙元权贵组织残元军事势力，对故都北平和大明北疆等地发起了猖狂的反扑，图谋恢复大元帝国。如此严峻的形势表明：当初朱元璋否定徐达的"关门打狗"战术，采取了"纵其北归，天命厌绝，彼自澌尽，不必穷兵追之"（《明太祖实录》卷32）的不恰当倒元策略所产生的负面影响和贻患越来越大、越来越明显，残元这个"大尾巴"开始变成大麻烦、大后患。或言之，洪武君臣当年提出"驱逐胡虏，恢复中华"的北伐宗旨与重建大一统帝国的奋斗目标从完整意义角度来讲还没有实现。

○ 北元组织反攻与大明"清沙漠"运动的开启

洪武元年（1368）八月，元顺帝率三宫后妃、皇太子、皇太子妃和百官扈从者左丞相失烈门、平章政事臧家奴、右丞定住、参知政事哈海、翰林学士承旨李百家奴、知枢密院事哈剌章、知枢密院事王宏远等百余人从大都北逃后，一路狂奔，来到了上都开平，在那里歇住了脚，召见群臣，"询恢复之计"（【元】刘佶：《北巡私记》），并继续使用大元国号，史称"北元"时期开始了。

面对大元帝国败亡之残局，元顺帝没有也根本不可能进行彻底的整顿，能做的就是给那些残元军政头领们加官晋爵，搭起了塞外朝廷的架子，任命太尉、辽阳左丞相也先不花为中书省左丞相，代替不久前病逝的失烈门，以纳哈出为辽阳行省左丞相，并封扩廓帖木儿为齐王，不久又升其为中书省右丞相，封中书省右丞相也速为梁王。齐王和梁王的册封倒不是因为元顺帝有多喜欢他们，也不是因为他们有多大的军事功劳，而是为了军事反攻的需要。当时北元主元顺帝下诏，让藩属国高丽提供兵源，并将残存的军事主力集结在这样的几个军事着力点上：东起大宁（今内蒙古宁城西），西至上都开平，中经红罗山（今小凌河上游），北至全宁（今内蒙古翁牛特旗），构成了一个尖山形或称三角形——这是一种比较保险和牢固的军事作战与防守的布阵，"庚申帝（指元顺帝）在上都，红罗山在东南，也速（和皇太子爱猷识理达腊——笔者根据《北巡私记》补充之）驻兵在焉。上都恃有红罗山为之藩篱，红罗山恃上都为救援而不设备"。（【元】权衡：《庚申外史》卷下；【明】佚名：《北平录》）

○通州守将曹良臣大唱"空城计"，智退北元40 000精骑

据军事史专家研究，三国时代的军事家诸葛亮和司马懿在战争中就经常运用三角形军阵。现在元顺帝在塞外也用起了它，目的就是想恢复已经失去的大元江山。

当听说曾经让他魂飞魄散的大明北伐军西征关中的消息时,萎靡了一生的游乐皇帝顿时来了精神,觉得这是收复元大都和中原的绝佳机会,洪武二年(1369)二月,他命令梁王也速率领40 000精骑南下(【元】刘佶:《北巡私记》),进犯北平近郊的通州。

当时北平守军势单力薄,通州城中亦不满千人。可南下的也速一下子吃不准明军的底细,他来到白河扎下了大营后并没有立即发起攻击,而是在寻找进攻的时机。

这时通州的大明守将平章曹良臣对手下将士们说:"我军现在人数甚少,根本不能出战;敌人虽然人多,但是亡国之军,屡次遭受我军打击,犹如惊弓之鸟,只要我们略用巧计,定能智退敌兵。"说完,他秘密派遣指挥佥勇等在沿河一只只船上各插上3面红旗,绵延10多里,再叫上一些力气大的兵士拼命击钲擂鼓,声响震天动地。

驻扎在白河上的也速听到后出来查看阵势,见到红旗的海洋,误以为自己中了大明军的埋伏,立即领兵向北撤退。就在这时,大明通州守将曹良臣率领城中精骑渡过白河,一路追击。追到蓟州时,看看实在追不上了,这才下令返回通州。(《明太祖实录》卷39)

一个半月后的四月初一,北元主元顺帝得到情报:大明北伐军还在西征,北平及其附近地区的军事守护势力依然十分薄弱。为此他专门诏令晃火帖木儿、也速"分道讨贼(指明军),恢复京师"。没想到数天后,当晃火帖木儿和也速领着蒙元精骑来到滦州时,遭到了"恭候"在那里的大明军的迎头痛击。(【元】刘佶:《北巡私记》)

这就怪了,不是说大明北伐军主力在关中作战,北平及其附近地区明军守备力量薄弱,怎么会冒出这么多的明军将士?

原来自第一次北平、通州危机的消息传到南京后,朱元璋立即予以高度重视,专门派了特使前往关中军事前线,从徐达那里调走了"快速将军"常遇春,让他火速从凤翔领兵东向,回师北平,征讨"迤北余寇",由此开启了大明帝国历史上"清沙漠"或言"平沙漠"或言"征沙漠"(《明太祖实录》卷48)运动。

○ 北"清沙漠",南平川滇,双管齐下,主次分明

"清沙漠"一词不是笔者臆想出来的,而是当年明朝人针对军事打击北元残余势力的专门说法,也是朱元璋君臣实现"驱逐胡虏,恢复中华"宏愿的最后努力。我们现在国人之所以不熟悉是因为过去没人专门论述过。其实"清沙漠"一词至迟在洪武初年已经出现,洪武四年五月乙亥日,朱元璋在"免两浙秋粮诏"中就这样说道:"朕起农业……重荷上天眷佑,平群雄,一天下,东际辽海,南定诸番,西控戎夷,北清沙漠。"(《明太祖实录》卷65)但在这之前的洪武三年正月,朱元璋发起北征军事行动时却用了"征沙漠"一词(《明太祖实录》卷48),以后"征沙漠"与"清沙漠"交

替使用。

其后在朱皇帝的敕谕中出现"永清沙漠"(《明太祖实录》卷71)、"肃清沙漠"(《明太祖实录》卷185)、"扫清沙漠"(《明太祖实录》卷226)等多种说法,但意思都一样,即要清除漠北蒙元残余势力。从时间跨度来看,这样的词语从洪武初年一直沿用到了洪武晚年,前后长达20多年,总计进行了10次打击北元的重大军事行动。为还原历史的本来面目,我们就将其称为"十清沙漠"。见下表:

明初洪武年间大明帝国10次清沙漠情况简表

	时间	明军主帅	明军兵力	主要战斗	目标地	行动结果	史料出处
第一次清沙漠	洪武二年(1369)六月～八月	北伐军副总兵官常遇春(在战争将结束时突然薨世)、平章李文忠为偏将军	总计10万步骑兵	全宁之战、大兴之战、开平大捷、大同之战、太原之战	元上都开平	明军攻占元顺帝逃亡地上都;元顺帝再次北逃,前往应昌;俘获元宗王庆生及平章鼎住等高官及将士与战车各10 000;关中老牌军阀脱列伯被俘,孔兴被杀	《明太祖实录》卷43;《明史·鞑靼传》卷327
第二次清沙漠	洪武三年(1370)正月～十一月	右丞相信国公徐达为征虏大将军、浙江行省平章李文忠为左副将军、都督冯胜为右副将军、御史大夫邓愈为左副副将军、汤和为右副副将军	数十万～仅东路军就有10万	●西路:兰州保卫战、定西沈儿峪大捷、河州大捷 ●东路:兴和之捷、骆驼山之捷、应昌大捷	西北:定西扩廓帖木儿营地	●西路徐达军:俘获北元郯王、文济王及国公阎思孝、平章韩扎儿等官1 865人,将校士卒84 500余人,马15 280匹。扩廓帖木儿携妻儿仓皇逃往和林 西路邓愈军:自临洮进攻河州,招谕吐蕃诸酋,大明开始收服西北 ●东路李文忠、冯胜军:俘获元主嫡孙买的里八剌并后妃、宫人,暨诸王、省院达官等,共计俘获了元军民50 000多人;只有元太子爱猷识理达腊和几十个精骑得以逃脱	《明太祖实录》卷48～51;【清】谷应泰:《明史纪事本末·故元遗兵》卷10;《明史·徐达传》卷125;《明史·鞑靼传》卷327)

续表

	时间	明军主帅	明军兵力	主要战斗	目标地	行动结果	史料出处
第三次清沙漠	洪武五年（1372）正月～十一月	●徐达为征虏大将军,出中路;中路中有能征善战的骁将蓝玉 ●曹国公李文忠为左副将军,出东路 ●宋国公冯胜为征西将军,出西路	大明此次出兵总计15万人	●中路：蓝玉取得土剌河大捷；明军展开杭爱岭血战；断头山之战 ●东路：应昌大捷、哈剌莽来之捷、阿鲁浑河大战 ●西路：傅友德七战七捷——西凉、永昌、忽剌罕口、扫林山、集乃路、别笃山口、瓜沙州	●中路：和林； ●东路：应昌； ●西路：甘肃	●徐达中路大军在杭爱岭中了蒙古人的埋伏,数万明军将士命丧漠北荒原；汤和兵败断头山 ●李文忠东路军在土剌河中了蒙古人的埋伏,但在阿鲁浑河大战中取得了胜利,"获人马以万计"；进军至蒙古称海折回 ●冯胜、傅友德西路军总共打败了北元军十几万人,俘获牛羊车马无数	●【明】陈仁锡：《明世法录·徐中山王世家》卷84;【明】王世贞：《弇州史料·徐中山世家》前集卷19 ●《明太祖实录》卷74 ●《明太祖实录》卷74
第四次清沙漠	洪武六年（1373）春季～年底	大将军徐达、左副将军李文忠、右副将军冯胜	史书未载兵力数	大同大捷、猫儿庄之捷、三角村之捷	扩廓军侵扰晋冀边境	●打退扩廓帖木儿对山西、河北等北部边境的侵扰 ●在这过程中,朱元璋加紧对北疆军队卫所机构的建置,自辽东、北平直到宁夏、甘肃一线,筹建辽东、北平、山西、陕西等总计10个都司和行都司（相当于现在的大军区）,构成灵活机动的边疆军事作战体系,不过这项工作的完成大致要到洪武晚期了	《明太祖实录》卷86;《明史·鞑靼传》卷327

续表

	时间	明军主帅	明军兵力	主要战斗	目标地	行动结果	史料出处
第五次清沙漠	洪武七年(1374)四月~七月	左副将军李文忠、都督佥事猛将蓝玉等	史书未载兵力数	兴和大捷、高州大石崖大捷、氊帽山大捷	北平周围北元军	●兴和之战中北元国公帖里密赤等60个高官被俘；大石崖之战，斩故元宗王朵朵失里，擒其承旨百家奴；氊帽山之战斩故元鲁王、司徒答海俊，俘获元平章把剌、知院忽都、鲁王妃蒙哥秃等 ●洪武八年元末名将扩廓帖木儿卒于哈剌那海之衙庭；洪武十一年，元昭宗爱猷识理达腊病卒，子脱古思帖木儿继位	《明太祖实录》卷91；《明史·鞑靼传》卷327；《明太祖实录》卷100
第六次清沙漠	洪武十三年(1380)二月	西平侯沐英	史书未载兵力数	亦集乃路大捷	西北亦集乃路	沐英"经宁夏，历贺兰山，涉流沙"，历经七天七夜，奔袭亦集乃路，当场俘获了国公脱火赤和枢密知院爱足等，后又抓获了平章完者不花等，以乌萨哈尔汗、脱古思帖木儿为首的北元新领导班子受到了重创，但让叛服无常的北元国公乃儿不花给溜掉了	《明太祖实录》130；《明史·鞑靼传》卷327
第七次清沙漠	洪武十四年(1381)正月~四月	魏国公徐达为征虏大将军，信国公汤和为左副将军，颍川侯傅友德为右副将军	史书未载兵力数	傅友德在灰山大获全胜；沐英在公主山长寨取得战斗胜利	河北北疆地区	大将军徐达率诸将出塞，灰山大捷，大明"获其部落人畜甚众"；公主山长寨大捷，大明军"歼其戍卒，获全宁四部以归"；但最终又让叛服无常的北元国公乃儿不花给溜掉了	《明太祖实录》卷137~138

续表

	时间	明军主帅	明军兵力	主要战斗	目标地	行动结果	史料出处
第八次清沙漠	洪武二十年(1387)正月	宋国公冯胜为征虏大将军，颍国公傅友德为左副将军，永昌侯蓝玉为右副将军，南雄侯赵庸、定远侯王弼为左参将，东川侯胡海、武定侯郭英为右参将	大明出兵20万	蓝玉取得应州大捷；冯胜等率大军兵围金山（今天东北双辽附近的辽河北岸），逼降纳哈出	纳哈出军所在地金山	招降纳哈出部20余万人，"羊、马、驴、驼、辎重亘百余里"；大明都督濮英断后，不幸被俘，"绝食不言，乘间自剖腹而死"；六月甲寅日，冯胜率军驻扎金山亦迷河时，曾俘获北奔达达军士遗弃车辆44 963辆，并马数千匹，伤残虏军24 229；洪武二十年七月，接受了纳哈出所部营王失剌八秃与与云安王蛮吉儿的、郡王桑哥失里和尚国公等故元高官的归降	《明太祖实录》卷182～183；《明史·鞑靼传》卷327
第九次清沙漠	洪武二十九年～武二十一年(1388)五月	永昌侯蓝玉为征虏大将军、延安侯唐胜宗为左副将军、武定侯郭英为右副将军、都督金事耿忠为左参将、都督金事孙恪为右参将	总计出兵15万	蓝玉率军远征极北地区的捕鱼儿海（今贝尔湖）	漠北胡虏余孽逃亡地	北元主脱古思帖木儿和太子天保奴、知院捏怯来、丞相失烈门等几十人乘着混乱逃跑；大明军俘获北元次子地保奴、妃子等64人，故太子必里秃妃并公主等59人，詹事院同知脱因帖木儿、吴王朵儿只、代王达里麻平章八兰等2 994人，同时俘获的还有军士男女77 037口、宝玺、图书、牌面149，宣敕照会3 390道、金印1枚、银印3枚、马47 000匹、骆驼4 804头、牛羊102 452头、车辆3 000余辆。几天后，蓝玉又破故元将哈剌章营，获其部下军士15 803户，马和骆驼48 150余匹	《明太祖实录》卷190；陈建：《皇明资治通纪》卷3；【明】焦竑：《国朝献征录·武定侯郭公英神道碑铭》卷7；《明史·鞑靼传》卷327

续表

	时间	明军主帅	明军兵力	主要战斗	目标地	行动结果	史料出处
第十次清沙漠	洪武二十三年(1390)三月	颖国公傅友德为征虏前将军、南雄侯赵庸为左副将军、怀远侯曹兴为右副将军、定远侯王弼为左参将、全宁侯孙恪为右参将，听从燕王朱棣、晋王朱棡指挥	史书未载兵力数	偷袭迤都山（今内蒙古二连浩特东北）	漠北迤都	●洪武二十一年十月，与元主忽必烈有着争位过节的忽必烈的弟弟阿里不哥的后裔也速迭儿袭杀北元主脱古思帖木儿和太子天保奴。故元国公老撒、知院捏怯来、丞相失烈门于耦儿千地遣右丞火儿灰、副枢以剌哈、尚书答不歹等率其部3 000人至京，进马乞降。北元名存实亡 ●大明心腹之患故元太尉乃儿不花、丞相咬住、忽哥赤，知院阿鲁帖木儿等被活捉，并归降了大明 ●自脱古思帖木儿后，部帅纷挐，五传至坤帖木儿，咸被弑，不复知帝号。有鬼力赤者篡立，称可汗，去国号，遂称鞑靼云	《明太祖实录》卷193～194；《明太祖实录》卷200～201；《明史·鞑靼传》卷327

伴随着"十清沙漠"行动，大明在此期间还发动了对西南明氏夏国和残元云南梁王等割据势力的统一战争。大约到了洪武中晚期时，朱元璋才在完整意义上完成了"驱逐胡虏，恢复中华"，重建大一统多民族国家的历史使命。由此可见"清沙漠"行动是当时大明帝国进行的全国统一战争的主线，我们就此详述如下：

● 第一次"清沙漠"行动——全宁之战、大兴之战、开平大捷、大同之战、太原之战——洪武二年六月～八月

仔细考量洪武二年(1369)上半年两次北平周围危机的缘由，纵然有着大明北

伐主力军西行远征关陇，从而在客观上造成北平地区军事力量薄弱等不利情势，但如果我们悉心留意元大都即明北平与当时元顺帝塞外大本营上都开平之间的距离，就会发现其与北平到东部重镇蓟州之间的距离大致相等。换句话来说，元朝虽然被推翻了，但元朝的主子尚在元故都北平不太远的地方时刻窥视着。如果不加以打击和彻底清除的话，大明就永无宁日。对此，开国皇帝朱元璋似乎早已意识到了自己先前决策的不足和北疆形势的严峻，在北伐军西征关陇尚未取得完全胜利的洪武二年六月，他就下令抽调了北伐军副总兵官常遇春迅速赶赴北平，并以平章李文忠为偏将军，共率步兵80 000、骑兵10 000，发动了明朝历史上的第一次"清沙漠"行动，最终目标是力捣元顺帝老巢开平。

常、李率领90 000大军从北平出发后，途经三河、鹿儿岭、惠州（河北平泉南），直趋东北重镇大宁。就在这时，原本受命南下骚扰的北元梁王也速听到了大明军北上清剿的消息后，立即领兵北返，在全宁追上了明军，在此双方就干了起来。本来在北元称得上是能征善战的猛将也速，这回在常、李两位将军面前却成了不堪一击的草包，交手没多久，他便大败遁去。常、李大军随之继续行军，进取大兴州。

可到了那里一看，顿时就傻眼了，四周空无一人，这是怎么回事？李文忠跟常遇春分析道："常将军，在末将看来，北虏一定是逃跑了。鉴于这里地势很重要，我想在这里设下埋伏，等候逃跑的北虏路过时，我们一举将其歼灭。"常遇春当即批准了这个军事方案，将兵士分为八屯，埋伏在大路的两旁。当天夜里果然有逃亡的蒙古将士一拨子一拨子地路过，常遇春与李文忠看到火候差不多了，突然发起了攻击，大败北元军，俘获丞相脱火赤等。随后两将军领兵向着开平方向进发。

这时正在开平的北元主元顺帝早就得到了消息：明军两位快速将军领兵打过来了！怎么办？溜吧！就此，明军顺利地占领了开平。

常遇春和李文忠听说元顺帝一行向北逃跑的消息后，立即组织人马前去追赶，可追了几百里也没追上，最终只好返回开平。不过，这次追击收获也不小，宗王庆生及平章鼎住等北元高官，因为没来得及逃跑，都被明军一一俘获，后遭斩杀；同被俘获的还有大约10 000名蒙元将士，10 000辆战车、3 000匹马和50 000头牛。由此，"蓟北悉平"。（《明太祖实录》卷43；《明史·外国八·鞑靼传》卷327，列传第215）

再说落荒而逃的元顺帝来到开平东北的应昌（内蒙古克什克腾旗达里诺尔西南）后，很快就与北逃的关陇地区军事割据头领脱列伯、孔兴等取得了联系，随即命令他俩迅速率军南下，进攻山西大同，搅乱大明北疆局势。

而就在这时大明第一次"清沙漠"主将常遇春暴卒，副将李文忠接到皇帝朱元璋的命令,赶赴关中,支援当时正在围攻陕北重镇庆阳的徐达大军。当走到山西太原时,他突然得到消息:脱列伯和孔兴正在围攻大同,形势十分危急。李文忠跟随行的左丞赵庸说:"按照当今圣上的圣旨,我们本该立即赶往关中去。但现在大同告急,如果等到朝廷谕旨下来,那就来不及了。将帅统兵在外,只要对国家有利,便可自行做主。我们赶紧去救援大同,机不可失!"说完他率领大军立即转向,由代州出雁门关北上,来到了距离大同大约50里的白杨门驻营。他一边派人偷偷上大同去通报给那里的守城明军:外援已到,大家安心守城就行了;一边设计诱惑围攻大同的元军来战,然后乘其不备,生擒元将脱列伯,俘获兵士10 000多人。孔兴听到消息后顿时吓坏了,赶紧逃往绥德,不料到了那里又被手下部将所杀。至此,关中地区曾经称雄一时的几大军阀都有了归宿。元顺帝听到消息,"知事不济,无复南向矣"。(《明太祖实录》卷44)

应该说第一次"清沙漠"行动的收获还是挺大的,不过大明在此行动快结束时也付出了一大代价,那就是40岁的常遇春将军在驻军柳河川时暴卒。洪武皇帝朱元璋闻听噩耗,"大震悼",当常遇春遗体运往龙江(今南京下关)时,他亲自出来迎接与祭奠,并追赠常遇春为翊运推诚宣德靖远功臣、开府仪同三司、上柱国、太保、中书右丞相,追封开平王。(《明史·常遇春传》卷125,列传第13)

● 第二次"清沙漠"行动——洪武三年(1370)正月~十一月

第一次"清沙漠"行动尽管收获很大,但还是留下了一大遗憾,让北元主元顺帝又给溜了。元顺帝之所以能两次溜走,很大程度上借助了"地利"——对于汉族来说令他们头痛不已的可能是漠北地区的天气与地理条件;至于"人和",说不上来;但不容忽视的还有"天时"(姑且用此词,因为元顺帝与北元军政重臣之间的关系一向不咋样)。当时北元地区还残存着几支军事武装支持着这个亡国之君,其中最有威胁性和最有影响力的要数退居在甘肃(今张掖)的扩廓帖木儿。

扩廓帖木儿是朱元璋的"老相好",自东灭张士诚前后起,朱元璋不厌其烦地一次次给他写信示好,但都没有得到扩廓帖木儿的回音,就连派去的信使与和平使者也如肉包子打狗似的,有去无回。著名明史专家黄云眉先生曾一针见血地指出:"使者多被拘留,解传言'多被杀',似被杀得实,《实录》盖讳之。"(黄云眉:《明史考证》第4册,中华书局1984年8月第1版,P1181)但即使如此,大明开国后,朱元璋还是"满腔热情"地继续给扩廓帖木儿写信,说尽了好话,摆足了道理,一股劲地劝降,可扩廓帖木儿还是置之不理。

○ 兰州保卫战

关陇平定后的洪武二年十二月,朱元璋调大明北伐军将领徐达、汤和等回朝。扩廓帖木儿获悉后派出大队人马迅速赶赴兰州,打算乘机一举拿下这个西北重镇。当时大明驻军指挥张温看到城下如蚂蚁一般的元军,立即召集诸将校,这样说道:"敌众我寡,对打是不可能了。但大家别忘了,敌人是远道而来的,不太可能知道我军的底细。等天黑以后,我们组织人马出城去偷袭营地,杀杀他们的威风。要是他们还不退兵,我们就只有固守城池,等待救援了。"

当天夜里,张温命令将士依计行事,对元军发起了突然袭击。扩廓帖木儿部队受惊,稍稍往后退了些。可到了天亮时分,等张温收兵回城后,元军又开始里三层外三层地将兰州城围得个水泄不通。正如张温先前所料的那样,除了固守和等待救援外,别无他法。(《明太祖实录》卷47)

就在这危急时刻,驻守在兰州东南方巩昌府的鹰扬卫指挥于光听到消息后,立即率军赶来救援。可没想到的是,当他们赶到兰州外围马兰滩时,却遭到了扩廓帖木儿精锐部队的猛烈打击,连于光本人也给俘虏了。这下扩廓帖木儿可来精神了,押着于光前往兰州城下,让他对着城头喊话:"张温将军出来投降吧,我已经被俘获了,没人能救你们啦!"于光点头称好,可等到了兰州城头,他却这样喊道:"我不幸被敌人俘获了,张温公,你们得坚守住啊!徐总兵(指徐达)率领的大军马上就要到了!"这下可将扩廓帖木儿等给气坏了,他们按住了于光的身体,左右开弓,不停地给他扇耳光,打得他头部都要烂了,还不解恨,最后将他给杀害了。

再说,听了于光的喊话,目睹了元军的暴行,城中张温将士们更是铁了心坚守兰州城。而困顿在城下的扩廓帖木儿见到这样一无所获地耗下去,要是真的徐达大军赶来救援,麻烦可就大了,于是只好下令撤军。(《明太祖实录》卷47)

○ 定西沈儿峪大捷——洪武三年(1370)三月

兰州之围虽然解了,但于光之死震惊了大明将士,更使得一直耐住性子"赔笑脸"的朱元璋终于收起了原来的音容笑貌,将对扩廓帖木儿的招抚策略改为军事打击。洪武三年(1370年)正月初三,他任命右丞相信国公徐达为征虏大将军,浙江行省平章李文忠为左副将军,都督冯胜为右副将军,御史大夫邓愈为左副副将军,汤和为右副副将军,"往征沙漠"。(《明太祖实录》卷48)

出师前朱元璋召集诸将,问道:"北元主迟留塞外,扩廓帖木儿近来进犯我兰州,其目的是想乘机捞点便宜,但已构成我大明心头之患,不灭这厮可不行啊!我现在让你们出征清沙漠,诸位看,从哪儿先下手?"诸将回答:"扩廓帖木儿侵犯边境,是因为他的主子元顺帝还在。倘若我们出兵端了元顺帝的老巢,并将他给俘获了,那么扩廓帖木儿就同丧家之犬,不战而降。"朱元璋听后不以为然,这样说道:"听说扩廓帖木儿现在还在我西北边疆上活跃着。如果我们不去征讨他,反倒去追剿北元主,这是舍近求远,有失轻重缓急之宜。这可不是什么好战略啊!我的想法是,兵分两路:一路由大将军徐达率领,自潼关出西安,直捣定西,将扩廓帖木儿给逮住;另一路由左副将军李文忠等率领,出居庸关,进军漠北,追击北元主。两路军同时进行。这样一来,无论是北元主还是扩廓帖木儿都只能顾自己,彼此无法相互支援。更何况元顺帝远居漠北地区,可能一直以为我们汉族军队不太会赶到那么旷野的地方去追赶他。如果我们现在给他来个突然袭击,就好比是野猪突然遇上了老虎,这野猪还不成了老虎的美餐呐。如此下来,可谓一举两得!"众将听到这里,不由得个个叫好,随后率军北上,开始了大明历史上的第二次"清沙漠"行动。(《明太祖实录》卷48)

按照朱元璋的部署,徐达率领的西路大军走了一个多月的路程,大约在三月底时到达了定西。扩廓帖木儿听说徐达大军这下真的来了,赶紧将自己的军队退屯在车道岘。徐达进兵沈儿峪,并派了左副副将军邓愈直抵扩廓帖木儿军附近,立栅为营。这时的明军与北元军就隔了一条深沟对垒布阵,随后双方展开了一场数十万人参与的大战。大战数日,彼此仍分不出胜负来。这时,扩廓帖木儿灵机一动,派了一支千余人的小股部队,偷偷地从东山穿过小道,绕到了明军东南营垒,突然发起了攻击。守营明将胡大海养子胡德济和指挥赵某等猝不及防,手下士卒立即溃散。徐达眼见情势不妙,亲率兵士猛烈出击,打退了敌人,然后杀了指挥赵某和将校数人,将胡德济押送京师治罪,军中混乱局面立即得到了控制。

第二天大明军与北元军在深沟北面的乱坟场又展开大战,明军取得了胜利,俘获了北元郯王、文济王及国公阎思孝、平章韩扎儿、虎林赤、严奉先、李景昌、察罕不花等官1 865人,将校士卒84 500余人,马15 280余匹,以及大量的骆驼、骡、驴等牲口。

这下可苦了北元主帅扩廓帖木儿了,他输得比一年前的太原之战还要惨。上次还有18个警卫跟着,一路上多少有个照应,可这次除了老婆孩子几个人外,就是他自己了。一家人从古城一路北逃出去,来到了黄河边,想找一条船只渡河,可怎么也看不到船的影子。正当绝望之际,忽然间从黄河上游漂来了一块不大不小的木头,一家几口也顾不上什么你我辈分礼节,各自趴了木块一方,喝足了黄河水,任凭木头漂流,漂啊漂,终于漂到了河对岸的宁夏。到那里一打听才知,自己的主子已逃往和林,于是急急忙忙向和林方向奔去。(《明太祖实录》卷50～51;【清】谷应

泰:《明史纪事本末·故元遗兵》卷10;《明史·徐达传》卷125;《明史·鞑靼传》卷327)

○ 应昌大捷　俘获北元主嫡孙买的里八剌等——洪武三年(1370)五月

再说李文忠率领的东路军10万人在洪武三年二月越过野狐岭(河北张家口西北)后,经兴和,俘虏北元守将,进师察罕脑儿(河北沽源北),擒获元平章竹贞,一路进军十分顺利(《明太祖实录》卷49)。五月时来到了白海子的骆驼山,在那里又打败了元太尉蛮子,平章沙不丁、朵儿只八剌。然后进抵开平,俘获元平章上都罕。(《明太祖实录》卷52)

在开平,李文忠听人说,北元主在应昌,于是他命令军中将士昼夜兼程往应昌赶去。就在距离应昌不到一百里的地方,他们遇上了北元报丧信使,得悉元顺帝已于前几天即四月二十八日病死了,于是李文忠下令全速前进。

在快要到达应昌城时,大明军突然遭遇了敌军,双方展开了激战,元兵大败。李文忠随即下令,将应昌城四面围住,第二天发起了攻击战,并一举将它拿下,俘获了"元主嫡孙买的里八剌并后妃、宫人,暨诸王、省院达官、士卒等,并获宋、元玉玺、金宝一十五,宣和殿玉图书一、玉册二、镇圭、大圭、玉带、玉斧各一,及驼马牛羊无算",这就是明初历史上有名的"应昌大捷"。(《明太祖实录》卷52;《明太祖实录》卷160)

当时只有元太子爱猷识理达腊和几十个精骑得以逃脱,李文忠立即率领骑兵追赶,追到北庆州时,发现实在找不到所要追赶目标的影子了,只得返回。而就在返回途中,路过兴州时,元将唐国公江文清等率军民36 900人前来归降;路过红螺山时,元将杨思祖率16 000人来降。这样一来,李文忠的东路军共俘获北元军民50 000多人,真可谓战果辉煌!(《明太祖实录》卷52;《明太祖实录》卷160;《明史·外国八·鞑靼传》卷327,列传第215)

○ 河州大捷　轻轻松松招抚西番——洪武三年五月、六月

其实这第二次"清沙漠"行动的胜利收获还不至于此。就在李文忠东路军取得应昌大捷的同时,西路军中的左副副将军邓愈受大将军徐达的派遣,自临洮进攻河州(甘肃临夏),河州再往西过去一点,就是当时人们所说的西番或西蕃或吐蕃地区,也就是我们今天通常所称的藏区。邓愈在攻占河州后,曾派人招谕吐蕃诸酋。(《明太祖实录》卷52)

差不多与此同时,皇帝朱元璋命令陕西行省员外郎许允德招谕吐蕃、十八族、

大石门、铁城、洮州、岷州等处少数民族。在大明军强大的军事进攻态势面前,西番等地的少数民族上层人士来了个"与时俱进"。洪武三年六月,故元陕西行省吐蕃宣慰使何锁南普等带上元朝授予的金银牌印、宣敕,来到左副副将军邓愈军门前,表示归降大明;接着故元"镇西武靖王卜纳剌亦以吐蕃诸郡来降"(《明太祖实录》卷13),"于是河州以西,甘朵、乌思藏等部皆来归,征哨极甘肃西北数千里始还"。(【清】谷应泰:《明史纪事本末·故元遗兵》卷10)

正因为朱元璋的战略得当,措施得力到位,西番这个在历史上向来不易收复的地区在大明军"清沙漠"运动的间隙给轻轻松松地搞定了。这充分说明了当时朱元璋实行的民族政策还是十分恰当、妥帖的,当然这里边也离不开徐达、邓愈和李文忠等洪武开国大将们的正确执行。

正因为如此,洪武三年十一月,当徐达与李文忠的东西两路"清沙漠"大军班师回京时,为了表彰这些在"驱逐胡虏,恢复中华",实现大明统一过程中做出卓越贡献的开国元勋们,大明开国皇帝朱元璋决定大封功臣,"进李善长韩国公,徐达魏国公,封李文忠曹国公,冯胜宋国公,邓愈卫国公,常遇春(已死)子茂郑国公,汤和等侯者二十八人"。(《明史·太祖本纪二》卷2;《明太祖实录》卷58)

●第三次"清沙漠"行动——洪武五年(1372)正月～十一月

尽管第二次"清沙漠"行动硕果累累,但还是留下了遗憾:无论是西路军征讨的扩廓帖木儿,还是东路军追击的北元主,最终都无一归降或被歼灭,这就意味着大明跟北元之间的猫抓老鼠的游戏还没完。对于这一点,恐怕在当时大明帝国君臣上下都是具有一致的认识。在洪武三年十一月初六日,征虏大将军徐达率诸将上表通报第二次"清沙漠"战况时就说得很明白,其表文名称就叫《平沙漠表》(《明太祖实录》卷58),而没叫《清沙漠表》。那么,何时能"清沙漠"或言在完整意义上实现"驱逐胡虏,恢复中华"?恐怕当时的洪武君臣谁都说不上来。

○ 优礼北元新主爱猷识理达腊之子买的里八剌,敬祭薨世的元顺帝,并为其加谥,大打政治"统战"牌

不过令洪武帝朱元璋十分欣慰的是,此次北征"清沙漠"行动逮住了以元顺帝嫡孙买的里八剌为首的北元重量级人物。当左副将军李文忠遣人将其送抵京师时,文武百官们纷纷向朱皇帝祝贺,中书省左丞杨宪甚至提议,举行献俘典礼,这实际上是对被俘者及其民族的一种侮辱与伤害。朱元璋断然予以拒绝,他说:"元虽夷狄入主中国,百年之内,生齿浩繁,家给人足。朕之祖父亦预享其太平,虽古有献

俘之礼,不忍加之。"是不是真的"不忍"举行献俘之礼？洪武时期朱元璋杀人如麻,皇帝他"不忍"了吗？关键在于立国之初那阵子朱皇帝深谋远虑着呐。他以相当的礼仪优待买的里八剌,让他穿上本民族——蒙古族的服装来明皇宫朝见,朝毕后又赐予汉族衣冠,并"赐第宅于龙光山(今南京富贵山),命优其廪饩",还封其为崇礼侯。事后洪武帝甚至跟人这样说道:"朕见前代帝王革命之际,获其后、妃,往往不以礼遇,欺孤虐寡,非盛德所为,朕甚不取。今元脱忽思后在此,北狄但知食肉饮酪,且不耐暑,其饮食居第,务适其宜。若其欲归,当遣还沙漠。"(《明太祖实录》卷53)

相比于元朝的民族歧视与民族迫害政策,相比于元朝人悍然盗挖汉族皇帝的祖坟,甚至将死者的头颅割下来当做饮器,洪武朝的相对民族平等政策不知要高出多少倍！当然这里边不排除朱元璋政治上作秀,再说白点,他打着政治"统战"牌,告诉元朝的遗老遗少们:只要你们来归降我大明,我朱某人绝不会亏待大家的！

其实这样的政治"统战"牌朱元璋已经打了好多年,扩廓帖木儿就是他曾经"统战"的重点对象,甚至元顺帝也成为他"统战"发展的目标。洪武三年之前,朱元璋曾两次致信元顺帝,但都没有得到回音,就连派出的信使也是有去无回。定西沈儿峪战役后,他再次致信元顺帝,说尽好话,甚至奉劝其"奉天道、顺人事,遣使通好,庶几得牧养于近塞,藉我之威,号令其部落,尚可为一邦之主,以奉其宗祀"。(《明太祖实录》卷51)

朱元璋的这番说辞换成国人耳熟能详的话来说:只要你承认我是中华帝国新君主,什么都可以谈！应该说洪武帝开出的"和谈"条件已相当优厚了。可对于出身红彤彤的黄金家族的元顺帝来说,堂堂大元君主竟然要与一个昔日底层要饭的叫花子、如今的造反头头进行"和谈",这是无论如何都不能接受的,自己宁可一辈子在漠北当"北漂族",也不愿意低三下四地"议和"。因此对于朱元璋的"和谈"与"统战",他压根儿就不予理睬。可朱皇帝却"热情"不减,甚至"情意浓浓"。洪武三年六月,当获悉元顺帝死讯时,他就觉得应该"敬其主则其臣悦"。意思是说,如果以礼敬祭已经死去了的元顺帝,就能笼络住他的臣民们。于是这位大明开国君主就"以元主不战而奔、克知天命",为其上谥号"顺帝"(《明太祖实录》卷53),甚至还遣人致祭,并亲自作祭文,其中说道:"今闻君殁于沙漠(即漠北、塞外),朕用恻然";而对于被俘的元顺帝嫡孙买的里八剌则更是优渥有加,封其为只有大明功臣勋旧才能享有的爵位——侯爷,真是隆遇之至！(【清】谷应泰:《明史纪事本末·故元遗兵》卷10)

○ 洪武"统战"效果两极化：故元宗室部落臣民纷至沓来归降；北元新主爱猷识理达腊一行坚持漠北"守望"

至此，事情还没有打住，洪武三年六月中旬，洪武帝还遣使招谕元宗室部落臣民："自古天生圣人主宰天下，立法创制以安生民。三代、汉、唐之君姑置不言，且以近代论之：若宋创业之君，能行善政，其民乐生，故天祐之。厥后子孙微弱，疆土日削，故天命尔元世祖代之。至妥欢（懽）帖木（睦）儿为君，荒淫昏懦，不思政理，不恤民艰，故奸凶并起，天下大乱，生民无主。朕实不忍荼毒，于是起兵救民，豪杰之慕义者相率来归。剪暴除残，平定四海，乃推戴朕为皇帝，国号大明，此天祐朕躬，故成功之速若是也。朕即位之初，遣使往谕交阯、占城、高丽诸国，咸来朝贡、奉表称臣，唯西北阻命过师，朕未遣使降诏者，以庚申君（指元顺帝）尚拥众应昌故耳。乃者命将西征，直抵土蕃，偏师北伐，遂克应昌。元君既殂，太子爱猷识理达腊知天命既去，人力难为，望风遁逃，遂获其孙买的八剌至京。朕怜帝王之裔，爵封为侯，俾与其母、妃同居，赐以第宅，给以衣食，以奉元祀，超乎臣民之上。今又遣官寻访爱猷识理达腊，若能敬顺天道，审度朕心，来抚妻、子，朕当效古帝王之礼，俾作宾我朝。其旧从元君仓卒逃避者，审识天命，倾心来归，不分等类，验才委任。直北宗王、驸马、部落臣民，能率职来朝，朕当换给印信，还其旧职，仍居所部之地，民复旧业，羊马孳畜，从便牧养。朕有天下物产之富，贡赋之入，军国爵赏之费，取用不竭，岂需尔沙漠荒落之地哉？特以元君之子孙流离失所，一有不虞，则朕恐失古人兴灭继绝之意，俾尔人民无所归往，故遣使遍谕朕意。朕既为天下主，华、夷无间，姓氏虽异，抚字如一，尔等无或执迷，以贻后悔。其边塞鞑靼百姓，因元丧乱，征繇（谣）繁重，供亿劳苦，朕甚悯焉。诏书到日，悉安所居，无自惊扰，以废耕牧。"(《明太祖实录》卷53)

我们将上述朱元璋开出的招抚条款做个概括与梳理，其大致是说：北元新主爱猷识理达腊即买的里八剌的父亲要是能来归附的话，"朕当效古帝王之礼，俾作宾我朝"；要是北元官吏能来归降的话，我大明当"不分等类，验才委任"；要是元朝宗室、藩王、驸马以及部落臣民能来归降的话，我朱元璋就给你们换个大明的印信图章，仍保留你们原来的职位，你们的待遇不变，生活不变，居住地也不变，"仍居所部之地，民复旧业，羊马孳畜，从便牧养"。(《明太祖实录》卷53)

洪武三年十月，朱元璋又专门致书北元新主爱猷识理达腊，信中说道："君之将扩廓帖木儿自太原奔溃后，以乌合之众犯我兰州，大军进讨，追至定西。今年四月七日，大败其众，斩馘无算（算），生擒严奉先、韩扎儿、李景昌、察罕不花等，惟扩廓帖木儿遁去，已命将追捕，旦夕必就擒。近绥德卫擒送平章彻里帖木儿，问之为君旧用之人，特令赍书致意，进退之宜，君其审之。"

见到爱猷识理达腊不搭理,过了些日子,洪武帝再次"满怀深情"地给他去信:"今年夏偏师至应昌,遇君之子买的里八剌及宫眷诸从人马,遂与南来。因念令先君审察天命,不黩兵战,委顺北归,其知几者欤,奄弃沙漠,深可悼悯,适《元史》告成,朕以为三十余年之主不可无谥,以垂后世用,谥君先君曰'顺',已著为纪。君之子买的里八剌亦封崇礼侯,岁给禄食。及其来者与之同居无恙,但不知君之为况何如?北方诸部人民亦果能承顺如往昔乎?去年冬二次遣官赍书遗令先君,使者久而未还,予故以此为令先君之失计也。前事之失,兹不必较,今再致书,以尝告令先君者告君,君其上顺天道,遣使一来,公私通问,庶几安心,牧养于近塞,藉我之威,号令部落,尚可为一邦之主,以奉其宗祀;若不出此,犹欲以残兵出没,为边民患,则大举六师,深入沙漠,君之退步,又非往日可比,其审图之,毋贻后悔,余不多及!"(《明太祖实录》卷57)

朱元璋的这封信写得实在漂亮,先是巧妙地通报自己的"统战进展",告诉北元新主:我是礼遇你们元朝的,并客观对待元朝的历史地位,就连流传于后世的《元史》我也叫人修好了,当然包括令尊在位的那三十多年。令尊能"审察天命,不黩兵战,委顺北归","奄弃沙漠,深可悼悯",所以我给他加了谥号叫元顺帝。至于与我们大明军一起回南京(回避了"俘获"等刺激神经的词语)的令郎及其一行人一切甚好,有吃有喝,优哉游哉,令郎买的里八剌还被我封为崇礼侯。现在美中不足的是我们之间一直没有正常的官方往来,去年令尊在位时我曾两度致信,可派出去的信使至今还没有回来。这是令尊之失啊!当然过去的,就让它过去吧,我也不是什么计较之人。今天再次致信给您,就是想以曾经奉劝令尊之言来告诉您:应该上顺天道,遣使来往,公事、私事都可以谈谈。这样一来,你与你的臣民也好放下心来,在我大明北疆近塞放牧生息,甚至你还可以借我大明的威势,去号令诸部落,成为北疆塞外真正的一"邦"之主;倘若你还执迷不悟,带着残兵败将出没、骚扰我大明北疆,那么到时候就别怪我朱某人不够意思了。一旦我大明军六师北向,深入沙漠,你想退可能也没什么地方可退,后悔恐怕也要来不及了,望你三思!(《明太祖实录》卷57)

恩威并施,柔中带硬,洪武帝确实是个了不得的政治家与谈判高手。可自恃黄金家族高贵血统的元顺帝之子北元新主爱猷识理达腊却怎么也不愿正视昔日祖宗的臣民、如今造反成功了的大明开国君主,对于洪武帝的来信,他压根儿就没睁眼看一下。

不过对于许许多多北元臣民来说,大明的"统战呼唤"与劝谕还是起到了很大的作用。自洪武三年六月洪武帝招谕元宗室部落臣民的诏书下达后,一些较有影响的故元势力开始不断地归降大明。

洪武三年九月,故元宗王扎木赤、指挥把都、百户赛因不花等11人自官山来降。朱皇帝下诏,让中书省厚加燕劳,立官山等处军民千户所,以把都为正千户,赛因不花等3人为百户,赐以文绮银椀衣物有差,就大同给赐田宅。(《明太祖实录》卷56)

洪武四年正月,西番十八族元帅包完卜乩、七汪肖遣侄打蛮及各族都管哈只藏卜、前军民元帅府达鲁花赤、坚敦肖等来朝。朱元璋下诏:以包完卜乩为十八族千户所正千户,七汪肖为副千户,坚敦肖为岷州千户所副千户,哈只藏卜等为各族都管,各赐袭衣靴袜。(《明太祖实录》卷60)

洪武四年正月,故元枢密都连帖木儿等自东胜州(内蒙古托克托)来降,洪武帝下诏:设置失宝赤、五花城、干鲁忽奴、燕只、瓮吉剌等千户所,以都连帖木儿、刘朵儿只丑的为千户,并对相关人员进行了厚赏。(《明太祖实录》卷60)

洪武四年二月,故元辽阳行省平章刘益以辽东州郡地图、并藉其兵马钱粮之数,遣右丞董遵、佥院杨贤奉表来降。朱元璋下诏,特置辽东卫指挥使司,授予刘益为同知指挥。(《明太祖实录》卷61)

……

由此不难看出,西起西番,东至辽东,大明北疆、塞外漠北的北元阵营日趋土崩瓦解。

朱元璋的这番优待北疆及边地少数民族的政策与措施对解决周边民族关系产生了很大的影响。在此以后,蒙元残部、新疆和西藏等许多少数民族地区归入了大明帝国的版图。

○ "宣光中兴"与四大王之乱及其相关的故元降官旧将叛乱事件

面对朱元璋的这等"攻势",北元新主爱猷识理达腊却依然不理不睬,尽管自己的北元政权势力范围日渐萎缩,已从原来的长城一线北撤到了应昌与和林往北,但他坚守着漠北的"瞭望"地。

元顺帝死后,作为皇太子爱猷识理达腊顺理成章地继承了大位,不过其大位尊号改了,爱猷识理达腊称必力克图汗,年号新定为宣光。必力克图汗任命扩廓帖木儿为中书省右丞相,重用也速、哈剌章、蛮子和纳哈出等一批北元名臣。如等所作所为颇有中兴元朝之兆,因而有些故元人士将其美誉为"宣光中兴"。(【元】王逢:《梧溪集·秋感六首》卷3)

那么被人誉为"宣光中兴"的君臣们通过什么来"中兴"已经土崩瓦解了的大元

帝国？从史料来看,他们主要是联合各路负隅顽抗的故元势力,进行扰边反明活动。与其相呼应,一些隐匿在边疆地区、山林之中的故元残部(如元四大王)也蠢蠢欲动,还有一些已经归附大明的元宗室、臣僚和遗民相继开始谋乱。

洪武三年五月,山西忻州官安时敏、静乐县丞谭章等,私通元四大王,将大明军中秘密泄露给敌人,打算里应外合,发动叛乱。因被人及时发现告发,才没有酿成大患。(《明太祖实录》卷52)

洪武三年六月,逃入太原静乐岢岚山中的元四大王对大同武州发动突然袭击,劫杀人民。四大王是元朝宗室,大明北伐军攻克大都时,他们逃往山西,隐匿于静乐岢岚山中。洪武三年五月听说李文忠率领的"清沙漠"大军远征漠北应昌,四大王乘机发动对大明北疆城池的偷袭。而后又时不时地出来打家劫舍,造成了极为恶劣的影响。太原卫指挥桑桂与指挥郑亨闻讯后,迅速率兵前去征讨,终使四大王之乱很快得以平息。(《明太祖实录》卷53)

除此之外,从洪武四年三月起,大明帝国境内还曾爆发了四起故元降官旧将的叛乱事件:

洪武四年三月,故元降官院判刘原利、副枢张时用、平章郭伯通等听说四大王准备进攻山西太原的消息后,三人合谋:一人潜入太原城内,两人在外做外应,打算配合四大王的进攻,一举端掉太原城。不曾想到被军士林旺等人发觉,立即上报给了指挥桑桂。桑桂火速带领兵士逮捕了刘原利等人,及时平息了一场未遂内乱(《明太祖实录》卷62);四月,故元降将知院白文显在华亭县发动叛乱,平凉卫指挥秦虎率兵迅速前去平乱(《明太祖实录》卷64);七月,故元降官大同官山千户所百户速哥帖木儿、捏怯来等声称扩廓帖木儿将进兵上都开平,并发动叛乱,杀了千户把都等,但不久被赶来的大明军镇压了下去(《明太祖实录》卷67);十一月,故元降官知院小保、司丞蛮子在忻州发动叛乱,大明随即动用了地方军队才将其平息下去。(《明太祖实录》卷68)

○"录天下官吏"与洪武君臣武楼定计"第三次"清沙漠

尽管这些故元降官旧将的叛乱先后都被一一镇压了,但它们给当时新兴的大明帝国君主却造成了很大的心理压力,连同这一系列叛乱事件之前的吴元年(1367)六月张昶事件和内地士人王逢撰写怀念前朝诗,朱元璋"敏锐"地感觉到,有一大批故元旧官混入了我革命队伍里,潜伏在各地各个部门,形势十分严峻,由此看来很有必要在我大明境内发动一场官僚队伍大整顿、大清除,以此来确保帝国的长治久安,这就是洪武四年(1371)的"(甄)录天下官吏"运动。不过对于时不时出来捣乱的境外北元势力,当时洪武皇帝似乎还真没有什么特别好的招数。

洪武五年(1372)正月下旬,朱元璋专门为北疆事务在南京明皇宫武楼召集诸将进行讨论。中书省右丞相魏国公徐达首先发言:"现在天下大定,百姓安居乐业,北虏归降者络绎不绝。只有扩廓帖木儿时不时地出没我大明北疆边境,最近又逃到了北虏的和林,保护着新主爱猷识理达腊。臣愿率将士们,直捣虏廷,扫清沙漠,永宁海内。"朱元璋听后却并不以为然,说道:"扩廓帖木儿这些北虏是朔漠一方的穷寇,终当绝灭。但目前来看,他们刚刚战败溃退在一起,远处绝漠,以死自卫,就好比是困兽,逼急了还要咬人呐,更何况这是一群穷寇,我看还是暂时放一放吧!"可诸将不同意朱皇帝的观点,除了刚刚过去的洪武四年有人西征重庆明氏夏国舒展舒展了胳膊腿外,大多数人已经憋了一年多没打仗,武夫不打仗,还干嘛?!于是纷纷请示道:"扩廓帖木儿狡猾狙诈,此贼不灭,终必为寇。末将请命,永清沙漠!"(《明太祖实录》卷71)

看到将帅们如此高昂的斗志,朱皇帝动心了,随口便问:"你们一定要去扫清沙漠,估计要多少兵力?"徐达说:"10万够了。"朱元璋说:"10万?少了点,必须得15万,兵分三路向北推进。"随后他任命徐达为征虏大将军,出中路;曹国公李文忠为左副将军,出东路;宋国公冯胜为征西将军,出西路。

大军出发前,朱元璋亲自做了战略部署:"今兵出三道,大将军由中路出雁门,扬言趋和林,而实迟重,致其来击之,必可破也;左副将军由东路自居庸出应昌,以掩其不备,必有所获;征西将军由西路出金兰取甘肃,以疑其兵。令虏不知所为,乃善计也。卿等宜益思戒慎,不可轻敌。"并令靖海侯吴祯率舟师运粮至辽东,给北征军做好粮饷运输工作。大明帝国历史上第三次"清沙漠"行动由此开始。(《明太祖实录》卷71)

○ 中路军:乱山之捷、土剌河之捷、杭爱岭鏖战与断头山重创

按照上述作战思路,徐达中路军扬言要进攻和林,但实际真实的目的是引诱北元军出来,在大明北疆近边地区将其歼灭。这仅是理论上的一种设计,可实际情形又将是如何呢?

洪武五年二月,大将军徐达率中山侯汤和等来到山西。而这时先锋猛将都督蓝玉已出雁门关,在野马川碰上了蒙古兵。蒙古兵一见到大明军赶紧就溜,蓝玉立马拼命追击,追到乱山时,成群成群的蒙古兵顿时冒了出来。蓝玉是谁?是"快速将军"常遇春妻弟,年轻力壮,反应敏捷,力气又大,由他做先锋,这仗打得爽。蒙古兵想引诱、包围蓝玉,没想到还没来得及下手,就让蓝玉给打败了。(《明太祖实录》

随后蓝玉领军来到了土剌河（外蒙古土剌河），在那里碰上了扩廓帖木儿。人称扩廓帖木儿如何知兵善战，可碰上蓝玉，稍稍交锋了一下，很快就败下阵来了，且如受惊的兔子一般，拼命远遁。蓝玉本想追击，但又想到会不会是敌人设下了埋伏，于是就停下来等候后面徐达率领的中路军主力上来了再说。（《明太祖实录》卷73）

当徐达听完蓝玉的报告与分析后，反倒宽慰地说道："这里不可能有什么埋伏和圈套的。"看到跑得比兔子还要快的战场上老对手，想起一年前定西战役中那个丢盔弃甲的扩廓帖木儿的那个熊样，徐大将军感觉到"永清沙漠"的时机就在眼前，于是传令大军，全速前进，追赶扩廓帖木儿。

可当大明军追赶到杭爱岭北时，等待他们的是北元军布下的十面埋伏，恶战由此开始，双方打得天昏地暗。扩廓帖木儿发动了几十次进攻，但徐达毕竟是个久经沙场的老将，能顶住，一次次地打退了敌人的围攻。都督蓝玉也在战斗中表现出未来大将的风范，多次组织大明军进行有序地撤退。不过就整个战场而言，此次战役不仅没有消灭北元的有生力量，反而使得数万大明军将士命丧北荒。（【明】陈仁锡：《皇明世法录·徐中山王世家》卷84；【明】王世贞：《弇州史料·徐中山世家》前集卷19）

倒霉的还不止于此，七月，殿后的汤和部队在断头山又遭遇了蒙古兵的重重打击，连军中主要干将、平阳左卫指挥同知章存道（明初名臣章溢之子）也战死在这漠北战场上。（《明太祖实录》卷75）

○ 中路军：应昌之捷、哈剌莽来之捷 土剌河中计、阿鲁浑河鏖战 称海撤兵

再说说东路军"清沙漠"的情况。按照朱元璋事先的设想，东路军"清沙漠"的目标依然是北元朝廷。这里面不排除朱元璋有意让自家人李文忠多立功，将来可将红彤彤的江山牢牢地掌控在自家人的手中；再说李文忠本身就是个优秀的军事人才，因此说朱皇帝如此安排，不仅用心良苦，而且也是有着相当的道理。

但古话说得好：人算不如天算，原本以为胜券在握的大明"清沙漠"东路军却在北征过程中也出了意外。主将李文忠是当时大明军中久经沙场的年轻"老将"，战场经验十分丰富，战果累累，尤其是洪武三年的"清沙漠"行动让他出足了风头，就连大将军徐达也不如他那般光彩夺目、万人敬仰——俘获了元顺帝嫡孙。相隔一年，年轻的"老将"又要大放光彩了，也格外引人注目。

洪武五年六月，李文忠率都督何文辉等来到了内蒙古的口温。北元军听说那

个年轻的快速将军又来了,连"夜弃营遁去"。李文忠下令迅速追击,追到应昌,大败了元军。接着进兵哈剌莽来,"虏部落惊溃"。就这样,东路军一路顺利进军到了胪朐河(外蒙古克鲁伦河)。李文忠命令部将韩政等看守辎重,其他将士每人随身带上20天的口粮,兼程急进,拼命追赶逃跑的北元军残余。眼看着与上次一样的辉煌又要出现了,李文忠心里可美啊!但追到土剌河时,突然发现北元军士不逃了,在主将蛮子、哈剌章的组织下,所有的骑兵都渡过土剌河,摆出一副决战的架势。李文忠立马明白,不好了,自己中计了,不过毕竟是年轻"老将",见的世面广,他立即拉开阵势与北元军展开大战,战了好几个回合,北元军才稍稍退却。(《明太祖实录》卷74)

李文忠下令全军继续推进,一直来到了阿鲁浑河,这时才发现,敌人如蚂蚁一般涌了上来。怎么办?打呗,惨烈的阿鲁浑河大战由此开始,双方实力大致相当,决出胜负尤为艰难。不说普通士兵了,就是主将李文忠那么年轻力壮、武艺高强,却也身陷敌阵,连自己的坐骑都让敌人给射死了,他只得下来用短兵器与敌人开展拼搏。就在这个紧急关头,随从刘义发现军中首长有危险,他立即用自己的身体将李文忠给遮挡起来。指挥李荣看到自己的领导竟然到了徒步战敌的地步,赶紧杀了过来,将自己的坐骑让给了李文忠。李文忠坐上马背,策马横槊,大声高喊,奋勇杀敌!噼噼啪啪,整个战场打得更加激烈,明军将士个个临危不惧,舍命死战,最终取得了阿鲁浑河战役的胜利,"获人马以万计"。(《明太祖实录》卷74)

再说战败了的北元兵这下可好好领教了李文忠军的厉害了,赶紧跑吧,不跑就要没命了。北元军一跑,李文忠心想:原来你们伏击我们也就这个水平,我还有什么可怕的,追!一直追到称海(外蒙古科布多东),发现"虏兵又集"。这时李文忠彻彻底底明白了:原来这一路北元军专门是来诱敌深入的。怎么办?还打?将士们死伤得太厉害了;撤退?这个时候千万不能撤,一撤全完了。灵机一动,他下令全军将士就地挑险要据点扎营,营盘内外摆出日常生活的模样,再将从北元军那里俘获来的马牛一类牲畜放牧出去,装出一副闲暇的样子,一连三日。北元军将领派人侦察了几天,始终都不敢发起攻击,怕中埋伏,总觉得无机可乘,最终算了,跑吧!(《明太祖实录》卷74)

北元兵一撤,李文忠悬着的心终于落了地,这才下令全军撤回。屋漏偏逢连夜雨,就在回来的路上,可能由于心理上的紧张,也可能由于漠北实在荒野,大明军走错了路,走到了桑哥儿麻。这时军中将士已经很久很久没喝到水了,口渴难忍。忽然间马嘶惊空,将士们注目而视,发现马蹄底下有一泓泉水,这才救了将士们的命啊!

这次东路军的"清沙漠"行动虽然在关键性的几次战斗中都取得了胜利,且斩获敌人数万,但远没有达到预先设想的"直捣虏廷"的目的。更为可惜的是大明军中的一些能征善战的优秀将领,如宣宁侯曹良臣、骁骑左卫指挥使周显、振武卫指挥同知常荣、神策卫指挥使张耀等却都死在了漠北战场上。(《明太祖实录》卷74)

○ **西路军:跑龙套的反倒成了亮点　傅友德"七战七捷"**

冯胜率领的西路军,按照朱元璋的作战思路,主要是迷惑和牵制故元西北诸王,配合徐达中路军作战。换成老百姓的话来说,这一路军队专门干捣乱的活。不过这个捣乱是捣敌人的乱,混淆敌人的军事视线,配合徐达和李文忠消灭北元军。使人没想到的是,就是这支本来充当配角的西路军中却杀出一匹"黑马"——傅友德。

洪武五年五月,冯胜率领西路军来到兰州,傅友德"先率骁骑五千直趋西凉,遇元失剌罕之兵,战败。至永昌,又败元太尉朵儿只巴,于忽剌罕口,大获其辎重牛马,进至扫林山,胜等师亦至,共击走胡兵。友德手射死其平章百花,追斩其党四百余人,降太尉锁纳儿加平章管著等,至是上都驴知大将军至,率所部吏民八百三十余户迎降,胜等抚辑其民,留官军守之,遂进之亦集乃路,元守将卜颜帖木儿全城降,师次别笃山口,元岐王朵儿只班遁去,追获其平章长加奴等二十七人及马驼牛羊十余万,友德复引兵至瓜沙州,又败其兵获金银印、马驼牛羊二万而还"(《明太祖实录》卷74)。这就是人们常说的明初名将傅友德取得的"七战七捷"。在短短几个月里,这位曾在明玉珍、陈友谅那里被闲置的军事天才创造了大明军事史上的神话,总共打败了北元军十几万人,俘获牛羊车马无数,最后使得北元军见到傅友德的队伍就躲,造成后来西路军无仗可打的局面,这才收兵还朝。

也正因为冯胜、傅友德率领的西路军取得了一系列的军事胜利,扫荡了甘肃行省境内的故元势力,威震西北。这不仅为当时大明第三次"清沙漠"行动中中路军的失利、东路军的困顿挽回了面子、扳回些局势,而且还为以后西北地区残元势力的归附创造了有利的条件。

● **第四次"清沙漠"行动——大同大捷、猫儿庄之捷、三角村之捷——洪武六年(1373)春季～年底——近边**

从整体来看,大明第三次"清沙漠"行动非但未清了"沙漠",反而损兵折将(除了西路军傅友德部外)。那么,究竟为何会出现这样的局面?兵法有云:知己知彼,百战不殆。"清沙漠"行动说到底就是要扫清漠北荒原的故元残余,在完整意义上实现当年洪武建国与北伐时树立的伟大目标:"驱逐胡虏,恢复中华。"因此说,这个任务本身就十分艰巨,尤其是要清扫的对象现在退居到了有着数百年根基的祖地,游牧与农耕两种不同质的民族文化之间的差异与冲突更加凸显出来。北元军善于骑兵战、旷野战,大明军善于步兵战、攻城战;北元以天地为屋、逐草而居,大明定居种植,安土重迁;北元军士生长于北国,习于北方水土;大明军多南方将士,北征途中两眼一抹黑,只要一走岔道,不说别的,就连喝口水都成了问题——李文忠撤军时不就遇到了这样的事情!当然这样的差异不是绝对的,在昏聩的元顺帝统治下,北元军在漠北祖地上进行军事行动时自身优势或许不能很好地发挥出来。但在洪武三年这位大元帝国末代君主死后,继承北元主大位的皇太子爱猷识理达腊却有着较为清醒的头脑,其军事情势也有所改观。

爱猷识理达腊自幼在元末名相脱脱家长大,而脱脱可能是大元帝国集团中接受汉民族先进文化影响最深的一位蒙古贵族,因而小时候的爱猷识理达腊受到的汉文化熏陶甚多,或言他娴熟汉民族农耕文化的特征。有一则故事多少说明些问题:据说6岁还宫的爱猷识理达腊有一天跟小玩伴脱脱的儿子哈剌章在元宫里玩游戏,这个游戏有点像猪八戒背媳妇。先是哈剌章背着爱猷识理达腊绕殿墀走三圈,走的时候还要发出乌鸦叫声。三圈走下来了,该是对换了,也就是要爱猷识理达腊背着哈剌章绕殿墀走三圈了,可哈剌章死活也不干,并说:"我哈剌章是奴婢(谦称),太子您是使长。奴婢怎么敢使长背着?"爱猷识理达腊发火了,打了哈剌章,哈剌章当即呜呜地哭了起来。小孩子哭又没数,声音很大,传到了元宫偏殿里头。刚好元顺帝与奇皇后在里边正"恩爱"着,忽然听到了外面的哭声,就叫下人出去看看究竟是怎么一回事,谁在哭?为什么哭?下人一会儿回来了,如此这般地一说,元顺帝不由地感慨道:"哈剌章真不愧为贤臣脱脱的儿子,忠贤有加!"(【元】权衡:《庚申外史》卷上)

还据说爱猷识理达腊有两大喜好:读书与练习书法,尤其是书法。当初他当皇太子时就临摹了众家字帖,后来渐渐地喜欢上了"瘦筋书"。"瘦筋书"是北宋亡国之君宋徽宗的书法字体,有大臣看到后劝解道:"宋徽宗是个亡国之君,他的书法字帖不值得太子殿下您学啊!"没想到爱猷识理达腊却这样回答道:"我但学其笔法飘逸,不学他治天下,庸何伤乎?"(【元】权衡:《庚申外史》卷上)

由此可见,作为蒙古人的后代爱猷识理达腊对于"彼"——汉民族文化还是相当娴熟的。过去老爸元顺帝在时,他曾想提前接班,但没成功。现在老爸终于走了,可大元江山被他老人家折腾得也差不多了。爱猷识理达腊脑子清醒,一即北元主之位,就将扩廓帖木儿这类忠于元朝且又能干的汉族人,包括自己的蒙古族能人都一一用起来。尤其是扩廓帖木儿过去曾经还与自己有着很深的矛盾,但爱猷识理达腊即位后不但不计前嫌,反而大胆信任重用他,这是"内"的方面;在"外"的方面,他不断地派人与云南的元皇室梁王和元属国高丽取得联系,打破了北元被大明封闭、隔绝的尴尬局面,使得行将就木的北元出现了起死回生的迹象。对此北元主爱猷识理达腊在给高丽王的诏书中曾得意地说道:"顷因兵乱,播迁于北,今以扩廓帖木儿为相,几于中兴。"(【朝鲜】郑麟趾:《高丽史·恭愍王世家》卷44)

就一年的功夫,北疆外发生了很大的变化。而朱元璋君臣对此却似乎并没有及时地意识到,尤其是徐达和李文忠等都在翻着老黄历北上"清沙漠",知己却未知彼,失利实属难免。

可事态的发展更出乎大明君臣意料之外的是,就在徐达率领的"清沙漠"大军返回后没几天,即洪武五年八月底,北元军开始反攻,进攻云内州城(在内蒙古呼和浩特西南),云内同知黄里和他的弟弟黄得亨率领当地军民与北元兵展开激战(《明太祖实录》卷75);十一月北元辽阳行省丞相纳哈出出兵寇略辽东,洗劫牛家庄,烧掉仓粮十万余石,俘获明军兵士5 000多人(《明太祖实录》卷76)。随后北元军对辽东的绥中、永平,河北的怀柔,山西的蔚州、弘州、武州、忻州、朔州、岢岚,陕西的保安、庆阳,甘肃的会宁、兰州和河州等地相继发动了一系列的进攻,并重新占领了兴和、亦乃集和甘肃北部等地区。(《明太祖实录》卷79,82,83,83,85,86)

面对日益严峻的北疆形势,朱元璋开始十分理性地思考北疆问题的对策,并将原来猫抓老鼠似的主动出击方式,调整为积极防御、辅以在临近北疆边关进行"清沙漠"军事打击战略。具体地说分为两个方面:

第一个方面,下令将"清沙漠"大军调回山西、北平等地,屯守在北疆边关,进行军事训练,加强北疆沿边要冲的军事机构建置,自辽东、北平直到宁夏、甘肃一线,筹建了辽东、北平、山西、陕西等总计10个都司和行都司(相当于现在的大军区),构成了灵活机动的边疆军事作战体系(不过这个工作大致要到洪武晚期时才全面完成);与此同时,朱元璋还命人修建城池关隘,推行边关屯田,将边民迁徙到内地,实行坚壁清野政策,使得北元军南下骚扰无利可图。

第二方面,组织、发动北疆近边地区的"清沙漠"行动,只要你北元军来了,我们大明军逮住机会就组织围歼,从根本上消灭北元的有生力量。这样的战斗比较大的有4次:

洪武六年(1373)春,徐达和李文忠在北疆练兵备边。北元军进犯山西武州、朔州,徐达派遣部将陈德、郭兴等火速赶往过去,将敌兵击破;"时元兵先后犯白登、保德、河曲,辄为守将所败,独抚宁、瑞州被残",朱元璋随即下令将该两州边民迁往内地,让北元军什么好处也捞不到(《明史·外国八·鞑靼传》卷327,列传第215)。十一月,大将军徐达自朔州返还,走到代县时,听说扩廓帖木儿将领兵前来攻打大同,他当即与左副将军李文忠、右副将军冯胜等率领大军赶往山西,在大同北一举将北元军击溃。然后继续追赶溃散的敌兵,大致在猫儿庄俘获了故元平章邓孛罗帖木儿,立即盘问,获悉在河北的怀柔尚有北元骑兵千余人,又马上组织3 000人马赶往过去,在三角村擒获故元武平章康同佥,缴获战马八十余匹。(《大明太祖实录》卷86)

这是明初历史上的第四次"清沙漠"行动。

●第五次"清沙漠"行动——兴和之捷 高州大石崖之捷 氈帽山大捷——洪武七年(1374)四月~七月

自第三次"清沙漠"行动结束后,北元军组织了反攻,夺取了北平西北重镇兴和等地。兴和到北平的距离大致等于北平到天津的距离,因此说,兴和的丢失对于大明北疆的军事防御造成了巨大的威胁。为此,洪武七年四月,大明派了都督佥事猛将蓝玉和林霁峰等领兵前去夺回。当时驻守兴和的北元守将脱因帖木儿听到消息后,可能认为蓝玉、林霁峰是名不见经传的裨将,也就没多大在意,派了国公帖里密赤出来迎战。哪知帖里密赤根本不是蓝玉的对手,三下五除二,就被蓝玉打得没了军队的踪影,就连国公帖里密赤本人也当了俘虏,同时俘获的还有59个北元高级领导。

这时主将脱因帖木儿听到败讯,一下子就惊呆了,没想到……赶紧溜吧,否则自己的小命可能要没了。就此,兴和城被蓝玉等轻轻松松地拿了回来。(《明太祖实录》卷88)

兴和大捷后不久,左副将军李文忠率师发动了对高州大石崖的军事进攻,并一举攻克,斩故元宗王朵朵失里,擒其承旨百家奴,北元军中跑得快的全溜了。李文忠派遣指挥唐某率兵追击,追到氈帽山时,刚好碰上故元鲁王正在山下扎营,那鲁王听到自己队伍里突然间一阵阵嘈杂,还没有反应过来到底是怎么一回事,脑袋就已经被砍了下来了。同时被杀的还有司徒答海俊、平章把剌知院忽都,鲁王妃蒙哥秃等被大明军俘获。(《明太祖实录》卷91;《明史·外国八·鞑靼传》卷327,列传第215)

●第六次"清沙漠"行动——亦集乃路大捷 洪武十三年(1380)二月

从第四、第五次"清沙漠"行动来看,朱元璋已改变了过去大明军长驱直入,在漠北到处寻找作战目标的不利战术,而将军事打击的重点放在了大明北疆线近距离范围内,有针对性地歼灭"来犯之敌",抓得准,打得狠。与此同时,继续开展强大的"统战"攻势,大打"温情牌",瓦解以爱猷识理达腊为首的北元集团阵营。老于世故又精明透顶的洪武帝十分清楚,爱猷识理达腊之所以现在变得牛气逼人,是因为很大程度上依靠了善于用兵的扩廓帖木儿为其支撑。因此说大明要想搞定北元,扩廓帖木儿就是一个十分重要的"统战"对象。于是在发动新一轮"清沙漠"行动的同时,这位奇特的大明开国君主煞费苦心又"热情洋溢"地给老对手扩廓帖木儿写信劝降。

  扩廓帖木儿在逃亡和林之前,洪武皇帝朱元璋曾给他写过七封信,他"皆不答"。不答没关系,人家要饭出身的"朱圣人"脸皮厚,会继续写第八封信。写完信后觉得还不保险,又一厢情愿地与老对手扩廓帖木儿结亲家。怎么个结法,人家理都不理啊!这就是你我平民百姓的思维了,人家伟大领袖有的是本事。扩廓帖木儿战败时,家眷被大明军俘虏,朱皇帝打听清楚了,被俘的家眷中有个妙龄女子尚未婚配,据说她还是扩廓帖木儿的妹妹。这下可好了,大明皇帝一道圣旨,将她立为朱家龙仔中的老二朱樉的秦王妃。这样一来,你扩廓帖木儿不就成了我大明的皇家亲家了么。既然是皇家亲家,你扩廓帖木儿还好意思来打我们吗?!然后老朱皇帝再派人去漠北招抚亲家,可扩廓帖木儿还是"不应"。(《明史·扩廓帖木儿传》卷124;《明太祖实录》卷68)

  这怎么办?急死人的事,朱皇帝苦思冥想,最终想到了一个"绝招"。大明军北伐前,关中军阀李思齐不是与扩廓帖木儿经常打内战的老冤家吗?这是知其一,大家还应该知其二:李思齐曾经也是我大明北伐的重要对象啊,要说他与扩廓帖木儿在某种程度上来说还真是一对活宝又是"难兄难弟"。对了,就让这位投降过来"吃白食"的李将军李思齐上一次北方去劝劝,来个"弃暗投明"的现身说法,岂不妙哉!

  再说扩廓帖木儿是什么人,李思齐一到,他就立马猜到了老冤家不请自来的目的了,于是好酒好菜热情相待。李思齐该说的都说了,但最终还是不见扩廓帖木儿有什么明确的表态。算了,皇命完成了,事情成不成,那得要看老天了。他住了几日,就要求回去。

  扩廓帖木儿听说老冤家要回去,就令骑士"热情"相送。走到边界时,骑士说:"扩廓总兵有令,请李将军留物做纪念!"李思齐惊讶地回答:"我为公差远来,无以留赠。"骑士恶狠狠地说道:"那就留下一只胳膊!"此时已经无路可走的李思齐只得忍受巨大的疼痛砍下一只胳膊,给了骑士,然后回朝复命,可他到了南京不久后就死了。(【明】钱谦益:《国初群雄事略·汝宁李思齐》卷10引俞本《皇明纪事录》)

无论是优渥有加的政治招抚还是猛烈残酷的军事打击，扩廓帖木儿至死都不肯投降朱元璋。晚年他跟随北元主爱猷识理达腊迁徙至金山（今阿尔泰山）。洪武八年八月，他卒于哈剌那海之衙庭，其妻毛氏亦自经死。（《明太祖实录》卷 100）

其实除了对扩廓帖木儿，朱元璋还时不时地对北元最高统治者进行"统战"劝降。

诚如前面所言，元顺帝在世时，朱元璋曾四次致信招抚；爱猷识理达腊继位后，朱皇帝更是大打"太极"。洪武七年九月，他派遣归降了的故元宦官咸礼、袁不花帖木儿护送在应昌大捷中俘获的元顺帝嫡孙、爱猷识理达腊之子买的里八剌返回漠北，让北元主父子团聚，并致信爱猷识理达腊，这样说道："若能悟我所言，必得一族于沙漠中暂尔保持，或得善终。何以见之君之祖宗有天下者，几及百年养育之久，生齿之繁，以此知运虽去，而祀或未终，此亦天理之常也；君若不悟，不效古人之事，他日加兵于彼，祸有不可测者矣。昔君在应昌所遗幼子南来，朕待以殊礼，已经五年，今闻奥鲁去全宁不远，念君流离沙漠，无宁岁，后嗣未有，故特遣咸礼等，护其归，庶不绝元之祀，君其审之。"（《明太祖实录》卷 93）

洪武帝说得有情有理且滴水不漏，不过从小就在政治漩涡里长大的爱猷识理达腊压根儿就不吃这一套。黄金家族的子孙们岂能向昔日的底层臣民低下高贵的头颅呢？他依靠扩廓帖木儿等人，继续与大明对抗。可在朱元璋变化战略的军事打击下，北元又开始不断地损兵折将。扩廓帖木儿死后，北元西路和中路的军事力量大为削弱。就在这时的洪武十一年（1378）四月，北元主爱猷识理达腊病卒，谥号元昭宗。他的大位由儿子脱古思帖木儿继承，称乌萨哈尔汗，改元天元。（《明史·太祖本纪》卷 2，本纪第 2；《明史·外国八·鞑靼传》卷 327，列传第 215）

经过此等变数，故元残余势力更加衰落，基本上不能南下深入内地进行骚扰了。这在客观上使得当时的大明北疆有了五年的安宁生活（洪武八年、九年、十年、十一年和十二年）。

可这样的局面到了洪武十三年时又有了变化。经过新旧领导人的交替与新班子的磨合，洪武十三年初，北元丞相驴儿、蛮子、哈剌章，国公脱火赤，平章完者不花、乃儿不花，枢密知院爱足等在应昌、和林等地集结了数万部众，"时出没塞下"，即经常南下大明北疆长城边塞骚扰。朱元璋屡赐玺书招抚，但终无成效。（《明史·外国八·鞑靼传》卷 327；《明太祖实录》卷 130）

就在这样的情势下，洪武十三年二月，老朱皇帝任命西平侯沐英率领陕西部队北上，进讨北元，开始了大明历史上的第六次"清沙漠"行动。

沐英先在当时属于陕西行省的灵州（今宁夏银川南面的灵武）集合各路兵马，

然后派遣人前去侦察敌情,发现北元国公脱火赤等领着大股人马驻扎在亦集乃路。于是他下令全体将士横渡黄河,"经宁夏,历贺兰山,涉流沙",一路拼命往北赶,历经七天七夜,终于来到了北元的亦集乃路境内。(《明太祖实录》卷130)

在距离敌营大约50里的地方,沐英先将大明军队分为四路,然后命令将士们夜间行军。为防止发出响声惊动敌人,他让所有人衔枚而进,最终神不知鬼不觉地将敌人围在了驻扎营地,当场俘获了国公脱火赤和枢密知院爱足等,还有上万人的部曲,真可谓大获成功。那年冬天,沐英等又抓获了平章完者不花等。至此,北元政权新领导班子受到了重创。(《明太祖实录》卷130;《明史·外国八·鞑靼传》卷327,列传第215)

不过在这第六次"清沙漠"行动中也留下了一大遗憾,即让那个叛服无常的北元国公乃儿不花给溜掉了。

说起乃儿不花,朱元璋君臣几乎个个都恨得咬牙切齿。这是怎么回事?

● 第七次"清沙漠"行动——傅友德:灰山大捷 沐英:公主山长寨之捷——洪武十四年(1381)正月~四月

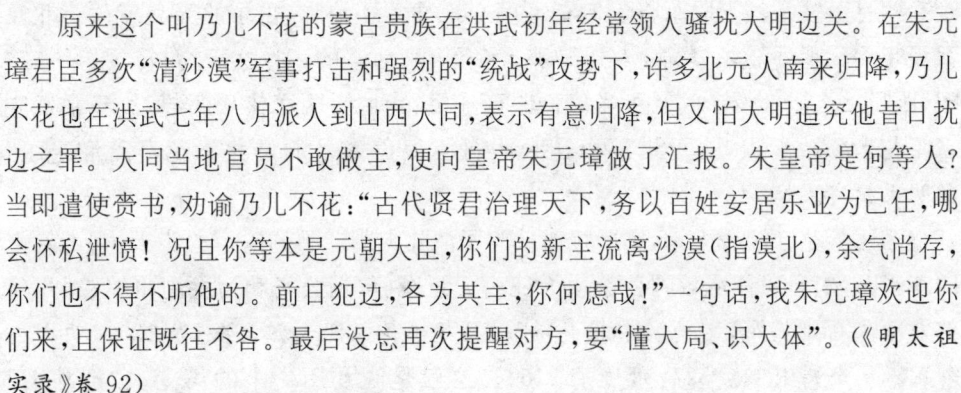

原来这个叫乃儿不花的蒙古贵族在洪武初年经常领人骚扰大明边关。在朱元璋君臣多次"清沙漠"军事打击和强烈的"统战"攻势下,许多北元人南来归降,乃儿不花也在洪武七年八月派人到山西大同,表示有意归降,但又怕大明追究他昔日扰边之罪。大同当地官员不敢做主,便向皇帝朱元璋做了汇报。朱皇帝是何等人?当即遣使赍书,劝谕乃儿不花:"古代贤君治理天下,务以百姓安居乐业为己任,哪会怀私泄愤!况且你等本是元朝大臣,你们的新主流离沙漠(指漠北),余气尚存,你们也不得不听他的。前日犯边,各为其主,你何虑哉!"一句话,我朱元璋欢迎你来,且保证既往不咎。最后没忘再次提醒对方,要"懂大局、识大体"。(《明太祖实录》卷92)

乃儿不花接到朱元璋的回复与保证后,于洪武八年三月正式投降了大明。以当时乃儿不花在北元位居国公的地位来讲,大明接受他后给他安排的职位也不能太低,否则会影响"统战"工作的未来和安定团结的大好形势。为此,朱元璋动足了脑筋,任命他为官山卫指挥使司指挥同知。(《明太祖实录》卷98)官山卫隶属于大同都卫(相当于一个军区),如此职位安排的妙处就在于既给你大官做,又不能不防着点。可朱元璋的老辣碰上了这个反复无常的北元国公全不管用,归降一年后,乃儿不花叛变北逃沙漠。(《明太祖实录》卷98)

乃儿不花叛逃时，在官山卫附近担负起牵制和监视职责的大同卫指挥使周立听到消息后，立即率领大同和振武等卫的兵士前去追赶。可是以步兵为主体的大明军怎么也赶不上北元骑兵。周立追到白寺塔滩时，只捡到一些蒙古骑兵的辎重，乃儿不花早就逃得无影无踪了。(《明太祖实录》卷150)

逃亡的乃儿不花在经历了北元新旧主子更替等一系列变故后的洪武十三年十一月，与故元平章完者不花等搞在了一起，带了数千骑兵干起了"老本行"——骚扰大明边疆，入桃林口，寇略永平，掠民货畜。

当地大明驻军指挥刘广听到警报后，立即率领兵士进行抵御。可那时的大明军还是有着这样的兵种缺陷：步兵甚多、骑兵尚少。对此，刘广只好做出如此安排：自己率领40多名骑兵先行，后面大股的步兵急速跟上。大约走了几十里路程后，这40多人的先遣骑兵来到了距离永平城30里的蔡家庄，突然间遭遇到了上千人的北元骑兵，且一下子给围了上来。40多人怎么也打不过1 000人呀，刘广的坐骑被射杀了，左右将士多战死，千户官王辂被打成了重伤，下去包扎包扎。就在这时，后面的大股步兵赶到了。王辂命令一部分人迅速赶往北元军归途的必经之路迁民镇去，设下埋伏；另一部分人上燕河，一同夹击敌人。

经过一阵紧张、忙碌的增兵布阵和拼命厮杀后，北元兵渐渐开始不支和退却了。这时王辂带领大明军将士们奋不顾身地冲入了敌阵，见了北元兵就砍。北元兵没想到大明军这么勇敢，人死得那么多了，可活着的还这么玩命，算了，早点跑吧，跑晚了自己要没命的。可当他们跑到迁民镇时，大明军伏兵四起，故元平章完者不花当场被活捉，只可惜那个让大明君臣恨之入骨的乃儿不花又给溜走了。(《明太祖实录》卷134)

乃儿不花等叛服无常，屡屡扰边。为了清除大明北疆的这等心头大患，洪武十四年正月，朱元璋任命魏国公徐达为征虏大将军、信国公汤和为左副将军、颖川侯傅友德为右副将军，率领大军北上，征讨乃儿不花(《明太祖实录》卷135；《明史·外国八·鞑靼传》卷327，列传第215)。这就是明初历史上的第七次"清沙漠"行动。

自洪武五年第三次"清沙漠"失利以来，大明第一大将军徐达已经有十个年头未曾亲自挂帅远征漠北了。十年间中小型的"清沙漠"行动间歇性地进行，而大规模的就要数现在的洪武十四年了，这似乎表明当时的朱元璋很想就此彻底解决拖沓已久的北疆大患。但这么多年的经验与直觉提醒着他，对于十分复杂的北元问题还得要冷静对待！于是在徐达大军出发后的三月，洪武帝朱元璋专门派人上北征大营去，告诉征虏大将军魏国公徐达、左副将军信国公汤和、右副将军颖川侯傅友德等:"今年夏天和秋天,北元骑兵一定会在我大明北疆近边地带设下埋伏,等待我们中计。所以你们此次北征'清沙漠'时,如果碰上要追击敌人了,一定得多考虑考虑这个问题,派人探一探虚实,看一看能不能进兵,哪怕先派上三四百人上他们的地界去,然后再以精锐骑兵跟进;要是碰上有人来投降,就好好地询问情况。一旦有伏兵,我军尽早撤退,最好能引诱他们追击。等到他们远离了老巢,就来个突然反击,打他们个措手不及;倘若他们没有设伏,那我军则可以精锐骑兵直捣虏廷!"(《明太祖实录》卷136)

可令朱元璋大跌眼镜的是,此次他又失算了。徐达率诸将出塞后,右副将军傅友德率军做开路先锋,直插北黄河。到那里时,毫无防备的北元兵吓得丢盔弃甲,四处逃命。随后傅友德集合部队,挑选了一批精锐,在一个月黑风高的夜里,偷袭了灰山北元兵营,"获其部落人畜甚众"。与此同时,西平侯沐英等袭击了元军公主山长寨,"歼其戍卒,获全宁四部以归"。(《明太祖实录》卷137)

这大概是第七次"清沙漠"行动中取得的最大战果,至于那只让大明君臣痛恨之至的塞北"硕鼠"乃儿不花不说没逮着,压根儿就不知道他跑到什么地方去了。玩了七八个月的猫抓老鼠游戏在无奈中降下了帷幕。八月,大将军魏国公徐达等领军南还。(《明太祖实录》卷138)

虽说从第三次"清沙漠"行动起到第七次"清沙漠"行动,大明都没能实现预先设想的目标,但并不意味着没有什么大收获。在这十多年间,除了取得一些军事战斗胜利和积累一定的"清沙漠"经验外,为了孤立和打击北元势力,朱元璋还时不时地派人前往中国西南边陲,劝降那里的故元梁王。结果出人意料的是,那梁王不仅不降,反而与北元勾结,遥相呼应,图谋"光复大元"。朱元璋忍无可忍,最终决定对云南动手,完成了对南中国的全部统一。

●平定天府之国,统一西南四川

故元梁王治下的云南与朱元璋的大明起初并不接壤,中间隔了一个明氏政权——夏国。

夏国是由一个名叫明玉珍的人开创的。明玉珍,湖北随州人(【元】佚名:《玄宫之碑》),世代以农为业(【明】杨学可:《明氏实录》),当过元朝巡检司弓兵牌子头(【元】叶子奇:《草木子·克谨篇》卷3上)。在那个年代里,能当上巡检司弓兵牌子头的,一般都是来自殷实之家,因此有人认为明玉珍出身于农村小康家庭。既然如此,明家的日子应该很好过,大可不必像朱元璋和张士诚那样,苦孩子活不下去了,不得不起来造反。可明玉珍的命运却似乎有三次迫不得已。

○ 明玉珍三次"迫不得已",结果却当上了大夏国皇帝

　　第一次迫不得已是在元至正十一年(1351),那年元末红巾军起义爆发,西线白莲教徒在蕲水推举徐寿辉为主,并迅速地向周围地区发展红巾军势力。当时明玉珍在家乡听到消息后,集合乡里壮勇,组织义兵队伍,屯于青山,结栅自固,因为性格刚直、大方,被众人推举为屯长。徐寿辉红巾军攻占荆湖诸郡时,听说了明玉珍组织义兵队伍这档子事,就派人前去传话:"想富贵,就早点来一起干大业;要是不来,我们大军开到时就开始一一问斩!"明玉珍害怕了,随即投靠了徐寿辉,被授予统兵征虏大元帅。虽说是个大元帅,但元朝时的大元帅就好比现在满大街的"老总"一般很不值钱,明玉珍头衔变了,隶属关系上归倪文俊管辖,但他领的兵却还是原来自己山寨时代的哥儿们弟兄。最初受命镇守沔阳,与元将哈林秃在湖中展开决战,不幸被元将一箭射中右眼,从此就成了"独眼龙"。(《明太祖实录》卷十九)

　　至正十五年(1355),明玉珍受命领兵10 000多人,驾斗船50艘前往四川夔州(今奉节)"掠粮",因为军纪严明,颇受当地百姓的拥护。刚巧那时元四川行省右丞完者都和左丞哈林秃上重庆募兵,义兵元帅杨汉听说后,率领兵士5 000人自西平寨来到重庆,屯兵江北,然后单骑入城,拜谒元朝地方省级领导右丞完者都。但没想到的是,完者都听说来见者是个拥有较厚兵力的义兵元帅,顿时起了歹念,想利用酒宴款待之机将杨汉灌醉,并杀了他,然后再吞并他的兵力。可人算不如天算,被灌了老酒的杨汉根本就没醉,他发现上级领导要害自己,当即心生一计,乘着对方不注意时偷偷地溜回了自家的军营。

　　当手下军士听完了杨汉的描述后,个个怒火中烧,发誓要与完者都好好地干一仗,甚至有人驾着军中船只直接向着重庆方向驶去,却在峡州时遇上了明玉珍。明玉珍不明就里,便问怎么一回事?杨汉手下一五一十地说了,且告诉明玉珍:"重庆城中元兵势单力薄,哈林秃与完者都两个领导又不相和。倘若这时有人出其不意地攻城,取重庆易如反掌!"但明玉珍听后却犹豫不决。(《明太祖实录》卷19)

　　这时军中有个万户官叫戴寿的出来说道:"机不可失啊,我们不妨将收集到的粮食一分为二,一半用船只运回沔阳大本营,还有一半用船只向西运输,图谋攻取重庆。事情要是成了,就不用说了;要是不成,我们在重庆捞一票就走人,有何损失?"明玉珍听了觉得很有道理啊,于是下令:兵发重庆。这是明玉珍人生中第二次迫不得已了。出于他意料的是,西进果然捞了个大便宜。兵至重庆时,元朝地方官与军政领导皆闻风而逃;明玉珍轻轻松松地占据了这个西南重镇,并被徐寿辉授予

陇蜀右丞。自此以后"蜀中郡县相继下,玉珍尽有川蜀之地"。(《明太祖实录》卷19)

至正二十年(1360)闰五月,陈友谅发动政变,杀了西线红巾军首领徐寿辉而自立为帝。明玉珍闻讯后非常气恼,跟人说:"我与陈友谅同为徐氏臣子,陈氏杀主自立,罪恶滔天,我当整兵前去征讨!"随即命令手下大将莫仁寿领兵守夔关,表示与陈友谅决裂,立徐寿辉庙于城南,春秋奉祀,并自称"陇蜀王",以刘桢为参谋。

刘桢,四川泸州人,中过元朝进士,当过大名路经历,后罢官在家。明玉珍立足重庆时,刘桢被人举荐出来,当了陇蜀王参谋。他见到当时的形势十分微妙便向明玉珍进谏道:"今天下大乱,中原无主,西蜀形胜之地,东有瞿塘,北有剑门,沃野千里,所谓'天府之国'。大王抚而有之,除去盗贼,养其伤残之民,用贤治兵,可以立业。于此之时,不称大号,以系人心:部下将士,皆四方之人,恐其思乡土,各散而去,大王谁与建国乎?"明玉珍听后大喜,第三次"迫不得已"地做出决定,自立为君。(《明太祖实录》卷19)

至正二十二年(1362)正月初一(《玄宫之碑》载为1363年,此处据《明太祖实录》),明玉珍在重庆称帝,国号"大夏",纪年"天统",立子明升为太子。仿周制设六卿,以戴寿为蒙宰,万胜为司马,张文炳为司空,向大亨、莫仁寿为司寇,吴友仁、邹兴为司徒,刘桢为宗伯。明玉珍为人宽厚,崇尚节俭,对四川人民轻徭薄赋,还"置翰林院,拜牟图南为承旨、史天章为学士,内设国子监,外设提举司教授所。府置刺史,州曰太守,县曰令尹。设科举,策试进士。去'释老教'而专奉'弥勒法'"。可以这么说,他是元末各路反元起义军中唯一一个反元至死不渝的领袖级英雄与勇士!可惜的是他的远谋韬略似乎欠缺了一点,故而明氏夏国发展不快,地盘不广。当然也有老天不帮忙的因素,至正二十六年(1366)时年仅36岁的明玉珍就匆匆地踏上了黄泉之路,留下了一个不足10周岁的娃娃皇太子明升继承皇位。(《明太祖实录》卷19;【元】佚名:《玄宫之碑》)

○ 大明军南北两路夹击,攻伐大夏国

可能鉴于形势的需要,明玉珍临死前一年变化了朝中人事机构与军事布置,"更六卿为中枢省枢密院,以戴寿为左丞相,万胜(即明玉珍义弟明二,笔者注)为右丞相,向大亨、张文炳为知枢密院,邹兴为平章守成都,吴友仁为平章守保宁,莫仁寿为平章仍守夔关,邓元亨为平章守通州,窦英为参政守播州,荆玉为宣慰守永宁,商希孟为宣慰守黔南"(《明太祖实录》卷19)。但从实际来看,明玉珍死后,明升继位时,夏国朝中大权却掌握在大将吴友仁手中,此人肆意贪渎,"私家倍于公室,仓

帑空虚"(【明】杨学可:《明氏实录》)。明升之母彭氏虽然在名义是垂帘听政,可一个妇道人家老没什么主意。于是夏国政出多门,国势日衰。

国弱就有外人欺,巴蜀之地,西南一隅,又不是什么交通要冲,有谁会动着这样的念头?说来大伙儿可能不信,他就是夏国开创者明玉珍的"老朋友"朱元璋。

朱元璋本来与明玉珍关系一直"不错",他每次发动大的军事征讨之前,总要写信给明玉珍,用老百姓的话来说,就是打声招呼:没你明玉珍和大夏国什么事,我朱元璋去打别的坏蛋。明玉珍是个老实人,也就信了。

转眼就到了洪武二年(1369)七月,大明军平定关陇,统一中原和北方。消息传到西南地区,大夏国左丞相戴寿觉得形势不对劲,便跟娃娃皇帝明升这般说道:"大明遣将用兵,所向无敌,中原王保保(即扩廓帖木儿)、李思齐那般强悍都未能抵挡得住,我在为我们大夏国担忧啊!一旦他们真的举兵西向,我们该怎么办?"控制着朝中大权的大将吴友仁正上下其手,贪污得起劲呐,满脑子都是歌舞升平,对于戴寿的"庸人自扰",觉得实在有点好笑,当即跟冲龄天子说:"蜀地非中原可比,万一有急,据险可守,我们军资又充足。明军即使将勇兵强,又能将我们奈何?为今之计不如派人上南京去,与大明主动交好,迷惑敌人,赢得时间;而我们则抓紧时机,内修武事,以备来犯之敌!"明升当即采纳了吴友仁的建议,遣使与明修贡通好,弄得朱元璋一时找不到武力下手的借口。(《明太祖实录》卷43)

找不到借口慢慢再找啊。洪武二年十月,朱元璋派遣湖广行省平章杨璟上四川去招谕明升,威逼利诱,什么都说了,但大夏国大臣就是不同意投降(《明太祖实录》卷46)。最终弄得杨璟灰头土脸似地回了南京,向朱元璋一股脑地鼓吹"举兵取之"。但朱元璋没有同意,他说:"兵之所加,必贵有名。"就是说你要打人家,得有个什么名目吧!人家孤儿寡母的,够可怜的了,又没招你惹你,你干吗去打人家呀?所以灭夏之事只能搁一搁。(《明太祖实录》卷47)

不过,朱元璋毕竟是朱元璋,他要做的事总能找到"合适"的借口、"合适"的做法。洪武三年(1370),老朱皇帝派遣使臣上重庆,向大夏国索要名贵楠木,但遭到了左丞相戴寿的拒绝。随后朱元璋又借口要去攻打云南的故元梁王,向大夏国提出假道进军。大夏国君臣可清醒着,你大明军说是假道打云南,走到蜀地境内时突然对我们动手,我大夏国岂不就此完了。傻子都明白这个理,于是两个字回答:"不借!"从此"明夏竟绝和好"。(【明】杨学可:《明氏实录》)

"竟绝和好"也没关系,夏、明各自头上一方天,各有各的江山社稷,可朱元璋君臣却不这么认为。洪武三年五月,徐达率领的大明北征军在取得定西沈儿峪战役胜利后,突然兵向南方,攻打当时还是由故元残余势力控制的兴元(陕西汉中)。兴元再向南就是四川北部重镇广元,因此说,攻占兴元就等于打开了进攻四川的门户。消息传到重庆,夏国君臣为此十分着急,明升急调吴友仁率领30 000人马迅速北上夺取兴元,随即又令镇守瞿塘的平章莫仁寿出兵攻打归州(湖北秭归南)。可能夏国将领水平太臭,两路进攻都未能得手,反被明军打得一败涂地,这下又给了朱元璋进兵的借口。(《明太祖实录》卷52,54;【明】高岱:《鸿猷录·夹攻西蜀》卷5)

洪武四年(1371)正月丁亥日,朱元璋任命中山侯汤和为征西将军、江夏侯周德兴为左副将军、德庆侯廖永忠为右副将军、营阳侯杨璟、都督金事叶升率京卫、荆、襄舟师,由瞿塘趋重庆;颖川侯傅友德为征虏前将军、济宁侯顾时为左副将军、暨都督金事何文辉等率河南、陕西步骑,由秦陇趋成都,南北两路夹击,攻灭夏国。(《明太祖实录》卷60)

大明主将出发前,朱元璋发出告谕:今天下大定,四海奠安,惟川蜀未平耳。朕以明玉珍尝遣使脩(修)好,存事大之礼,故于明昇(升)闵(悯)其稚弱,不忍加兵,遣使数加开谕,冀其觉悟。昇(升)乃惑于群言,反以兵犯吾兴元,虽败衄而去,然豺狼之心终怀啮噬,不可不讨。今命卿等率水陆之师,分道并进,首尾攻之,使彼疲于奔命,势当必克。但师行之际,在肃士伍、严纪律,以怀降附,无肆杀掠。昔王全斌之事,可以为戒,卿等慎之!(《明太祖实录》卷60)

朱皇帝的这份告谕明白无误地告诉了世人:什么明升这个不对,那个不是,说到底,现在大明已经基本上拥有了中华故地,就你们四川西南一隅能抵挡得了我大明的统一之势?再说白一点:卧榻之侧岂容别人酣睡?

当然这些都是军事征讨的战前宣传,战争胜负的关键还得要靠战场上的军事战果来说话,而当时大明的西征军尤其是北路军将帅确实不赖。

北路是由名将傅友德率领,一路进军相当顺利,从陕西东的陈仓进兵,直趋四川北部,向南连连攻克阶州、文州、青川、昊阳、江油、章明、龙州、绵州(即绵阳),然后再向着四川重镇成都北边的门户汉州(今四川广汉)进逼,真可谓一路凯歌。(《平蜀记》)

与北路相比,南路大明军进攻可迟缓了。之所以如此,主要有两大原因:第一,明玉珍君臣在开创大夏国时就是由南路长江一线进军重庆的,因而他们在这一线一直布防了很强的军事力量;第二,大明选择伐蜀的时间不好,夏季正是长江流域黄梅多雨和洪水高发季节,且不说大明军在长江里逆流而上了,就是在和平年代这时河水暴涨、山洪滑坡也司空见惯,这确实令人十分头疼。所以当时汤和、杨璟等人率领的南路军进兵相当之缓慢,杨璟的队伍自归州出发,闰三月(实际就是四月份)才来到夔州(今重庆东部奉节)的大溪口,开始进攻瞿塘关。瞿塘峡之险世人皆知,当时大夏国先派了莫仁寿用铁索横断关口,后来又增派了戴寿、吴友仁等将领率兵前来支援,因此大明军要想从正面迅速地拿下瞿塘关几乎是不可能的。先锋杨璟费尽了心思多次想发起进攻,可都失败了,不得不退回归州。(《明太祖实录》卷63)

五月,汤和、周德兴、廖永忠率领的南路水师来到瞿塘关,面对奔腾的长江和咆哮的山洪,诸将只能是望水兴叹,"欲俟水平进师"。可这时南京城里的朱皇帝可等得不耐烦了,听到傅友德北路军一路势如破竹,他马上降敕给汤和、廖永忠等得,责问道:"何怯之甚也!"(《明太祖实录》卷66)

○ 夏国灭亡,四川全境归给大明帝国

接到诏书后,廖永忠决定马上领兵硬攻,可汤和还在迟疑,忽然间从汉江上游传来"军事情报"——原来傅友德为了瓦解敌人的阵营,将其攻克阶州、文州等近10个四川北部城池的名称与时间一一写在木牌上,然后扔进汉江里。这不仅起到震慑夏国军士的作用,而且也传递了军事情报。汤和得悉后不得不与廖永忠等开始筹划,设法强渡瞿塘关。

他们派了精兵小分队,绕到上游去,先渡长江,然后顺流漂下,由廖永忠率兵突然杀到夏军兵营。守关的夏国军士没防备到明军来这么一手,顿时就乱了套,瞿塘关一下子就被攻占了。随后明军攻克夔州。第二天,汤和率军来到夔州,与廖永忠军会合,然后分道共进,约定在重庆会师。(【明】佚名:《平蜀记》;【明】黄标:《平夏录》;【明】高岱:《鸿猷录·夹攻西蜀》卷5)

大约一个月后的六月十八日,廖永忠率领的水师抵达了重庆东郊的铜锣峡。夏国朝廷上下一片恐慌,右丞刘仁认为:形势危急,关键在于天子得保住,留着青山在,不怕没柴烧,因此他主张小主子马上逃往成都去避避风头。可明升母亲彭氏却哭着这样说道:"事情已经到了这一步,逃亡成都也不过延缓一下覆亡的时间,又有何益?"刘仁说:"那你看怎么办?"彭氏说:"大明军势如破竹,我们重庆城内兵民加在一起虽说也有数万人,但大家都被吓破了胆,哪个还敢出来奋战?再说即使抵抗了,也逃脱不了覆灭的命运,且还会累及众多无辜。算了,不如早点投降了吧!"乖乖孩明升听从了母亲的意见,随即派人上廖永忠军营里去说话,表示愿意投降。(《明太祖实录》卷66)

三天后,主帅汤和率大军到达重庆,正式接受了明升的降表。又过了四天,受朱元璋之命前来增援的永嘉侯朱亮祖也率大军赶到了重庆。然后诸将兵分几路,进攻

四川各地。(【明】钱谦益:《国初群雄事略·夏明玉珍》卷5)

而此时傅友德率领的北路军早已攻下了汉州,向着天府之都——成都进攻。成都等地本来守备力量并不强,因为傅友德命人写的木牌"军事捷报"由汉江上游漂到了下游,让夏国左丞戴寿和权臣吴友仁等人也给捡到了,他们顿时发现成都等地形势吃紧,于是立即率军赶赴重庆西北方向的成都、保宁等地去增援。可夏国的这些武将哪是大明名将傅友德等人的对手,还没交上几次手,七月负责成都军防的戴寿和向大亨投降了大明。洪武四年八月庚子日,受汤和之命西进的江夏侯周德兴等攻下保宁,活捉夏国大将、权臣吴友仁,"械送京师,蜀地悉平"。(《明太祖实录》卷67)

至此,夏国灭亡,明升等被押往京师南京,受封为归义侯;后因与陈友谅儿子归德侯陈理"居常郁郁不乐,颇出怨言"而最终被安置到了高丽,当起了客家侯爷。(《明太祖实录》卷71)

● 平定彩云之南　实现完整意义上的南中国统一

攻灭夏国、统一四川后,原本并不挨边的云南随即成了大明下一个统一的目标。不过洪武皇帝朱元璋并没有马上对它动武,而是"拖"了整整十年。之所以如此,一来是由于大明开国之初的主要危险来自北方的故元残余势力,朱元璋将军事重点与打击目标锁定在北方,这无疑是十分正确的;二来是由于云南地处边陲,暂时把它搁在边上,不但没什么大碍,反而有利于集中大明精力打击北元;三是由于云南地形极其复杂,"明师平四川,天下大定,(然)太祖以云南险僻,不欲用兵"。(《明史·把匝剌瓦尔密》卷124)即说,大明不到和平"统战"工作进入绝境,就不会轻易动武,以免付出沉重的代价;四是由于云南历史比较特别:"云南古滇池地,南控交趾,北接吐蕃,西拥渚甸,东以曲靖为门户,与蜀、黔错壤,丽江、松潘、乌蛮、沾益,如犬牙然。战国时,楚威王使将军庄蹻将兵循江上,略巴蜀、黔中,西至滇池,以兵威定,属楚。归报,会秦击楚,巴、黔道塞,遂以其众王滇,变服从其俗以长之。汉武帝元狩元年,彩云见南方,遣使迹之,起于洱河,因寘云南郡,谕滇王入朝。宣帝遣王褒求金马、碧鸡之神。蜀汉建兴三年,诸葛亮南征雍闿,斩之,封其渠龙祐那为部长,赐姓张氏,渐去山林,徙居平地,建城邑,务农桑,诸部于是始有姓氏。隋开皇中,为史万岁所破。唐武德、贞观间,张氏弱,逊位蒙氏,号南诏。天宝七年,阁罗凤反,败节度使鲜于仲通西洱河。后段氏有其地。段氏之先,武威郡人,改国号大理。宋太祖立,王全斌下四川,请取大理,鉴唐之祸,以玉斧画大渡河曰:'此外非吾有也。'由是云南不被兵,段氏得长世焉。元世祖自临洮过大渡河,经山谷二千里,至金沙江,乘革囊以济,获段兴智,灭其国,乃以其(第五)子忽哥出为云南王镇之,仍录段氏子姓守其王(实际上在元史中称为总管)。忽哥出死,封其子松山为梁王。(元顺帝)至正时,把匝剌瓦尔密嗣位……"(【清】谷应泰:《明史纪事本末·太祖平滇》卷12)

○ 洪武前期朱元璋对云南故元梁王屡次招抚的失败

　　一句话,无论是在地域上还是在历史上云南都是一个"特区",既然是"特区",那么"特区"的事情就得特办。大明开国后的洪武二年(1369)二月和洪武三年(1370)六月,朱元璋两次遣使招谕云南(《明太祖实录》卷39;卷53),其中说道:"自古为天下主者,视天地所覆载、日月所照临,若远若近,生人之类,无不欲其安土而乐生,然必中国治安而后四方外国来附。近者元君妥欢(懽)帖木(睦)儿荒淫昏弱,志不在民,四方豪杰割据郡县,十去八九。朕悯生民之涂炭,兴举义兵,攘除乱略,天下兵民尊朕居皇帝位,国号大明,建元洪武。前年克取元都,四方以次平定,其占城、安南、高丽诸国俱已朝贡。今年遣将巡行北边,始知元君已殁,获其孙买的八剌,封为崇礼侯。朕仿前代帝王治理天下,惟欲中外人民咸乐其所,又虑汝等僻在远方,未悉朕意,故遣使往谕,咸使闻知。"(《明太祖实录》卷53)但云南方面却对此依然不予理睬。

　　洪武五年(1372)正月,朱元璋又派了与宋濂名声相当的古文大家、翰林待制、承直郎兼国史院编修官王祎偕同苏成赍诏招谕云南。苏成是故元云南梁王匝剌瓦尔密派往漠北的特使,在前往北方的途中被大明北平守将给俘获了。朱元璋决定将他送回云南去,顺便让他带上王祎等人,一起去劝说梁王匝剌瓦尔密归降大明。(《明太祖实录》卷71)

　　梁王匝剌瓦尔密是元朝开国君主忽必烈第五子忽哥出的后代,与大元皇室有着较为密切的血缘关系,换言之,他十分忠于元皇室,所以一直不肯投降明朝。但善于文辞的王祎反复劝谕,以陈友谅、张士诚、方国珍、陈友定、明玉珍和扩廓帖木儿的相继败亡之事实,阐明了当前的大势,并告诉梁王"朝廷以云南百万生灵,不欲歼于锋刃。若恃险远,抗明命,龙骧鹢舻,会战昆明,悔无及矣!"梁王听后十分惊讶,并有了归附的意向。(【清】谷应泰:《明史纪事本末·太祖平滇》卷12)

　　谁料这时北元毕力克图汗爱猷识理达腊派遣的"征梁王粮饷"使者脱脱也来到了云南,听说王祎等明朝劝降特使已在昆明,他就威逼梁王匝剌瓦尔密交出人来。仇人相见分外眼红,脱脱一看见王祎,就要他跪倒在地行大礼。有着大儒风范的王祎岂会在这样的礼节上有失呐,他当即大义凛然地斥责道:"上天惠顾你们大元之运已经到限了,我大明取而代之,实为天命所归。你们现在仅仅是爝火余烬,竟敢与日月争明?!何况你我都是使臣,怎能让我为你下跪!"脱脱听后恼羞成怒,正欲发作,有人出来劝解:"王祎是当今名儒,德高望重,对他我们万万不可乱来!"已被怒火冲昏了头脑的脱脱哪听得进旁人的意见,当即咆哮:"眼前就是孔圣人,我也要杀了他!"王祎不慌不忙地整整衣冠,回头扫了一眼梁王,随即掷地有声地说道"你们杀了我,我朝天兵不久就到。用不了多久,你们便大祸临头了!"说完他英勇就义。(《明史·忠义一·王祎传》卷289,列传第177)

听到自己的特使王祎被害,洪武皇帝朱元璋尽管十分恼怒,但最终还是抑制住了火气。因为这时大明重点所要对付的还是北方蒙元残余势力,所以对于云南故元梁王的所作所为只能忍一忍,随后便开始了新一轮的招抚活动。

洪武七年(1374)八月,洪武帝派遣故元威顺王子伯伯赟诏前往云南,招谕梁王,结果还是遭到了拒绝。(《明太祖实录》卷92)

洪武八年(1375)云南梁王派遣使者铁知院等20余人出使漠北,途中因遭遇大明"清沙漠"队伍而被俘。朱元璋决定再次使用招抚策略,释放铁知院等人,条件是让他们将大明新的劝降特使吴云一起带往昆明去,铁知院等人答应了。

吴云,常州宜兴人,"仕元为端本堂司经,改翰林待制"。洪武元年,大明军攻克元大都时,吴云与众多元朝官员一同被俘,后被送往京师南京,授予弘文馆校书郎,"历渭南县丞、刑部郎中磨勘司令、刑部尚书。出为湖广参政,坐事被逮"。因大明天子朱元璋爱惜他的才华而最终特宥其过,并委以云南劝降特使之职,让他与铁知院一行人同行。(《明太祖实录》卷110)

但同行的未必就同心,铁知院一行人原本是出使北元的,可现在使命没完成却要回云南去了,那如何向梁王交差?就这样,以铁知院为首的梁王使团一路走一路内心纠结着。这时有人偷偷地出了个主意,让梁王从未见过面的大明劝降使吴云假扮成北元特使,胡服辫发,再将大明皇帝朱元璋的劝降御书给"修改"一下,不就可以"蒙混过关"了!可现在的问题关键是要让那个吴云协助唱好这出戏。于是铁知院就去找吴云商议,没想到当场就遭到了拒绝。这时候,铁知院等人顿悟:不好,"天机"已经泄露,吴云又那么刚烈,怎么办?一不做二不休,他们干脆就在云南的沙塘口将吴云给杀了;然后回到昆明,编了一些瞎话,糊过了梁王。梁王信啊,对于吴云的死,他觉得很好办,令人将其尸骨送到已被朱元璋政权控制的四川给孤寺给葬了,不就没事了!(《明太祖实录》卷110)

○ 洪武中期傅友德、蓝玉等率领大明军南征云南

有事没事不是单方面说了算,朱元璋前后派了五六批劝降特使,你梁王不答应

也就罢了,干吗要一而再再而三地杀害我大明劝降特使?是可忍孰不可忍!洪武十四年(1381),在大明北疆大体安宁的情势下,忍无可忍的大明君主朱元璋最终决定对云南实行武力统一。

九月初一日,朱元璋任命颍川侯傅友德为征南将军,永昌侯蓝玉为左副将军,西平侯沐英为右副将军,统率将士往征云南。

云南在元末明初之际范围很大,大致包括现在的云南和贵州两个省(永乐十一年,贵州才独立成省)。若从政治与地理方面来讲,当时的云南分为三大系统:一是直属于蒙元皇帝、以昆明为中心的梁王集团;二是政治上隶属于元朝,但有着很大自主权的以大理为中心的白族土酋段氏集团;三是上述两大集团外的少数民族地区,也称土司地区。在这三大集团系统中最先归附朱元璋政权的当数云南地方土司。

元至正二十五年(1365),朱元璋大败陈友谅,兵威远震。贵州东北方与湖广接界的元朝思南宣慰、思州宣慰率先归附。当时朱元璋正忙于南方的统一战争,对于不费一兵一卒就能收服思南、思州等地当然乐意了,随即他命令这两地的故元宣慰使继续照当他们的"土司官";平定夏国后,四川纳入了大明的版图,和四川接界的贵州宣慰、普定府总管也归附了朱元璋。这样一来,云南北部、贵州一半以上的土司地区成了明朝的属地。换言之,原本元朝云南的东与北两面失去了屏障,因此大明进攻云南最容易入手的就是从这两面开始。(谭其骧:《中国历史地图集》第七册,P21~22和64~65;吴晗:《朱元璋传》,三联书店1965年2月第1版,P147)

大明军出发前,朱元璋曾仔细研究了云南的地图,并向许多了解云南情况的人打听山川地貌,制定了既周全又严密的作战方案:"取之之计,当自永宁(四川叙永)。先遣骁将别率一军以向乌撒(贵州威宁),大军继自辰(湖南沅陵)、沅(湖南芷江),以入普定,分据要害,乃进兵曲靖。曲靖,云南之喉襟,彼必并力于此,以拒我师。审察形势,出奇取胜,正在于此。既下曲靖,三将军(指洪武十四年朱元璋任命的征南将军颍川侯傅友德、左副将军永昌侯蓝玉、右副将军西平侯沐英,笔者注)以一人提劲兵趋乌撒,应永宁之师,大军直捣云南(指昆明)。彼此牵制,彼疲于奔命,破之必矣。云南既克,宜分兵径趋大理。先声已振,势将瓦解。其余部落,可遣人招谕,不必苦烦兵也。"(《明太祖实录》卷139)

再说征南将军颍川侯傅友德领命后统领了130 000人的大明军从南京龙江出发,逆江而上,进入湖广。在那里,按照皇帝朱元璋的指示精神,兵分两路,一路由都督郭英、胡海和陈桓率领的50 000人马,从四川永宁进兵,直趋乌撒;另一路则由他自己和蓝玉、沐英带领,从湖广辰、沅一路西行,进入贵州,攻占普定(今名为安

顺)、普安等州，"罗、鬼、苗、蛮、犵、狫闻风而降"。明军大举西进，攻入云南曲靖。(《明太祖实录》卷140)

○ 昆明之战　大理大捷　云南归附大明

故元梁王把匝剌瓦尔密听说曲靖东边的普定被明军攻占，顿时心里十分着急，赶紧派遣司徒平章达里麻率100 000精兵屯守曲靖，打算阻截明军。这时右副将军沐英向傅友德提议，采取出奇制胜的战术来打败达里麻。傅友德接受了建议，从军中抽调人员另行组织奇兵，从白石江下游偷偷地渡江，绕到敌人背后，自己则与沐英组织正面的渡江作战。达里麻发现情势不对，但为时已晚，明军正从两面发起猛击的夹击，惊恐不已的元军一下子大败，达里麻和10 000多将士当场被活捉，"(傅)友德悉抚而纵之，使各归其业。夷人见归者，皆喜慰，而军声益振，遂平曲靖"。(《明太祖实录》卷140)

占领曲靖后，傅友德将队伍一分为二，一路由自己率领，北上乌撒，支援郭英、胡海；另一路则由蓝玉、沐英率领继续西行，进攻昆明。(《明太祖实录》卷140)

昆明是当时云南三大系统中直属于蒙元皇帝的梁王府所在地，与政治上隶属于元朝但有着很大自主权的白族土酋段氏集团所在地大理一起，构成了那时云南东西两大政治中心。梁王与段氏虽有矛盾，但在整体上过去两者关系还算过得去。后来因为梁王对大理第九代总管段功"以疑杀之"，从此双方就成了见死都不救的冤家。(《明史·把匝剌瓦尔密传》卷124，列传第12)

洪武十四年(1381)十一月庚午日，失去大理援助的故元梁王把匝剌瓦尔密听到达里麻兵败被擒的消息后，估摸着自己的昆明也将守不住了，于是就与左丞达的、参政金驴一起逃往罗佐山。两天后，惊恐万状的梁王带了妻子、小妾和奴仆以及左丞达的等又逃往到了普宁州忽纳砦。绝望之中，他"焚其龙衣，驱妻子赴滇池死"，然后夜入草舍中，自缢而亡。(《明太祖实录》卷140)但《滇云历年传》说：梁王也是投滇池而自尽的。(《滇云历年传》卷6)

梁王死后的第二天，征南左副将军永昌侯蓝玉、右副将军西平侯沐英率领明军来到昆明的板桥，后驻营东郊的金马山。元右丞观音保等出降，故梁王阇竖也先帖木儿献出金宝，昆明就此归附大明。蓝玉"整师入城，戒戢军士，秋毫无犯，吏民大悦"。(《明太祖实录》卷140)

占领昆明后，蓝玉派遣曹震、王弼和金朝兴等率20 000多人由昆明南下，进攻临安(今云南通海)等地；沐英等则率军直接北上乌撒，援助傅友德。

其实进攻乌撒的战斗打得也比较顺利，最先由郭英率领的大明北路军攻入了乌撒府地界,在赤水河边突然遭遇了元右丞实卜率领的元军,还没有开战,刚巧傅友德的援军赶到了。明军两路夹击,将女土司官实卜打得惨败,"斩首三千级,获马六百匹","遂城乌撒,得七星关,以通毕节,又克可渡河",附近的"东川、乌蒙、芒部诸蛮震詟,皆望风降附"。(《明太祖实录》卷140;【清】谷应泰:《明史纪事本末·太祖平滇》卷12)

云南捷报频频传到南京,洪武皇帝朱元璋高兴极了,立即颁敕嘉奖明军将士,同时下令在云贵设立军政统治机构。洪武十五年(1382)正月,置贵州都指挥使司和云南左、右、前、后,普定,黄平,建昌,东川,乌撒,普安,水西,乌蒙,芒部,尾洒等14卫指挥使司。(《明太祖实录》卷141);二月置云南都指挥使司,设立卫所,屯兵驻守,并改中庆路为云南府,实行郡县制和邮驿制,恢复生产,安定秩序。(《明太祖实录》卷142)

在上述这些一一安排妥当的基础上,朱元璋又下令给傅友德等率军向西挺进,进军大理。

大理是云南段氏的统治中心,而那时的段氏尊奉元朝和北元为正朔,拒绝归降明朝。(《南诏野史》卷下)洪武十五年闰二月,征南左副将军永昌侯蓝玉、右副将军西平侯沐英率军对大理发起了猛烈的进攻。

大理城倚点苍山,西临洱河,形势极为险要。当时大理总管段世听到明军来攻,连忙调集兵力扼守下关。下关是唐朝时南诏王皮罗阁所筑的龙尾关,形势险峻,一夫当关万夫莫开。蓝玉等来到大理附近的品甸后,就派了定远侯王弼率军由洱水东向进抵上关,自己则领兵前往下关,由此形成掎角之势。蓝玉还下令打造攻城工具,派了都督胡海洋在后半夜时从石门抄小路渡河,绕出点苍山后,攀木援崖而上,将大明军旗插在了山上。等到天亮时,进攻下关的明军将士一眼望见,大家都高兴得快要跳起来了,而段氏军士却由此开始慌乱。

这时沐英身先士卒,策马渡河。河水很深,几乎要将渡河的高头大马淹没了,可将士们却争先恐后地下水,奋不顾身地向前冲杀,最终攻克了下关。

山上明军将士看到后更是信心倍增,立马也发起了进攻。段氏军队顿时腹背受敌,没过多长时间就全线溃散。明军随即攻占大理,活捉段世。而后"分兵取鹤庆、略丽江、破石门关,下金齿(今云南保山),由是车里(今云南西双版纳)、平缅(今云南德宏)等处相率来降"。(《明太祖实录》卷143)

至此,云南被平定,大明实现了完整意义上的南中国统一。

○ 沐英家族世代统兵云南

可这样的统一刚刚完成,乌撒、东川和芒部的彝族土司就发动了反明叛乱。朱元璋命令傅友德迅速调集兵力,予以坚决镇压。后为防止叛乱再起,洪武帝决定让征滇大军继续留守云南,直到洪武十七年(1384)三月,征南将军颍川侯傅友德、左副将军永昌侯蓝玉等才班师回京。(《明太祖实录》卷160)

与此同时,为了铲除云南段氏的割据立国基础,朱皇帝还下令"故元云南平章段世、宣慰段名随侍齐王,给千户禄"。(《明太祖实录》卷161)可即使到了这一步,他还觉得不放心,又令自己的义子沐英留守云南,且为永制,从此沐氏家族世代统兵在云南。(《明史·沐英传》卷126)

云南的统一,意义重大,不仅使得大明帝国的统一运动又向前迈进了一大步——实现了南中国的真正统一,而且还为北中国的统一消除了后顾之忧。自此以后,大明可以集中精力专门对付北方故元残余势力。正是在这样的背景之下,朱元璋发动了第八次"清沙漠"行动。

● 第八次"清沙漠"行动——洪武二十年(1387)正月~六月

前面我们讲过洪武前期的七次"清沙漠",其主要打击对象为大明帝国最为危险的敌人——漠北故元残余势力。其实自从元顺帝出逃起,北方故元残余大体分为西、中、东三路军,西路军即扩廓帖木儿那一支,中路军以北元主为核心,东路军为东北的纳哈出割据势力。

○ 义释元朝开国名将、被称誉为"四杰"之一的木华黎后代纳哈出

纳哈出,蒙古札剌亦儿部人,蒙古开国名将、被称誉为"四杰"之一的木华黎的后代。元末时官太平路万户。至正十五年,朱元璋军攻下安徽太平时,纳哈出被俘。尽管受到很大的优待,但纳哈出还是一天到晚闷闷不乐。细心的朱元璋观察到后就把他昔日的同事、同为降将的万户黄俦叫来,如此这般地做了交代。黄俦随即去找纳哈出,说:"主上(指朱元璋)这么厚待你我,你难道还有什么不满意的?"纳哈出叹了一声气,然后回答说:"承蒙主上不杀之恩,我纳哈出无以为报。不过,黄俦你也知道,我们木华黎家可是大元帝国的世代忠臣,我……心里想着北方啊!"黄俦回头就向朱元璋做了汇报。朱元璋听后感慨道:"忠臣后代啊,我猜想他可能就是为这事而纠结的。"随后他又跟徐达说:"纳哈出,元之世臣,心在北归。现在我们强留下来他,也不是办法,还不如将他送还北方去。"徐达听后觉得不可理解:"这些蒙古人的心很难让人捉摸透,假如我们现在将他给放了,恐怕要为将来留下后患吧,还不如将他给杀了。"可朱元璋不同意,他说:"纳哈出已经投降我们了,而我们

现在又要杀他,总得有个合适的理由啊,无故杀人,不义啊!我已经想好了,就放他走吧!"而后朱元璋将纳哈出和降臣张御史等召在一起,跟他们说:"作为臣子,各为其主,我能理解。况且你们都有自己的父母、妻子、儿女,谁不想与亲人们在一起,其乐融融!现在我放你们回去,你们爱干啥就干啥。"说完,令人拿出一些钱来,送给纳哈出等。纳哈出感动万分,随即辞谢北归。(《明太祖实录》卷3)

纳哈出回到北方后,继续为元顺帝效力,被授予元太尉、署丞相和开平王,镇守辽东。"久之据金山,有众二十余万,孳畜富于元,三分其部,曰榆林,曰养鹅庄,曰龙安一秃河。元主官之太尉,(辎重富盛,畜牧蕃息)不预朝会。"(【清】查继佐:《罪惟录·纳哈出传》列传卷8;《明史·外国八·鞑靼传》卷327;《明太祖实录》卷182)

○ 朱元璋恩威分别施于故元残余:军威→北元主;德惠→纳哈出等

金山在今天东北双辽附近的辽河北岸,当时纳哈出控制的范围大致为,南起今通辽市,北至长春市附近的饮马河(当时称亦迷河),地域非常宽广。金山向南重要的军事据点分别为开元(今辽宁铁岭以北的开原)、沈阳、辽阳等。在这几个据点上均有北元政权中重量级的人物掌管着,"其元平章高家奴固守辽阳山寨,知院哈剌张屯驻沈阳,古城开元则有丞相也先不花之兵,而金山则有太尉纳哈出之众,彼此相依,互为声援"。(《明太祖实录》卷66)

更令大明君臣头疼的是,以纳哈出最为强大的东北地区割据势力与北逃到上都开平的元顺帝中路军和扩廓帖木儿为首的西路军遥相呼应,对大明北疆构成了三路钳制的态势,而在三路军中最为危险的是中路军和西路军。因此洪武初年,朱元璋发动了多次的"清沙漠"行动,其打击的主要目标也就在此。至于东路军,洪武帝则更侧重于采取招抚政策即所谓的"德惠"策略。譬如,洪武二年四月,在听说纳哈出拥兵据辽阳为边患时,他十分强硬地致信给元顺帝说道:"朕今为君熟计:当限地朔漠,修德顺天,效宋世南渡之后保守其方,弗绝其祀,毋为轻动,自贻厥祸!"(《明太祖实录》卷41)而在给纳哈出的信函中却来了个一百八十度的大转弯:"将军昔自江左辞还,不通音问十五年矣。近闻戍守辽阳,士马强盛,可谓有志之士甚为之喜。兹因使通元君,道经营垒,望令人送达。"(《明太祖实录》卷41)

这信让人看了感觉朱皇帝与纳哈出之间好像是感情笃深的好朋友。大明君主这样"多情",既有离间北元主与纳哈出之间关系的用意,又有笼络这位东北掌舵"老哥儿们"的意味。因为纳哈出一旦接到信后,多少会考虑考虑当年朱元璋对他的不杀之恩,要是自己做得太过头了,以后还怎么能在江湖上混呐!更有一层含义,那就是洪武朝廷始终没放弃对纳哈出政治招抚的策略。老谋深算的朱元璋知道：像纳哈出这样的忠臣后代要么不肯归附，一旦真归附了，他会死心塌地为我朱皇帝所用。正因为出于这样的考虑，他才一而再再而三地给纳哈出写信"问好"，极力劝谕。而纳哈出呢？却似乎并不领情，不仅不予回信，反而还时不时地带着一大拨子蒙古兵到大明边关去骚扰。对此，朱皇帝似乎并不生气，自洪武三年元顺帝薨世起，他就曾多次派遣纳哈出昔日同事、故元降臣黄俦等前去劝降，甚至将对纳哈出归降的优惠条件开到了"将军若能遣使通问贡献，姑容就彼顺其水草，自守一方"，但还是遭到了拒绝。（【清】谷应泰：《明史纪事本末·故元遗兵》卷10）

○ 招降东北故元势力，攻克大宁、全宁，切断北元主、高丽和纳哈出的联系

与纳哈出形成巨大反差的是，其他故元军政官员却不断前来降明，其中在东北地区影响最大的可能就要数洪武四年二月带了辽东州郡地图和兵马钱粮之数图册前来归降的故元辽阳行省平章刘益了（《明太祖实录》卷61）。刘益归降后，朱元璋感到机会来了，下令在得利嬴城设置辽东卫，以刘益为指挥同知（《明太祖实录》卷66）；七月，在辽阳设置定辽都卫指挥使司，以马云、叶旺为都指挥使（《明太祖实录》卷67）；洪武八年十月，将定辽都卫改为辽东都指挥使司（《明太祖实录》卷101），作为当时大明在辽东地区的最高军事机构和统一辽东的前哨基地……通过不断地设置军事机构和充实大量军力，大明将纳哈出的南扩空间给堵了。

与此同时，朱元璋还积极招抚辽东地区的女真各部：洪武十六年四月，招抚了故元海西右丞阿鲁灰（《明太祖实录》卷153）；洪武十七年六月，招抚了兀者野人酋长王忽颜哥等（《明太祖实录》卷162）；洪武十八年正月，招抚了海西故元官属完者图等（《明太祖实录》卷170）……朱元璋对于归附的女真族也进行有效管理，相继设立了东宁、南京、海洋、草河、女直等五千户所，在这基础上，洪武十九年又设立东宁卫。（《明太祖实录》卷178）

辽东女真族所在的位置刚好处于纳哈出割据势力中心金山东面，在故元属国高丽的西北方。朱元璋的如等招数使得金山的纳哈出、漠北的北元政权与尊奉北元为正朔的高丽之间的交通线给大明彻底地切断了，故元辽阳行省和纳哈出所面临的东部形势越来越不利。那么其西部情况又是如何？

洪武初年大明军进行"清沙漠"时，朱元璋君臣发现，北元主与辽东的纳哈出相互声援甚为方便，其主要通过漠北老哈河流域，东西之间直接往来，不必经过南方地区，所以大明军北征"清沙漠"往往就像小孩子捉迷藏似的，搞不清敌人的动向。要是我大明在老哈河这个中间地区设立军事卫所等机构不就能卡住敌人的脖子了！

机会往往是给有心人准备的。洪武四年故元辽阳行省平章刘益降明后，北元阵营里头渐生降明潜流；洪武十一年，北元主爱猷识理达腊病死后，残元阵营内又有一批故元旧臣降明；元顺帝孙子脱古思帖木儿即位时，由于威信不足，实力更衰了，堂堂北元主竟然上人烟稀少的胪朐河（蒙古克鲁伦河）去驻牧，对于手下的大臣，"孱弱不能制，纳哈出、哈剌章、蛮子、阿纳失里诸将又各相猜忌，拥兵自重，势孤援绝"（《明太祖实录》卷168）。这是发动军事进攻即实施武威的绝佳时机，洪武十二年六月，朱元璋命令都督佥事马云统兵攻取老哈河南端的大宁（《明太祖实录》卷125）；洪武十四年四月又命大将军徐达率诸将出塞，远征并攻占了老哈河西部的全宁（今蒙古翁牛特旗）（《明太祖实录》卷137）。这样一来，北平以北与辽东连接在一起的北元势力被清除。洪武十九年十二月，朱元璋又让宋国公冯胜"于大宁诸边隘，分兵置卫，以控制之"（《明太祖实录》卷179）。至此，纳哈出的东路军与北元主的中路军之间的联系给完全切断了。

东、西、南三面全让大明给堵住或切断了，金山纳哈出的东路军顿时陷入了十分尴尬的困境。就在这样的情势下，洪武君臣再次实施武威，即发动第八次"清沙漠"行动。

○ 对纳哈出进行军事威逼——大明第八次"清沙漠" 庆州大捷

洪武二十年（1387）正月初二，朱元璋任命宋国公冯胜为征虏大将军，颍国公傅友德为左副将军，永昌侯蓝玉为右副将军，南雄侯赵庸、定远侯王弼为左参将，东川侯胡海、武定侯郭英为右参将，前军都督商暠参赞军事，率师20万大军北伐。又命曹国公李文忠之子李景隆、申国公邓愈之子邓镇、江阴侯吴良等皆随征。并敕谕冯胜等："虏情诡诈，未易得其虚实。汝等慎无轻进，且驻师通州，遣人觇其出没。虏若在庆州，宜以轻骑掩其不备；若克庆州，则以全师径擣金山，纳哈出不意。吾师之至，必可擒矣！"（《明太祖实录》卷180）

数日后，冯胜等统帅的20万大明军来到了北平东边的通州，按照朱皇帝的指示，先派遣精骑出松亭关侦察敌情。在听说有支蒙古军队屯扎在庆州的消息后，冯大将军马上派了以快捷闻名的右副将军蓝玉为首的先锋部队，迅速赶往那里，袭击北元军。（《明太祖实录》卷180）

蓝玉接令后立即出发，不分白昼黑夜拼命地赶路，就在快要到达时，天不帮忙，没命地下起了大雪。这可怎么办？蓝玉当机立断：乘着这样雪天恶劣天气敌人不注意时，先下手为强，打他个措手不及！将士们听到蓝将军下达的进攻命令后，个个如下山的猛虎，直扑敌营，左砍右杀，没多一会儿，就杀了个够，连敌将平章果来

也被当场杀死,其子不兰奚被俘。这就是明初历史上数次"清沙漠"行动中有名的庆州大捷。(《明太祖实录》卷180)

庆州之捷为大明军北征辽东(即第八次"清沙漠")迎得个开门红,中青代猛将蓝玉名气越来越大。(《明太祖实录》卷180)

就在这时,大将军宋国公冯胜等率领的大队人马照着朱皇帝的指示继续向前推进,在三月初一时到达了北元中路军与纳哈出东路军之间的中间地带,即老哈河南端的军事要地大宁。大宁早在前几年已被大明拿下,有军队驻扎,但就是一直没有像样的城池。为了有效地打击北元中、东两路军,接济后方供给,冯胜依照朱皇帝的谕旨精神,下令修筑大宁、宽河、会州、富峪四城,遂提兵驻守大宁。(《明太祖实录》卷181)

五月初,冯胜再次下令:留下50 000兵马戍守大宁,主力大军则继续向前,直趋金山(《明太祖实录》卷182)。大约在六月上旬时冯胜大军来到了辽河附近,辽东一渡河故元将高八思帖木儿、洪伯颜帖木儿等见到浩浩荡荡的大明军顿时就吓坏了,赶紧率领部众前来归降(《明太祖实录》卷182)。六天后,大军进至辽河之东,获纳哈出屯卒300余人、马40余匹,遂进师驻扎在金山之西。(《明太祖实录》卷182)

○ 朱元璋"德惠"策略的巨大收效——逼降纳哈出东路军,收服辽东

就在大明军猛烈推进的同时,朱元璋并没有放弃对纳哈出的政治招抚攻势。冯胜大军出发前,朱皇帝召见了纳哈出的老部下乃剌吾,让他带上诏书,到纳哈出、毛阔撒里达温蛮子、晃失台和尚伯兰等"老领导"那里去招谕。按理说作为降将回去招谕,等于是告诉"老领导":"我是叛徒,今天回来……"不用说,风险特别大。但乃剌吾乐意啊,人家洪武皇帝待他特别好。金州被俘后,明军诸将都竭力主张杀他,可朱皇帝不同意啊,不但不同意杀他,而且还给他镇抚官做。过了一段时间,发现这个蒙古军官一人在军中挺孤独的,洪武皇帝金口一开,予以美妻美妾,外加田宅,这下着实把乃剌吾感动得热泪盈眶。你说今天朱皇帝要他回去找找"老领导"说说话,能不去吗?!

再说乃剌吾离开了京城南京,在蛮子、张允恭等人的陪同下,一路北行,大约与冯胜大军进至辽河东岸差不多同时的六月,他们来到了松花江,找到了"老领导"纳哈出。纳哈出见到乃剌吾,惊讶得一时说不出话来,过了好长时间两人才开始细细聊天。纳哈出问:"我们都以为你死了,怎么他们没杀你?嗨,今天我们能再次见面,还真是老天帮忙啊!"他边说边双手紧紧地握住乃剌吾,嘘寒问暖。这时早已对

朱元璋佩服得五体投地的乃剌吾开始向纳哈出大讲洪武皇帝的德惠(《明史·冯胜传》卷129;《明太祖实录》卷180),顺便呈上恩人皇帝所交托转递的信件,信是这样写的:

"昔者天更元运,华夏奋争。朕自甲辰春亲定荆楚,归遣诸将东平吴越。洪武初遂命中山武宁王(即徐达)、开平忠武王(即常遇春)率甲士渡江越淮,以定中原。元君北奔深塞,于是息民于华夏。诸夷附者,莫不奠安,今二十年矣。唯尔纳哈出等聚兵,愈出没不常,意较胜负。由是乃剌吾留而未遣,今有年矣。朕推人心,谁无父母之念、夫妇之情?故特命其生还,以全骨肉之爱。且闻其善战,今遣北归,更益尔战将,他日再较胜负,尔心以为何如?呜呼,天之改物,气运变迁,果人事之必然耶,抑天道之使然耶?兹命仪礼司官、前金院蛮子、镇抚张允恭送乃剌吾抵尔所在,使者未审可还乎?余不多及。"(《明太祖实录》卷180)

纳哈出看完信后什么也没说,但内心的防护大堤已经开始松动。俺当过朱元璋的俘虏,承蒙不杀,给放了回来,自己非但不好好地报答,反而率领兵士们经常给他捣乱。现在人家朱元璋又来信劝谕归降,会不会是圈套呢?再说俺是蒙元忠臣的后代,不能做出不忠不孝的事情啊!纳哈出就这么纠结着,花了好长时间才理出点头绪来,然后出令:派遣左丞刘探马赤和参政张德裕以送使者张允恭等回冯胜的大明军营为名,打探虚实;另一边派人将乃剌吾送到漠北去,交给北元主去处置。北元主对乃剌吾的叛降很恼火,本来想杀他的,但左右大臣都出来劝阻,这样才使得乃剌吾免于一死。而后,他又回到了"老领导"纳哈出那里。"老领导"没杀自己,北元新主子也没杀自己,本来"失节"的乃剌吾这下反而变得更加理直气壮了,"备以(洪武)朝廷抚恤之恩语其众,由是虏众多有降意"。《明太祖实录》卷182)

就在纳哈出处于左右摇摆和犹豫不决之际,大将军宋国公冯胜看懂了其中的玄机,他立即下令给全军将士,翻越金山,驻扎在女直(即女真)苦屯,直逼纳哈出军队。纳哈出部将观童眼见情势不妙,赶紧出降。(《明太祖实录》卷182)

这时冯胜又派了一个姓马的指挥前往纳哈出那里去劝谕,纳哈出答应考虑考虑,回头也派上使者前往大明军营去,约谈归降之事,实际上是进一步摸摸对方的底细。再说那使者在大明军营里转了一圈,见到人山人海的大明将士,顿时就吓坏了,回去跟纳哈出一说,纳哈出不由得感叹道:"天不复与我有此众矣!"随后带了数百个骑兵,来到了大明先锋队伍蓝玉的军营里约降。(《明太祖实录》卷182)

○ 喝酒喝出来的误会——草包"官二代"常遇春之子常茂闯祸　翁婿反目

猛将蓝玉听说纳哈出自动上门了,当场就乐坏了,马上下令,摆开酒宴款待纳哈出。军中之人一般都好酒,且很多讲哥儿们义气。纳哈出与蓝玉尽管是初次见面,但一喝酒就马上成了"好"哥儿们了。喝得高兴,纳哈出酌酒酬谢蓝玉,蓝玉说:"将军请先干了这一杯。"纳哈出一饮而尽,随即又倒了一杯,请蓝玉干杯。蓝玉虽说是个粗人,但粗人也有细心的时候,出于好心,可能是怕纳哈出受凉吧,他脱掉了自己身上的大衣,将它递给了纳哈出,且说道:"你把这大衣给穿了再喝!"可纳哈出误以为是蓝玉在侮辱他,叫他穿汉人服装,于是就死活也不肯穿。而粗人蓝玉呢,粗就粗在这里,他还以为这是平时军队里喝酒呐,当场就对纳哈出说:"你不穿这大衣,我便不喝你的酒!"由此双方僵了起来。

纳哈出看到这样僵着也不是件事,就把酒浇在地上,随即跟随行的部下说:"我们走吧,算了!"他说的是蒙古语,当时郑国公常遇春之子常茂在场,他的部下赵指挥可懂蒙古语,赶紧将纳哈出的话翻译给常茂听。常茂当即就冲到纳哈出跟前。纳哈出惊起,拉了旁边的一匹战马就想走。没想到常茂上前就是一刀,一下子把他的一只胳膊给砍伤了。情势顿时变得更加紧张。幸好在场的都督耿忠反应快,马上招呼身边的士兵,簇拥着纳哈出一路外出,前往大将军冯胜的军营。(《明太祖实录》卷182)

再说那时驻扎在松花江北的纳哈出部众听到自己的主帅被人砍伤了,大多惊恐万状,纷纷溃散。没逃散的"勇士"们想冲进冯胜的军营,解救自己的主子。就在这万分危急时刻,冯胜做出决定:以隆重的礼节接待纳哈出,并多加慰谕,还让都督耿忠与他同吃同睡,体贴有加;与此同时,又委派刚刚归降过来的蒙元故将观童前往松花江北去,招抚已经溃散的纳哈出部众,向大家解释事情的原委,最终招降了20余万人,就"羊、马、驴、驼、辎重亘百余里"。纳哈出有两个侄儿不肯来降,冯胜派人反复劝谕,后来"折弓矢掷于地,亦来降"了。(《明太祖实录》卷182;《明史·外国八·鞑靼传》卷327)

至此,大明大体上收服了辽东,第八次"清沙漠"行动胜利告终,大将军冯胜下令班师回朝,并令都督濮英等率3 000骑兵殿后。可让人没想到的是,这殿后的3 000人在途中遭遇了逃散的纳哈出部众的袭击,全部壮烈牺牲。濮英被俘后"绝食不言,乘间自剖腹而死"(《明太祖实录》卷182)。不过明军主力返回时也有意外收获,六月甲寅日,冯胜率军驻扎在金山亦迷河时,曾"俘获北奔达达军士遗弃车辆四万四千九百六十三,并马数千匹,伤残番军二万四千二百二十九人"(《明太祖实录》卷182);洪武二十年七月,接受了纳哈出所部营王失剌八秃与云安王蛮吉儿的、郡王桑哥失里和尚国公等故元高官的归降。(《明太祖实录》卷183)

南京城里的朱元璋听到东北捷报后,喜不自禁。九月初一,纳哈出及哥列沙、国公观童及故官帖木儿不花等来到南京,洪武帝"抚慰甚至,赐以一品服,封为海西侯",食禄二千石,且世传子孙。纳哈出的部将们也各有封赏,乃剌吾因为劝降有功,被授予千户,仍赐以金帛(《明太祖实录》卷185)。他们居住在京城南京,享受着优厚的生活待遇,优哉游哉。而朱皇帝呢,觉得自己做得还不够,又隔三差五地宣纳哈出入朝聊天、领赏。洪武二十一年五月他让蓝玉派些将校,把这些蒙古爷们的家眷护送到南京来,让他们夫妻团圆。据说,光送来的妻子们就达934人,真可谓名副其实的"娘子军"。(《明太祖实录》卷190)

再说说那些统兵北征的将领们后来的结局:郑国公常遇春之子常茂因为鲁莽行事,当场就被大将军又是自己的老丈人冯胜给抓了起来。冯胜与常茂本来的翁婿关系就很不好,常茂可能是个草包,而冯胜是儒将,所以老丈人很看不起这个草包女婿,常常在众人面前数落他的不是。为此常茂十分恼怒,常常与老丈人对着干。小辈的对于长辈的出言不逊,冯胜能不恨这个女婿吗?!此次金山出事,冯胜就以常茂犯了"惊溃虏众罪",将其当场逮捕,装入囚车,并派人押送至南京,交由皇帝朱元璋处置。朱元璋因为非常喜爱常遇春,看在死去老哥儿们的份上,以其功劳大为名,赦免了常茂的死罪,将他发配到了广西龙州去安置。四年后的洪武二十四年九月,常茂死于广西谪所。(《明太祖实录》卷184~185)

说实在的,"官二代"常茂绝非是什么好鸟,做事胡来暂且不说,就人品而言也十分差劲。就在自己被老丈人械送至南京明皇宫时,他就向皇帝朱元璋检举揭发老丈人冯胜的"罪行",说他如何如何不好。人家朱皇帝正在为这些功高震主的大将军们的去处而发愁了,"刚好"有人出来告发冯胜"窃取虏骑"、强"娶虏有丧之女",指挥大军返回时失当,致使濮英等3 000多人全部殉难。朱元璋当着犯人常茂的面说道:"如尔所言,(冯)胜亦不得无罪。"随即下令收回冯胜手里的大将军总兵官印,罢了他的官职,而令永昌侯蓝玉行总兵官事。出征将士一个也不赏,省了朱皇帝一大笔开支。(《明太祖实录》卷184)

○ 洪武帝特惠海西侯,结果让纳哈出丢了命　沈阳侯

再说降明后的纳哈出平时也没什么事可做,生活的优裕、日子的舒适并不能取代他告别军旅生涯所带来的空虚。本来就嗜酒如命的他此时喝得更加厉害了,常常一人猛喝烧酒,一旦喝得过度了,那体内火辣辣地烧着实在难受,他便取来冷凉井水往身上浇,尤其是夏天,这冰凉的井水浇在身上可舒服了,但病根也就此落下了。时间一长,纳哈出病倒了。皇帝朱元璋听说后十分心疼,叫上太医给他治病,并勒令他戒酒。

大病初愈,听说征南将军颍国公傅友德等要上云南去打仗,好久没有动动腿脚的纳哈出急着向朱皇帝上请,要求一起南行。朱元璋想想也是的,你纳哈出过去天天在马背上生活着,现在过着这种安逸日子还真可能过不惯,既然你要上云南去舒展舒展筋骨,那就去吧!洪武皇帝一批准,纳哈出可高兴了,跟着傅友德等迅速上路,一路走一路又喝开了。在京城时由皇帝管着,可在这行军路上哪个敢管海西侯喝酒啊?就这样,喝到武昌时,纳哈出终于病情恶化,死于舟中。皇帝朱元璋闻讯后十分悲伤,"诏归其枢于京师",葬于南京南门外的雨花台(《明太祖实录》卷192)。后令其儿子察罕继承爵位,并改海西侯之名为沈阳侯。(《明太祖实录》卷193)

●第九次"清沙漠"行动——洪武二十年(1387)九月～洪武二十一年(1388)五月

逼降纳哈出,轻轻松松地收降了200 000名蒙古兵,大明的这次北征"清沙漠"行动实在是收获巨大,意义非凡:

第一,纳哈出的归降,使辽东地区纳入了大明的版图。至此,大明完成了传统意义上的全国性统一,洪武皇帝朱元璋的"驱逐胡虏,恢复中华"之宏愿也在大体上得以实现。

第二,200 000名蒙古兵的归降不仅增强了大明军事势力,而且在很大程度上还完善了大明军中兵种结构,使得原来以步兵、水师为主干的大明军变成了步兵、水师和骑兵三兵种混合体,大大增强了大明军的作战能力。

第三,东北故元势力的收服,既使得北元损失了很大一部分军事和经济力量,又使得它失去了东部屏障,北元汗廷就此开始直接暴露在大明军的兵锋之下。

○ 建立以大宁与全宁为中心的"清沙漠"前沿基地军事防御体系

这正是巩固"驱逐胡虏,恢复中华"胜利成果的最佳时刻,朱元璋及时地抓住时机,于洪武二十年(1387)九月起发动明初历史上的第九次"清沙漠"行动。

洪武前期的"清沙漠"行动尽管在很大程度上取得了胜利,但在这一系列进攻漠北蒙元骑兵的军事战斗中,也暴露了大明军及其战略上的弱点与短处。每次进攻除了奇迹般地偷袭外,最终都不免让剩余的漠北敌兵给溜走了,以致出现了这样既滑稽又尴尬的局面:你从东边打来我向西边跑,你从西边打来我向东边跑,大玩躲猫猫、捉迷藏游戏或言猫抓老鼠游戏。说得更直白一点:蒙古骑兵发挥他们的自身优势,让你们中原泥腿子们站在蒙古荒原上干瞪眼、直跺脚,就是无可奈何。对此,聪明的朱元璋经过反复研究,终于在洪武中期起形成了自己的独特战争方略。

鉴于北元蒙古骑兵的流动性,朱元璋于洪武十二年和洪武十四年分别令都督佥事马云和大将军徐达率军攻取漠北老哈河南端的大宁和老哈河西部的全宁,并以大宁为中心,建立大明军北征"清沙漠"的前沿基地。(《明太祖实录》卷125;《明太祖实录》卷137)

逼降金山纳哈出后的洪武二十年九月,朱元璋又下令设立"大宁都指挥使司及大宁中、左、右三卫,会州,木榆,新城等卫,悉隶之,以周兴、吴汧为都指挥使,调各卫兵二万一千七百八十余人守其城",又"诏左副将军傅友德编集新附军且令简练精锐于大宁屯驻,以防北虏寇抄"。(《明太祖实录》卷185)这样一来,相当于后世一大军区的大宁都指挥使司突兀在大明北疆之上,将北元残余势力的核心头目北元主的东逃之路给堵了。然后自河间、景州至永平、抚宁县设立马驿22个,吴桥至通州水驿8个;又自遵化至喜峰口里、滦阳口外设立富民、宽河、柏山、会州、新城、大宁等7个马驿,加强大宁同后方之间的联系。(《明太祖实录》卷185)

○ 第九次"清沙漠"行动的开启

在做好了这一系列准备后,洪武二十年九月底,朱元璋下诏任命永昌侯蓝玉为征虏大将军、延安侯唐胜宗为左副将军、武定侯郭英为右副将军、都督佥事耿忠为左参将、都督佥事孙恪为右参将,率领150 000人马发起明初历史上的第九次"清沙漠"行动(《明史·外国八·鞑靼传》卷327,列传第215)。朱皇帝满怀深情地嘱咐道:"胡虏余孽未尽殄灭,终为边患。宜因天时率师进讨,襄谕克取之机,尚服斯言,益励士卒,奋扬威武,期必成功,肃清沙漠,在此一举,卿等其勉之!"(《明太祖实录》卷185)

再说蓝玉接受皇命后就开始调兵遣将,做大军出征的准备。等这些工作做得差不多时,天气开始转冷了,北方的农历十月可能就是南方的隆冬季节,地处寒带的蒙古草原的游牧民族早早就藏起来过冬了。蓝玉感觉这时候再出征,哪会找到什么北虏,于是就向皇帝朱元璋请示:"'天气尚寒,胡人歛(敛)迹,大军久屯塞上,徒费馈饷。'恳请陛下恩准:一部分人马戍守大宁、会州等处,大军分回蓟州,近城屯驻,'俟有边报,然后进军'。"(《明太祖实录》卷186)洪武帝朱元璋同意了,不过他转而又想到:何不利用大军出征前的空当,加强一下东北的安全防御工事及其与内地的联系。于是他于洪武二十年十二月下令设置辽东三万卫指挥使司(《明太祖实录》卷187),随后又诏令大明左军都督府自山海卫至辽东设置14个马驿,"驿各给官马三十匹,以赎罪囚徒为驿夫,驿百二十人,仍令田其旁近地以自给"(《明太祖实录》卷183),后又诏令自山海至辽东、遵化至大宁设置马驿15个(《明太祖实录》卷188)。这样下来,大宁与辽东、辽东与内地都能联通起来了。

面对如此强劲的军事态势,故元大将信童、司徒阿速同其子哈麻儿等相继归降了大明,就连昔日遁入岢岚山又时不时地出来搞破坏、令朱元璋君臣十分头疼的四大王也赶来投降了。(《明太祖实录》卷188~189)

○ 捕鱼儿海大捷

就在这样的大好形势下,朱元璋又获得情报:北元"虏心惶惑,众无纪律,度其势不能持久",于是立即派人前往大宁,通知蓝玉:时至三月(指洪武二十一年三月)春季,天气转暖,敌人内部混乱,时机难得,"宜整饬士马,倍道兼进,直抵虏庭,覆其巢穴"(《明太祖实录》卷189),并诏令申国公邓镇、定远侯王弼、南雄侯赵庸、东川侯胡海、鹤庆侯张翼、雄武侯周武、怀远侯曹兴等前往大宁,跟随蓝玉一起北征,肃清沙漠。(《明太祖实录》卷189)

蓝玉接令后率领大军由大宁出发,向着庆州方向疾行。因为听人说及,北元主脱古思帖木儿在那里,所以大明军一点也不绕道,直奔过去。

可到了庆州一打听才知,脱古思帖木儿已不在那儿了,好像是往一个叫什么捕鱼儿海的地方去了。蓝玉立即下令,全军抄小路全速前进,追赶北元主。

但走了一个月左右,大明军还是没碰上一个北虏兵,几乎是白白地在漠北荒原上漂了一个月,人马走累了不消说,最令人难以忍受的是缺水。据说有一次大军来到一个叫游魂南道的地方驻扎了下来,大家都渴极了,但就是找不到水源,只得苦苦地忍吧!到了半夜左右,有人听到"啵啵"的声音,好像是远方的炮声,蓝玉十分警觉地起来了,派人外出侦察一下,发现原来是一起北征的蒙古军官观童军营旁的小山上有股泉水正在不断地冒出水来。这下可有救了,人马都美美地痛饮了一番。但这样的幸运又有几回呢?!(《明太祖实录》卷190)

大军继续向前进发,就是见不到北虏的鬼影子,这怎么办?现在大家要是去,还得要考虑日后的回呐!当队伍来到了一个叫百眼井(实际上距离捕鱼儿海仅40余里)的地方时,蓝玉将前哨侦察兵叫来,问问看情况。侦察兵说:"我们已经侦察了好几遍了,都没有发现这里有什么北虏兵啊!"蓝玉听后正打算下令全军返回。这时,跟随在他边上的定远侯王弼说:"吾等受朝廷厚恩,奉圣主威德,提十余万众,深入虏地,今略无所得,遽言班师,恐军麾一动,难可复止,徒劳师旅,将何以复命?"蓝玉随即说:"是啊,你说得没错。"于是他改令:全军将士就地挖土灶烧饭吃,灶坑挖得越深越好,不要让北房看到我们的炊烟,以免让他们再溜了。"(《明太祖实录》卷190;《明史·外国八·鞑靼传》卷327,列传第215)

吃饱了喝足了,大军继续开拔,大约在四月下旬时来到了捕鱼儿海南饮马即捕鱼儿海哈喇哈河岸时,有人前来报告说:"脱古思帖木儿的汗帐就在捕鱼儿海东北方向80里的地方"。蓝玉立即命令王弼率领先锋部队迅速出击,自己则统领大队人马随后跟上。

再说王弼率领的轻骑急速前进,没多一会儿就来到了脱古思帖木儿的汗帐边上。当时北元将士普遍认为,现在水草缺乏,明军无法深入,所以也就没有设防;加上那天发生了大沙尘暴,大风扬沙,天昏地暗,对于大明军的一步步靠近,北元主及其将士们居然毫无察觉。等到发觉时,明军已在眼前了,太尉蛮子慌忙领兵作战抵抗,没几下就被打得大败,蛮子被杀,他的手下全部投降了大明军。

北元主脱古思帖木儿和太子天保奴、知院捏怯来、丞相失烈门等几十人乘着混乱之际,慌忙上马,拼命逃窜。蓝玉率领部分精骑立即追赶,追了一千多里,最终还是没能追上,只得返回。

但就此而言,大明军已经收获多多,俘虏了北元主次子地保奴、妃子等64人、故太子必里秃妃并公主等59人,詹事院同知脱因帖木儿、吴王朵儿只、代王达里麻、平章八兰等2 994人,同时俘获的还有军士男女77 037人,宝玺、图书、牌面149,宣敕照会3 390道、金印1枚、银印3枚、马47 000匹、骆驼4 804头、牛羊102 452头、车辆3 000余辆。几天后,蓝玉又破故元将哈刺章营,获其部下军士15 803户,马和骆驼48 150余匹。(《明太祖实录》卷190;陈建:《皇明资治通纪》卷3;【明】焦竑:《国朝献征录·武定侯郭公英神道碑铭》卷7;《明史·外国八·鞑靼传》卷327,列传第215)

捕鱼儿海大捷后,征虏大将军蓝玉派遣特使向皇帝朱元璋上表奏捷,表文曰:"覆载之间,生民总总,有君则安,无主乃乱。故天命有德,历世相承,而顺天者昌,逆天者亡,所以运有短长,国有兴丧,此古今明鉴也。钦惟皇帝陛下天锡勇智,德合乾坤,当元之季,海内失驭,故天革元命,全付所有于陛下,今二十年于兹矣。近者,胡主遗孽偭强塞外,不肯归德。陛下复命臣率马、步十数万,与诸将并力进讨,臣等既踰大碛,复度黑山,入敌境而烟火不惊,饮将士而水泉自涌,以四月十二日勒兵至捕鱼儿海,直抵穹庐,覆其巢穴,夷房之众悉来降附,此皆陛下圣德神威被于四表,故不费寸兵,以收奇效。臣等本无御侮之才,过受阃外之寄,仰赝神筭幸底成功,尚思宣布皇仁辑安余众,边庭无警,万方仰中国之尊,华夏奠安,兆姓享承平之福。"(《明太祖实录》卷190)

朱元璋拿到蓝玉的表文后，读了又读，喜不自胜，当廷跟群臣这样说道："戎狄之祸，中国其来久矣。历观前代受其罢弊，遭其困辱，深有可耻。今朔漠一清，岂独国家无北顾之忧？实天下生民之福也！"群臣听说大明军获得这么大的军事胜利，看到洪武帝这般兴奋，当即齐刷刷地跪下，顿首称贺。此时皇帝朱元璋更开心了，下令遣使赍敕慰劳蓝玉，敕文如下："周秦御胡，上策无闻；汉唐征伐，功多卫李。及宋遭辽金之窘，将士疲于锋镝，黎庶困于漕运，以致终宋之世，神器弄于夷狄之手，腥膻之风污浊九州，遂使彝伦攸斁，衣冠礼乐，日就陵夷。朕用是奋起布衣，拯生民于水火，驱胡虏于沙漠，与民更始，已有年矣。近胡虏聚众，复立王庭，意图不靖。朕当耆年及今弗翦，恐为后患，于是命尔等率十余万众北征，去年夏游骑至金山之左。尔玉亲拘纳哈出来降。今兹复能躬擐甲胄，驱驰草野，冲冒风露，穿地取饮，禁火潜行，越黑山而径趋追蹄踪而深入，直抵穹庐。胡主弃玺远遁，诸王、驸马、六宫后妃、部落人民悉皆归附。虽汉之卫青、唐之李靖，何以过之？今遣通政使茹瑺、前望江县主簿宋麟赍敕往劳，悉朕至怀。"（《明太祖实录》卷190）而后朱元璋犒劳北征将士，晋封第九次"清沙漠"功臣永昌侯蓝玉为梁国公（《明太祖实录》卷194），后军都督府都督佥事孙恪为全宁侯（《明太祖实录》卷193），等等。

● 第十次"清沙漠"行动——洪武二十三年（1390）正月

尽管第九次"清沙漠"行动获得了巨大的成功，但美中不足的是，最终还是让北元主脱古思帖木儿等给溜了，这就给大明军的"肃清沙漠"行动留了尾巴。不过这个北元主自打这次捕鱼儿海被袭后犹如惊弓之鸟，到处躲藏。人在倒霉的时候，什么样的厄运都可能会降临到头上来，脱古思帖木儿就是这样的一个倒霉蛋。

○ 北元主脱古思帖木儿及太子天保奴被杀，"北虏"归降者纷至沓来

从捕鱼儿海逃脱后，他率领余众向西逃窜，本想逃回到和林，依附于丞相咬住。没想到走到半路上在一个叫土剌河的地方遭到了自己部下也速迭儿的袭击。那么，这个叫也速迭儿的为什么要袭击自己的"最高领导"？

原来也速迭儿是元朝开国皇帝忽必烈的弟弟阿里不哥的后裔，当年阿里不哥与忽必烈为汗位问题展开过一场角逐，最终还是败下阵来了。时隔百年，阿里不哥的子孙也速迭儿见到日暮途穷的忽必烈子孙脱古思帖木儿如此狼狈，顿时就有了为祖先和家族复仇的想法，他率领部下，在土剌河袭击脱古思帖木儿，当场就将其人马给打散了。脱古思帖木儿逃得快，与知院捏怯来等16人拼死冲出了混乱的军

阵,往着和林方向奔去。幸好这时丞相咬住、太尉马儿哈咱率领3 000人马前来迎接,这下可让脱古思帖木儿有了救,于是他就随着丞相咬住来到了和林。(《明太祖实录》卷194;《明史·外国八·鞑靼传》卷327,列传第215)

可没多久,脱古思帖木儿听说东边阔阔帖木儿人马多,上那里去更安全、更保险,于是就带了太子天保奴等上路了。但没想到的是,走在半道上时天开始没命地下雪,且一连下了整整三天,弄得他们动弹不得。而就在这时,也速迭儿派了大王火儿忽答孙、王府官孛罗等追了上来,活捉了脱古思帖木儿,并用弓弦缢杀了他,同时被杀的还有太子天保奴。(《明太祖实录》卷194;《明史·外国八·鞑靼传》卷327,列传第215)

北元主脱古思帖木儿父子的被杀,对于当时北元阵营来说是个致命的打击,人们普遍感到真的没希望了,于是归附大明的北元文臣武将成群结队,纷至沓来。洪武二十一年八月,"纳哈出故部属行省平章朱高、枢密院同知来兴、陕西行省右丞阿里沙、岭北行省参政孛罗、辽阳行省左丞末方、河南行省左丞必剌秃、甘肃行省右丞哈剌、中政院使脱因、宣政院使脱怜、太史院使邦住、省都镇抚完者秃、太常礼仪院使台里帖木儿、翰林院学士哈剌把都儿、行枢密院知院纽怜、将作院使梁三保奴、通政院使扯里帖木儿、太府监卿怯都古、都护府都护速哥干、宣徽院同金灰里赤、行宣政院同知怯古里不花、千户朵儿秃秃甲、千户爱马忽鲁答、司农司丞孛罗不花兴和路府判哈剌帖里温海西、宣慰司同知剌八蒸、太仆寺少监末里赤、内政司丞蛮歹、大宁路同知张德林、中瑞司卿李不颜、内史金院哈剌曲赤、山东宣慰司同知也提、河东宣慰司同知帖木儿不花、大都督府总管失列门、太医院同知忻都、长秋司丞失兰歹、御史帖木儿等一千余人自辽东来降"(《明太祖实录》卷193);洪武二十一年十月,经历了弑主风浪的故元国公老撒、知院捏怯来、丞相失烈门于耦儿千地派遣右丞火儿灰、副枢以剌哈、尚书答不歹等率其部3 000人至京,进马乞降(《明太祖实录》卷194);洪武二十一年十一月,故元辽王阿札失里、命宁王塔宾帖木儿也归降大明……至此,北元名存实亡。(《明太祖实录》卷194)

○ 影响有明一代北疆史的"朵颜三卫"的最早由来

对于来降者,洪武帝朱元璋往往立即予以大量的赏赐,并授予相应的官职,很多故元部将官员就在原地或就近担任职务。如洪武二十二年四月,大明新立全宁卫,洪武帝任命跟随北元主的故元知院捏怯来为指挥使、丞相失烈门以下皆授以武职有差(《明太祖实录》卷196,《明史·外国八·鞑靼传》卷327,列传第215);也有在原来的基础上稍作调整组合,仍以北元故官担任新组建机构或群体的"领导职务"。譬如,洪武二十二年五月,朱元璋新设朵颜三卫时,就任命了一些故元旧官为新建羁縻卫的军职领导,其中以阿札失里为泰宁卫指挥使、塔宾帖木儿为指挥同知;以海撒男答溪为福余卫指挥同知、脱鲁忽察儿为朵颜卫指挥同知,"各领所部,以安畜牧"(《明太祖实录》卷196)。这就是影响有明一代北疆史的"朵颜三卫"的最早由来。

其实在这么多的来降者中,有的是诚心归附,有的是政治投机,更有的是为形势所迫而勉强来降或来凑凑热闹的,尤其是后两者,那就比较危险了,一旦有什么风吹草动,他们就立即背叛。曾跟随北元主脱古思帖木儿的故元丞相失烈门就是这类人中的典型。降明不久,他就勾结也速迭儿势力,杀害了诚心归降的故元知院、大明全宁卫指挥使捏怯来。当时降服无常者还有许多,如北元丞相咬住、知院阿鲁帖木儿和辽王阿札失里等,他们在归降后不久就与故元太尉乃儿不花勾结在一起,成为大明帝国新的北疆骚扰者和破坏者。

○ 赋予新含义的大明第十次"清沙漠"行动开启

为了彻底确保北疆的安宁,朱元璋再次组建人马,发动了明初历史上的第十次"清沙漠"行动。

与历次"清沙漠"行动相比,此次"清沙漠"从一开始就具有两大显著特征:第一,昔日北征主要清剿的是以北元主为核心的对象,而此次是北元主"后时代"的残余势力,"以故元丞相咬住、太尉乃儿不花、知院阿鲁帖木儿等将为边患"(《明太祖实录》卷199)。"将为边患"四字隐含了为未来创造一个安宁的北疆之含义,这就给洪武年间"清沙漠"行动一个新的含义;第二,指挥千军万马进行"清沙漠"行动的大明总兵官,不再是从枪林弹雨中一路过来的"老革命",而是朱皇帝一门心思要培育成才的皇家龙仔,当时主要有两个,一个是藩邸在北平的燕王朱棣;另一个是燕王的三哥晋王朱㭎。初生牛犊果然不怕虎,但精明透顶的老朱皇帝总不会让自己的龙仔去玩那危险的军国之战吧?其实我们平头百姓想到的,人家"天生圣人"老早就算计好了。洪武二十二年十二月,他派仪礼司丞古里哥、舍人火儿忽答孙等出塞,寻访大明军即将要征讨的对象——故元丞相咬住、太尉乃儿不花等人的藏身处,打算来个一抓一个准。(《明太祖实录》卷198)

在做好类似的一系列准备后,洪武二十三年(1390)正月,皇帝朱元璋正式任命颖国公傅友德为征虏前将军、南雄侯赵庸为左副将军、怀远侯曹兴为右副将军、定远侯王弼为左参将、全宁侯孙恪为右参将,齐集北平,训练军马,听从晋王朱㭎、燕王朱棣指挥。明初历史上的第十次"清沙漠"行动由此开始。(《明太祖实录》卷199)

按照朱皇帝的历来做法,军事大战之前往往先来个政治"统战"招抚,这第十次"清沙漠"行动也不例外。洪武二十三年正月辛卯日,朱元璋派遣都御史铁古思帖木儿赍敕,往谕故元丞相咬住、太尉乃儿不花、知院阿鲁帖木儿等,其敕文说道:"前岁脱古思帖木儿北行,闻至岭北,祸生不测,和林以南,消息不知,以此尝遣使入沙漠寻访。近闻尔等所在,再遣都御史铁古思帖木儿往谕,汝等元朝气运已终,汝等领散亡之众,在草野无所归,度日甚艰,然不敢南来者,意必谓尝犯边境,故心中疑惑,且如纳哈出在辽东,前后杀掠守御官军二万余人,及后来降,封以侯爵,大小将校悉加官赏。朕何尝以为譬也?但边境宁静,百姓安乐,即是好事。已令和尚国公干因帖木儿、平章晓以朕意,想知之。汝等勿疑,领众而来,必择善地,使汝安居,各遂生息,岂不美乎?若犹豫不决,坐事失机,大军一至,恐非汝之利也。丞相忽客赤、怯薛官人阿怜帖木儿、太尉朵歹不花、国公孛兰奚、司徒把秃、平章卜颜帖木儿、贵力赤、知院脱欢答里牙赤八山苊剌八十卜颜帖木儿、哈剌兀失贵刀札剌儿台捏兀台干罗不花等,悉令知朕此意。"朱皇帝苦口婆心,说尽道理,可故元丞相咬住、太尉乃儿不花等压根儿就不理。(《明太祖实录》卷 199)

不理也不要紧,人家大明皇帝早已发兵关外,并做好了进军作战准备。

○ 大明军事行动领导指挥权变更到小龙仔手中——迤都之捷

三月,大明军出古北口,小龙仔朱棣对诸位将领说:"我与诸将军接受皇命,'提兵沙漠,扫清胡虏'。可眼前茫茫一片,连个鬼影子也见不着,哪来什么北虏啊!听说这北虏人居无定所,逐草而居,由此而言,一旦他们住下的地方一定是空旷千里。我们这么大的军阵队伍开拔过去,北虏人老远就能望见,并早早地逃得无影无踪了。依我看,只有先派些精于骑射的侦察兵,侦察一下虏情,再作行动。"众将齐声说好。朱棣随即派活,没过多长时间,那些侦察兵回来报告:"在迤都发现有北虏兵的营帐,据说太尉乃儿不花等北元高官就在那里头。"朱棣一听,来劲了,乃儿不花等是当今父皇咬牙切齿要逮住的头号北虏,无论如何我得要小心行事,做好这"清沙漠"的活儿,这样至少在父皇心中占有了一定的地位。想到这里,他立即下令,迅速进兵迤都。(《明太祖实录》卷 200;《明史・外国八・鞑靼传》卷 327,列传第 215)

可老天不帮忙,就在这个节骨眼上,忽然下起了鹅毛大雪,且一下子在地上积起了数寸之厚。据说有将领提出:是不是今天就不要前进了,估计人家北虏也在休息,等天好了我们再加快行军。但"天才军事家"朱棣说:"不行,正因为天下大雪,人家北虏人才不会料想我军会突然到达的,我们应该乘着大雪加速前进,给北虏人来个措手不及。"于是大明军继续快速向前,来到了迤都附近的一个沙漠堆旁,朱棣立即叫来一同出征的北元故官指挥观童。此人在大明军逼降东北纳哈出时曾立过功,对明朝很忠诚,且与乃儿不花还有着较深的交情。朱棣如此这般地在观童耳朵边言语了一番,观童就出发了,来到迤都乃儿不花的房帐。

乃儿不花突然见到老朋友,真是喜出望外,紧紧地抱着且哭了起来。一番嘘寒问暖后,他才想起应该问问老朋友呐:你今天怎么到这里来?这几年过得怎么样?对于类似的问题,观童都能一一道来。两人正聊着,忽然外面一阵骚动,大明军早已包围了迤都,北元兵惊慌失措,四处奔窜。乃儿不花等终于发现,情况不妙,今天老朋友可真不够朋友啊,还没来得及想明白,觉得赶紧逃命要紧啊!他想逃,老朋友观童说话了:"你们全被包围了,往哪里逃?再说今天我们来,是当今皇帝的儿子领的队,这说明大明君主对于你们归降一事十分重视……"观童还没说完,乃儿不花已经服软了,表示愿意归降。观童立即带他去见燕王朱棣。朱棣高兴啊,立即招呼手下人,摆上酒宴,与乃儿不花等当场喝了起来。而后悉收其部落及马驼牛羊而还,并遣人报捷京师南京。(《明太祖实录》卷200;《明史·外国八·鞑靼传》卷327,列传第215)

据说朱元璋听到喜讯后高兴地跟大殿上的群臣说道:"清沙漠者,燕王也!朕无北顾之忧矣。"(《明太祖实录》卷210)

有关上述史料是否真实,我们不得而知,因为《明太祖实录》已被修改了3次,最终就是在永乐皇帝朱棣当政时定稿的。朱棣篡改历史是个好手,与他个人有关的很多历史都被篡改得面目全非了,所以我们现在不得而知当时第十次"清沙漠"行动的真实情况。至于这次"清沙漠"行动后,对来路不明的四儿子并不喜欢的洪武皇帝朱元璋是否真的说过上述那句赞美朱棣的话,我们不妨来看看第十次"清沙漠"行动后的相关事情或许能发现一些问题的端倪了:

洪武二十三年闰四月,朱元璋下诏任命故元太尉乃儿不花为留守中卫指挥同知,阿鲁帖木儿为燕山中护卫指挥同知,咬住为副都御史,忽哥赤为工部右侍郎,各赐纱帽金带钞锭,寻升乃儿不花、阿鲁帖木儿等为指挥使(《明太祖实录》卷210)。但不久朱棣等人举报说,乃儿不花有逆谋。老朱皇帝下令将其处死。(《明太祖实录》卷227;《明史·外国八·鞑靼传》卷327,列传第215)

因此说,从第十次"清沙漠"行动的实际及其所要达到的效果来看,通过这次军事行动,大明北疆军事总指挥权已经归给了朱元璋的龙仔,开始实现朱皇帝津津乐道的"家国一体化",出现了"打架亲兄弟,上阵父子兵"的理想格局。可从理性角度而言,此次"清沙漠"行动的战果并不大,除了叛服无常时时扰边的故元太尉乃儿不花、丞相咬住、忽哥赤、知院阿鲁帖木儿等高官被活捉外,没有什么将士被俘人数的记载,这才有了洪武后期几次规模不大的"清沙漠"后续行动。

洪武二十四年(1391)三月,故元辽王、明泰宁卫指挥使阿札失里率领部众扰边,朱元璋命颍国公傅友德率武定侯郭英等前去讨伐,重新征服朵颜三卫。(【清】谷应泰:《明史纪事本末·故元遗兵》卷10)

洪武二十五年(1392)八月,朱元璋令总兵官都指挥使周兴率军"清沙漠",进军漠北蒙古腹心之地斡难河,转至兀古儿札河,寻找经常扰边的安达纳哈出(即杀害脱古思帖木儿的也速迭儿之部将)藏身之处,一路追踪到兀者河,"得空车百余辆,将还,适永平卫百户汪广报言,哨遇胡兵与战,败之,追奔八十余里,胡兵弃辎重溃去。兴乃遣燕山左护卫指挥谢礼率轻骑疾追之,至彻彻儿山又大败之,生擒五百余人,获马驼牛羊及银印、图书、银字、铁牌等物"。经过这次对朵颜三卫和漠南的再度打击,也速迭儿和安达纳哈出"不敢近边者十余年"(【明】李贤、彭时等纂修:《大明一统志·鞑靼》卷90)

至此我们可以说大明洪武年间"清沙漠"行动已经取得了很大的成功,辽东与漠南大部分地区统一到大明帝国的版图内,大明实现了真正意义上的统一。

综观洪武20多年的"清沙漠"行动,我们看到,由于当初朱元璋伐元战术的不完密性等原因,整个洪武年间,北方残元势力一直是朱元璋政权的心头之患。大明的"北虏"问题由此开启,并与大明帝国近300年的历史相始终。但通过北伐与10次"清沙漠"行动,到朱元璋晚年时,大明帝国的版图已从中原北部拓展到了关外的游牧地区和少数民族地区,这是历史上正统王朝所不曾有过的,这不仅标志着多民族的大一统帝国再建过程的圆满完成,而且还在较为完整意义上实现了"驱逐胡虏,恢复中华"的历史宏愿,朱元璋君臣功莫大焉!

不过从更严密意义的角度来讲,"恢复中华"还不仅仅靠着疆域版图上的"大一统",或许更复杂、更艰巨的还在于"立纲陈纪"或言"立法定制"和"使厚民生"……

大明帝国皇帝世系表

（18帝，1368—1645年，共计277年）

	①明太祖	朱元璋	洪武三十一年	戊申	1368年
懿文太子 朱　标	③明太宗（明成祖）	朱　棣	永乐二十二年	癸未	1403年
②明惠帝 朱允炆 建文四年 己卯 1399年	④明仁宗	朱高炽	洪熙一年	乙巳	1425年
	⑤明宣宗	朱瞻基	宣德十年	丙午	1426年
⑥明英宗 朱祁镇 正统十四年 丙辰 1436年 →	⑦明代宗	朱祁钰	景泰八年	庚午	1450年
	⑧明英宗	朱祁镇	天顺八年	丁丑	1457年
	⑨明宪宗	朱见深	成化二十三年	乙酉	1465年
	⑩明孝宗	朱祐樘	弘治十八年	戊申	1488年
⑪明武宗 朱厚照 正德十六年 丙寅 1506年 →	⑫明世宗	朱厚熜	嘉靖四十五年	壬午	1522年
	⑬明穆宗	朱载垕	隆庆六年	丁卯	1567年
	⑭明神宗	朱翊钧	万历四十八年	癸酉	1573年
	⑮明光宗	朱常洛	泰昌一年	庚申	1620年
⑯明熹宗 朱由校 天启七年 辛酉 1621年 →	⑰明思宗	朱由检	崇祯十七年	戊辰	1628年
	⑱明安宗	朱由崧	弘光一年	乙酉	1645年

注释：

①明朝第二位皇帝是朱元璋的皇太孙朱允炆，建文四年时，他不仅被"好"叔叔朱棣从皇位上撵走，而且还被"革除"了建文年号，改为洪武三十五年。

②明朝开国于南京，从正宗角度来讲，很难说迁都是朱元璋的遗愿。因此，大明的覆灭应该以国本南京的沦陷作为标志，弘光帝又是大明皇帝的子孙，他称帝于南京，应该被列入大明帝国皇帝世系表中。

③上表中↓、↘表示皇位父子或祖孙相传，→表示皇位兄弟相传。

④明安宗朱由崧是老福王朱常洵的庶长子，明神宗万历皇帝朱翊钧之孙，也是明熹宗朱由校、明思宗朱由检的堂兄弟。

后 记

　　2013年12月平安夜的钟声敲响时,我的10卷本《大明帝国》竣工了,想来这400多个不眠的夜晚,真可谓感慨万千。在这个浮华的年代里,就一个人靠着夜以继日地拼命干,想来定会让象牙塔里带了一大帮子弟子的大师们笑弯了腰,更可能会让亦官亦民的××会长们暗暗地叫上"呆子"的称号……是啊,十多年了,在我们的社会里什么都要做大做强,什么都要提速快行,什么都要搞课题会战工程,而我却是孤独的"夜行人"和迟缓的老黄牛,无论如何都无法跟上这个时代的节拍。好在已到知天命的年龄,什么事都能看得淡淡的,更何谈什么学会、研究会的什么长之诱惑了。秉承吾师潘群先生独立独行的精神,读百家之书,虽无法做到"究天人之际,通古今之变",但至少能"成一家之言",管他春夏与秋冬。

　　不管世事,陶醉于自我的天地里,烦恼自然就少了,但不等于没有。自将10卷《大明帝国》书稿递交后,我一直在反问自己道:"有何不妥?"在重读了出版社发来的排版稿后,我忽然间发现其内还有诸多的问题没有彻底讲清楚或无法展开。譬如,尽管我专辟章节论述了大明定都南京、建设南京的过程及其历史影响,从一般意义角度而言,似乎很为周全,但细细想想,对于已经消失了的南京明故宫和明都京城之文化解读还没有完全到位。理性而言,南京明皇宫与南京都城在中国历史文化进程中所占的地位尤为特别,如果要用最为简洁的词语来概括的话,我看没有比"继往开来"这个成语更合适了。"继往"就是在吸收唐宋以来都城建筑文化精华的基础上,将中国传统的堪舆术与星象术巧妙地结合在一起,使其达到前所未有的完美境界,用明初朱元璋开国时反复强调的指示精神来说,就是"参酌唐宋"和"恢复中华",即在继承先人传统的基础上整合和规划南京明皇宫和大明都城建设,于最核心部分构建了象征紫微垣的宫城,宫城之外为象征太微的皇城,皇城之外为象征天市的京城,环环相套,中国传统文化中的"法天象地""天人合一"思想在南京明皇宫和大明都城建设布局中得到了充分的体现;"开来"就是指明初南京明皇宫与都城建设规制深刻影响了后来的明清皇城与都城建设布局。

　　同样的例子还有南京明孝陵、凤阳明皇陵、盱眙明祖陵,等等。

对于诸多的不尽如人意之处,最好的办法就是在原书稿基础上直接添加和补充,但随之问题又来了。原书稿规模已大,《洪武帝卷》100多万字,分成了3册,每册都是厚厚一大本,如果再要"补全",那就势必要另辟一册。这样对于图书销售会带来更多的不便。思虑再三,只好暂时先以原书稿的规模出版,等以后有合适的机会再作重新规划和布局。

可没想到的是,我的苦衷在今年新书上市后不久让广大的读者和东南大学出版社的朋友一下子给解决了。本来按照图书规模而言,3卷本100多万字的《朱元璋卷》应该是很难销的,但让人始料未及的是,它上市没多久就销售告罄。在纸质图书销售不景气的今天,能有这样的结果,真是莫大的欣慰。更让人兴奋的是,东南大学出版社的谷宁主任、马伟先生在上请江建中社长、张新建总编等社领导后决定,在原10卷《大明帝国》基础上,让我重新修订,分册出版。当时我正在研究与撰写大明正统、景泰两朝的历史,听到这样喜人的消息后,立即放下手中的事情,开始对原10卷《大明帝国》逐一作了梳理,调整章节,增补更有文化含金量的内容,使原《大明帝国》变得更为系统化,考虑到新书内容已有很多的变化,为了与以前出版的相区别,本想取名为《明朝大历史》,但考虑到这是普及性极强的读物,最后与马伟先生合计,取名为《大明风云》。

经过数月的不眠之夜,《大明风云》前8卷终于可以交稿了。回想过往的日日夜夜,看到眼前的这番收获,我要衷心感谢的是中共南京市委宣传部叶皓部长、徐宁部长、曹劲松副部长,南京广电集团谢小平主任,中共南京市委宣传部网控中心的龚冬梅主任,中央电视台池建新总监,安徽电视台禹成明副台长,原南京电视台陈正荣副台长、新闻综合频道傅萌总监,原江苏教育电视台张宜迁主任、薄其芳主任,东南大学出版社江建中社长、张新建总编,东南大学马克思主义学院袁久红院长、袁健红副书记,南京市政协副主席余明博士,南京阅江楼风景区管理委员会韩剑峰主任,新华报业集团邹尚主任,南京明孝陵博物馆张鹏斗馆长,南京静海寺纪念馆原馆长田践女士,南京阅江楼邱健乐主任,南京市社科院李程骅副院长与社科联陈正奎院长、严建强主任、顾兆禄主任,南京市新闻出版局蔡健处长,南京市档案局徐康英副局长、夏蓓处长,江苏省社科联吴颖文主任,福建宁德市政协主席郑民生先生、宁德市委宣传部吴泽金主任、蕉城区统战部杨良辉部长等领导的关怀(特别注明:本人不懂官衔大小,随意排列而已,不到之处,敬请谅解);感谢中央电视台裴丽蓉编导、徐盈盈编导、戚锰编导,江苏电视台公共频道贾威编导、袁锦生编导,江苏教育电视台苍粟编导、夏恬编导、赵志辉编导,安徽电视台公共频道制片人张环主任、制片人叶成群、舒晓峰编导、唐轶编导、海外中心吴卓编导、韩德良编导、张曦伯编导、李静编导、刘小慧编导、美女主持人任良韵，南京广电集团王健小姐，南京电视台主持人周学先生、编导刘云峰先生、李健先生、柏新民先生、卞昌荣先生，南京电视台十八频道主持人、我的电视节目老搭档吴晓平先生，江苏广播电视总台吕凤华女士、陆正国先生、新华报业集团黄燕萍女士、吴昌红女士、王宏伟先生、《现代快报》刘磊先生，《金陵晚报》郑璐璐主任、于峰先生，金陵图书馆袁文倩主任和郁希老师，南京静海寺纪念馆钟跻荣老师，东南大学出版社刘庆楚分社长、谷宁主任、彭克勇主任、丁瑞华女士、马伟先生、杨澍先生、丁志星女士、张万莹女士，南京明孝陵向阳鸣主任、王广勇主任和姚筱佳小姐，江苏省侨办《华人时刊》原执行副主编张群先生，江苏省郑和研究会秘书长郑自海先生和郑宽涛先生，北京师范大学教育学院孙邦华教授，南京大学王成老师和周群主任，南京理工大学人文学院李崇新副教授，南京财经大学霍训根主任，江苏经贸学院胡强主任和吴之洪教授，南京总统府展览部刘刚部长，南京出版社卢海鸣副总编，南京城墙办朱明娥女士，南京图书馆施吟小姐，福建宁德三也农业开发有限公司董事长池致春先生，原徐州汉画像石馆馆长武利华先生，无锡动漫协会会长张庆明先生，南京城市记忆民间记录团负责人高松先生和篆刻专家潘方尔先生以及倪培翔先生等朋友给我的帮助与关怀。（至于出版界朋友对我的帮助，那实在太多了，怕挂一漏万，干脆就一个也不谢了）

当然还要感谢吾师王家范老师、刘学照老师、黄丽镛老师、王福庆老师、杨增麒老师等曾经对我的谆谆教诲与帮助，也衷心祝愿诸位师长健康长寿！

除了国内的师友，我还要感谢 United Nations（联合国）Chinese Language Programme 何勇博士、美国 Columbia University（哥伦比亚大学）王成志主任、美国 Stanford University（斯坦福大学）Visiting Scholar Helen P. Youn、Stanford University（斯坦福大学）的 Hoover Institution Library & Archives（胡佛研究院图书馆及档案馆）主任 Thu-Phuong Lisa H. Nguyen 女士和 Brandon Burke 先生、美国纽约美中泰国际文化发展中心总裁、著名旅美艺术家李依凌女士、美国（CHN）总监 Robert KO（柯伊文）先生、泰国国际书画院院长李国栋、日本关西学院法人代表阪仓笃秀教授、世界报业协会总干事马英女士和澳门基金会理事吴志良博士、澳门《中西文化研究》杂志的黄雁鸿女士等海外师长与友人对我的关心与帮助。

在此我要特别感谢美国 University of Pittsburgh（匹兹堡大学）名誉教授、海外著名国学大家许倬云先生。许先生年逾古稀，身体又不好，但他经常通过 E-mail 关心与肯定我的研究与写作，令我十分感动；特别感谢老一辈著名明史专家、山东大学教授黄云眉先生的大作《明史考证》对我的启迪以及他的海内外儿孙们对我的抬爱；特别感谢我的学业导师南京大学潘群先生和师母黄玲女士严父慈母般的关爱；特别感谢慈祥的师长、我的老乡原江苏省委宣传部常务副部长王建邦先生对我的关怀与帮助。

我还要感谢的是我的忠实"粉丝"与读者朋友，这些朋友中很多人可能我都未曾见过他们的面，譬如安徽六安有个年轻朋友曾给我写来了热情洋溢的信函；还有我不知其地址、只知其 QQ 号的郭先生，等等。他们不断地给我来信，帮助我、鼓励我。但由于我是个"单干户"，无当今时兴的"小秘"代劳，因而对于广大读者与电视观众朋友的来信，无法做到一一回复，在此致以万分的歉意，也恭请大家海涵！

顺便说明一下：本著依然采用史料出处随后注的方法，做到说史绝不胡说、戏说，而是有根有据。本书稿原有所有史料全文，后考虑到篇幅太厚和一般读者可能阅读有困难，最终决定将大段古文作了删除，大多只保留现代文。也承蒙东南大学出版社朋友尤其谷宁主任、马伟先生和张万莹女士的关爱，本系列丛书拥有现在这个规模。如读者朋友想核对原文作进一步研究，可根据书中标出的史料出处一查便是。最后要说的是，下列同志参与了本书的图片收集、资料整理、文稿起草等工作，他们是马宇阳、毛素琴、雷扣宝、王鲁兴、王军辉、韩玉华、林成琴、熊子奕、周艳梅、舒金佳、雷晟等人。

马渭源
于南京大明帝国黄册库畔
2014 年 11 月 16 日
电子邮箱：mwynj@sina.com